Der Begriff »Keramik« wird für alle Arten von geformten und gebrannten Tonerzeugnissen verwendet, also für Töpferwaren, Majolika und Fayence, Porzellan oder auch Steingut und Steinzeug, nicht zu vergessen die Baukeramik und die High-Tech-Keramik.
Der ›dtv-Atlas Keramik und Porzellan‹ vereint erstmalig Stil- und Technikgeschichte dieses faszinierenden Handwerks in einem Band. Er gibt einen umfassenden Überblick von den ersten Keramiken, die vor etwa 13 000 Jahren gefertigt wurden, über die Erfindung der Töpferscheibe Mitte des 4. Jahrtausends v. Chr. bis zur Erfindung des Porzellans im 7. Jahrhundert in China. Doch auch auf die modernen Verwendungsmöglichkeiten von Keramik in der Technik wird erschöpfend eingegangen.
Der systematische erste Teil informiert u. a. über die verschiedenen Tone, Formgebungstechniken, Engoben und Glasuren, Brennöfen und Brand, Datierungsverfahren und Restaurierungstechniken. Daneben finden sich auch praktische Tipps, z. B. für Sammler: Woran erkennt er Fälschungen und welche Porzellanmarken wurden von welchen Manufakturen benutzt?
Der sich daran anschließende geschichtliche Teil stellt nach Kontinenten und Ländern geordnet katalogartig die Entwicklung und die jeweiligen stilistischen Merkmale von Keramikerzeugnissen dar.
Über 1000 farbige Abbildungen illustrieren das Werk und führen dem Leser die ganze Welt der Keramik vor Augen.
Im Anhang findet der interessierte Benutzer nicht nur Hinweise auf Keramikmuseen mit Adresse und Öffnungszeiten, sondern auch eine Auswahl von Ausbildungsstätten und Keramikgesellschaften in der ganzen Welt sowie weiterführende Literatur.

*Sven Frotscher*, geboren 1961, studierte nach der Arbeit in einem Chemiebetrieb an der Martin-Luther-Universität in Halle Orientalische Archäologie und Kunstgeschichte und war als Dozent u. a. an der Hochschule für Kunst und Design Burg Giebichenstein tätig.
Er ist Autor und Übersetzer mehrerer Bücher zur Geschichte, Archäologie und Kunst. Daneben entwirft und fertigt er mit seiner Firma FrotscherBuch Layouts für CD-Booklets, Plakate und Bücher.

*Birgit Frotscher*, geboren 1960, studierte Kunst und Russisch und unterrichtet als Kunstpädagogin an einem Gymnasium in Halle sowie in der Erwachsenenfortbildung.
Sie erarbeitete Rahmenrichtlinien für Kunst an Gymnasien in Sachsen-Anhalt und hat bereits mehrere Bücher illustriert.

In der Reihe ›dtv-Atlas‹ sind bisher erschienen:

Akupunktur, 3232
Anatomie, 3 Bände, 3017, 3018, 3019
Astronomie, 3006
Atomphysik, 3009
Baukunst, 2 Bände, 3020, 3021
Biologie, 3 Bände, 3221, 3222, 3223
Chemie, 2 Bände, 3217, 3218
Deutsche Literatur, 3219
Deutsche Sprache, 3025
Englische Sprache, 3239
Ernährung, 3237
Erste Hilfe, 3238
Informatik, 3230
Keramik und Porzellan, 3258
Mathematik, 2 Bände, 3007, 3008
Musik, 2 Bände, 3022, 3023
Namenkunde, 3234
Ökologie, 3228
Pathophysiologie, 3236
Philosophie, 3229
Physik, 2 Bände, 3226, 3227
Physiologie, 3182
Psychologie, 2 Bände, 3224, 3225
Recht, 2 Bände, 3324, 3325 (noch nicht erschienen)
Schulmathematik, 3099
Stadt, 3231
Weltgeschichte, 2 Bände, 3001, 3002

Weitere dtv-Atlanten sind in Vorbereitung

Sven Frotscher

# dtv-Atlas
# Keramik und Porzellan

Mit 140 Abbildungsseiten in Farbe

Grafische Gestaltung der Abbildungen
Birgit und Sven Frotscher

Deutscher Taschenbuch Verlag

Originalausgabe
1. Auflage August 2003

www.dtv.de
Umschlagkonzept: Balk & Brumshagen
Umschlagfoto: Detail einer Parkbanklehne (20. Jh.), La Havanna, Cuba (© Ars latina/Tito Alvarez)
Leitsystem-Konzeption: © Wildermuth @ ww-visuell.de
Satz: FrotscherBuch, Halle an der Saale
Druck und Bindung: APPL, Wemding
Printed in Germany · ISBN 3-423-03258-8

# Vorwort

Ohne Keramik wäre unser Leben um einiges unbequemer: keine Autos, keine Computer, keine Kugelschreiber, keine Kaffeeautomaten und noch nicht einmal Bleistifte funktionieren ohne den festgebrannten Ton. Aber nicht nur die Keramik in der Technik ist interessant. Auch ihre jahrtausendalte Geschichte ist beeindruckend vielfältig.

Es gibt eine ausufernd große Anzahl von Büchern über Keramik oder Porzellan. Diese widmen sich jedoch alle lediglich Teilgebieten dieser interessanten Materie. Es war für uns ein großer Reiz, Keramik und Porzellan umfassend in einem handlichen Überblickswerk darzustellen.

Alle Abbildungen wurden für dieses Buch neu gezeichnet. Ein großer Teil davon, nämlich die Aquarelle, stammen von meiner Frau Birgit. Die Detailarbeit erforderte ein hohes künstlerisches Können und Erfahrung im Umgang mit dem Zeichnen dreidimensionaler Objekte sowie mit Glasurglanz und Transluzidität. Ich bin dankbar für diese enge Kooperation, ohne die das Werk undenkbar wäre.

Den besten Eindruck kann man sich natürlich von Originalobjekten machen, die man in zahlreichen Museen betrachten kann. Einige davon empfehlen wir mit den Museumstableaus im Anhang und auf den Karten.

dtv-Atlanten sind seit Jahrzehnten ein fester Bestandteil der Nachschlageliteratur. Sie bieten wie kaum ein anderer Buchtyp ein Maximum an Dichte, Anschaulichkeit und Verständlichkeit zu einem Thema. Zahlreiche Preise und die große Anzahl von Stammlesern belegen dies.
Für Autoren bedeutet das eine große Herausforderung, da man einem festen Tafel-Text-Gerüst folgen und eine hohe Erwartungshaltung an das All-in-one-Prinzip befriedigen muss. Diese Arbeit ist ohne enge Kooperation von Verlag, Autor und Druckerei nicht möglich. Insbesondere der ständigen Abstimmung mit der Lektorin Anna Coseriu sowie den Herstellern Fritz Steinle und Stefan Krickl verdankt das Buch seine Qualität. In einer sich schnell ändernden Welt sind solche Vertrauensteams notwendige Voraussetzung für langfristigen Erfolg.

Material für solch umfangreiche Werke kommt nicht über Nacht zusammen. In diesem Fall wurden Informationen fast zwei Jahrzehnte lang gesucht, gesichtet, gesammelt, um sie dem Leser wissenschaftlich sowie didaktisch aufbereitet vorlegen zu können. Dabei waren zahlreiche in- und ausländische Institutionen und Wissenschaftler hilfreich, von denen hier aus Platzmangel nur wenige stellvertretend dankbar hervorgehoben werden können: M. Arafat, The Ashmolean Museum of Art and Archaeology Oxford, B. Brentjes, British Museum, W. Czysz, W. Endres, S. Hayshiya, U. Mämpel, H.-L. Nickel, W. Noll, B. B. Piotrowski, J. Riederer, Rosenthal, Royal Museum of Scotland, G. Rühlmann, K. Rührdanz, G. Schneider, Staatliche Museen Preußischer Kulturbesitz, Vorderasiatisches Museum Berlin, R. Vossen und andere.

Autor und Verlag wünschen allen Lesern eine interessante Lektüre und sind für Ratschläge und Hinweise dankbar.

Sven Frotscher

Halle an der Saale 2003

Inhalt

**Geschichte: Asien**



**Geschichte: Afrika**



**Geschichte: Australien und Amerika**



**Geschichte: Islam**



**Karten**



**Anhang**

# Abkürzungen und Symbole

**Abkürzungen**

| | |
|---|---|
| Abb. | Abbildung |
| ägypt. | ägyptisch |
| ahd. | althochdeutsch |
| allg. | allgemein |
| a. n. g. | anderweitig nicht genannt |
| anrd. | altnordisch |
| arab. | arabisch |
| bes. | besonders |
| best. | bestimmte |
| Bsp. | Beispiel |
| bspw. | beispielsweise |
| buddh. | buddhistisch |
| ca. | circa |
| chem. | chemisch |
| chin. | chinesisch |
| dän. | dänisch |
| dt. | deutsch |
| Dtl. | Deutschland |
| Dyn. | Dynastie |
| dynast. | dynastisch |
| engl. | englisch |
| etym. | etymologisch |
| FaN | Feuchtigkeit auf nassen Ton berechnet |
| FaT | Feuchtigkeit auf trockenen Ton berechnet |
| f. | folgende (Seite) |
| ff. | fortfolgende (Seiten) |
| frühnhd. | frühneuhochdeutsch |
| frz. | französisch |
| german. | germanisch |
| got. | gotisch |
| griech. | griechisch |
| H. | Hälfte |
| hd. | hochdeutsch |
| hist. | historisch |
| indoeurop. | indoeuropäisch |
| ital. | italienisch |
| jap. | japanisch |
| Jh. | Jahrhundert |
| Jt. | Jahrtausend |
| klass. | klassisch |
| korean. | koreanisch |
| lat. | lateinisch |
| MA. | Mittelalter |
| ma. | mittelalterlich |
| max. | maximal |
| mglw. | möglicherweise |
| mhd | mittelhochdeutsch |
| MwSt. | Mehrwertsteuer |
| n. Chr. | nach Christi Geburt |
| Ng | Nassgewicht |
| o. Ä. | oder Ähnliches |
| o. g. | oben genannt |
| opt. | optisch |
| oxid. | oxidisch |
| P | Produktzyklus (bspw. eines Service oder eines Dekors) |
| p. a. | pro Jahr |
| plast. | plastisch |
| red. | reduziert |
| res. | vorbehalten (reserved) |
| röm. | römisch |
| sog. | sogenannt |
| span. | spanisch |
| sumer.-akkad. | sumerisch-akkadisch |
| SYPRO | Systematische Produktionszweigeinteilung |
| Tg | Trockengewicht |
| türk. | türkisch |
| typ. | typisch |
| u. a. | unter anderem; und anderes |
| unselbst. | unselbständig |
| unterschiedl. | unterschiedlich |
| urspr. | ursprünglich |
| USA | Vereinigte Staaten von Amerika |
| usw. | und so weiter |
| v. a. | vor allem |
| v. Chr. | vor Christi Geburt |
| Vg | Verdampfungsgeschwindigkeit |
| WAF | Wasseraufnahmefähigkeit |
| wahrsch. | wahrscheinlich |
| wiss. | wissenschaftlich |
| z. B. | zum Beispiel |
| z. T. | zum Teil |

**Einheiten**

| | |
|---|---|
| % | Teile pro 100 (Prozent) |
| Å | Ångström |
| g | Gramm |
| h | Stunde |
| m | Meter |
| cm | Zentimeter |
| mm | Millimeter |
| µm | Mikrometer |
| min | Minuten |
| U/min | Umdrehungen pro Minute |
| m/s | Meter pro Sekunde |
| °C | Grad Celsius |
| ° | Grad (Neigung) |
| KeV | Kiloelektronenvolt |
| lin | lineare Beschleunigung |
| $kg/mm^2$ | Kilogramm pro Quadratmillimeter |
| Mpa | Megapascal |
| V | Volt |
| W | Watt |
| Ghz | Gigahertz |

**Formelzeichen und Symbole**

| | |
|---|---|
| Ø | Durchmesser |
| Δ | Differenz |
| < | kleiner als |
| > | größer als |
| ( ) | Lebensdaten |
| [ ] | Herrschaftsdaten |
| Al | Aluminium |
| Ca | Calcium |
| Fe | Eisen |
| H | Wasserstoff |
| K | Kalium |
| Mg | Magnesium |
| Na | Natrium |
| O | Sauerstoff |
| Si | Silizium |
| Ti | Titan |

# Wie man dieses Buch benutzt

lebende Kolumnentitel als Findhilfe für das Kapitel

thematische Karten

Einführungstext zum Thema

lebende Kolumnentitel für das Doppelseiten-Thema

Schrittfolgen visualisieren Sachverhalte 1. 2. 3. 4.

farbige Balken markieren jedes Kapitel

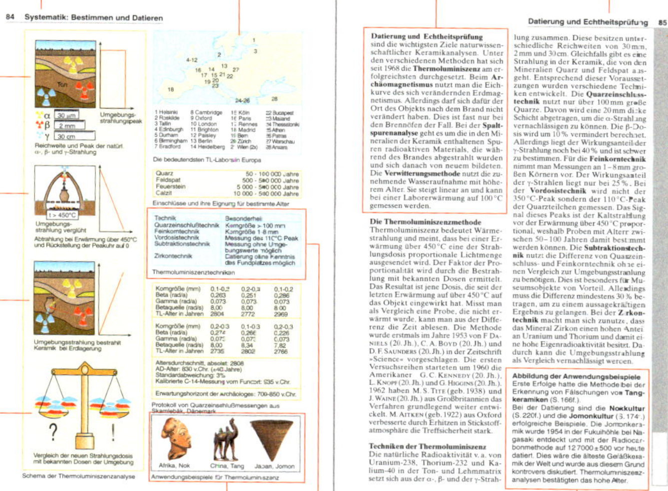


die Füllung zeigt den Stand innerhalb eines Kapitels an

detailgenaue Bilder veranschaulichen die Anwendung

Tabellen stellen Zahlen und Fakten übersichtlich dar

die Abbildungen werden detailliert erläutert

Am Anfang eines Geschichts-Kapitels zeigt die Doppeltafel »Raum und Zeit« die geografische Verbreitung und die historische Periodisierung.

Kästen zeigen die geografische Verbreitung

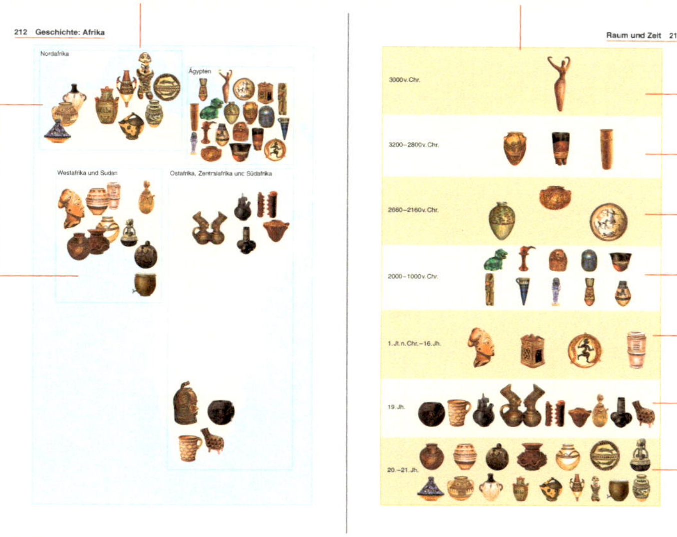


die Stücke werden den Entstehungsperioden zugeordnet

| Feinkeramik | Grobkeramik |
|---|---|
| **Scherben: porös und farbig**<br>Irdenware<br>figürliche Keramik<br>Fayence<br>Majolika | **Scherben: porös**<br>Ziegel<br>Keramikrohre<br>Terrakotta<br>Schamotte |
| **Scherben: porös und weiß**<br>Steingut | **Scherben: dicht**<br>Klinker<br>Spaltplatten<br>säurefeste Keramik<br>Steinzeugrohre |
| **Scherben: dicht und farbig**<br>Steinzeug | |
| **Scherben: dicht und weiß**<br>Porzellan<br>Feinsteinzeug | |

Einteilung der Keramik in Fein- und Grobkeramik

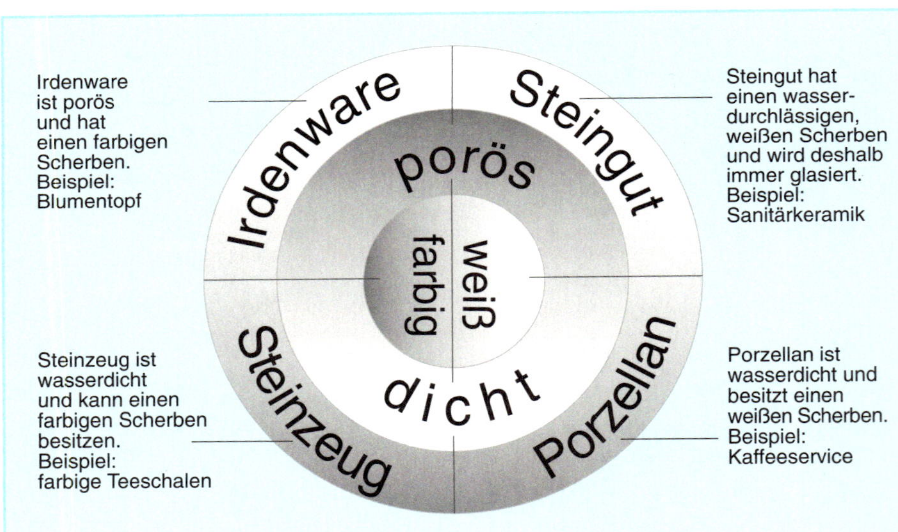


Einteilung der Feinkeramik nach Eigenschaften

Gefäßkeramik (Kanne)

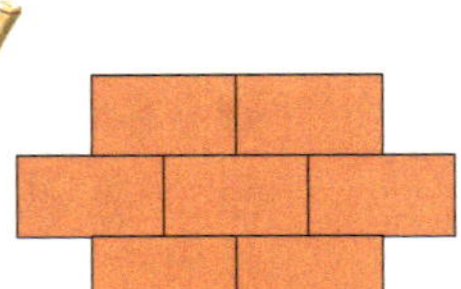
Baukeramik (Ziegel)

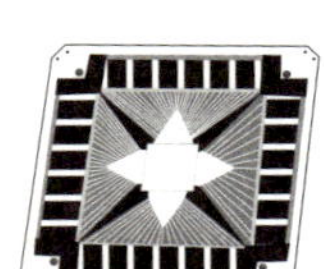
technische Keramik (Chipgehäuse)

figürliche Keramik (Plastik)

Einteilung der Keramik nach dem Gebrauch

Der Begriff »Keramik« wurde im 19. Jh. aus dem Französischen (*céramique*) ins Deutsche entlehnt. Er geht auf das griech. *keramiké* (Töpferei) und den Stamm *kéramos* (Töpfererde) zurück. **Keramik** umfasst Produkte aus einem anorgan., nichtmetall. Rohstoff, die durch Wärme verfestigt wurden. Es gibt verschiedene Einteilungskriterien.

**Einteilung nach Merkmalen**

**1. Materialstruktur:** Grobe und feine Keramiken unterscheiden sich durch Inhomogenitäten:
Grobkeramik: > 0,1 ... 0,2 mm
Feinkeramik: < 0,1 ... 0,2 mm

**2. Wasseraufnahmefähigkeit (WAF):** Sie beschreibt das Gewichtsverhältnis von in Wasser getränkter und bei 110 °C getrockneter Keramik (Tabelle).

| Keramik | WAF in % |
|---|---|
| poröse Grobkeramik | > 6 |
| poröse Feinkeramik | > 2 |
| dichte Grobkeramik | < 6 |
| dichte Feinkeramik | < 2 |

**Einteilung nach dem Gebrauch**

**1. Gefäßkeramik:** Lagergefäße, Transportgefäße, Küchengefäße, Tafelgefäße, Kultgefäße, Gartenkeramik

**2. Baukeramik:** Mauerwerkskeramik, Sanitärkeramik, Wegekeramik, Kacheln, Fliesen, Rohrkeramik, Dachkeramik

**3. Technische Keramik:** u. a. Isolierkeramik, Elektrokeramik, Magnetkeramik, Piezokeramik, Hartkeramik

**4. Figürliche Keramik**

**Klassische Einteilung der Feinkeramik**

**1. Irdenware** umfasst poröse Fein- und Grobkeramik (hell/farbig gebrannt). Je nach Gehalt an Fe/Ca und abhängig von der Brennatmosphäre reicht die Farbe von weißlich/gelblich/orange bis rot/braun/schwarz. Der Brand erfolgt zwischen 600 °C und 1100 °C.
Typ.: farbige Engoben (Tonschlamm) und Glasuren. Zur Irdenware zählen u. a. Terrakotta, Fayence, Majolika.

**2. Steingut** (S. 120 f.) heißt eine bes., eigentlich zur Irdenware gehörige Gruppe mit porösem, selten dichtem, weißem Scherben, der deshalb meist glasiert wird sowie einer hohen Wasseraufnahmefähigkeit (10–14 %). Der Brand erfolgt bei ca. 1100–1250 °C. Zum Steingut gehört u. a. die Sanitärkeramik. Entsprechend dem Anteil an Feldspat und Kalk unterscheidet man: *Kalk-* oder *Weichsteingut* – sehr porös, geringe Festigkeit, Beimengung von 5–10 % Kalk; Brand bei 1100–1150 °C. *Feldspat-* oder *Hartsteingut* – Feldspat anstelle von Kalk in 4–12 % Beimengung, dadurch höhere Dichte (< 1 % WAF); Brand bei ca. 1230 – 1280 °C. *Mischsteingut* – Zumischung von gleichen Teilen Feldspat und Kalk (2–4/6 %); der Brand erfolgt bei 1180–1250 °C.

**3. Steinzeug** (S. 118 f.) heißt eine dichte, hell/farbig gebrannte Keramik mit hoher mechanischer Festigkeit und Säurebeständigkeit. Steinzeugtone besitzen eine große Differenz zwischen der Sinter- und der Schmelztemperatur; der Brand erfolgt bei über 1200 °C. Zum Steinzeug zählen kochfeste Ware (Glasur und Scherben verschmolzen) und salzglasierte Keramik.

**4. Porzellan** (S. 122 f.) ist dichte, weiße und transparente Keramik. Wegen der bes. Qualität wird es oft nicht der Keramik zugeordnet. Grundstoffe sind Quarz, Feldspat und Kaolin. Entsprechend den Brenntemperaturen gibt es: *Hart-* (1370–1410 °C) und *Weichporzellan* (1200–1320 °C). Entsprechend den Beimengungen unterteilt man *Frittenporzellan* (statt Feldspat alkalireiche Fritte) und *Knochenporzellan* (20–50 % Knochenasche).

Die Wertschätzung von Keramik und Porzellan als Material verdeutlicht die Hochzeitsjahrbenennung (Tabelle).

| Jahr | Symbol | Jahr | Symbol |
|---|---|---|---|
| 1 | Baumwolle | 13 | Spitze |
| 2 | Papier | 14 | Elfenbein |
| 3 | Leder | 15 | Kristall |
| 4 | Seide | 20 | **Porzellan** |
| 5 | Holz | 25 | Silber |
| 6 | Zucker | 30 | Perlen |
| 7 | Kupfer | 40 | Rubin |
| 8 | Bronze | 50 | Gold |
| 9 | **Keramik** | 60 | Diamant |
| 10 | Zinn | 65 | Eisen |
| 11 | Stahl | 67,5 | Stein |
| 12 | Leinen | 70 | Gnade |

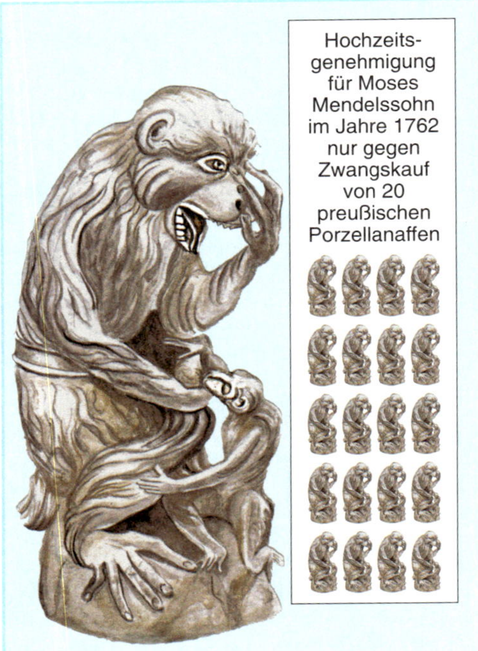


Porzellanverkauf durch Diskriminierung

| Land | 1985 | 1996 |
|---|---|---|
| Italien | 23,4 (1.) | 25,7 (1.) |
| China | 1,7 (13.) | 9,3 (2.) |
| Deutschland | 15,6 (2.) | 8,5 (3.) |
| Spanien | 4,1 (7.) | 7,9 (4.) |
| Großbritannien | 6,0 (5.) | 5,2 (5.) |
| Frankreich | 4,4 (6.) | 5,1 (6.) |
| Portugal | 2,0 (12.) | 4,4 (7.) |
| Japan | 14,1 (3.) | 3,4 (8.) |
| Niederlande | 3,8 (8.) | 3,1 (9.) |
| Belgien/ Luxemburg | 2,2 (11.) | 2,6 (10.) |

Weltmarktanteile in % und Wettbewerbsposition 1985 und 1996 (in Klammern)

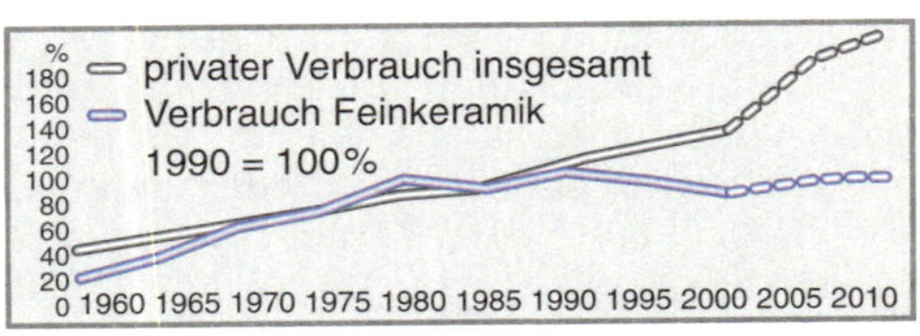


Entwicklung des realen Feinkeramikverbrauchs

| | 1960 | 1980 | 1997[1] |
|---|---|---|---|
| Produktionswert | 0,41 | 0,30 | 0,22 |
| Bruttowertschöpfung | 0,66 | 0,50 | 0,33 |
| Bruttowertschöpfung (Preise 1991) | 0,85 | 0,51 | 0,30 |
| Erwerbstätige | 0,87 | 0,65 | 0,48 |
| beschäftigte Arbeitnehmer | 0,94 | 0,68 | 0,50 |
| Bruttoeinkommen aus unselbst. Arbeit | 0,79 | 0,55 | 0,39 |
| Bruttoanlagevermögen | - | 0,46 | 0,36 |

1: 1997 nur früheres Bundesgebiet

Anteil der feinkeramischen Industrie am verarbeitenden Gewerbe in der BRD

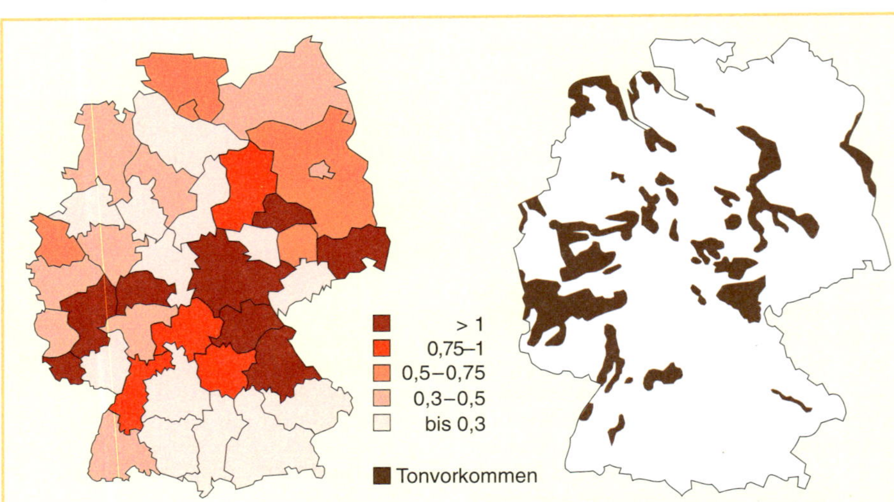


Sozialversicherungspflichtig Beschäftigte in der Feinkeramik in Anteilen am verarbeitenden Gewerbe (in %, 1997) und Abhängigkeit der feinkeramischen Wirtschaft von den Tonvorkommen (rechts)

**Wirtschaftsgeschichtlich** unterscheidet man in der Keramik:
1. Eigenbedarfs-Produktion
2. sporadische Produktion über den Eigenbedarf hinaus
3. Einzelwerkstatt-Produktion
4. Töpferviertel-Produktion
5. Manufaktur-Produktion
6. Fabrik-Produktion (Industrie)

Keramikproduktion setzt mindestens eine Tages- oder Wochensesshaftigkeit voraus, um die geformten Stücke zu trocknen bzw. zu brennen. Lagern und Kochen waren die ersten Funktionen von Gefäßkeramik der Jäger und Sammler. So bedeutet auch das Sprichwort:

*»Scherben bringen Glück!«*

urspr. das Glück über die in den Töpfen aus Keramikscherben gelagerten Waren. Die Herstellung von Gefäßen aus Holz, Leder, Korbweide und Stein benötigte mehr Energie und höhere Fertigkeiten. Der größte komparative Vorteil der Keramik ist ihre Kochfestigkeit bei gleichzeitiger Leichtigkeit. Später spielte die Form- und Dekorierbarkeit der Keramik eine große Rolle. Der teilzeitliche Aspekt (Pausen während des Trocknens und Brennens) förderte die Festigung der Töpferei als typ. Frauenarbeit in der Eigenbedarfs- und sporadisch über den Bedarf produzierten Keramik.

Innovationen wie die Tournette, die Töpferscheibe und der Brennofen führten zwischen 4. und 2. Jt. v. Chr. zur Einzelwerkstattproduktion mit bis zu 10 Arbeitern. Es gab jedoch auch Kulturen (Amerika) und Industrien (röm. Öllampenindustrie), die ohne die schnelle Drehscheibe Keramik fertigten.

Die Entwicklung der Serien- und Massenproduktion von Keramik führte zur Vereinheitlichung der Formen und Dekore. Es entstanden Märkte für Massenware und für Luxuswaren. Ein Beispiel für die Luxusware sind die koreanischen Seladone (S. 188 ff.). Diese wurden ausschließlich am Hof und während buddhistischer Rituale genutzt. Die zur komplizierten Seladonherstellung befähigten Töpfer wurden gefangen gehalten und durften nur untereinander heiraten. Dadurch sollte das Fertigungswissen geheim gehalten werden. Ein weiteres Beispiel ist das Porzellan. Die hohen Preise des im 17.–18. Jh. importierten chin. Porzellans prägten den Begriff vom *»weißen Gold«*. Eine eigene Produktion in Europa versprach Gewinn und wurde angestrebt (S. 122 f.). Die frühesten Industrien entstanden in Rom (1. Jh. v. Chr., S. 110 f.), China (14. Jh., S. 168 f.) und England (18. Jh.). Die Keramikindustrie gehört heutzutage mit ihren fein- und grobkeramischen Betrieben zu den kleinen Zweigen des Verarbeitenden Gewerbes. Die feinkeramische Industrie spielt in fast allen Industrieländern eine größere Rolle als in Dtl. Der wirtschaftlichen Bedeutung nach rangiert Italien an der Spitze (15,7 % des Produktionswertes des Landes 1996), gefolgt von Frankreich, Großbritannien und Spanien. Die größten Absatzmärkte der Welt sind Italien, Japan, USA und Dtl.

**Statistisch** galt in Dtl. bis 1995 die Einteilung der Wirtschaftszweige SYPRO:
- Porzellan
- Steingut, Feinsteinzeug, Ton- und Töpferwaren
- sanitäre Installationskeramik
- technische Keramik
- Fliesen, Baukeramik, Kacheln und Kachelöfen

1995 wurde entsprechend den europäischen Richtlinien die neue *»Klassifikation der Wirtschaftszweige WZ 93«* eingeführt:
- Haushaltswaren und Ziergegenstände
- Sanitärkeramik
- keramische Erzeugnisse für sonstige technische Zwecke
- keramische Erzeugnisse a. n. g.
- feuerfeste keram. Werkstoffe
- Wand- und Bodenfliesen und -platten

**Patentrechtlich** wird unterschieden in:

*a) Strukturkeramik*
- Medizin
- Schneidekeramik
- Nuklearkeramik
- Militärkeramik
- Hitzeanwendungen
- Maschinenbau

*b) Funktionskeramik*
- Elektrotechnik
- Messen/Anzeigen
- Optik
- Informationsspeicher
- Supraleitung

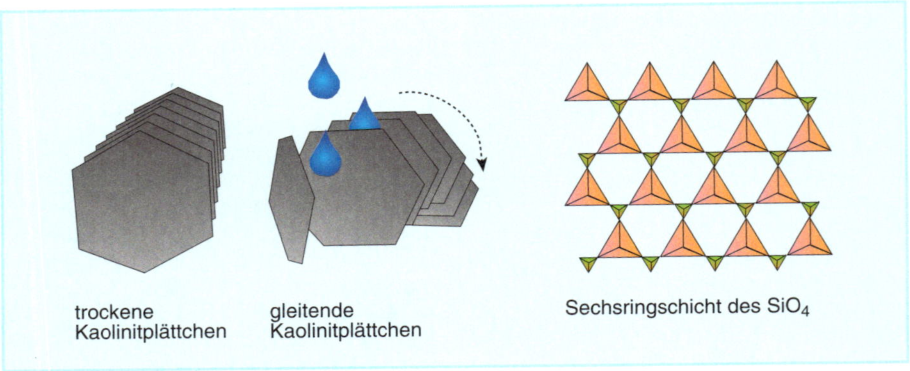


Strukturen des Kaolinits und des Silikats

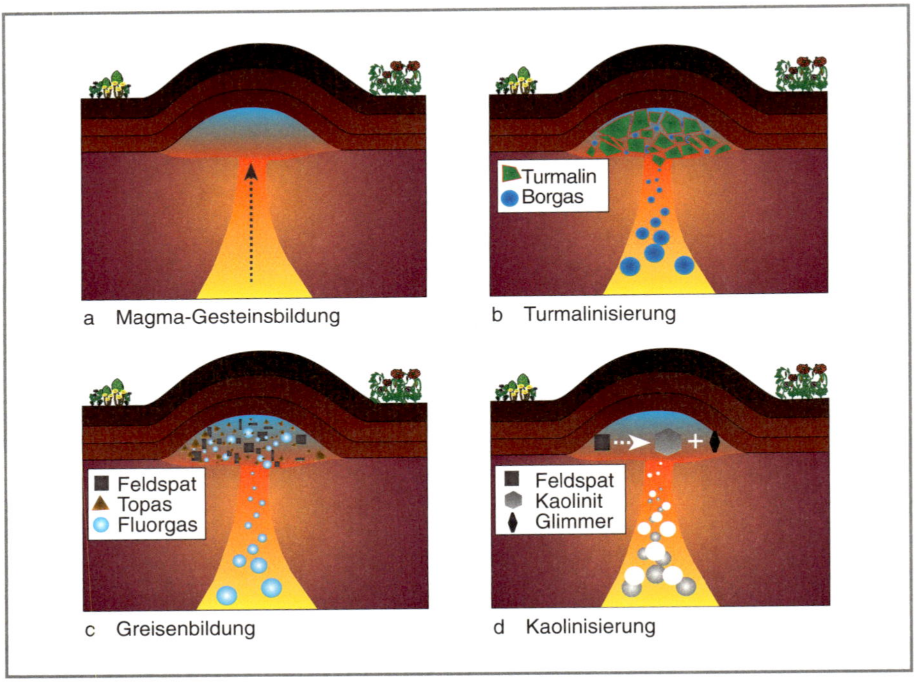


Etappen der Tonentstehung im Erdinnern

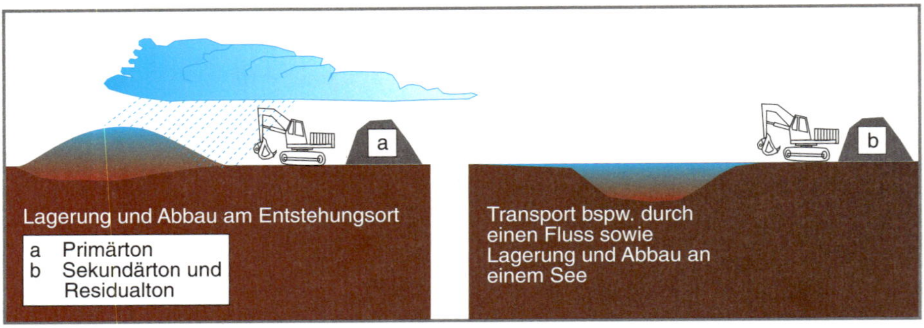


Tone

Das Wort »Ton« stammt von der indoeurop. Wurzel **tenk-* (dicht werden) bzw. dem german. **panhōn* (dichter werdende Erde) ab. Aus dem ahd. *thāha* und frühnhd. *tahen* entwickelte sich durch Verdumpfung von langem ā zu langem ō im 17. Jh. der Begriff Ton.

**Definitionen von Ton**

**Physikalisch** besteht Ton aus sehr kleinen Plättchen (Ø < 0,002 mm). Diese lagern wie die Brotscheiben aneinander. Erst viele hundert Plättchen bilden ein Staubkorn des Tons. In feuchtem Ton wirkt das Wasser als Gleitmittel zwischen den Plättchen. Dadurch lässt sich der Ton plastisch verformen. Die Wasserstoffionen und die Kapillarkräfte verhindern ein Aufbrechen der Plättchenstruktur.

**Mineralogisch** handelt es sich um ein feinkörniges Lockergestein. Ton besteht aus sog. Schichtsilikaten des Aluminiums. Das sind als Schichtstruktur verbundene Siliziumverbindungen. Die Erde besteht zu über 90 % aus diesen Silikaten.

$SiO_4$-Tetraeder sind über je drei Sauerstoffe miteinander zu eben gelagerten Sechsringnetzen verknüpft.

Die wichtigsten Schichtsilikate sind: Kaolinit (Zusatz für Fayence und Porzellan; Kaolin ist dagegen ein Mineralgemenge), Montmorillonit (quillt bei Wasserzusatz), Talk, Glimmer (Muskovit), Chlorit. Neben diesen Mineralen mit einheitl. Struktur haben sog. Wechselschichtsilikate ebenfalls Anteil am Tonaufbau. Dazu gehören Montmorillonit-Illit und Chlorit-Vermiculit.

**Chemisch** ist Ton ein wasserhaltiges Aluminiumsilikat und besteht aus: Siliziumoxid ($SiO_2$), Tonerde ($Al_2O_3$), Wasser ($H_2O$) . Als Begleitstoffe treten Titanoxid ($TiO_2$), Eisenoxid ($Fe_2O_3$), Kalziumoxid ($CaO$), Kaliumoxid ($K_2O$), Magnesiumoxid ($MgO$) und Natriumoxid ($Na_2O$) auf.

**Entstehung des Tons**

Der Ton entstand entweder durch Gasdruck auf magmatisches und metamorphes Gestein im Erdinneren oder durch eine langsame Verwitterung von Feldspäten und Glimmern auf der Erdoberfläche. Die Tonentstehung ist ein Prozess, der sich in allen Perioden kontinuierlich, langsam und überall, wo Grundgestein vorhanden war, vollzog.

**Entstehung im Erdinnern**

**1. Turmalinisierung**: Als die flüssige Gesteinsmagma nach oben gedrückt wurde, bildete sie beim Abkühlen sog. Gesteinsdome. Aufsteigendes, borhaltiges Gas mit einer Temperatur von ca. 400 °C wandelte z. B. Granitminerale in Turmalin, einem bis zu 7 m langen Borsilikatkristall um.

**2. Greisenbildung**: Flourhaltige Dämpfe bildeten Granit zu Feldspat und Topas, dem sog. Greisen um.

**3. Kaolinisierung**: Kohlendioxid und Wasserdampf veränderten den Feldspat zu Kaolinit und Glimmer. Kaolinit ist allerdings in diesem Zustand immer noch ein steinhartes Material.

**4. Auswaschung:** Gerüststrukturen bilden harte Minerale, Plättchenstrukturen werden durch Wasser weich (gleitfähig). Die Aufnahme von Wasserstoffgruppen in das Feldspatgitter führt zur Umwandlung in Aluminiumsilikat.

**Entstehung an der Erdoberfläche**

Granite und andere Gesteine zerbröckeln durch Einfluss der Verwitterung in ihre Bestandteile. An den Feldspaträndern beginnt die Kaolinisierung, wodurch ein feldspatreicher Sand entsteht. Transport und Ablagerung führen zur Tonbildung. Die endgültige Ausbildung des Tons hängt von der Zusammensetzung des Urgesteins, der Feuchtigkeit der Umgebung und dem Gasdruck innerhalb des Gesteinsdoms ab. Granite bilden weiße Tone, Diorite durch Eisenoxid gefärbte. In trop. Gebieten können aus Basalten auch Bauxite entstehen.

**Einteilung nach der Tonlagerung**

**Primärton** (autochthon) lagert noch am Ort der urspr. Entstehung aus dem Urgestein, z. B. Kaolin in Sachsen.

**Sekundärton** (allochthon) wurde durch Wind und Wasser transportiert (z. B. Steingutton) oder entstand durch Oberflächenverwitterung.

**Residualtone** sind transportierte Tone, die ihre Verunreinigungen durch Verwitterung verloren haben, wie z. B. Fireclay.

Anzeigerpflanzen für Tonvorkommen

Tonvorkommen in Italien

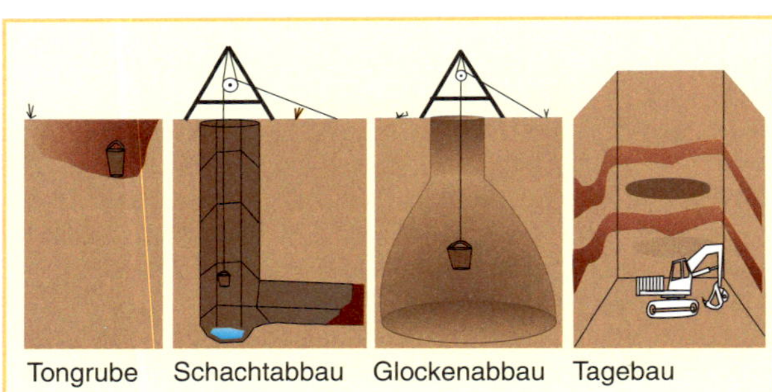


Abbauformen

Anzeigertiere

**Tonlagerstätten**
Tonrohstoffe finden sich überall auf der Welt; sie entstanden in allen Perioden der Erdgeschichte. Jüngere Tone eignen sich eher für Töpferei und Keramik als ältere, da diese sich meist zu Tonschiefern und härteren Gesteinen umgebildet haben. Brecher und Mahlanlagen können diese Tonsteine jedoch zu Ton pulverisieren.
Tone lagern nicht nur in Tälern, sie können auch zwischen härteren Gesteinsschichten eingeschlossen und später durch tektonische Hebung, Faltung und Erosion in ihrer Höhenlage verschoben worden sein. Die meisten, abgebauten Rohtone sind Sekundärtone (S. 14 f.). An Primärtonen wird v. a. das Kaolin industriell gewonnen.
Nach der Entstehungsphase unterscheidet man **glaziale**, **prätertiäre**, **tertiäre** usw. Vorkommen. Nach dem Ursprungsgestein unterscheidet man u. a. **Buntsandsteintone**. Der Ablagerungsort bestimmt Tone nach dem Wassertransport (Tabelle).

| Ort | Tonbezeichnung |
|---|---|
| Flussbett | fluvialer Ton |
| See, Teich | lacustriner Ton |
| Flussmündung, Meer | mariner Ton |

Die größten Tonvorkommen der Welt sind mariner Herkunft. Bei der Einmündung eines Flusses in ein Gezeitenmeer sinken die Tonpartikel auf Grund der Dichte des Salzwassers sehr schnell und es kommt zur Neulandbildung, z. B. im Ganges-Brahmaputra-Delta. In den meisten Ländern gibt es Verzeichnisse über die heimischen Tonvorkommen.
Bedeutende dt. Tonvorkommen gibt es u. a. in Baden, um Halle, im Harzvorland, in Hessen, im Münsterland, in Niedersachsen, am Niederrhein, in der Oberpfalz, in der Rhein-Moselregion, im Saarland, in Sachsen, in Thüringen, im Weserland, im Westerwald (S. 12).

**Anzeiger für Tonvorkommen**
**Pflanzen** und **Tiere** geben durch ihr Wachsen bzw. Leben auf ton- und lehmhaltigen Böden einen Hinweis auf Tonvorkommen. **Stein-** und **Braunkohlevorkommen** zeigen feuerfeste Tone an.

Zu den **Anzeigerpflanzen** gehören u. a.:
- Acker-Kratzdistel (Cirsium arvense)
- Ackerwinde (Convolvulus arvensis)
- Echte Kamille (Matricaria chamomilla)
- Filz-Klette (Arctium tomentosum)
- Wegwarte (Cichorium intybus)
- Haselwurz (Asarum europaeum)
- Huflattich (Tussilago farfara)
- Klatschmohn (Papaver rhoeas)
- Leberblümchen (Anemone hepatica)
- Gemeiner Löwenzahn (Taraxacum officinale)
- Luzerne (Medicago sativa)
- Maiglöckchen (Convallaria majalis)
- Große Sternmiere (Stellaria holostea)

**Handwerklicher Tonabbau**
Die älteste Methode der Tongewinnung ist der Abbau in oberirdischen **Gruben** (S. 102 f.). Mit Hacke und Spaten wurde die Krume entfernt und der Ton in Körbe gefüllt. Nachteilig war die geringe erreichbare Tiefe wegen der Gefahr einstürzender Seitenwände.
Seit dem MA. erfolgte der Abbau in bis zu 20 m tiefen **Schächten** (Ø 1–1,5 m). Die Seitenwände sicherte man mit Strohmatten, die mit gebogenen Ästen an die Erde gedrückt wurden. Am Schachtfuß diente ein tiefes Loch als Entwässerungsgraben. Der Ton wurde in Seitenstollen gewonnen. Ein Flaschenzug hob die Körbe ans Tageslicht.
Seit der Renaissance erfolgte der unterirdische Abbau in sog. **Erdglocken**. Die Krume wurde durchstochen und wie ein Schacht gesichert. Die Abbauzonen folgten den seit dem 13./14. Jh. bekannten Gesetzen der Ableitung der Kräfte. Sie ergaben einen glockenförmigen Querschnitt (Ø 8–12 m; Höhe 12–15 m).

**Industrieller Tonabbau**
Keramische Rohstoffe werden heute unterschiedlich abgebaut: im **Trockenabbau** (z. B. Feldspat im Steinbruch), im **Nassabbau** (z. B. Kaoline durch Ausspülen), im **Handabbau** (z. B. unregelmäßige Lagerstätten von geringer Mächtigkeit).
Frisch abgebaute Rohtone lassen sich nur selten direkt verwenden. Sie müssen erst zu **Arbeitsmassen** oder **industriellen Rohstoffen** weiter verarbeitet werden (S. 18 f.).

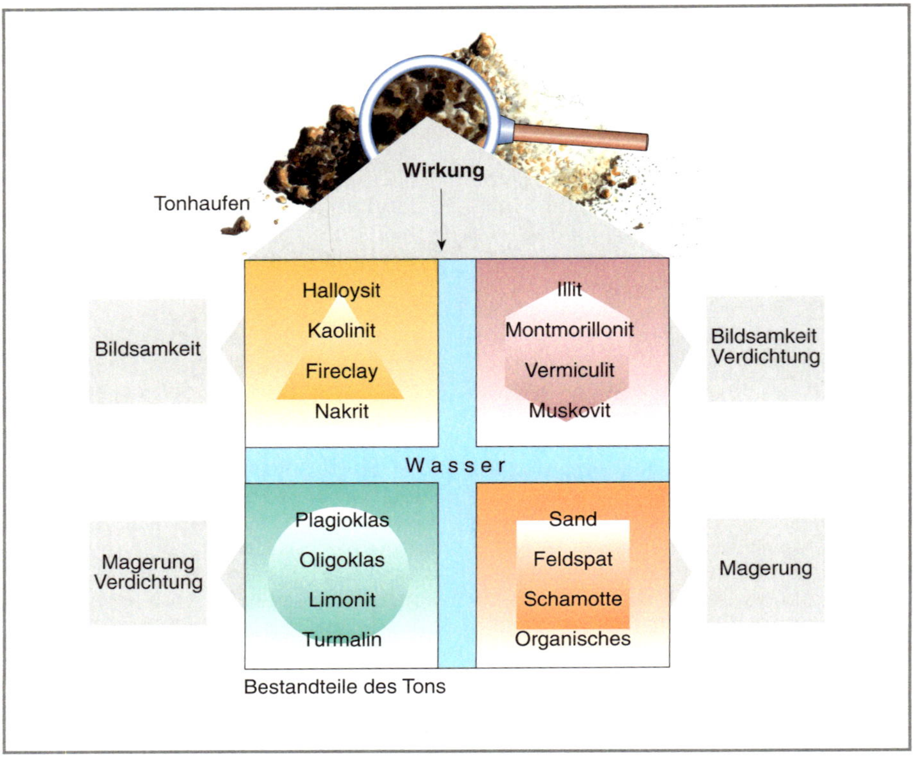


Tonbestandteile und ihre Wirkung

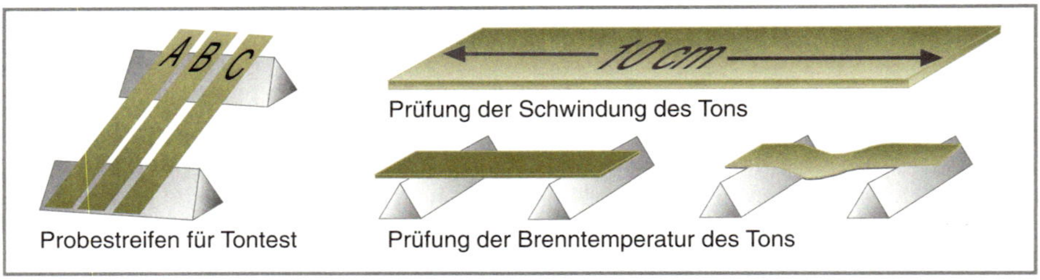


Tonprüfung

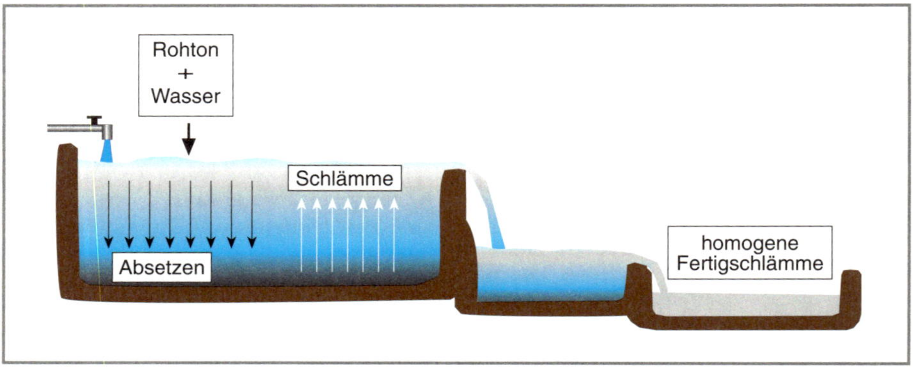


Tonaufbereitung durch Schlämmen

**Eigenschaften des Tons**
Plastizität, Brandverfestigung und -verdichtung sind beim Ton als Keramikgrundstoff wichtige Eigenschaften. Größe, Menge und Art der Bestandteile bestimmen seine Qualität.
Ton ist plastisch verformbar, d. h. er behält nach Druckeinwirkung die neu gegebene Form bei (*Plastizität* oder *Bildsamkeit*). Das Maß für den Druck ist der Anlass- oder Grenzwert zwischen dem noch elastischen und dem fließenden Zustand des Tons. Die Plastizität hängt ab von der Teilchengröße (kleinere Teilchen besitzen eine höhere Bildsamkeit), dem Anteil plastischer Bestandteile (Kaolin, Montmorillonit, Illit), dem Feuchtigkeitsgehalt (ein plastischer Ton kann mehr Wasser aufnehmen), der Teilchenform (je mehr gleiche Tonteilchen, um so bildsamer), der Stärke der Anziehungskräfte zwischen den Teilchen (entlüftete Tone mit enger Teilchenlage sind plastischer). Entsprechend ihrer Bildsamkeit unterscheidet man *fette* (lange, stärker plastische) von *mageren* (kurzen) Tonen.
Reine plastische Tone haben negative Eigenschaften wie schlechte Austrocknung und eine hohe Schwindung beim Brand. Deshalb benötigt man als Zuschlagstoffe Magerungsmittel (Sand, Feldspat, Schamotte, Ziegelmehl, Stroh, Tierhaare u. a.).
Bestandteile, die die Schmelztemperaturen in der Keramik senken, damit sie eher dicht wird, heißen Flussmittel (z. B. Feldspate, Kalk, Alkali-, Bor-, Blei-, Eisenverbindungen).

**Einteilung der Tone als Rohstoffe**
Nach dem Zielprodukt der Keramik unterscheidet man die folgenden Tone: **Töpfertone** werden meist bei Temperaturen bis 1100 °C gebrannt und bleiben wasserdurchlässig (porös). **Steinguttone** erreichen eine helle bis weiße Farbe nach dem Brand. Dies ist dem geringen Eisen- und dem hohen Kaolinitanteil zu verdanken. Die Brenntemperaturen liegen bei 1100–1350 °C. **Steinzeugtone** brennen farbig bis hell und sind nach dem Brand wasserdicht, was an der Differenz (ca. 150 °C) zwischen Sinter- und Schmelzpunkt liegt. Die Brenntemperatur erreicht etwa 1100–1300 °C. **Porzellantone** brennen aufgrund ihrer Zusammensetzung weiß (Tabelle).

| Stoff | Anteil im Porzellanton |
|---|---|
| Kaolin | 50% |
| Quarz | 25% |
| Feldspat | 25% |

Nach der Verarbeitungsmethode unterscheidet man:
- **Drehtone**, das sind Tone mit einem Anlasswert, der dem hohen Kraftaufwand beim Drehen entspricht; zu plastische Tone können die durch den Druck beim Drehen gegebene Form nicht halten; zu magere Tone reißen;
- **Aufbau-** oder **Modelliertone**, das sind Tone mit guten bildsamen Eigenschaften, und
- **Gießtone**, das sind Tone, die wenig Wasser zur Verflüssigung benötigen. Sie werden für die durch Formguss erzeugte Massen- und Serienkeramik genutzt.

Andere Tonbezeichnungen richten sich nach Bestandteilen, z. B. **Mangantone**, oder nach dem Schmelzpunkt, z. B. **feuerfeste Tone** usw.

**Tonprüfungen**
Um Tone richtig einsetzen zu können, sind Tonprüfungen erforderlich. Geruch ist ein Zeichen für Zersetzung durch Mikroorganismen und damit eine erhöhte Plastizität. Eine Schwindungsprüfung beim Trocknen erfolgt durch Probeplättchen mit Ritzmaß, das nach dem Trocknen und dem Brand verglichen wird. Pyrometerkegel (Dtl.: Segerkegel; England: Standard Harrison; USA: Orton) lassen die Temperaturfolgen erkennen.

**Vom Ton zur Arbeitsmasse**
Für die Verarbeitung ist eine homogene, luftfreie Masse nötig. Luftbläschen entweichen sonst beim Brand und beschädigen den Scherben. Die Arbeitsmasse erhält man durch verschiedene Bearbeitungstechniken. Beim **Sumpfen** wird der lufttrockene Ton vollständig gewässert und zerkleinert. Beim **Schlämmen** gibt man so viel Wasser zu, dass sich ein flüssiger Tonbrei bildet. **Kneten**, **Pressen**, **Schneiden** und **Filtern** dienen der Homogenität und werden oft maschinell erledigt.

| Formgebung im Handwerk | Formgebung in der Industrie |
| --- | --- |
| Kneten | Eindrehen |
| Aufbauen | Pressen/Gießen |
| Abformen | Stampfen |
| Treiben | Vibrieren |
| Drehen | Explosivformung |

Formgebungstechniken im Handwerk und in der Industrie

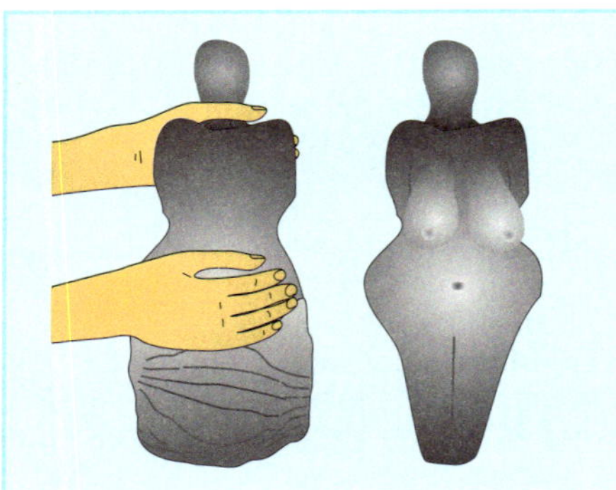

Aufbau (Modellieren)

Aufbau (Wülsten)

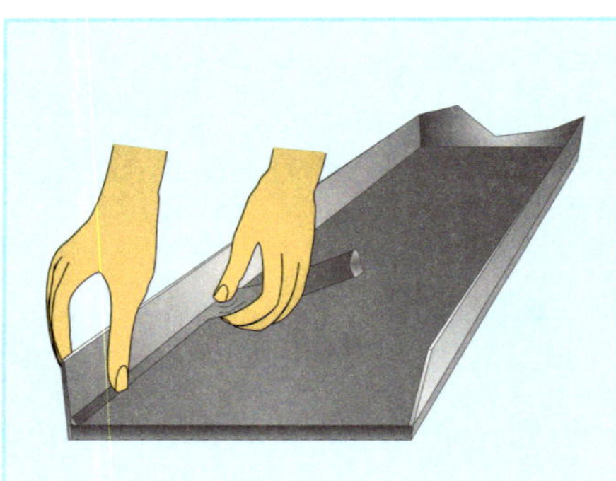

Aufbau (Montage)

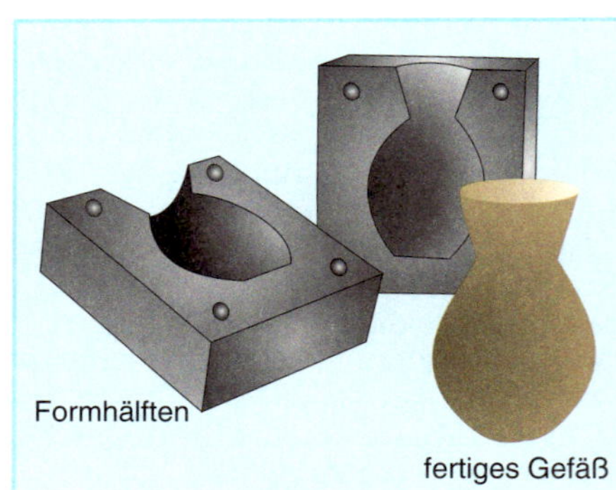


Pressen/Gießen

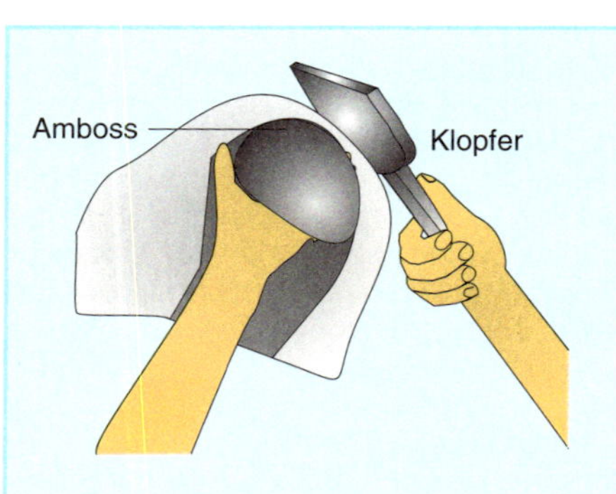


Treiben mit Klopfer und Amboss

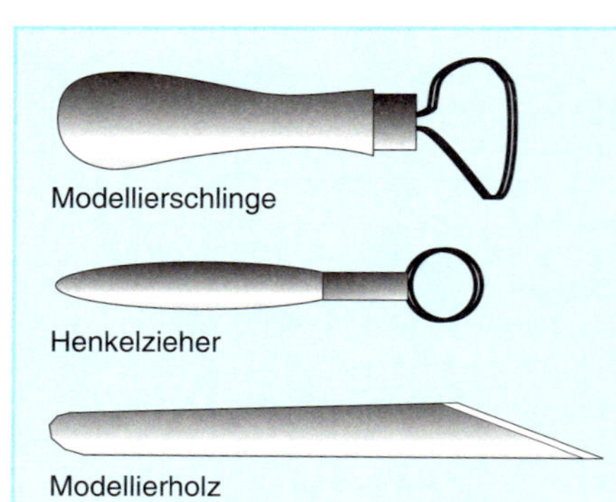


Modellierwerkzeuge

**Formgebung** umfasst alle Techniken, die der Arbeitsmasse jene Gestalt bzw. Form geben, die durch Trocknung oder Brand verfestigt werden soll. Man unterscheidet Formgebungstechniken im Handwerk und in der Industrie.

**Formgebungstechniken im Handwerk**
Alle Formgebungen ohne Werkzeug werden unter dem Begriff **Handformung** zusammengefasst. Während sie als Anfängertechnik für einfachste Gestaltungen leicht zu beherrschen ist, setzen bspw. hohe dünnwandige Gefäße meisterliche Beherrschung der Technik und Materialkenntnis voraus.

**Aufbautechniken**
Bei den Aufbautechniken erfolgt die Formgebung durch Kombination von Tonelementen. Zu diesen Techniken zählen das Modellieren, das Wülsten und die Montage. Die Arbeitsmassen für Aufbautechniken besitzen meist einen höheren Schamotteanteil (15–30%) zur Stabilisierung der Standfestigkeit und Vermeidung von Rissen.
Beim **Modellieren** können Figuren, Gefäße u.a. gestaltet werden. Zunächst wird die Grundform erstellt. Nach ein bis drei Tagen Trocknung erfolgt das Aushöhlen und die Feinarbeit mit Werkzeugen. Modellierte Keramikobjekte sollten nicht zu dickwandig sein, um die Rissbildung zu verhindern.
Beim **Wülsten** werden Ring- oder Spiralwülste auf den zuerst gefertigten Gefäßboden gesetzt, danach zu einer glatten Fläche gedrückt und verstrichen. Die etwa 1cm starken Wülste können entweder auf einmal oder stufenweise mit zwischenzeitlichen Trocknungsphasen aufgebaut werden.
Die **Montage** erfolgt mit Platten, Streifen oder variablen Tonteilen, die durch sog. Würgel (kleine Tonwülste) oder dünnflüssige Tonschlämme miteinander verklebt werden. Sie ist typ. für die europäische Studiotöpferei (S. 158f.).
Modellierwerkzeuge sind Flaschenknecht, Henkelzieher, Kratzeisen, Messer, Modellierschlinge, Modellierholz, Mörtelschöpfer, Raspel, Retuschiermeißel, Schnitzmesser, Spachtel, Walztisch, Zylinderpresse.

**Abformtechniken**
Die handwerklichen Abformtechniken nutzen als Negativ gefertigte Modeln (Matrize), deren Form bei der Arbeitsmasse einen Positivabdruck (Patrize) ergibt (S.118f.).
Die **Formschüssel** gilt als Urform der Töpferscheibe und fand in fast allen Kulturen Anwendung (S.24f.). Nach dem Hineinstreichen, was durch Drehen der Schüssel im Sand erleichtert werden kann, trennt sich nach einiger Zeit die neue Form wegen der Trocknungsschwindung vom Model und kann weiter bearbeitet werden.
Die **Modeltechnik** spielt in der Dekorgebung eine Rolle. Dabei werden filigrane Muster oder ganze Formen negativ in Gips gearbeitet. Die Abformung erfolgt wie bei der Formschüssel. Beispiele sind die Bartmannkrüge der Renaissance (S.118f.).
Die **Handstrichtechnik** findet sich bis heute in der Ziegel- und Plattenherstellung. Ein Holzkasten oder -rahmen wird mit Arbeitsmasse gefüllt, die mit einem flachen Stab durch Streichen auf der Rahmenoberseite gleichmäßig verteilt wird. Dadurch erhält jedes Stück eine individuelle Oberflächenstruktur. Während in den Entwicklungsländern Handstrichziegel meist in Kinderarbeit gefertigte Massenware sind, gehören sie in den Industrieländern zu Luxusartikeln im Hausbau.

**Treiben**
Das Treiben bezeichnet Formgebungstechniken, die mit einem Widerlager (Amboss) und einem Klopfer (Schlegel) arbeiten. Als Widerlager dienen größere Kieselsteine oder runde Objekte. Als Klopfer zumeist hölzerne Schlegel, die die Form von Paddeln besitzen. Zunächst wird eine Hohlung in einen Klumpen aus Arbeitsmasse eingedrückt. Danach erfolgt das Treiben vom Boden zum Rand hin, wobei die Wand des Gefäßes durch das Zusammenschlagen von Klopfer und Widerlager ausgedünnt und damit »hochgezogen« wird. Meist erfolgt das Treiben auf einer aufgerauten Oberfläche (z.B. auf Holz), um die Rissbildung zu verhindern. Im präkolumbianischen Amerika mit Ausnahme der Nazca (S. 228ff.) war das die übliche Herstellungstechnik für Gefäße und wurde mit hoher Fertigkeit praktiziert.

| Vorbereitung | Herstellung der Grundform | Feinarbeit |
| --- | --- | --- |
| Auflegen | Boden und Wand anlegen mittels Zangengriff | Schließgriff |
| Zentrieren | Hochziehen mittels Knöchelgriff | Ausguss anlegen |
| Aufbrechen | Schienengriff | Handhabe fertigen |
| | | Abdrehen und Glätten |

Aufteilung der Arbeitsschritte

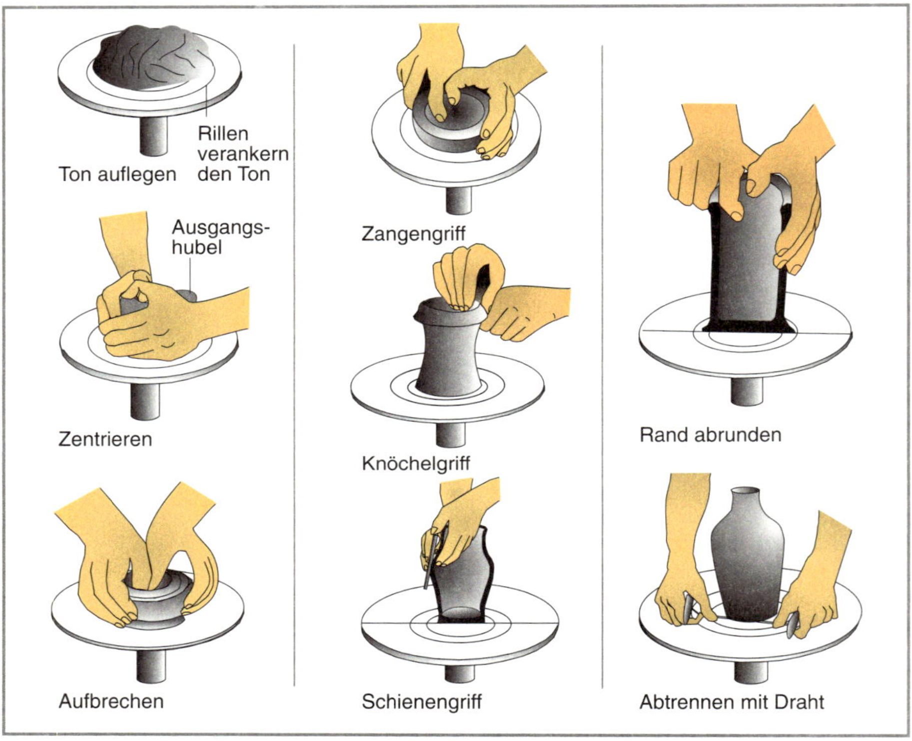


Arbeitsschritte beim Drehen

Schräge Sitzhaltung von der Seite

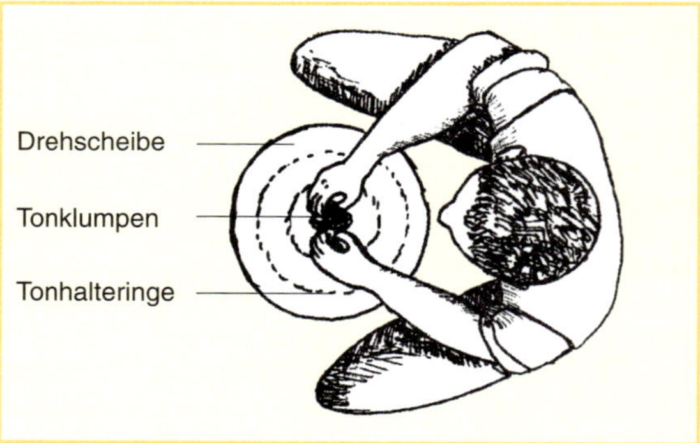


Gerade Sitzhaltung von oben

**Drehen** ist die handwerkliche Herstellung axialsymmetrischer Tonobjekte auf einer schnell rotierenden Scheibe unter Zuhilfenahme von Wasser als Gleitmittel.
Beide Hände üben auf den sich drehenden Ton Druck und Gegendruck aus und pressen ihn so in die gewünschte Form. Für die verschiedenen Formgebungen werden bestimmte Arbeitsschritte angewandt, die in die grundlegenden Phasen Vorbereitung, Herstellung der Grundform und Feinarbeit eingeteilt werden können (Abb.).

**Arbeitsschritte**

**1. Auflegen des Tons**
Ton und Scheibe bilden eine Einheit, die sich dem Druck der Hände entgegenstellt. Deshalb wird der Ton fest auf die Scheibe gedrückt. Die Unterseite haftet so auf der Scheibenoberfläche. Die Rillen in der Scheibe verankern den Ton.

**2. Zentrieren**
Das Zentrieren bringt den Tonklumpen in eine Form, die an jeder Stelle im Drehprozess eine gleichgroße Rohstoffmenge für eine Formgebung zur Verfügung stellt. Dazu umfassen beide Hände den Ton. Durch den Druck von allen Seiten weicht der Ton nach oben aus. Dort bilden die gekreuzten Daumen einen Gegendruck, wodurch der flache, zylindrische Ausgangshubel entsteht.

**3. Aufbrechen**
Für Hohlobjekte beginnt die Aushöhlung durch das Aufbrechen. Beide Daumen drücken sich in den Ausgangshubel. Die anderen Finger üben Gegendruck aus, um ein Ausweichen des Tons nach außen zu verhindern. Boden und Wand werden durch Auseinanderdrücken der beiden Daumen gebildet. Schließlich werden die Daumen übereinander gesetzt und der Boden flach gedrückt.

**4. Zangengriff**
Durch den Zangengriff erreicht man eine ausreichend hohe Wandung für das anschließende Hochziehen des Objekts. Zeige- und Mittelfinger bilden eine Zange, zwischen der der Wandansatz hochgepresst wird. Gleichzeitig stabilisiert die linke Hand die runde Form und den Bodenansatz. Der linke Daumen stützt den rechten Zeigefinger und glättet die Wandoberseite.

**5. Knöchelgriff**
Mit dem Knöchelgriff wird die Wandung zu dem gewünschten Höhe/Wandungsstärke-Verhältnis gepresst. Dabei zieht man eine Wulst zwischen den Fingern der rechten Hand und dem Knöchel des linken Zeigefingers nach oben.

**6. Schienengriff**
Der Schienengriff führt zur gewünschten Ausbauchung oder Einbuchtung des Hohlzylinders. Wegen der notwendigen Genauigkeit des formenden Drucks auf der Außenseite wird eine sog. Kammschiene verwendet. Im Innern des Hohlzylinders erfolgt ständiger Druck durch die Hand. Diesem Druck gibt die außen angelegte Kammschiene nur in dem Maße nach, wie die gewünschte Form es erfordert. Bei enghalsigen Gefäßen, wie z. B. Flaschen, übt ein sog. Flaschenknecht, ein löffelartiges Holzwerkzeug, den Gegendruck von der Innenseite des Hohlzylinders aus.

**7. Rand abrunden**
Nach dem Knöchelgriff und dem Schienengriff erweist sich ein beidhändiger Griff zum Abrunden des Randes als ratsam. Dadurch verringert sich die Möglichkeit der Rissbildung an diesem am stärksten gefährdeten Bereich. Die Handhaltung ähnelt dem Zangengriff. Weitere formgebende Griffe führen zur Bildung von Randkehlen und -wülsten.

**8. Abtrennen und Abnehmen**
Das nicht chem. gebundene Wasser im Ton hat sich durch die Erdanziehungskraft im Bodenbereich des Gefäßes angesammelt und muss vor dem Abnehmen mit einem Schwamm entfernt werden. Im Innern wird dafür ein sogenannter Stockschwamm verwendet.
Das zunächst erwünschte feste Haften des Tons auf der Scheibe erweist sich am Schluss als hinderlich, da der Hohlkörper aus weichem Ton durch kräftiges Anfassen zerbeult werden könnte. Deshalb verwendet man eine dünne Nylonschnur oder einen Schneiddraht, um den Gefäßboden von der Töpferscheibe zu trennen. Der an beiden Enden um je ein Rundholz verdrillte Draht wird von den Händen zum Körper hin gezogen, während beide Daumen ihn fest auf die Scheibe drücken. Nach dem Abtrennen kann das Gefäß mit trockenen Händen (nasse Hände kleben am Gefäß) abgenommen und zum Trocknen abgestellt werden.

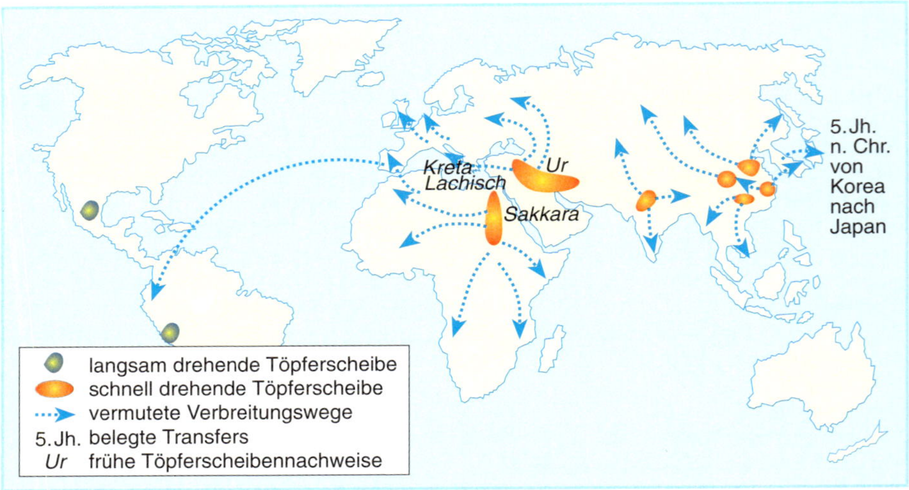


Zentren der Erfindung und mögliche Verbreitung der schnell und langsam drehenden Töpferscheibe

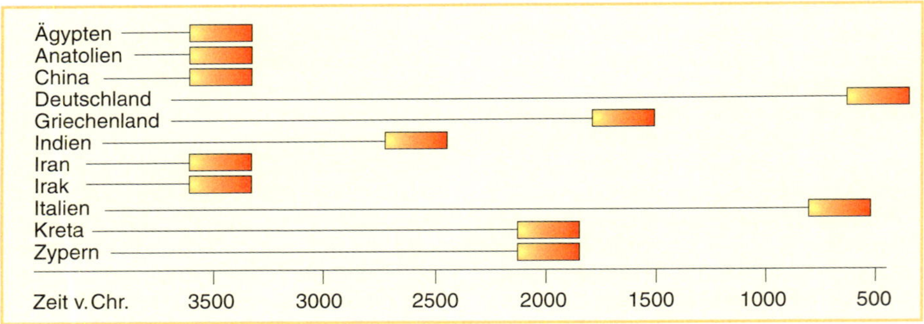


Frühestes Auftreten der Töpferscheibe

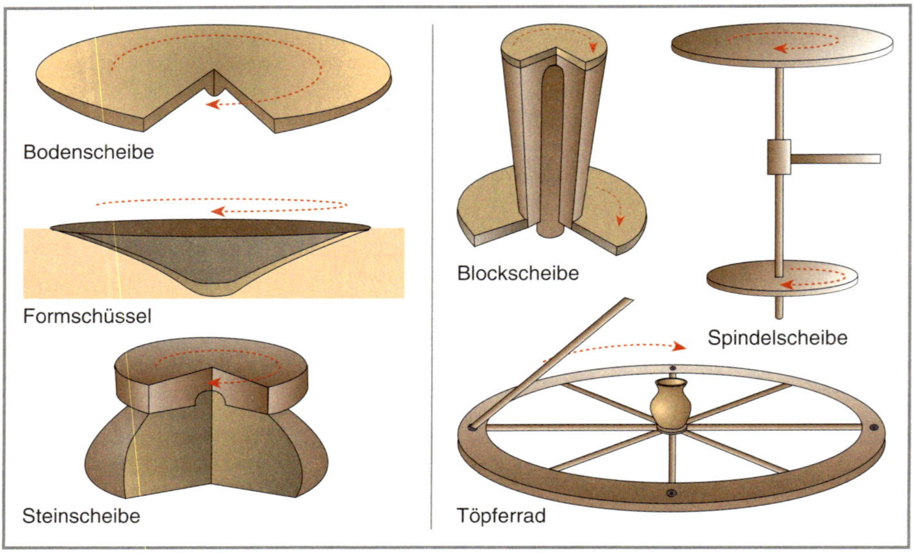


Grundtypen der Töpferscheibe; links: langsam drehend, rechts: schnell drehend

Die Erfindung einer **schnell drehenden Töpferscheibe** bedeutete einen Produktivitätszuwachs. Dieser war für die Menschen so folgenreich, dass die Töpferscheibe zu einem Symbol für Geschwindigkeit schlechthin wurde. So berichtet ein altägypt. Schreiber über die Unruhen am Ende des Alten Reichs (S. 216 f.):

> *»Der Räuber ist Besitzer von Reichtümern ...*
> *Das Land dreht sich wie eine Töpferscheibe.«*

Außerdem wurde die Massenfertigung für den Markt (S. 12 f.) dadurch möglich. Gleichzeitig bestimmte sie die Richtung der Keramikentwicklung: Während auf den Kontinenten mit Töpferscheibe (Europa, Asien, Afrika) axialsymmetrische Formen und Flächendekore dominierten, herrschten bei der ohne schnelle Töpferscheibe gefertigten Keramik des alten Amerika plastische und figürliche Formen und Dekore vor (S. 232 f.).
Abgesehen von neuen Antriebsformen, wie z. B. dem Motor, ist die Töpferscheibe neben dem Bohrer das einzige im Altertum erfundene Werkzeug, das sein **Funktionsprinzip** seit seiner Erfindung vor 5500 Jahren bis heute beibehalten hat. Es beruht auf der Rotationskraft einer schnell drehenden Scheibe. Diese führt den auf der Scheibenoberfläche klebenden Ton im Kreis. Durch Druck von Fingern und Händen richten sich die Plättchen im Ton gleichmäßig aus und bilden idealerweise eine rissfreie, axialsymmetrische Form. Für den Gegendruck ausreichende Rotationskräfte setzen eine feste Lagerung der Scheibe auf einer zentralen Achse voraus.
Die Töpferscheibe findet sich ausschließlich bei sesshaften Völkern. Die frühesten Entwicklungen sind archäologisch schwer zu belegen. Allgemein nimmt man als Vorstufen der Töpferscheibe die Formschüssel sowie eine langsam drehende Bodenscheibe (Tournette) an, die in Nordafrika bis heute in Gebrauch ist. Die schnell drehende Töpferscheibe wurde nach der **polyzentrischen Theorie** (S. 78 f.) in verschiedenen Gebieten unabhängig voneinander im 4. Jt. v. Chr. erfunden: Ägypten, Anatolien, China, Irak und im Iran (Abb.). Dagegen geht die **monozentrische Theorie** von einem Erfindungszentrum in Vorderasien oder China aus. Von dort verbreitete sie sich auf dem Landweg. Gegen diese Theorie sprechen die relative Gleichaltrigkeit der Töpferscheibenfunde (um 3500 v. Chr.) sowie die Verschiedenartigkeit der Grundtypen.
Europa übernahm diese Erfindung in zeitlichen Etappen entsprechend der Entfernung zu den Erfindungszentren in Vorderasien (Iran, Irak).

**Grundtypen der Töpferscheibe**

Die **Bodenscheibe** ist eine runde Platte aus Holz, Flechtwerk, Ton oder Stein, die auf dem Erdboden mit der Hand oder den Füßen gedreht wird. Eine konkave Auswölbung an der Unterseite verringert die Reibung. Solche Unterlagen wurden auch für das Wülsten verwendet. Eher vom Aufbau als vom Drehen spricht man bei der Verwendung einer dickwandigen **Formschüssel**. Die **langsam drehende Steinscheibe** ist eine Scheibe mit einer Spurpfanne auf der Unterseite, die auf einem Zapfenstein lagert. Es handelt sich um die erste zentral gelagerte Scheibe. Das Prinzip gleicht dem eines Türangelsteins. Die **Blockscheibe** ist eine wichtige Weiterentwicklung und der Übergang zur schnell drehenden Scheibe. Dabei bildet die Töpferscheibe den oberen Teil des Blocks, nach unten folgt entweder ein massiver Mantel um die Achse oder eine weitere Scheibe, die mit der oberen Scheibe durch Streben verbunden ist. Bei der **Fußblockscheibe** erfolgt die Trennung von Arbeits- und Drehscheibe. Die Drehscheibe befindet sich am unteren Ende des Blocks und wird mit den Füßen bewegt.
Die Kenntis der Rotationskräfte führte zur Entwicklung des **Töpferrades**. Dabei konzentriert sich die Masse auf den Außenbereich des Rotationskörpers. Vorteilhaft ist ein gleichmäßiger, schneller und lang anhaltender Lauf. Nachteilig ist der notwendige große Abstand des Töpfers zum Ton, weshalb das Töpfern meist im Stehen erfolgt, wie z. B. in Indien (206 f.), wo die Töpferräder mit Ton beschwert werden. Die Trennung von Lagerung, Führung, Drehscheibe und Arbeitsplattform führt zur **Spindelscheibe**, die noch heute Verwendung findet (Abb.).

| Schlickergießen | Bildsame Formung | Pressen |
|---|---|---|
| Vollguss | Quetschformen | Heißpressen |
| Hohlguss | Spritzformen | Isostatikpressen |
| Kombiguss | Drehformen | Trockenpressen |
| | Strangformen | Stampfen |
| | | Feuchtpressen |

Industrielle Formgebungstechniken

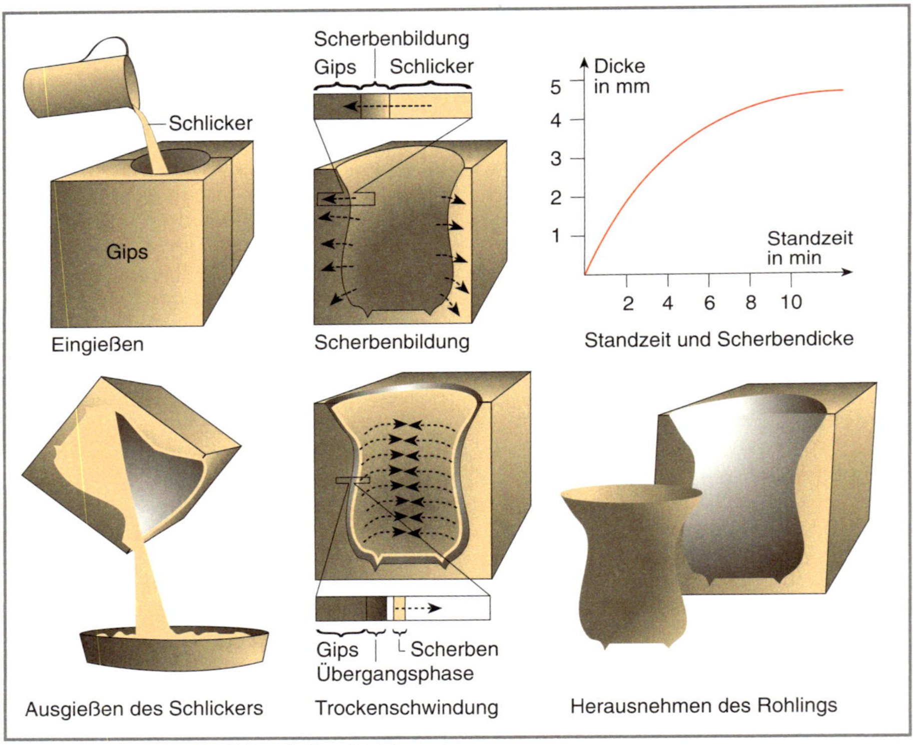


Arbeitsschritte beim Schlickergießen (Hohlguss)

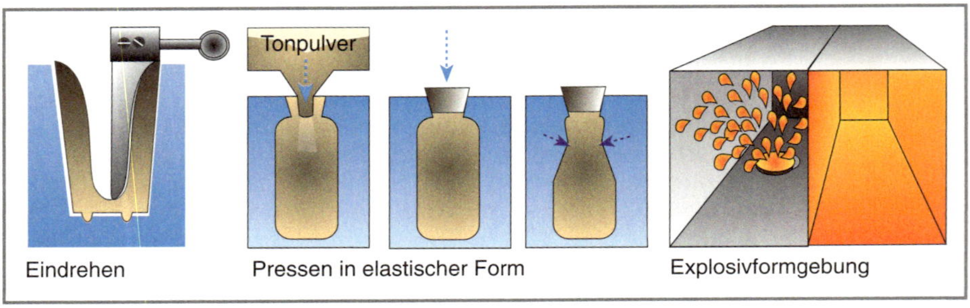


Eindrehen, Pressen und Explosivformgebung

Bei der **industriellen Formgebung** wird die Arbeitsmasse durch bestimmte Techniken zu Formlingen umgewandelt. Man ordnet die Techniken drei Hauptechnologien zu:

**Schlickergießen**

Dabei wird Gießschlicker (Ton-Wasser-Suspension) in eine poröse, saugfähige Form gegossen. Die Ablagerung an der Form bildet entsprechend der Standzeit einen Scherben als Negativabdruck. Das Verfahren wurde im späten 18. Jh. im frz. Tournay entwickelt und fand ab dem 19. Jh. allgemeine Verbreitung.

Schlickergusstechniken benötigen gießfähige Suspensionen mit einem Feuchtigkeitsgehalt von 30–40%. Zunächst erfolgt das Eingießen des Schlickers in eine rotierende Form. Die Scherbenbildung beansprucht etwa 10–20% der Zeit, die jedoch durch Elektrophorese (Gleichspannungsfeld zur Erhöhung der Wanderungsgeschwindigkeit der Tonteilchen) verringert werden kann. Nun gießt man beim *Hohlguss* den Restschlicker aus; beim *Vollguss* wird Schlicker nachgegossen. Er unterscheidet sich vom Hohlguss durch die Scherbenbildung im vollen Raum zwischen der Außenform und der im Innern eingebrachten Widerform. Die Trockenschwindung benötigt 70–90% der Zeit. Nach einer Trocknung auf bis zu 12–16% Restfeuchte kann der Formling ohne Deformationsgefahr entnommen werden (Abb.).

Der Schlickerguss spielt in der Mikroelektronik eine große Rolle, wo dünne, gegossene Keramikfolien als Trägermaterial verwendet werden.

**Bildsame Formgebung**

Diese älteste Formgebungstechnik nutzt eine handgerechte Arbeitsmasse mit einem Feuchtigkeitsgehalt von 15–25%. Die wichtigsten Verfahren sind: Strangformung, Dreh- bzw. Rollerformung, Spritzformung und Quetschformung.

Bei der *Strangformung* wird die Arbeitsmasse durch ein entsprechend der vorgesehenen Gestalt geformtes Rohr gepresst. Diese Technik entstand um 1780 und erlebte 1856 mit der Erfindung einer Göpelstrangpresse durch C. SCHLICKEYSEN (1824–1909) ihren ersten Durchbruch. Vor allem Mauerziegel wurden so gefertigt.

Die *Drehformung* unterscheidet sich vom Drehen auf der Scheibe durch die Verwendung von Schablonen statt der formenden Hände (Abb.). Die Arbeitsmasse liegt in einer porösen, saugfähigen Form. Bei Umdrehungsgeschwindigkeiten von 200–400 U/min erfolgt das maschinelle Drehen mittels Einquetschen der Masse in ein Schablonenblatt aus Stahl.

1946 wurde in Großbritannien die *Rollerformung* erfunden. Statt eines Schablonenblatts findet hier eine Vollschablone, der sog. Rollerkopf, Anwendung. Die Masse wird zwischen dem rotierenden Kopf und der sich ebenfalls drehenden Grundform in die gewünschte Gestalt gequetscht. Diese Technik findet v. a. bei Tafelgeschirr Anwendung.

Bei der *Spritzformung* wird die Arbeitsmasse mit einem Feuchtigkeitsgehalt um 18% zunächst homogenisiert in den Spritzzylinder eingebracht. Dieser spritzt die Masse mit einer Geschwindigkeit von etwa 15–20 m/s in die geschlossene Form.

Die *Quetschformung* wird meist bei der Nachformung von Strangpressenformlingen angewendet. Bei einem Druck von weniger als 1 Mpa und einer Arbeitsmasse mit 15–25% Feuchte werden u. a. Blumentöpfe gefertigt.

**Pressen**

Das Pressen unterscheidet sich von den o. g. Techniken durch die Verwendung von Pulvern für die Formgebung. Durch Druck von einer oder mehreren Seiten erhält das körnige Pulver seine gewünschte Form. Das Pressen mit Granulaten herrscht heutzutage in der keramischen Industrie für alle Nichthohlformen vor. Es gibt unterschiedliche Verfahren (Abb.):

*Nass-* oder *Feuchtpressen* (Druck von einer Seite aus in starre Metallformen); *Stampfen* oder *Vibrieren* (Druckluft- oder Elektrostampfer drücken das Pulver in eine Form; beim Vibrieren erfolgt die Verdichtung auf Rütteltischen); *Trockenpressen* (Pressen in Stahlformen; dies ist das häufigste Verfahren); *isostatisches Pressen* (Pressen in einer elastischen Form); *Heißpressen* (Pressen und Sintern); *Explosivformung* (Masse explodiert in einer Stahlform).

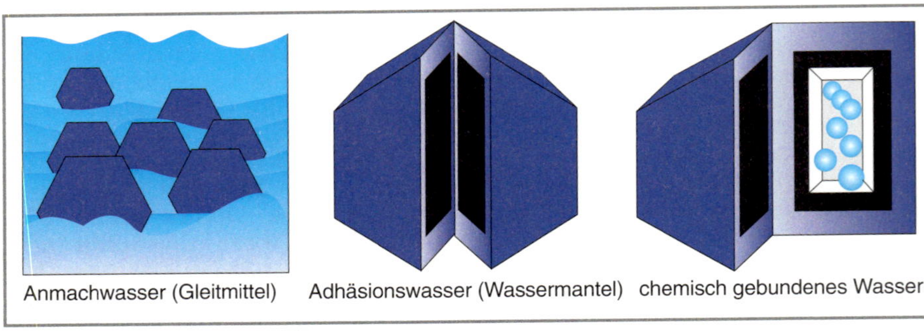


Unterschiedliches Wasser im Ton

$$\% \text{ FaT} = \frac{\text{Ng-Tg}}{\text{Tg}} \cdot 100\ \%$$

$$\% \text{ FaN} = \frac{\text{Ng-Tg}}{\text{Ng}} \cdot 100\ \%$$

FaT Feuchtigkeit auf trockenen Ton berechnet
FaN Feuchtigkeit auf nassen Ton berechnet
Ng Nassgewicht
Tg Trockengewicht

$$Vg = k\,(p_w - p_a) = \frac{h}{L} \cdot (t_a - t_w)$$

Vg Verdampfungsgeschwindigkeit
k Massenübergangskoeffizient
h Wärmeübergangskoeffizient
L Verdampfungswärme pro Masseeinheit
p Druck an der Wasseroberfläche (w) bzw. im Wasserdampf (a)
t Temperatur an der Wasseroberfläche (w) bzw. im Luftstrom (a)

$$Vs = \frac{S + M - V_D}{V_D} \cdot 100\ \%$$

Vs Volumenschwindung
M Feuchtigkeitsgehalt im lederharten Zustand
S scheinbares Festvolumen von 100 g trockenem Ton im plast. Zustand
$V_D$ Trockenvolumen nach dem Trocknen

Berechnungsformeln beim Trocknen

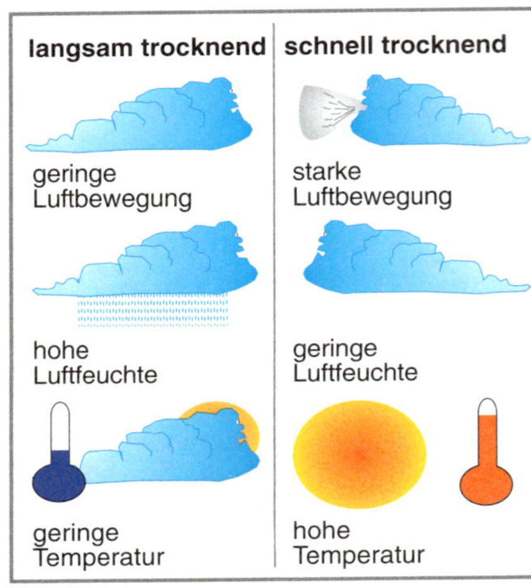


Einflüsse auf Trocknung

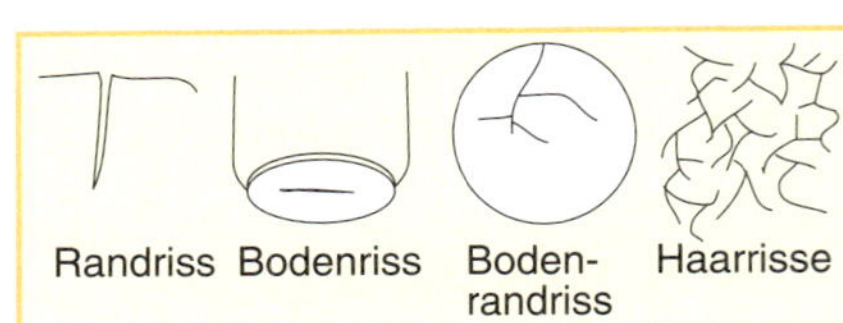


Trocknungsrisse

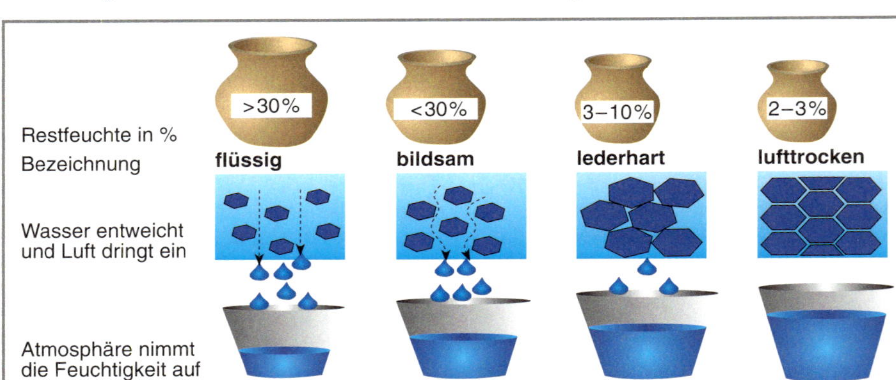


Trocknungsstufen

Die **Trocknung** stellt die Abgabe von Wasser an die Umgebung dar. Sie endet beim Ausgleich der Umgebungs- und Tonfeuchte. Mit Abschluss der Formgebung hat das Wasser als Gleitmittel seine Funktion erfüllt. Brennt man das Tonobjekt ohne Trocknung, könnte der Wasserdampf zu schnell entweichen, Tonpartikel mit sich reißen und das Objekt zerbrechen.
Um sich vor diesen »Knallgöttern« zu schützen, brachten die Griechen in der Antike am Brennofen abschreckende Masken an (S. 102 f.).
Während der Trocknung schwindet das Objekt durch die Wasserabgabe, was bei maßgenauen Objekten eine Schwindungsberechnung voraussetzt (Abb.).

**Wasser im Ton**
Max. 40 % des Tongewichts macht Wasser aus. Davon ist höchstens 30 % mechanisch gebundenes **Anmachwasser**. Es entweicht aus den Poren, in die daraufhin Luft eindringen kann. Dabei verringern sich Größe und Masse des Formlings, da die Tonpartikel zusammenrücken und Luft leichter ist als Wasser.
Die Tonpartikel selbst sind ebenfalls von einer Wasserschicht umgeben – dem sog. **Adhäsions-** oder **Porenwasser**. Dieses Wasser ist dafür verantwortlich, dass selbst im lederharten Zustand ein geringer Gleiteffekt des Tons erhalten bleibt. Es ist erst völlig aus dem Ton zu entfernen, indem man den Siedepunkt überschreitet (etwa bei 120 °C). Danach ist der Ton knochentrocken.
In den Tonpartikeln ist Wasser Bestandteil chem. Verbindungen. Dieses **chemisch gebundene Wasser** (Kristall- oder Zwischenschichtwasser) kann erst beim Brand über 450–590 °C entfernt werden und beträgt max. 10 % des Gewichts. Das Entfernen oder Austreiben des gebundenen Wassers geschieht von 450 °C über 590 °C bis etwa 720 °C.
Nach dem Austreiben nennt man den Ton **Scherben**, das Objekt **Keramik**.

**Einflüsse auf Trocknung**
Die **Trocknungszeit** hängt von inneren und äußeren Faktoren ab (Abb.). Innere Faktoren sind die *Korngröße* und das *Verhältnis* von *bildsamen* und *nichtplastischen Bestandteilen*. Dabei trocknen Objekte mit kleineren Korngrößen langsamer als die mit großen. Ein hoher Anteil an nicht plastischen Bestandteilen führt ebenfalls zu einer kürzeren Trocknungszeit. Äußere Faktoren sind *Temperatur*, *Luftbewegung* und *Luftdruck*.

**Trocknungsrisse**
Beim Trocknen können verschiedene Risse auf Grund unterschiedlicher Ursachen entstehen (Tabelle).

| Rissform | Ursache |
|---|---|
| Randriss | zu großer Dickenunterschied Rand/Boden |
| Bodenriss | kein gleichmäßiges Trocknen am Boden |
| Bodenrandriss | Boden dünner als Wandung |
| Haarriss | unterschiedl. Schwindungskoeffizienten |

**Trocknungsstufen**
Der Trockenvorgang beginnt bei der **Schlämme**, die für die Formgebung zu einer formbaren Arbeitsmasse trocknen muss. Die Feuchtigkeit beträgt in der Schlämme noch über 30 %. Der für die Formgebung verwendete **bildsame Ton** besitzt eine Restfeuchte von bis zu 30 %. Wenn das Porenwasser entwichen ist, spricht man vom **lederharten** Zustand, d. h. der Formling lässt sich zwar nicht mehr kneten, mit harten Werkzeugen kann man aber noch Korrekturen bzw. den Dekor anbringen. Lederharter Ton enthält eine Restfeuchte von 3–10 %. Diese sollte überall gleichmäßig verringert werden. Deshalb werden Kleinteile wie Henkel und Tüllen längere Zeit mit Wasser besprüht oder mit feuchten Tüchern umwickelt, da sie schneller trocknen als der Rest. Die unterschiedliche Trocknung würde zu verschiedenen Haltbarkeitszuständen und damit zur Brüchigkeit führen.
Beim **lufttrockenen** Zustand ist der höchste Trocknungsgrad erreicht, der ohne künstliche Hilfsmittel erzielt werden kann. Nur dünnste Poren sind mit Wasser gefüllt und der Wassermantel hat gerade noch die Stärke von zwei bis drei Molekülen. Seine Bildsamkeit hat das Objekt nun verloren, bei erneuter mechanischer Kraftanwendung zerbricht es.

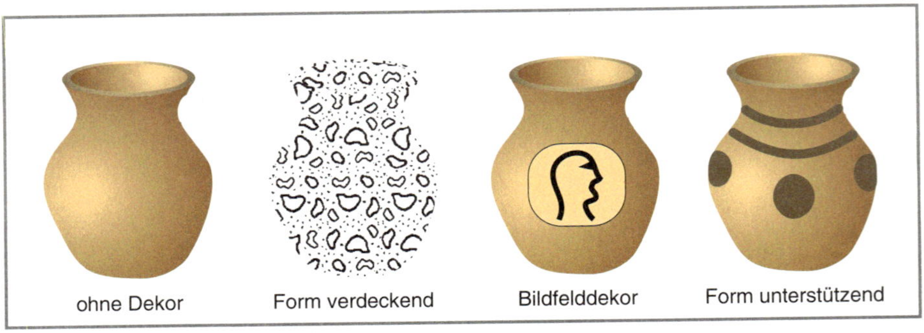


Einteilung nach der visuellen Wirkung

Einteilung nach der Höhe des Dekors

Einteilung nach der Farbkörperresistenz

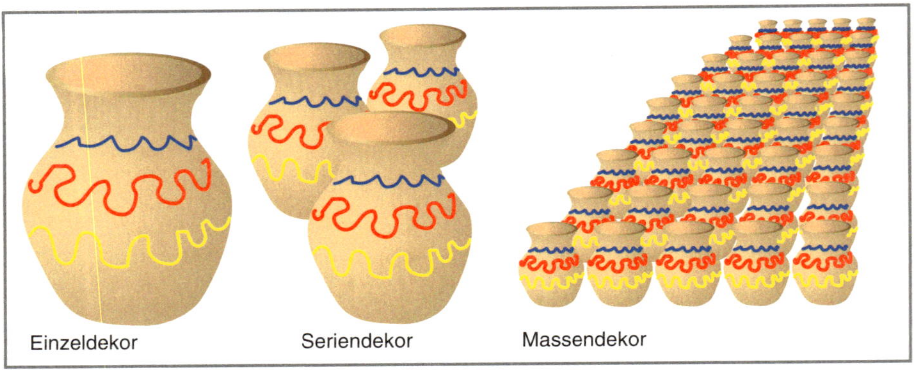


Einteilung nach der Anwendungshäufigkeit

**Dekor** bedeutet soviel wie Verzierung, Schmuck oder Muster. Das Wort kam vom lat. *decorare* (schmücken) über das frz. *décor* (Schmuck) in den dt. Sprachgebrauch. Der Dekor der Keramik bildet zusammen mit der Form die eigentliche Gestalt, das sog. Design.

**Einteilung nach der visuellen Wirkung**
Die visuelle Wirkung bezieht sich auf das Verhältnis von **Dekor** und **Form**.
**Form verdeckende Dekore** legen sich gleich einer textilen Oberfläche über das Gefäß und nivellieren dabei die durch die Form vorgegebenen Wirkungen v. a. der Binnenformen. Dagegen unterstützen diese Dekore die Silhouette der Außenform, da sie eine klare Grenze zwischen Umgebung und Innenfläche darstellen.
Beispiele finden sich in der islamischen Kultur.
**Bildfelddekore** nutzen die durch die Form vorgegebenen zentralen Flächen, um dort, gleich einem Plakat an der Litfasssäule, ein Bildfeld zu füllen. Bes. geeignet sind der Bauch bei Kugelzylindern und der Spiegel bei Tellern. Häufig finden sich auf vollzylindrischen Formen mehrere Bildfelder in einem Band, das durch senkrechte Linien getrennt ist. Aus der klassischen Archäologie wurde dafür der Begriff Metope entlehnt. Dies ist ein fast quadratisches, bemaltes oder reliefiertes Bildfeld an Tempeln, das sich mit einem abstrakten Triglyphon abwechselt.
**Formunterstützende Dekore** ordnen sich der Form unter und heben bspw. einen engen Hals mittels einer Linie hervor.
In der Praxis existieren die verschiedenen Dekorarten z. T. auf einem Objekt nebeneinander.

**Einteilung nach der Dekorhöhe**
Entsprechend ihrem Höhenverhältnis zum Scherben unterscheidet man:
– **flache Dekore**: Diese werden oft flüssig aufgetragen. Entweder taucht man das Objekt in die mit Farbpigmenten versetzte Flüssigkeit und erhält einen vollflächigen Dekor, oder die Farbe wird mit Pinseln, Malhörnern, Gießern u. a. aufgetragen;
– **Reliefdekore**: Diese nutzen sowohl positive (herausragende) als auch negative (eingetiefte) plastische Elemente;
– **Applikationen**: Diese bezeichnen plastische Elemente, die die Grundform des Objektes stark erweitern. Besonders häufig wird diese Dekorart für figürliche Gefäße genutzt. Beispiele dafür gibt es v. a. in Altamerika, wo man Drehscheibe nicht kannte (S. 232 ff.).

**Einteilung nach Farbkörperresistenz**
Die Resistenz gegen Säuren, Laugen und Scharffeuer bedeutet eine Erweiterung der Einsatzbereiche für Dekorkeramik (Abb.). Scharffeuer bezeichnet dabei jene Temperatur, bei der der Scherben durch Verglasung versintert/verdichtet wird (Tabelle).

| Keramiktyp | Sintertemperatur |
|---|---|
| Klinkerziegel | >1000 °C |
| Steingut | 1100–1280 °C |
| Steinzeug | um 1300 °C |
| Porzellan | um 1400 °C |
| feuerfeste Keramik | >1600 °C |

**Scharffeuerfarben** besitzen eine höhere Brennstabilität, die jedoch von der Dicke und der Viskosität des Dekors abhängt. Sie erhöhen die chemische Beständigkeit und Haltbarkeit.
Beispiele sind Kobaltsilikat oder -aluminat beim Kobaltporzellan.
Bei Hochspannungsporzellan wird die Scharffeuerfarbe bereits der Rohglasur beigemengt (S. 70 f.).
**Laugen-** und **Säurebeständigkeit** ist die Widerstandsfähigkeit von Glasuren und Dekoren gegenüber sauren und basischen Chemikalien. Besondere Bedeutung hat dies bei Fliesen, Steinzeugplatten, Kanalisationsrohren und technischer Keramik für die chem. Industrie. Säurebeständig sind Dekore, die eine 24 h dauernde Einwirkung von vierprozentiger Essigsäure bei etwa 20 °C unbeschadet überstehen. Eine höhere Widerstandsfähigkeit kann durch einen erhöhten Anteil an Siliziumoxid und Aluminiumoxid oder den Zusatz von Zirkondioxid erreicht werden.

**Einteilung nach Anwendungshäufigkeit**
Diese Einteilung bezieht sich auf die Fertigungsmenge: die **Einzelfertigung**, **Serien-** und **Massenproduktion**.

| | Chemismus und Phasenbestand | Rohstoffe | Brand |
|---|---|---|---|
| **Eisenoxid** | Magnetit ($Fe_3O_4$)<br>Maghemit ($\gamma$-$Fe_2O_3$)<br>Hercynit ($FeAl_2O_4$)<br>Mischkristalle | eisenreiche Ockererden und Tone | reduzierend |
| **Manganoxid** | $\alpha$-($[Fe,Mn]_2O_3$)<br>Bixbyit ($Mn_2O_3$)<br>Hausmannit ($Mn_3O_4$)<br>Jacobsit ($MnFe_2O_4$) | mangan- und eisen- reiche Locker- sedimente | oxidierend bzw. schwach reduzierend |
| **Kohlenstoff** | Graphit (C)<br>Glanzkohlenstoff (C)<br>Kohlenstoff aus Rauchung (C) | mit Ton angeteigter Graphit, Ruß | reduzierend |

Schwarzpigmente

| | Chemismus und Phasenbestand | Rohstoffe | Brand |
|---|---|---|---|
| **Eisenoxidrot** | Hämatit ($\alpha$-$Fe_2O_3$) | eisenreiche Ockererden und Tone | oxidierend |
| **Kupferrot** | Kupfer, kolloid dispergiert<br>Kalium, Eisenoxid | metallisches Kupfer | reduzierend |

Rotpigmente

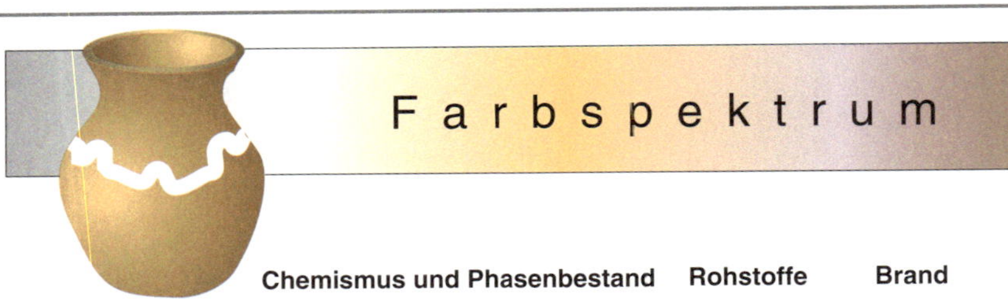


| | Chemismus und Phasenbestand | Rohstoffe | Brand |
|---|---|---|---|
| **Calciumcarbonat und Kalksilikatweiß** | Calcit ($CaCO_3$) | Kreide, Mergel | oxidierend |
| **Kaolinitweiß** | Kaolinit ($Al_2[OH]_4Si_2O_5$) | Kaoline | oxidierend |
| **Talkweiß** | Talk ($Mg_3[OH]_2Si_4O_{10}$) | Speckstein | oxidierend |

Weißpigmente

**Brandfarben** sind im Gegensatz zu Kaltfarben (S. 40 f.) Farben, die durch den thermischen Einfluss im Brennofen fest mit dem Scherben verbunden werden bzw. erst dadurch enstehen. Die ältesten Brandfarben sind Rauchbrandfarben und Engoben, d. h. Tonschlicker mit färbenden Pigmenten, die jüngsten Glasuren (S. 34 ff.).

**Schwarzpigmente**

**Eisenoxid- und Eisenreduktionsschwarz.** Pigmentphasen des Eisenoxidschwarz sind v. a. die oxidischen Spinellphasen Maghemit, Hercynit und Magnetit sowie die Mischkristallphasen. Rohstoffe dafür lieferten eisenreiche Ocker und Tone; Bindemittel waren Tonschlicker. Die Schichtdicke beträgt 10–50 µm. Voraussetzung für eine dunkle Färbung war ein oberhalb 850 °C geführter, reduzierender Brand. Zur Farbgebung trug auch der durch den Rauch bedingte Kohlenstoff bei. Eine Sonderform der Eisenreduktionstechnik stellt die Glanztonengobe dar, die durch die griechische Luxuskeramiken bekannt wurde (S. 102 ff.). Dabei handelt es sich um einen durch die Textur bedingten Glanz. Die Malschlicker waren so fein aus illitreichen Tonen geschlämmt, dass eine geringe Schichtdoppelbrechung ($\Delta = 0{,}004-0{,}006$) erreicht wurde. Glanztonengoben trug man auf das lederharte Gefäß auf und brannte sie relativ niedrig (< 1000 °C).

**Manganschwarztechnik.** Diese Pigmentphasen sind Mangan/Eisenoxid-Mischkristalle mit Hämatitstruktur, manganhaltige Spinelle, Hausmannit und selten Bixbyit. Als Rohstoffe dienten mangan- und eisenhaltige Lockergesteine. Farbgebend war immer auch Eisenoxid. Weiche Manganerze wie Wad oder Umbra zählten auch dazu. Bindemittel waren Tonschlicker. Der Brand erfolgte oxidierend/schwach reduzierend.

**Kohlenstoffschwarz.** Kohlenstoff wurde als Graphit dem Malschlicker beigemengt und wegen der Oxidationsempfindlichkeit entweder reduzierend oder in einer Kapsel gebrannt. Eine besondere Art der Kohlenstofffärbung war die Rauchung mit einer Schichtdicke von etwa 100–300 µm. Durch Vorpolitur der Oberfläche oder teilweise Rauchung (Rot/Schwarz-Dekor) ermöglichte diese Technik differenzierte Dekore (S. 216 f.). Auch können rauchschwarze Keramiken nachträglich mit Kaltfarben verziert werden.

**Rotpigmente**

**Eisenoxidrot.** Beim Eisenoxidrot ist $Fe_2O_3$ (Hämatit) farbgebend, das in Ockererde und eisenreichen Tonschlickern enthalten ist. Bei oxidierender Atmosphäre entsteht auch aus anderen Eisenoxiden Hämatit und bleibt während des Brandes stabil.

**Kupferrot.** Ein helles, leuchtendes Rot wurde durch die Verwendung von kolloiddispersivem Kupfer erreicht, das als Metall auf den meist aus Metakaolinit bestehenden Malgrund aufgetragen wurde. Das Kupfer gewann man aus dem Mineral Chalkanthit.

**Weißpigmente**

Weiße Dekore erreichten die alten Töpfer durch Kreide (Calciumcarbonat), Mergel (Calcit/Ton-Gemische), gesteinsbildende Kaoline (Metakaolinit/ Kaolinit) sowie Talkweiß.

**Mischfarben**

Dazu gehören z. B. fleischfarbene Töne infolge der Vermengung von Eisenoxidockern mit Talk zu Forsterit, gelbe und bräunliche Farben durch verschiedene Mengenverhältnisse von Hämatit, Maghemit, Metakaolinit und Hercynit.

**Kombination mehrerer Farben**

Für Kombinationen wurden v. a. Rot, Schwarz und Weiß genutzt. Dabei war der Gebrauch von Weißpigmenten am wenigsten von der Brennatmosphäre abhängig. Dagegen benötigte das fast ausschließlich durch Hämatit gebildete Rot einen durchgehend oxidierenden Brand. Bei der Kombination mit Eisenoxidschwarz wechselte deshalb die Atmosphäre von oxidierend (Verdichtung), reduzierend/rauchend (Schwärzung) zu oxidierend (Rötung durch Aboxidieren der dünnen Teile). Manganschwarz/Eisenockerkombinationen brannte man oxidierend, da Mangan schwarz brennt. Kohlenstoff- und Hämatitkombinationen nutzten v. a. Graphit, da es einen oxidierenden Brand über 700 °C überstand.

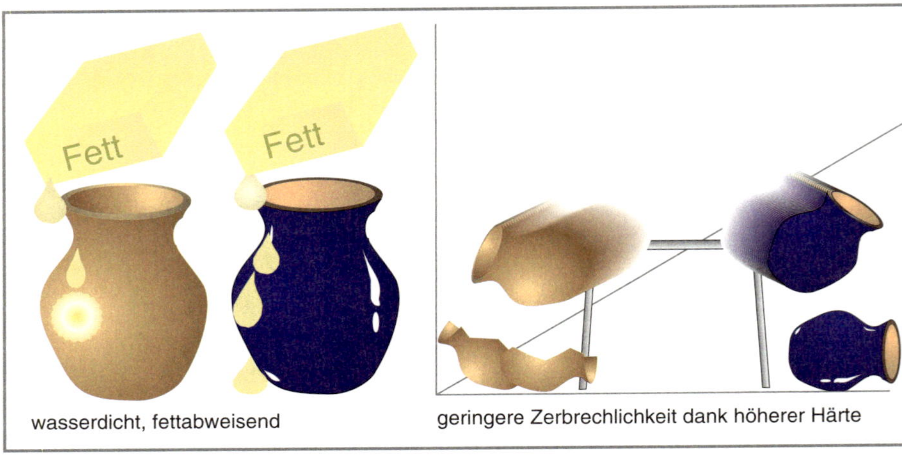


Vorteile von glasierter Keramik

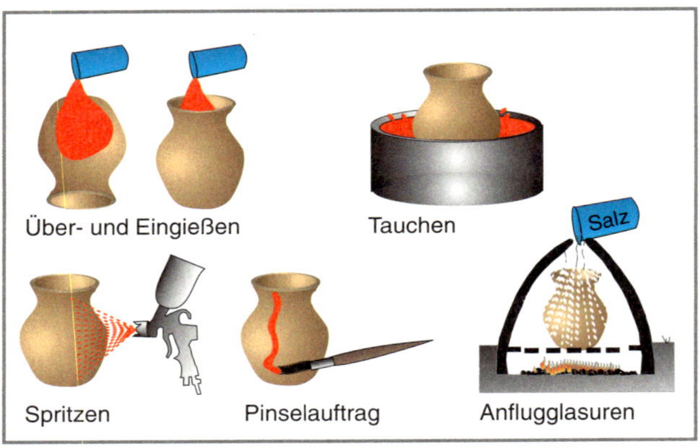


Methoden des Glasurauftrags

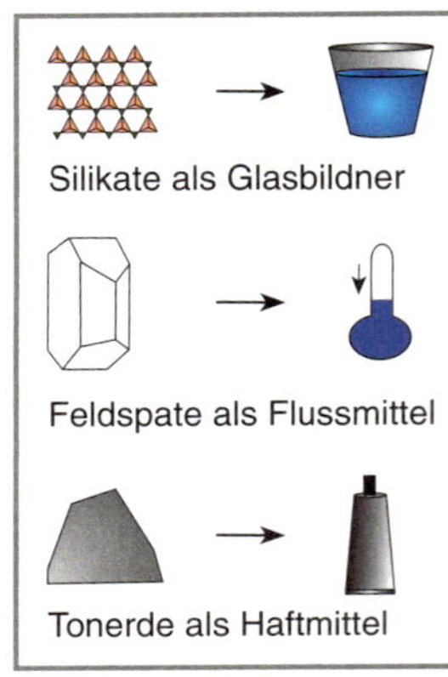


Bestandteile der Glasur

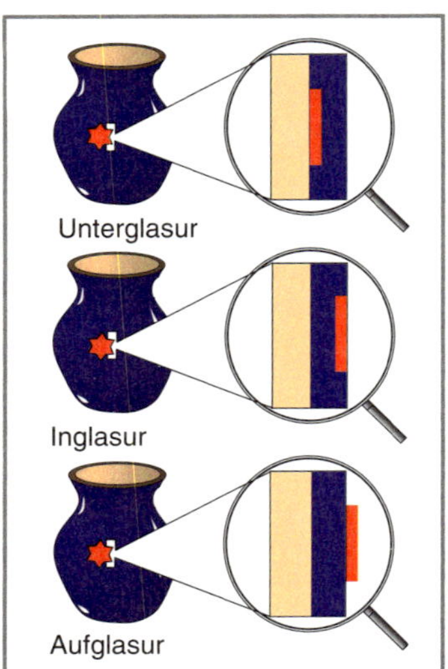


Lage der Glasurfarben

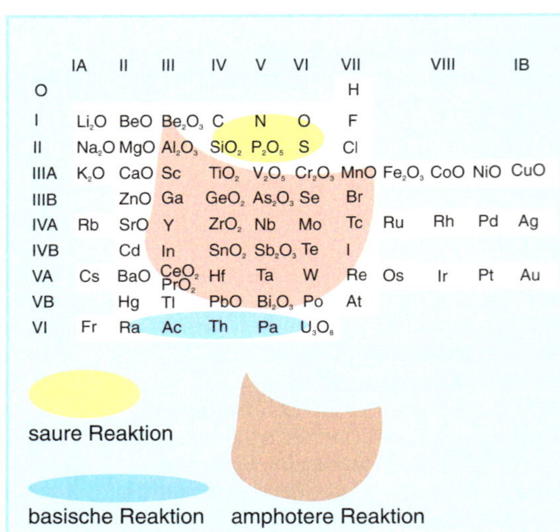


Periodensystem der Oxide

**Glasuren** sind auf die Scherbenoberfläche aufgeschmolzene Glashäute, die Keramik wasserundurchlässig und glatt machen, eine höhere Härte bewirken und als Dekore Anwendung finden (Abb.). Der Begriff stammt vom german. **glása* ab, was soviel wie ‘glänzen’ oder ‘schimmern’ bedeutete bzw. als *glœr* die Bezeichnung für Bernsteinperlen darstellte. Mit dem Import von Glasperlen wurde der vorhandene Name übertragen. Die romanische Endung *-ur* entlehnte man dem mlat. *lazur*.

**Methoden des Glasurauftrags**
Beim Glasurauftrag wird der Glasurschlicker entweder über oder in das Gefäß gegossen. Außerdem kann das Objekt in die Flüssigkeit getaucht oder die Glasur durch Spritzen bzw. Pinseln aufgetragen werden. Eine besondere Art des Glasurauftrags sind die Anfluggläsuren. Grundlage dafür sind die gasförmigen Verflüchtigungen von Blei-, Natrium- und Boroxid, die als Gas aus der Schmelze entweichen und sich an bestimmten Oberflächen niederschlagen. Bei den mit Salzglasuren versehenen grauen oder braunen Gefäßen wird das Kochsalz beim Erreichen der Höchsttemperatur in den Brennofen geworfen (S. 118 f.). Das Natriumoxid verbindet sich mit dem Aluminium- und dem Siliziumoxid zu Natriumaluminiumsilikat.

**Hauptbestandteile** der Glasuren sind die **Glasbildner**, die **Flussmittel** und die **Tonerde**. Der wichtigste Glasbildner ist das Siliziumoxid, das in versch. Konzentrationen in Quarz, Flint, Feldspat oder Kaolin enthalten ist. Flussmittel dienen dazu, die Schmelztemperatur von Glasbildnern zu senken, da sonst der Scherben in Gefahr wäre, selbst zu schmelzen und damit seine Form zu verlieren. Die wichtigsten Flussmittel sind Natrium-, Kalium-, Calcium-, Magnesium- und Bleioxid. Tonerde dient als Haftmittel zwischen Glasur und dem ebenfalls Tonerde enthaltenden Scherben.
Schließlich gehören noch stabilisierende Bestandteile zur Glasur. Sie bewirken eine höhere Beständigkeit gegenüber Wärme und anderen Beanspruchungen. Hierzu zählen v. a. Aluminiumoxid, Titandioxid sowie Calciumoxid, das gleichzeitig als Flussmittel wirkt.

**Haftung der Glasur**
Die *Zwischenschicht* ist für die Haftung einer Glasur auf dem Scherben verantwortlich. Es handelt sich um eine Übergangszone, die durch das Eindringen der flüssigen Schmelze in den Scherben zu entstehen beginnt und deren Farbe meist dunkler ist als Scherben und Glasur. Der größere Anteil an Aluminiumoxid führt an dieser Stelle zur Kristallbildung. Beim Porzellan kann sie etwa zweimal so dick wie die eigentliche Glasur sein. Eine starke Zwischenschicht verhindert Abplatzen und Reißen.
Entscheidend für das gute Haften ist ein gleiches *Ausdehnungsverhalten* von Glasur und Scherben. Bei großer Differenz reißt der Glasurmantel und es entstehen Haarrisse, die als Craquelée bezeichnet werden.

**Lage der Glasurfarben**
**Unterglasuren** werden direkt auf den geschrühten, d. h. vorgebrannten Scherben aufgebracht und dann überglasiert. Ihre Wirkung entfalten sie erst durch das Aufschmelzen der meist farblosen Überglasur. Die **Inglasur** wird auf die ungebrannte Glasur aufgetragen, vermischt sich mit ihr und färbt sie. Inglasurfarben werden mit dem Pinsel aufgetragen. **Aufglasuren** trägt man auf glatt gebrannte Glasuren auf und macht sie durch erneuten Brand bei geringerer Temperatur haltbar.

**Periodensystem für Keramiker**
Bei einer Glasur reagieren immer basische und saure Oxide; unter dem Wärmeeinfluss fördert diese Reaktion die Bildung der flüssigen Glasurphase. Neben sauer bzw. basisch reagierenden gibt es noch die amphoter wirkenden Oxide, die sowohl als Säure als auch basisch reagieren können. Insbesondere das Fließvermögen, die sog. Viskosität hängt vom Anteil der jeweiligen Reaktionsfähigkeit ab. Die Stellung eines Oxids im Periodensystem (Abb.) zeigt, ob sich der Nachbar ihm gegenüber als Base, Säure oder amphoter verhält, was für das Mischen der Masse wichtig ist.

Farbmusterteller der Königlichen Porzellanmanufaktur Meißen, um 1900

**Einteilung der Glasuren nach ...**

| Hauptgrundstoff | Trägerscherben | Fertigungsweise | Hauptflussmittel | optischem Eindruck | Schmelztemperatur |
|---|---|---|---|---|---|
| Blei-G. | Irdenware-G. | Roh-G. | Blei-G. | opake G. | Glasuren für niedrige Schmelztemperaturen |
| Feldspat-G. | Fayence-G. | Fritte-G. | Alkali-G. | transparente G. | Glasuren für hohe Schmelztemperaturen |
| Bor-G. | Steingut-G. | Anflug-G. | Erdalkali-G. | Kristall-G. | |
| Lehm-G. | Steinzeug-G. | u.a. | Bor-G. | Craquelée-G. | |
| Kreide-G. | Porzellan-G. | | Zink-G. | | |
| Salz-G. | Glasuren für technische Keramik | | | | |
| Zinn-G. | u.a. | | | | |
| u.a. | | | | | |

Einteilungsmöglichkeiten für Glasuren

**Geschichte der Glasuren**
In der Glasurgeschichte gab es mehrere Entwicklungslinien. Während in Ägypten und Mesopotamien die ersten Glasuren erfunden wurden, ist der Erfindungsreichtum hinsichtlich der Glasurfarben besonders in China (S. 164ff.), im Islam (S. 246ff.) und in Europa (S. 110ff.) bedeutsam. Im antiken Griechenland und Rom sowie in Afrika und den präkolumbianischen Kulturen waren Glasuren selten.

| Zeit | Glasurgeschichte |
|---|---|
| 4000 v. Chr. | glasierte Perlen in Ägypten und Mesopotamien |
| 3100 v. Chr. | Quarzfritteglasuren auf Keramikscherben |
| 2690 v. Chr. | Glasurziegelwand in Ägypten (S. 58f.) |
| 1900 v. Chr. | erste Bleiglasuren in Mesopotamien |
| 4. Jh. n. Chr. | älteste Lüsterglasuren in Ägypten |
| 9. Jh. n. Chr. | früheste Zinnglasuren in Samarkand |

**Die Einteilung der Glasuren**
kann verschieden erfolgen (Abb.). So gibt es unter dem Aspekt der opt. Wirkung **durchscheinende** (transparente), **matte** (opake) oder **Kristallglasuren**. Die transparenten Glasuren bilden nur das Fenster für die als Dekormittel eingesetzten Farbpigmente, die sich unter, in oder über der Glasur befinden können. Weitere Unterteilungen werden unter dem Aspekt des Hauptgrundstoffes, des Trägerscherbens, der Fertigungsweise, des Hauptflussmittels und der Schmelztemperatur definiert.

**Berechnung von Glasuren**
Glasuren wurden bis zur Entwicklung der Segerformel durch Experimente gefunden und zum besseren Gebrauch auf Musterkeramiken aufgebrannt (Abb.). H. A. SEGER (1839–94) entwickelte die nach ihm benannte Seger- bzw. Oxidformel, die die Oxide einer Glasur entsprechend ihrer Wertigkeit in drei Gruppen zusammenfasst:
– basische Oxide: RO oder $R_2O$
– amphotere Oxide (Sesquioxide): $R_2O_3$
– saure Oxide: $RO_2$

Das R steht für ein beliebiges Metallatom. RO und $R_2O$ sollen molar immer gleich 1 sein. $R_2O_3$ ist in den meisten Fällen $Al_2O_3$ und $RO_2$ $SiO_2$.
Die sauren Oxide haben als sog. **Netzwerkbildner** die Aufgabe, das Glasgerüst mit hoher Bindungsfestigkeit zu formen. Die basischen Oxide wirken als **Netzwerkwandler**. Sie belegen die Fehlstellen im Netzwerk. Die amphoteren oder neutralen Oxide können beide Funktionen erfüllen (S. 34f.). Die chemische Besonderheit einer solchen Anordnung besteht in der Verwendung von Bruchteilen von Molekülen. Dagegen werden in rein stöchiometrischen Formeln Verbindungen aus Grundstoffen nur in ganzzahligen Masseverhältnissen gebildet. Die Segerformel erlaubt Dezimalbrüche vor den Bestandteilen:

| **RO + $R_2O$** | **$R_2O_3$** | **$RO_2$** |
|---|---|---|
| 0,2 $K_2O$ | 0,25 $Al_2O_3$ | 2,8 $SiO_2$ |
| 0,3 BaO | | |
| 0,5 CaO | | |

Aus diesem Verhältnis muss man den Versatz berechnen, wobei zu beachten ist, dass einige Versatzstoffe mehrere Bestandteile enthalten. Diese werden herausgerechnet. Benutzt man bspw. Kaolin als Aluminiumoxidlieferant ($Al_2O_3 \cdot 2\,SiO_2 \cdot 2\,H_2O$), muss die Menge Quarzmehl um das bereits im Kaolin vorhandene Quarz reduziert werden.

**Die Farben der Glasuren**
entstehen durch Zusatz von Metalloxiden. Bis zum 19. Jh. war die Palette auf die Oxide von Eisen, Kupfer, Kobalt, Mangan, Blei, Antimon und Zinn beschränkt. Im 19. und 20. Jh. wurde eine Vielzahl weiterer Farbzusätze entwickelt. Die Farbstabilität nimmt mit steigender Temperatur ab, z. B. brennt $Pb_2Sb_2O_7$-Orange ab 1100 °C weißlich. Der stabilste Farbkörper ist Kobaltblau.

| Metalloxid | Farbwirkung |
|---|---|
| Cadmiumoxid | gelb, orange, rot |
| Chromoxid | grün, rot, gelb |
| Eisenoxid | rotbraun, schwarz |
| Kobaltoxid | blau |
| Kupferoxid | grün, rot, schwarz |
| Mangandioxid | braun, violett |
| Titandioxid | gelb, braun |
| Urandioxid | rot, gelb |

**»Wahre und richtige Beschreibung derer Emaillier oder Schmelz Farben, wie ich solche mit Gottes Hilfe erfunden«** (Schrift, erstellt am 24. Dezember 1731)

Eisenrot (Eisenerz, Rost oder Stahlspäne), Braun (Braunstein und Kobaltkarbonat), Schwarz (Braunstein und Kobaltkarbonat; Konturschwarz ohne Fluss), Gelb (Neapelgelb), Grün (Kupfer- oder Messingasche; Grasgrün durch Mischen mit Gelb; Blaugrün durch Mischen mit alkalireicher Kobaltfarbe), Blau (Kobaltkarbonat), Silber (aufgelöste Münzen, durch Fällung erzieltes Silberpulver, mit Spicköl verrieben), Purpur (Gold- und Zinnlösung), Purpurlüster (Gold), Gold (aufgelöste Dukaten, mit Mennige verrieben), Gelb nach japan. Art (Eisen), Meergrün nach japan. Art (indian. Blau mit Messingasche), indian. Blau (Kobaltkarbonat mit Weinsteinfluss), altjapan. Purpur und andere.

Johann Gregor Höroldt (1696–1775)

Bekannte Porzellanfarben des 18. Jh.

**Geschichte**
Die Entwicklung von Porzellanfarben begann unmittelbar nach Erfindung des Porzellans. J. F. Böttger (1682–1719) verwendete perlmuttfarbenes Goldlüster als Glasurüberzug. Von dieser dem Porcellamuschelglanz ähnlichen Farbe leitete Marco Polo (1254–1324) 1292 den Namen Porzellan ab. Nachdem in Meißen bis 1718 nur fünf Farben zur Verfügung standen, erfand J. G. Höroldt (1696–1775) die erste systematische Farbpalette von über 20 Farben, die mit Bleifluss versetzt waren. Die Porzellanentwicklung wurde damals v. a. von farbtechnischen Innovationen vorangetrieben. Neben Meißen war Sèvres führend. Der frz. Chemiker J. Hellot (1685–1766) stellte zahlreiche neue Farben her. Ende des 19. Jh. übernahm Kopenhagen die Führungsrolle bei der Farbentwicklung und erfand lösliche Metallsalzfarben. Bedeutend waren auch die Farbentwicklungen H. A. Segers (1839–93) in Berlin.
Noch heute gehört das Farbrepertoire zu den am besten gehüteten Geheimnissen jeder Manufaktur.

**Abbildungen**
**Apfelgrün** heißt frz. *vert pomme*. Es wurde seit 1756 von der Porzellanmanufaktur Sèvres während ihrer Rokokophase verwendet. Die Porzellane der engl. Fabrik Worcester zeichnen sich durch ein ähnliches Grün aus.
**Aritasenfgelb** Besonders typ. für Arita ist die Kombination Rot/Grün/Senfgelb für Keramiken, die den europäischen Markt bedienten.
**Backbraun** Sowohl die Fürstenberger Manufaktur des Herzogs von Braunschweig als auch die Ludwigsburger Fabrik des Herzogs von Württemberg verwendeten einen rotbraunen Farbton für die herbstlich wirkenden Landschaftsdarstellungen und für die Rocailleverzierungen.
**Bleu céleste** bedeutet Himmelblau und wurde von J. Hellot 1752 in Vincennes auf der Grundlage von Kobaltzinnoxid entwickelt. Es diente oft als Fondfarbe.
**Böttgergrün** Um 1720 fertigte die Meißner Porzellanmanufaktur Gefäße mit trockenen Schmelzfarben, die einen ungleichmäßigen Auftrag hatten und später nicht mehr benutzt wurden.
**Braunschweiggrün** Zahlreiche engl. Fabriken bezogen diese Farbe aus Dtl. und dekorierten ihre Porzellane damit.
**Chelseatürkis** Ein dunkleres Türkis als die in Meißen und Derby verwendete Farbe entwickelten die Farbchemiker der 1759 neu eröffneten Fabrik von Chelsea.
**Chinesisch Blau** Die Chinesen bezogen Kobalt aus Persien und nannten es »Mohammedaner Blau« (S. 266). Es wurde in getrennten Räumen von erfahrenen Malern aufgetragen. Dagegen arbeiteten mit Aufglasurfarben ganze Gruppen (Abb.).

Kobaltmaler

Aufglasurmalergruppe

**Chinesisch Luftblau** Chin. »Yingqing« ist typ. für das gleichnamige Porzellan aus Jianxi. Die blassbläuliche Glasur scheint durch und verleiht dieser südchin. Warengattung eine gewisse Kühle und Luftigkeit.
**Dunkelbraun** Dt. Fabrikate sind oft an dunkelbraunen Dekorfarben zu erkennen.
**Krebsschildgrün** Typ. Porzellanfarbe der Hongzhoubrennöfen der chin. Tangzeit (ohne Abb., S. 166 f.), die blaugrün funkelt.
**Meißengelb (Neapelgelb), Meißenlila, Meißenpurpur, Meißentürkis** wurden in Meißen entwickelt. Das deckende Türkis wurde als Fond eingeführt.
**Mingkobalt** Das dunkle Kobaltblau wurde in der Spätmingzeit benutzt (S. 168 f.).
**Pompadourpurpur** 1757–64 verwendetes zartes Rosa, das J. Hellot erfand.
**Rosenpurpur** Um 1740 durch den Gehilfen Heintze (18. Jh.) in Meißen erfundene Farbgebung, die dt. Fabriken in der Mitte des 18. Jh. verwendeten.
**Rubinrot** Unterglasurrot der Mingperiode aus Kupferoxid, das wie ein hell glänzender Rubin aussieht (ohne Abb., S. 168 f.).
**Smaragdgrün** Die Manufaktur Bow fertigte seit etwa 1759 Figuren und Gefäße mit leuchtenden, smaragdgrünen Farben.

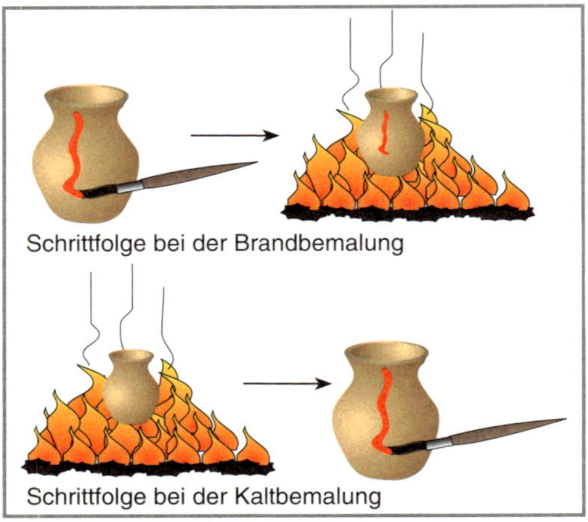


Schrittfolge in der Brand- und Kaltbemalung

Bindemittel

| | |
|---|---|
| **Schwarz bis Braun** | Mangan/Eisenoxide (versch. Zusammensetzung)<br>Ruß<br>Bitumen |
| **Rot** | Hämatit<br>Zinnober<br>Mennige |
| **Weiß** | Calcit<br>Dolomit<br>Huntit<br>Gips<br>Calciumsulfathalbhydrat<br>Anhydrit<br>Kaolinit |
| **Gelb** | Goethit<br>Auripigment<br>Jarosit |
| **Grün** | Malachit<br>Kupferhydroxichloride<br>Kupferhydroxiacetat |
| **Blau** | Azurit<br>Ägyptisch Blau<br>Kobaltaluminat |

Kaltmalfarben und ihre Pigmente

| | **Kaltmalfarbe** | **Brandfarbe** |
|---|---|---|
| **Schwarz** | Ruß<br>Eisenoxid<br>Manganoxid | Glanzkohlenstoff<br>Eisenoxid<br>Manganoxid |
| **Rot** | Eisenoxid | |
| **Gelb** | Goethit<br>Jarosit<br>Auripigment | |
| **Weiß** | Calcit<br>Gips<br>Kaolinit<br>Huntit | |
| **Blau** | Kobaltaluminat<br>Ägyptisch Blau | |
| **Grün** | Kupferhydroxichlorid | |

Anwendung von Kaltmal- und Brandfarben

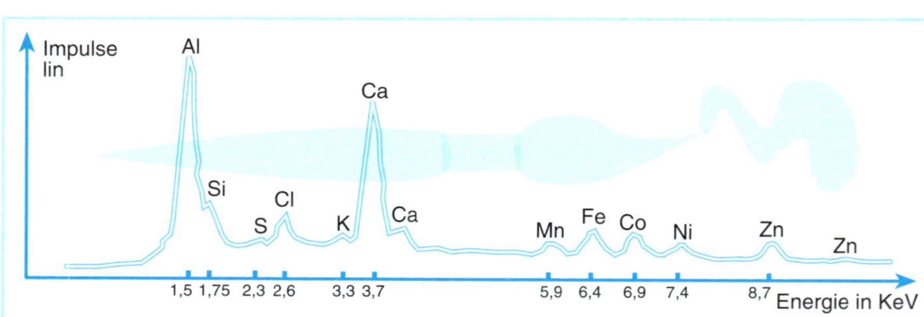


Energiedispersives Röntgenmikrospektrum des Kaltmalpigments Kobaltaluminat, Ägypten

Farben für die **Kaltbemalung** bestehen aus Pigmenten, die erst nach dem Brand aufgetragen werden. Während Brandfarben im Brennvorgang entstehen, können Kaltmalfarben als Fertigfarben aufgetragen werden.

**Geschichte**

Den Nachweis von Kaltmalfarben in antiken Scherben ermöglichen temperaturempfindliche Begleitstoffe wie Goethit oder Kupferchlorid, die bereits bei 200 °C abgebaut werden (S. 76 f.). Dazu zählen außerdem noch Jarosit (Farbveränderung bei 350–400 °C), Dolomit und Serpentin (Veränderung bei über 550 °C).
Die Ursache für die Verwendung von Kaltmalfarben mag im Einfluss der farbenprächtigen Wandmalereien liegen, die die Töpfer in Farbe und Technik imitierten. Auch konnte man mehr korrigieren. Zudem sind farbige Gefäße weniger für Küche und Herd als vielmehr für Prunkzwecke genutzt worden. Außerdem wurden mit Brandfarben verzierte Stücke durch Kaltbemalung ergänzt.
Die Kaltbemalung begann im frühdynastischen **Ägypten** und endete in der 20. Dynastie. Nirgends wurde so viel kalt bemalt wie in Ägypten. In der Amarnazeit hatte das Kobaltaluminatblau als Himmelsblau eine religiöse Bedeutung, für die teure Rohstoffe und komplizierte Fertigungstechniken nicht gescheut wurden. Auch im antiken **Griechenland** sowie in hellenistischer und **röm. Zeit** wurden diese Farben angewendet. Im heutigen **Afrika** finden wir noch Kaltbemalung bei zahlreichen Völkern. Sie verdichten ihre Keramik durch einen Sud aus gekochtem Fruchtsaft.
**Bindemittel** sind wegen des geringeren Anteils schwer nachzuweisen. Organische Bindemittel antiker Scherben wie Leime aus Tierknochen können kontaminiert oder verändert worden sein. Neben tierischen Leimen verwendete man Kalk- und Gips (Ägypten, Knossos, Mykene, Tiryns) sowie Harz des Mastixstrauches (Mittelmeerraum).

**Kaltmalfarben**

**Schwarzpigmente:** Mangan/Eisenocker, Kohlenstoff, Teer, Pech, Ruß und Bitumen. Aus Ägypten sind Mangan/Eisenocker auf Keramiken nachgewiesen. Der Rohstoff kam nach mineralogischen Untersuchungen v. a. von den Eisenerzlagerstätten der Baharia-Oase. Scherben der 11. und der 18. Dynastie zeigen einen Dekor aus Kohlenstoff und Ruß. Aus Mesopotamien kennen wir Keramiken mit Teer- und Pechdekoren. Griech. Terrakotten wurden mit Bitumen bzw. Ruß verziert.
**Rotpigmente:** rote Ocker, Zinnober, Realgar, Mennige. Die Ocker wurden bereits in der Antike nach Qualitätsmerkmalen eingeteilt; besonders wertvoll waren Ocker aus Lemnos, Kappadokien, Sinope, Ägypten, von den Balearen und aus Keos. Eine Mischung aus Kreide und rotem Ocker ergab pinkfarbene Dekore. Zinnober, Realgar und Mennige sind nur selten.
**Weißpigmente:** Kreide, Huntit, Gips, Calciumsulfathalbhydrat, Anhydrit, Kaolinit. Weißpigmente finden sich v. a. in Ägypten, Griechenland und Amerika.
**Gelbpigmente:** gelber Ocker, Auripigment, Jarosit. Gelber Ocker ist einer der häufigsten Malfarben überhaupt. Auripigment ist höchst selten auf Keramiken. Aus der 11. Dynastie sind Stücke mit Jarosit bekannt.
**Grünpigmente:** Malachit, Kupferhydroxichloride, kupferhaltige silikatische Phasen mit Wollastonitstruktur. Bei griech. Terrakotten ist die Anwendung von Malachit nachgewiesen. Grüne Töne erreichte man auch durch Mischen von z. B. Ägyptisch Blau und gelbem Ocker.
**Blaupigmente:** v. a. Ägyptisch Blau und Kobaltaluminat, in geringem Ausmaß Azurit. Die Herstellung von Ägyptisch Blau erforderte besondere Kenntnisse. Aus einer Mischung von Sand, basischem Kupfercarbonat und Calciumcarbonat erhält man bei einer Erhitzung auf 1000–1100 °C Ägyptisch Blau, das in gemahlenem Zustand kalt aufgetragen wird. Flussmittelzusatz (Natriumcarbonat) oder ein geringerer Calciumgehalt erhöhen den Ertrag. Ägyptisch Blau wurde seit der 4. Dynastie angewendet.
Das Kobaltaluminat fand nur in der 18.–20. Dynastie Gebrauch. Es ist feinkörnig, farbstärker als Ägyptisch Blau und wurde durch Synthese gewonnen.

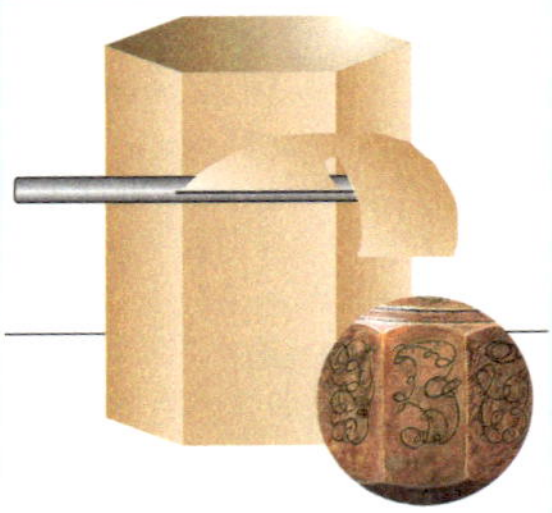

Facettieren

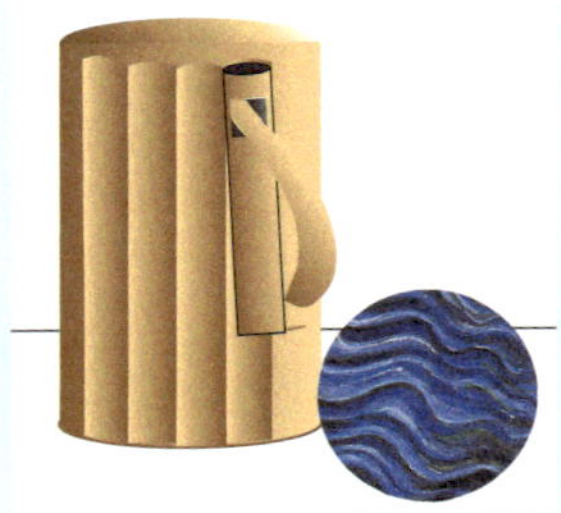

Riffeln

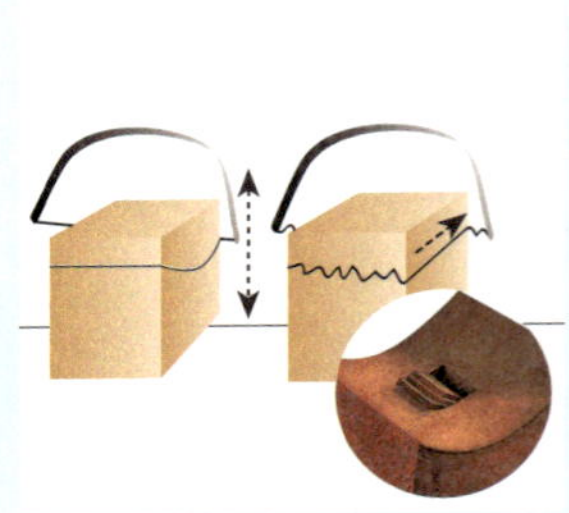

Draht-/Spiraldrahtschnitt

Fladerung/Marmorierung

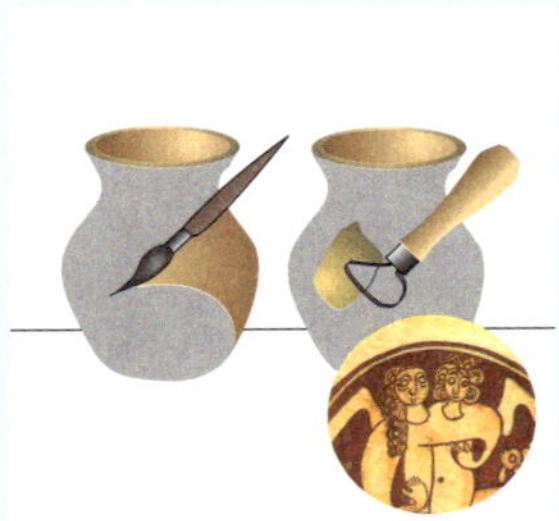

Sgraffito

Inkrustierung

Stempeln/Eindrücken

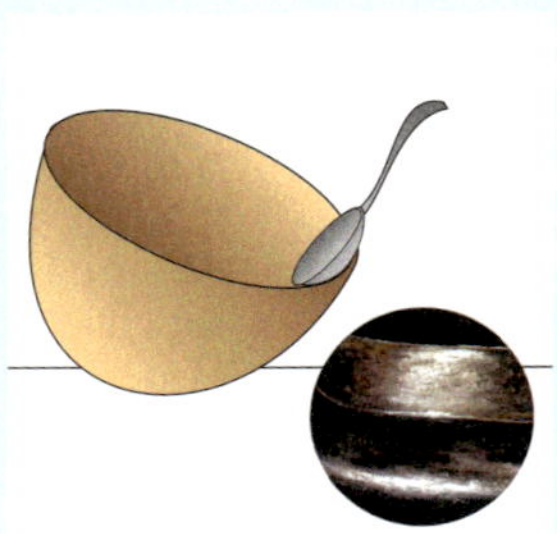

Polieren/Glätten

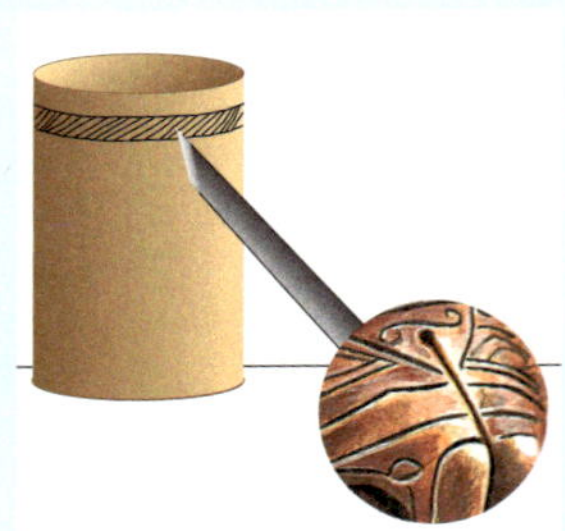

Ritzen/Kerben

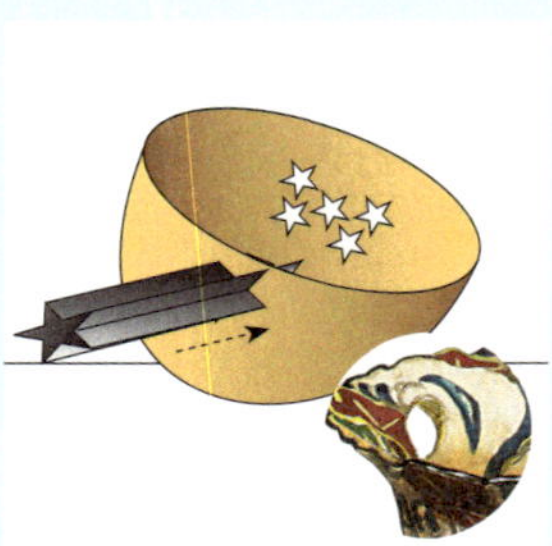

Durchstechen

Aufmodellieren

Einlegearbeit

**Mechanische Dekore** werden mit Hand oder Geräten am Scherben oder Gefäß angebracht. Zahlreiche Kulturen in der Geschichte wendeten diese Technologien an (Tabelle).

| Technik | historisches Beispiel |
|---|---|
| Facettieren | Korea (S. 190f.) |
| Riffeln | USA (S. 242f.) |
| Drahtschnitt | China (S. 170f.) |
| Fladerung | China (S. 166f.) |
| Sgraffito | Byzanz (S. 112f.) |
| Inkrustierung | Amerika (S. 232f.) |
| Eindrücken | Rom (S. 110f.) |
| Polieren | China (S. 164f.) |
| Ritzen/Kerben | Bulgarien (S. 98f.) |
| Durchstechen | Japan (S. 180f.) |
| Aufmodellieren | Frankreich (S. 132f.) |
| Einlegearbeiten | Korea (S. 190f.) |

**Abbildungen**

**Facettieren.** Das Wort Facette stammt aus dem Frz. und bedeutet »kleine Rautenfläche«. In der Keramik ist damit die Aufteilung der Außenfläche oder des Außenrandes in etwa gleich große Flächen gemeint. Die Schwierigkeit besteht in einer gleichmäßigen Aufteilung der Flächen, was eine Vorplanung notwendig macht. Meisterwerke der Facettentechnik kamen aus England (Chelsea), Frankreich (Sèvres), Deutschland (Meißen), China (Tangzeit), Japan (Kakiemon) und Korea.

**Riffeln** bedeutet ein gleichmäßiges Verteilen eines Reliefmusters. Dies kann z. B. durch parallele Auskehlung mit einem Rohr erfolgen. Besondere Bedeutung erlangte die Technik im Islam, der chinesischen Songzeit und der koreanischen Chosonperiode.

**Drahtschnitt** und **Spiraldrahtschnitt** sind moderne Techniken für montierte Objekte aus Keramikplatten.

**Fladerung** und **Marmorierung** sind Techniken, bei denen gleichzeitig Tone verschiedener Farbe verwendet werden. Dies kann durch Vermengung von Scherbentonen, von Engoben, die Anwendung von Treibmitteln auf Engoben oder durch Begießen des vorgebrannten Scherben mit organischen Substanzen (Rindergalle) geschehen. Die regelmäßige Farbentrennung ergibt z. B. einen Streifen. Die unregelmäßige Trennung nennt man Marmorierung. Marmorierte Gefäße sind zuerst in der chin. Songzeit gefertigt worden und waren im England des ausgehenden 18. Jh. sehr beliebt.

**Sgraffito** ist vom ital. Wort *graffiare* (kratzen) abgeleitet. Es ist eine Bezeichnung für das Auskratzen von Flächen oder Linien aus einem zuvor ganzflächig bemalten Objekt. Dabei kann es sich um eine Engobe, um Wachs oder um Latex handeln. Die span. Mauren verwendeten mit Farbkörpern vermengte Wachsabdeckungen (cuerda seca, S. 60f.), um teure Mosaiken durch ähnliche Muster auf Fliesen zu ersetzen. Man erkennt diese Dekore an dem Kontrast zwischen den matten Linien (Wachs) und der glänzenden Glasur der Flächen.

**Inkrustierungen** sind Einlagen harter Materialien in ausgekratzten Flächen oder Linien. Ursprünglich kennt man sie nur von archäologischen Keramiken mit weißen Einlagen aus Kaseinmörtel.

**Stempeln** und **Eindrücken** sind weit gefächerte Dekortechniken, die auf dem Reliefabdruck eines Objekts auf dem noch weichen Scherben basieren. Neben Naturmaterialien können Rädchen oder Ähnliches verwendet werden.

**Polieren** und **Glätten** bedeuten Verdichtungen der Oberfläche mit harten oder weichen Gegenständen. Am bekanntesten sind das Klopfholz, der Glättlöffel, der Lappen und der Schwamm.

**Ritzen** und **Kerben** sind die ältesten Dekortechniken überhaupt. Sie beginnen im Neolithikum und gehörten selbst in der Blüte chin. Keramik (Songzeit) zum Verzierungsrepertoire. Kerbschnitte können mit dem Messer oder dem Meißel vorgenommen werden.

**Durchstechen** und **Durchschneiden** bezeichnet Wanddurchbrüche mittels Messer, Stanzeisen oder Bohrer. Dabei wird die Funktion der Gefäße eingeschränkt, was durch Doppelwandigkeit vermieden werden kann. Besondere Verbreitung fand diese »à jour« genannte Technik in Persien, Byzanz, im Islam sowie in Asien.

**Aufmodellieren.** Diese Technik erzeugt einen Reliefdekor und ist weit verbreitet. Typ. ist sie für die amerikanische Keramik.

**Einlegearbeiten** finden bei Flächenausschabungen und nachfolgender Einlage mit andersfarbigen Tonen Anwendung. Die Koreaner sind Meister dieser Technik.

Wasserbeständigkeit ohne Brand

Wasserbeständigkeit mit Brand

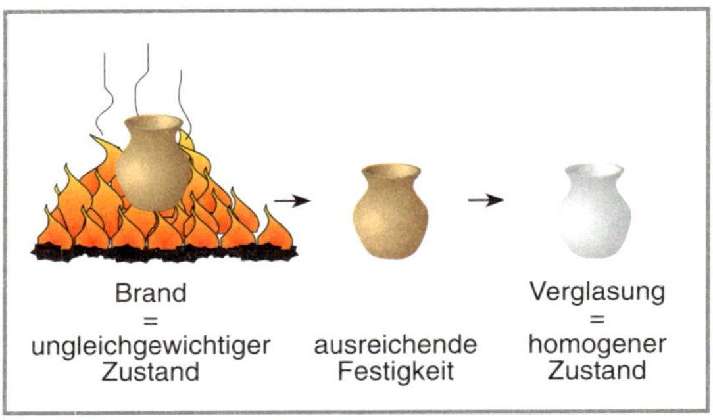

Keramik als im Ungleichgewicht befindlicher Körper

Einfluss von Sauerstoff

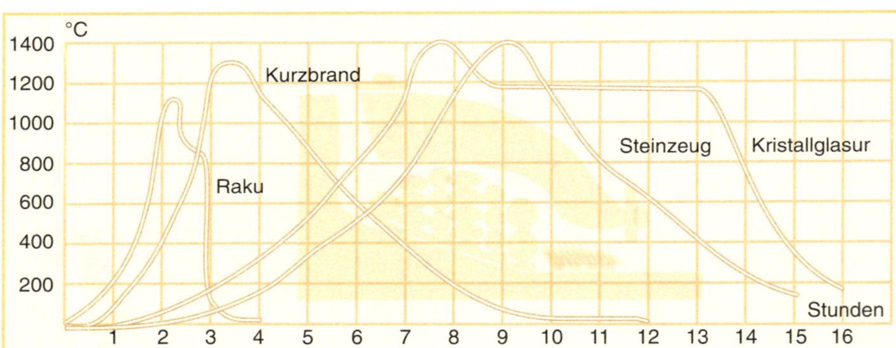

Keramikbrennprogramme (Auswahl)

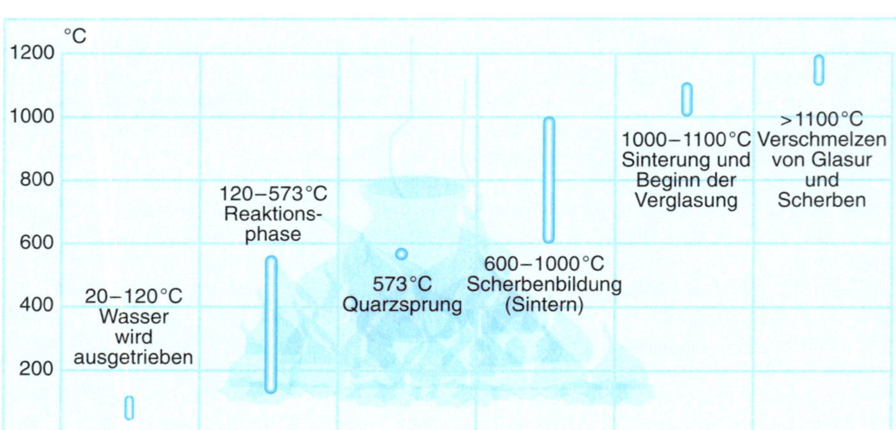

Einfluss der Temperatur

Der **Brand** bewirkt die Umwandlung des wasserdurchlässigen Tons in einen festen Scherben. Die Wasserdurchlässigkeit hängt vom Grad der Versinterung, also von der Temperaturhöhe beim Brand ab. Die Widerstandsfähigkeit gebrannter Keramik macht die Keramik zum Leitfossil für Archäologen, d. h. zum wichtigsten Informationsübermittler vorschriftlicher Kulturen.

**Keramik als heterogenes System**
Die Keramik ist ein heterogenes System, das sich im Ungleichgewicht befindet, weil der Scherben aus verschiedenen **mineralogischen Phasen** besteht:
1. aus den im Rohstoff Ton unverändert gebliebenen Phasen,
2. aus Neubildungen, die während des Brandes entstanden sind.

Die Heterogenität ist Folge der Unterschiede bei den Korngrößen im Gefüge des Tonkörpers. Neben grobkörnigen Bestandteilen, die sich der chem. Umwandlung weitgehend widersetzen, gibt es eine feinkörnige Matrix, die am meisten von den Neubildungen betroffen ist. Der Grad der Umwandlungen hängt von der **Brennatmosphäre**, der **Temperatur** und der **Dauer** des Brandes ab. Jede Tonsubstanz könnte in ein homogenes System überführt werden, was ein vollständiges Schmelzen zu einer glasigen Masse bedeuten würde. Allerdings ist das nicht Ziel des keramischen Brandes. Bereits bei ausreichender Festigkeit und Dekorhaftung wird der Brand unterbrochen.

**Brennatmosphäre**
Entscheidenden Einfluss auf Gefüge und Aussehen des Scherbens hat die Brennatmosphäre. Während in modernen Brennöfen die Temperatur und die Brennatmosphäre unabhängig voneinander gesteuert werden können, waren sie in der vorindustriellen Zeit miteinander verbunden und änderten sich zudem im Verlauf des Brandes. Aus diesem Grund lassen sich aus alten Scherben fast nur die letzten Phasen des Brandes nachvollziehen. Ein wichtiges Indiz ist der Scherbenkern: Ist er dunkel, zeigt das die Änderung der Atmosphäre während des Brandes an; gibt es Eisenoxid im Ton, kann man an der rötlichen bzw. schwärzlichen Färbung oxidierende bzw. reduzierende Brandbedingungen erkennen. Eine Schwarzfärbung kann sowohl durch die Eisenoxidphasen als auch durch den festen Kohlenstoff verursacht sein. Die Rotfärbung des Hämatits gilt dagegen als Anzeichen eines oxidierenden Brandes (Abb.).

**Temperatur**
Zunächst runden sich bei der Temperatursteigerung die Kanten der Tonmineralblättchen. Entscheidende Veränderungen beginnen dann mit der Sinterung/Verglasung des Scherbens, die einer Teilschmelze des Tons vergleichbar ist. Steigt die Temperatur nun weiter, nimmt die Schmelzmenge zu. Sie umschließt die Gasporen und kapselt sie allseitig ab. Die Poren behalten zunächst ihre Formen bei. Erst bei weiterer Erhitzung strebt dieses sog. Gas-Schmelzesystem einer gringeren Oberflächenenergie zu und egalisiert die Poren zu größeren, runden Typen. Man spricht nun von einem stark versinterten Gefüge. Dass trotz dieses Schmelzvorgangs der Keramikkörper noch stabil ist, liegt an den großkörnigen Bestandteilen, die sich der Umwandlung widersetzt haben. Ähnlich anderen Systemen mit einem niedrigsten gemeinsamen Schmelzpunkt (Eutektikum) haben bei der Keramik die Anteile von Kalk und Alkalien eine besondere Bedeutung. Bedeutsam sind auch die Quarzphasen. Quarz liegt im Scherben als Tiefquarz vor. Bei 573 °C erfolgt die Umwandlung in Hochquarz, was mit einem sprunghaften Volumenwachstum einhergeht. Man spricht deshalb auch von einem Quarzsprung. Ein zu schnelles Überschreiten dieses Punktes führt zu Spannungen und Rissen.

**Brandarten**
Man kann Scherben und Glasur gleichzeitig brennen, wie z. B. beim Porzellan üblich, oder aber in zwei Stufen, wie z. B. beim Steingut. Die Stufen heißen **Schrühbrand** und **Glattbrand**. Schrühbrand (Biskuitbrand, Rauhbrand, Verglühbrand) nennt man das vorbereitende Brennen für die Glasur. Der Glattbrand (Glasurbrand, Garbrand) erfolgt nach dem Auftragen der Glasur. Für eine differenzierte Farbfolge benötigt man noch mehr Brände (S. 60 f.)

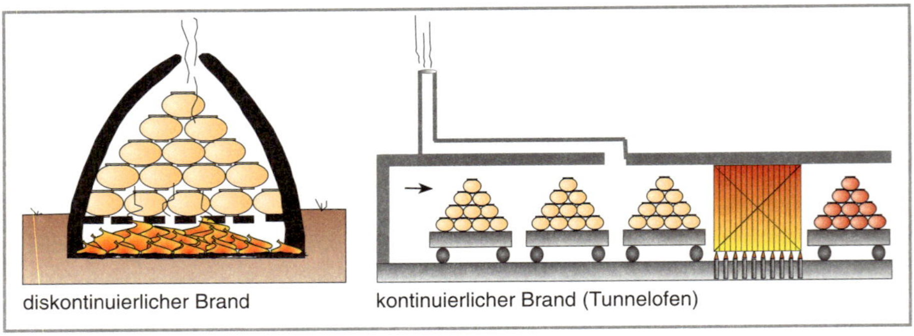


Betriebsweise von Brennöfen

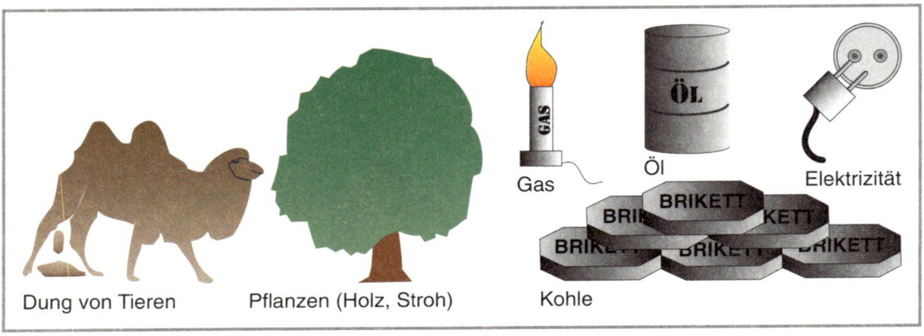


Energiequellen für Brennöfen

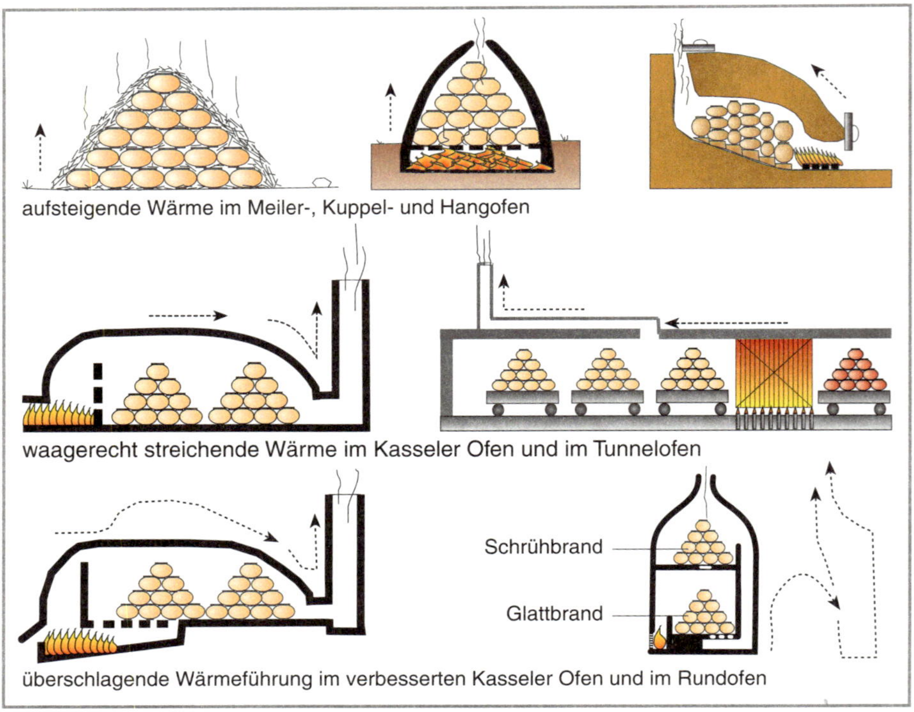


Wärmeführungsarten bei Brennöfen

**Brennöfen** speichern Wärmeenergie und geben sie weiter. Sie haben sich aus Freifeueranlagen entwickelt: dem **Meiler-** bzw. **Feldbrand** und dem **Grubenbrand**. Beim Meiler- bzw. Feldbrand wird das Brenngut übereinander gestapelt. Unter, zwischen und auf das Brenngut wird der Brennstoff gelegt und angezündet. Ein ähnliches Verfahren gilt für den Grubenbrand. Hier ist jedoch alles unterhalb der Erdoberfläche aufgebaut. Der Nachteil der Freifeuerbrände ist die eingeschränkte Beeinflussbarkeit der Brennatmosphäre (und damit der Oberflächenfärbung) sowie der Brenntemperatur. Daraus können sich Spannungen ergeben, die zum Bruch führen. Bei heutigen Brennöfen unterscheidet man **Handwerksöfen** und **Industriebrennanlagen**, die voll in die Produktion eingebunden sind.

**Geschichte**
Die ältesten Öfen stammen aus dem **Orient** (Tabelle).

| Zeit | Fundort |
|---|---|
| 6000 v. Chr. | Abu Dhahir, Irak |
| 4500 v. Chr. | Banpo, China |
| 4000 v. Chr. | Susa, Iran |
| 3600 v. Chr. | Nechen, Ägypten |
| 3000 v. Chr. | Habascheschti, Rumänien |
| 1900 v. Chr. | Olynthos, Griechenland |

In der Zeit des **röm. Reiches** entwickelte sich aus dem hohen Bedarf der Garnisonen und Städte eine industrielle Keramikproduktion, deren mehretagige Öfen ein ausgeklügeltes Wärmeverteilsystem versorgte. Im **MA.** wurden sowohl die aus Rom bekannten Öfen mit aufsteigender Wärmeführung als auch die mit waagerechter verwendet. Während die im **19. Jh.** konstruierten Öfen auf Gas- und Ölbasis noch in der alten Tradition gebaut wurden, brachte die Nutzung des elektrischen Stroms neue Möglichkeiten: Temperaturen bis 1400 °C, sauberes, fast abgasfreies Brennen und flexible Steuerung.

**Betriebsweise der Öfen**
Man unterscheidet **diskontinuierlich** von **kontinuierlich** arbeitenden Öfen je nachdem, ob der Arbeitsgang unterbrochen oder durchgehend ist. Während z. B. bei Tunnelöfen gleichzeitig der Ofen beschickt und das Brenngut gebrannt wird, ist dies bei diskontinuierlichen Öfen nur nacheinander möglich.

**Energiequellen für Brennöfen**
Als Energielieferanten dienten in frühester Zeit sowohl **Pflanzen** als auch der **Dung** von Tieren. Daran hat sich in vielen unterentwickelten Gebieten Afrikas, Asiens und Amerikas bis heute nichts geändert. So ist in Afrika der getrocknete Kameldung Hauptbrennstoff. Öl kommt v. a. als **Leichtöl** zur Anwendung. Es erzeugt eine sehr heiße, lange Flamme. Der Nachteil liegt in der Verdampfung der bis zu drei Prozent hohen Schwefelgehalte, die das Brenngut und die Gesundheit schädigen können. **Erdgas** stellt mit seinem hohen Brennwert und seinem geringen Schwefelgehalt eine sehr saubere und bequeme Energiequelle dar. Mitunter benötigt man jedoch ein Gebläse, um den Druck auf ein für den Brennofen ausreichendes Maß zu erhöhen. **Elektroöfen** sind in den Industrieländern am weitesten verbreitet. Sie werden mit Heizelementen aus einer Nickelchromlegierung (bis 1100 °C) bzw. aus Kanthal (über 1100 °C) versehen.

**Wärmeführungsarten**
Bei Öfen mit **aufsteigender Wärmeführung** in stehenden Öfen wird das Feuer unterhalb des Brenngutes gelegt. Darüber liegt das Brenngut vertikal oder schräg (Hangofen, S. 177). Der Nachteil dieser Methode ist die ungleiche Wärmeverteilung. Die unteren Gefäße sind größter und schnell vorbeiziehender Hitze ausgesetzt, während die oberen noch nicht einmal durchgebrannt sind. Deshalb verwenden bspw. chin. Töpfer Probestücke, die sie während des Brandes zur Kontrolle aus dem Ofen holen. Bei **waagerechter Wärmeführung** liegender Öfen ist die Verteilung auch ungleichmäßig, und die langen Kuppeldecken schlucken viel Energie. Die **überschlagende Wärmeführung** ermöglicht durch Zwangsleitung der Wärmegase mittels Röhren- und Wandsystemen die gleichmäßigste Verteilung und damit die besten Brennergebnisse.

| Tafelgefäße | Küchengefäße | Vorratsgefäße | Kultgefäße | Transportgefäße |
|---|---|---|---|---|
| Trinkgefäß<br>Essensgefäß<br>Gießgefäß<br>u. a. | Topf<br>Pfanne<br>Sieb- und Seihgefäße<br>u. a. | Pithos<br>Topf<br>Krug<br>u. a. | Opferschale<br>Urne<br>Weihgefäß<br>u. a. | Amphore<br>Spindelkrug<br>Kothon<br>u. a. |

Einteilung der Keramik nach der Funktion

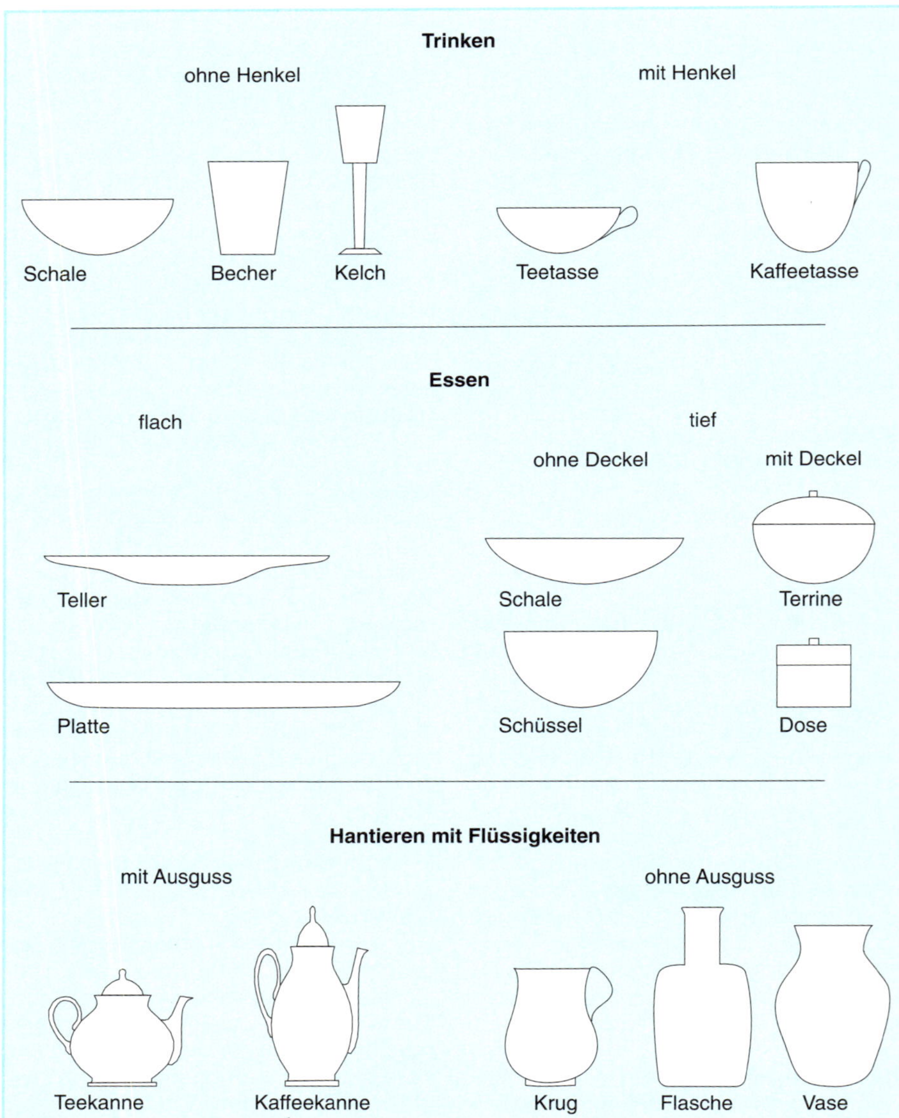


Einteilung der Tafelkeramik nach der Form

Die Einteilung der **Gefäße** kann nach der **Form** oder der **Funktion** erfolgen. Jedoch sind die Bezeichnungen je nach regionaler Entwicklung verschieden, weshalb eine einheitliche Terminologie in der Archäologie/Kunstgeschichte und im Handwerk nicht vorhanden ist. Als Beispiel sei die Verbreitung der Topfbezeichnungen aufgezeigt: Ursprünglich stand dem norddt. »Grope« das süddt. »Hafen« gegenüber. Mit der röm. Herrschaft wurde das lat. *aula* als »aul« bzw. »ul« eingebürgert, das sich bis heute um Trier erhalten hat und von der dort damals blühenden Keramikindustrie zeugt. Im 12. Jh. tauchten die Begriffe »Topf« (von nhd. »tief«) und »Pott« (frz.) auf, die bis heute gängig sind.

**Einteilung nach der Form**
Systematiken orientierten sich oft an Vergleichsmaßen. So sei beim Becher die Höhe größer als der größte Durchmesser; bei der Schale die Höhe kleiner als der größte Durchmesser und beim Topf die Höhe gleich dem größten Durchmesser usw. Im modernen Handwerk ist die Einteilung in **Flach-** und **Hohl-** bzw. **Tiefformen** verbreitet:
**Flache Formen:** Schale (breit, klein); Teetasse (breit, klein, mit Henkel); Platte (flach); Teller (flach, mit Rand); Griffschale (flachbodig, mit Griff); Kasserolle (flach, mit Deckel).
**Tiefe Formen:** Vase (schmal, hoch); Kanne (schmal, hoch, mit Henkel); Kaffeetasse (schmal, klein, mit Henkel); Becher (schmal, klein); Topf (bauchig, tief); Schüssel (breit, tief); Terrine (bauchig, tief, mit Deckel); Flasche (mit engem Hals); Krug (bauchig, weiter Hals); Dose (klein, mit Deckel).

**Einteilung nach der Funktion**
Die erste Einteilung der Gefäßformen stammt aus der Antike (S. 106 ff.). 1863 lieferte GOTTFRIED SEMPER (1803–79) eine funktionale Einteilung, die heute nicht mehr gebräuchlich ist (Tabelle).

| Funktion | Beispiele |
|---|---|
| Fassen | Schale, Schüssel |
| Schöpfen | Löffel, Eimer |
| Füllen | Trichter |
| Gießen | Sauciere, Kanne |

Eine Gliederung nach den fünf Grundfunktionen eignet sich zur Beschreibung von Gefäßen besonders gut und ist weit verbreitet (Abb.):
**Tafelgefäße** dienen dem Darbringen von Nahrungsmitteln oder anderen Gütern. Dazu gehören Trink- und Essengefäße sowie Gefäße zum Hantieren mit Flüssigkeiten.
Innerhalb dieser Gruppen gibt es verschiedene Gliederungsmöglichkeiten. So gehören die Trinkschale, der Becher und der Kelch zu den henkellosen Gefäßen, während die Tasse bereits am Schleifenhenkel erkennbar ist. Bei den Essensgefäßen lassen sich tiefe von flachen Objekten unterscheiden. Die tiefen Gefäße wiederum gelten ohne Deckel als Schale bzw. Schüssel und mit Deckel als Terrine bzw. Dose. Dem Hantieren mit Flüssigkeiten dienen der Krug, die Flasche und die Vase ohne Ausguss, während die Kanne einen speziellen Ausguss besitzt. Bei näherer Betrachtung beginnen auch hier die Definitionsprobleme. Allgemein anerkannt als Ausguss sind die Tülle und der Schnabel. Inwieweit eine stark nach außen gebogene Wandung, eine sog. Lippe, als Ausguss angesehen werden kann, ist umstritten.
**Küchengefäße** dienen der Zubereitung von Speisen und Getränken.
**Vorratsgefäße** nutzt man zur Lagerung von Speisen, Getränken oder anderem.
**Kultgefäße** haben weitgehend Funktionen, die im Zusammenhang mit Religionsausübung stehen.
**Transportgefäße** dienen dem Handelstransport, wie z. B. die Amphore als Getreide- und Weinbehältnis, oder dem Transport persönlicher Dinge, wie z. B. der Kothon, der als Trink- und Spendengefäß diente.

Die moderne Keramikindustrie hat aus dem Frz. den Begriff **Service** übernommen. **»Service de table«** bedeutete ursprünglich Tischgeschirr. Es wird heute als bestimmte Zusammenstellung von Gefäßen in verschiedenen Stückzahlen verstanden. So gibt es ein **Kaffee-**, ein **Mokka-**, ein **Tee-** und ein **Speiseservice** (S. 126 f.). Ein wichtiger Vorteil dieser Services ist die Nachkaufgarantie, d. h. man kann Einzelteile nachkaufen.

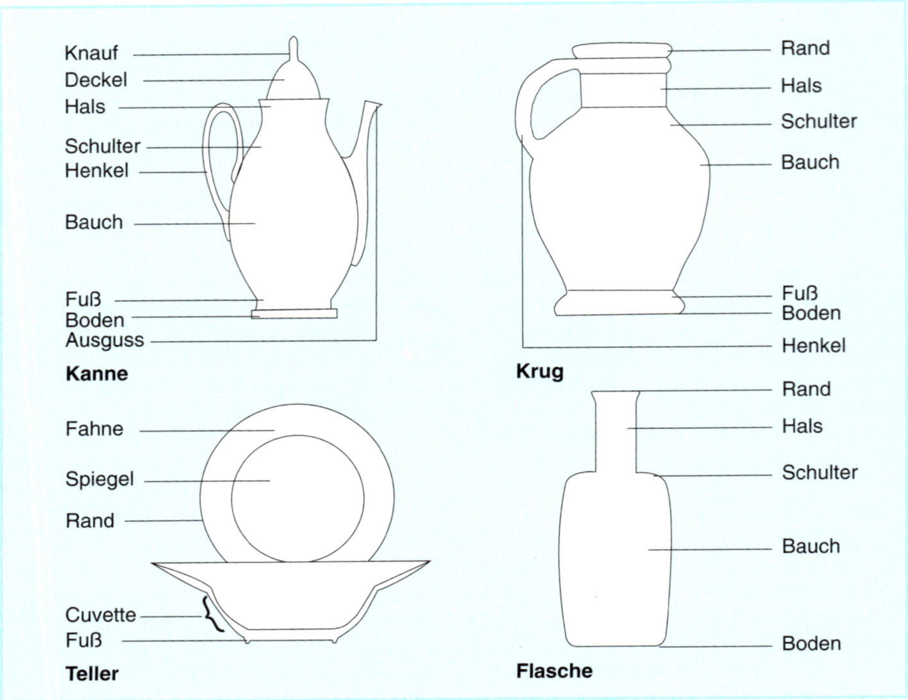


Gefäßteile

Bodenformen

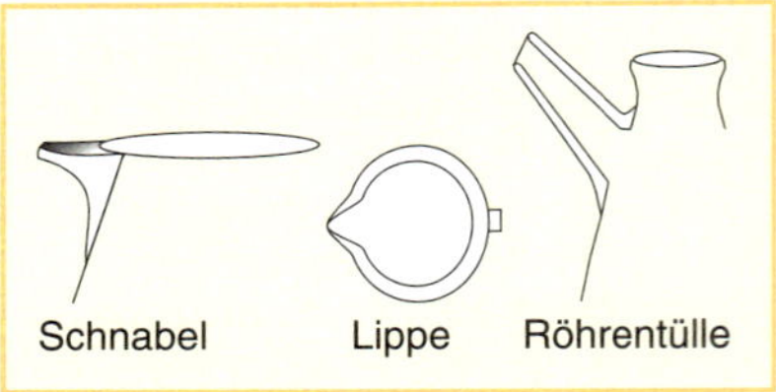


Ausgussformen

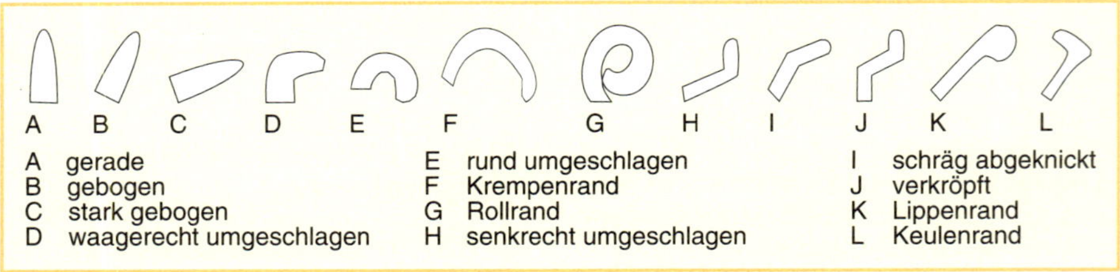


Randformen

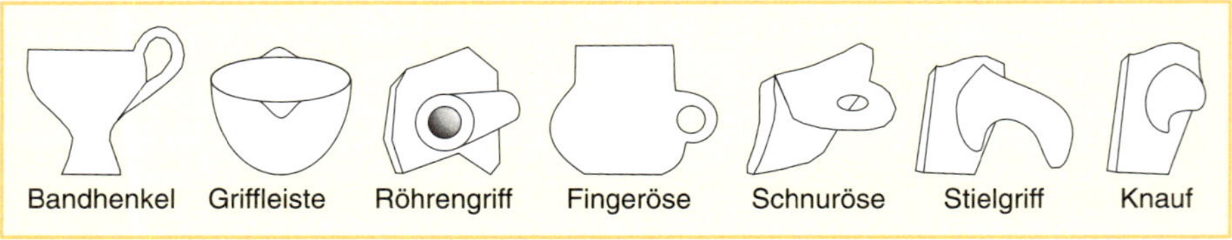


Handhaben

**Gefäßteile** werden – historisch bedingt – verschieden bezeichnet. Eine überregional anerkannte Terminologie hat sich im deutschsprachigen Raum nicht etablieren können.

**Gefäßteile**
Gefäßkörper untergliedern sich in den Rand, den Hals, die Schulter, den Bauch, den Fuß und den Boden.
Nicht immer sind alle Teile an einem Gefäß vorhanden; sie können ineinander übergehen. Zum Hantieren mit Flüssigkeiten benötigt ein Gefäß eine Einfüllöffnung und einen Ausguss. Beides kann ein und dieselbe Öffnung sein. Eine Erleichterung beim Hantieren bieten die Handhaben.
Eine besondere Gliederung der Gefäßteile gibt es bei Tellern und flachen Schalen. Hier unterscheidet man die mittlere Innenfläche, den sog. Spiegel, von der meist nach oben gebogenen Fahne. Die Ebenheit des Spiegels ist ein Gradmesser für die Kunstfertigkeit des Produzenten. Da die Arbeitsmasse dazu neigt, durchzuhängen, fertigt man eine leicht gewölbte Oberfläche. Die Abwinkelung der Fahne beträgt meist 15°. Hinzu kommen der oft verdickte Rand, die Cuvette, der Fuß und der Boden.

**Bodenformen**
Man kann flache, runde und spitze Böden unterscheiden. Es gibt zahlreiche Standhilfen, wie z. B. Füße oder Ringe. Diese sollen einen stabilen Stand ermöglichen und z. T. einen vollflächigen Bodenkontakt vermeiden. Die Auswahl des Bodens hängt von der Nutzung ab. So würden die in Nordafrika in großen Netzen auf Eseln über weite Strecken transportierten flachbödigen Gefäße zerbrechen, da sie weniger spannungsresistent sind; Rundböden hingegen sind homogener und deshalb stabiler. Wegen dieser Erfahrung gibt es dort v. a. Rundböden. In Ägypten besitzen viele Gefäße Rundböden und Ösenhenkel, um den Inhalt vor kriechenden Tieren zu schützen. Dazu werden durch die Ösen Schnüre gezogen, so dass die Gefäße aufgehängt werden können. Durch Ringe und Ständer kann man sie dennoch bequem benutzen. In sandreichen Gebieten hat sich der Spitzboden sehr gut bewährt. Er bietet durch seine Stachelfunktion eine höhere Stabilität als flache Böden, die sich auf dem weichen Sand zur Seite neigen. Bei den Rundböden unterscheidet man *konkave Linsen-*, *konvexe Linsen-* und *Kugelböden.*

**Ausgussformen**
Der Ausguss dient als Gießhilfe, um einerseits ein zielgerichtetes Gießen zu ermöglichen und andererseits eine maßvolle Menge ausgießen zu können. Die Kanne muss um so mehr geneigt werden, je steiler die Tülle angebracht wird. Genauso muss der Neigungswinkel vergrößert werden, je höher die Tülle sitzt. Entscheidend für eine »nicht tropfende Kanne« ist die Wasserscheide. Sie muss scharf ausgeprägt sein (Winkel > 180°), darf jedoch nicht als gerader Rand enden.

**Randformen**
lassen sich in *abgeschnitten wirkende Ränder* getriebener Gefäße und *rundlich gestaltete Ränder* einteilen. Man unterscheidet außerdem (Tabelle):

| Phänotyp der Randform | Beispiel |
|---|---|
| Orientierung | ausladend |
| Gestalt des Abschlusses | flach |
| Oberflächengestaltung | geriffelt |

**Handhaben**
Außer bei Becher und Flasche, die sich am Greifdurchmesser der menschlichen Hand orientieren, finden sich an fast allen Gefäßen Handhaben. Man kann henkelorientierte Handhaben mit zwei Ansatzpunkten von grifforientierten mit einem Ansatzpunkt unterscheiden. Es gibt folgende Arten:
- Henkel
- Bügel
- Griffe, Knaufe und Griffleisten
- Ösen und Röhrengriffe

Die Funktion bestimmt die Art. So dominieren bei Kochgefäßen die Griffe und bei Gießgefäßen die Henkel. Bei den Handhaben ist die Ergonomie wichtig. Es kommt auf ein ausgewogenes Verhältnis von leichtem Heben und bequemem Gießen an. Am besten gießt man mit Kannen, deren Henkeltangente 60° zur Bodenfläche geneigt ist.

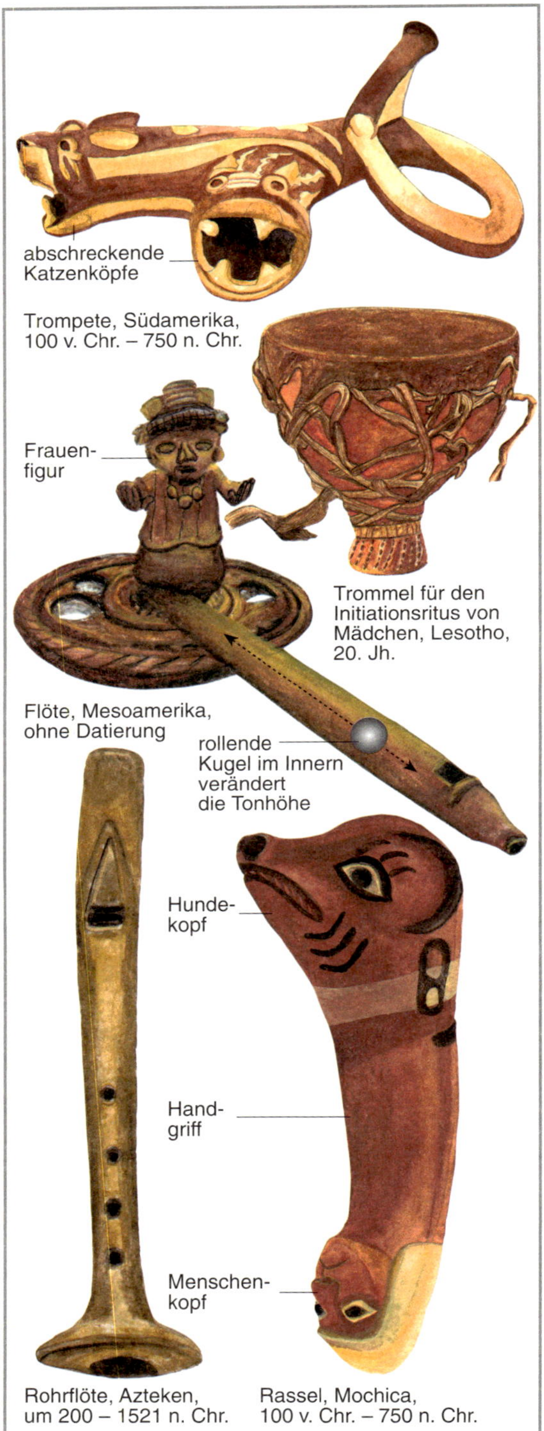


Instrumente aus Keramik

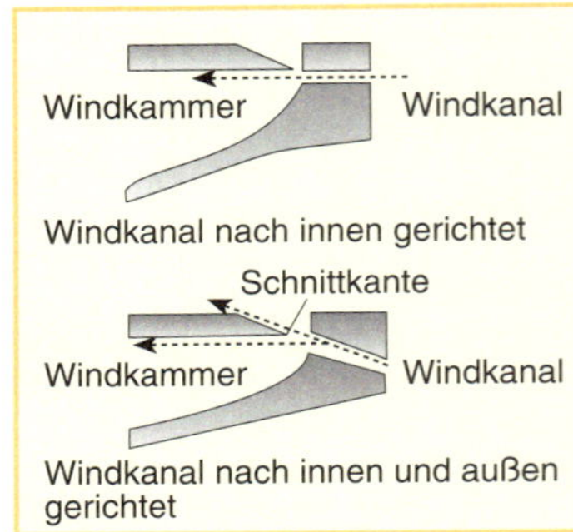


Ausrichtung der Windkanäle

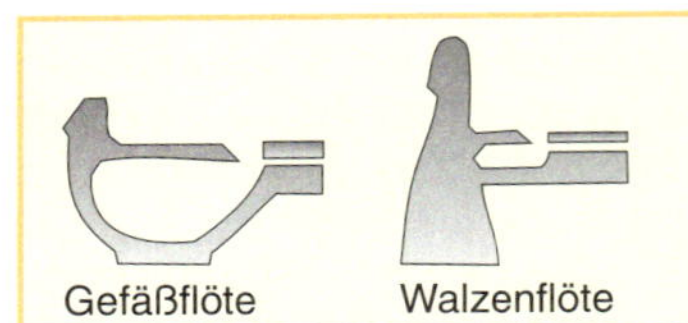


Prinzipien des Flötenbaus

Flötenformen

**Musikinstrumente aus Keramik** bildeten im Lauf der Zeit eine Vielfalt an Formen, Klängen und Tonumfängen heraus, die durch die Musikgeschichte und Musikarchäologie erforscht wird.

**Europa**
Die Griechen und Römer glaubten, die Göttin Minerva hätte die **Keramikflöten** erfunden. Die **Wasserpfeife** mit dem »Gezwitscher der Nachtigall« wurde 300–200 v. Chr. von ARCHIMEDES, HERON oder KTESIBIOS erfunden, die alle darüber berichten. Nicht nur in Dtl. gilt der Kuckuck als Frühlingsbringer, was mit der **Kuckuckspfeife** auf vielen europ. Festen gefeiert wurde. Der Querfurter Wiesenesel ist eine bekannte **Figurenpfeife**, die zur Erinnerung an einen sich bei einer Missionsfahrt im 10. Jh. sträubenden Esel auf den Wiesenmärkten verkauft wird. Eine rituelle Funktion hatten die **Aach-** oder **Heiltumshörner**. Sie wurden in Aachen während der allsiebenjährlichen Prozessionen geblasen und als Andenken verkauft. Im 17. Jh. starb diese Tradition aus. Eine spielbare **Geige** aus Keramik stammt aus der Zeit um 1885 und wurde im Vogtland in Sachsen gefertigt. Eine **Orgel** aus Meißner Porzellanpfeifen findet sich im Grassi-Museum Leipzig. **Pfeifen** wurden zum Frühlings- und Sommerbeginn, zur Kirchweih, zu Ostern und Weihnachten genutzt. Am 17. Januar, dem Tag des hl. Antonius, des Schutzheiligen der Haustiere, werden in Apulien aus Ton gefertigte Pfeifen in Tierform laut geblasen. In Spanien gibt es den **Siruell**, eine mallorquinische Pfeife, die u. a. eine amouröse Bedeutung hat: ein Liebender schenkt seiner Geliebten einen Siruell, lässt sie ihn fallen, gilt er als abgelehnt. Außerdem gibt es hier die **Pito** - was gleichzeitig Phallus bedeutet. In Skandinavien trägt man Pfeifen als Amulett um den Hals.

**Asien**
Bis auf etwa 3000 v. Chr. geht in China die Tradition zurück, beim Bogenschießen auf einer **Xun** genannten **Gefäßflöte** zu pfeifen, die noch heute in Konzerten zu hören ist. Außerdem gibt es seit etwa 1000 v. Chr. eine gänseeigroße Gefäßflöte, die **Hsüan** genannt wird.
In Südjapan gibt es die **Uso-Bue**, eine mit roten und schwarzen Strichen bemalte Figur; **Fugu-Bue** heißt eine Kugelfischpfeife, die 1920 in Shimonoseki entstand; **Hato-Bue** sind vier Pfeifen, die in Form einer Taube gebunden werden. Man legt sie Kleinkindern in die Wiege, um Magenkrämpfe zu verhindern. In Südasien werden Keramiktrommeln verwendet, die wie ein großer rundbodiger Krug aussehen.

**Afrika**
In Afrika weist der Besitz von Keramikinstrumenten auf die Beudeutsamkeit des Besitzers hin. Die Fon in Benin kennen korbumspannte **Trommeln**, wohingegen die Igbo aus Nigeria eine **Frauentrommel** nutzen, die wie eine Flasche mit einem Loch auf der Gefäßschulter aussieht. Die Bembo aus Sambia, die Mambwe, die Lungu und die Fipa spielen ein **Kompositinstrument** bei Festivals und Bierpartys, bestehend aus einem großen Krug und einem dreibeinigen Hocker. Der Krug wird mit der Öffnung nach unten aufgestellt und der Hocker darauf gesteckt. Beim Drehen verursacht der Hocker ein kratzendes Geräusch. **Trommeln** der Sotho in Südafrika dienen Ritualen.

**Amerika**
Aus Lateinamerika stammen **Spaltflöten**, **Trompeten**, **grifflose Flöten**, **Gefäßflöten**, **Luftwirbelflöten**, **Doppel-** und **Quadrupelflöten** sowie **Trommeln** und **Rasseln**. Die **Kayum** der Maya, die besten Trommeln des Kontinents, gibt es in Zylinder-, Becher- und Kesselform. Bei den **Rasseln** gibt es Tier- und Menschenköpfe und schwangere Frauen mit Tonkugeln im Bauch. Die Mochica fertigten Rasseln mit Hunde- und Menschenköpfen. Die **Luftwirbelflöte** klingt wie eine tiefe Oboe und hat einen kugelförmigen Schwingungsraum, in dem die Luft komprimiert wird. Die **Trompeten** der Moche, Nazca, Recuay und Tiahuanaco dienten wie die röm. Signalhörner als Kriegsinstrumente, weshalb sie mit abschreckenden Tierköpfen verziert wurden. Bei **grifflosen Flöten** befindet sich im Rohr eine Tonkugel, die den Schwingungsraum der Luftsäule so teilt, dass der Ton sich ändert.

C. P. Maj, Die Zieglerin, um 1730

Irak, 3. Jt. v. Chr.

Europa, um 1150

Frankreich, 1822

Ziegler und Maurer

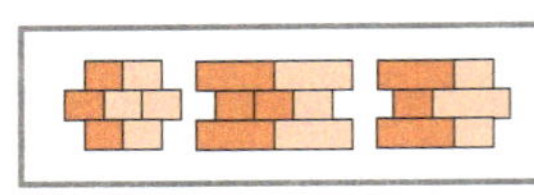

Binder-, Block- und got. Verband

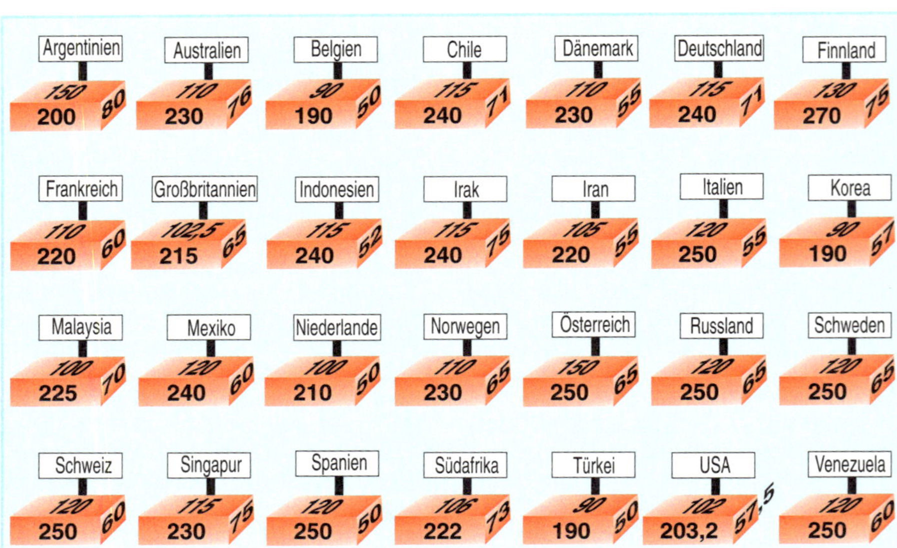


Formate der Normalformatziegel der Welt; vorn: Länge, oben: Breite, rechts: Höhe (in mm)

**Baukeramik**
Wandkeramik, Dachkeramik, Bodenkeramik und Drainagekeramik werden unter dem Begriff Baukeramik zusammengefasst. Eines der wichtigsten Produkte der Baukeramik ist der **Ziegel**. Der Begriff Ziegel stammt von lat. *tegere* für 'decken' ab, von wo es über das lat. *tegula* für 'Dachziegel' ins ahd. *ziegal* und ins engl. *tile* überging. Ungebrannte Ziegel werden Adobe genannt. Das älteste Beispiel von Adobeziegeln für den Bau datiert aus dem 9. Jt. v. Chr. und stammt aus Al Baida in Jordanien. Die ältesten gebrannten Ziegel kommen aus Sumer im Irak und datieren aus dem 4. Jt. v. Chr.

**Europa**
Die frühesten Beispiele stammen aus Knossos, wo sog. plinthoi (gebrannte Ziegel) verarbeitet wurden. Dagegen bauten die Griechen bis auf die Dachkeramik in Holz und Stein. In Rom gab es verschiedene, genau bezeichnete Ziegeltypen (Tabelle).

| deutsch | lateinisch |
|---|---|
| Dachziegel | tegula hamata |
| Wölbziegel | imbrex |
| Hohlziegel | tubulus |
| Warzenziegel | tegula mammata |
| Wandziegel | tegula sine marginibus |
| 2-Fuß-Ziegel | later bipedalis |
| Hypokaustziegel | laterculus |

Die Ziegelproduktion brachten die Römer nach Dtl., als sie ihre Legionsstandorte aufbauten. Deshalb sind die Ziegel mit dem Legionsnamen gestempelt. Der Dom zu Modena in Italien war der erste nachrömische Backsteinbau Europas. Bedeutung erlangte die Backsteingotik in Norddt. und Bayern. Im 19. Jh. entwickelte sich das Zieglerhandwerk zur Industrie.

**Asien**
In Jericho in Palästina wurde bereits 7500 v. Chr. eine Stadt aus Lehmziegeln errichtet. In Çatal Hüyük in der Türkei (6. Jt. v. Chr.) gab es eine Ziegelnormung (Höhe : Breite : Länge = 1 : 2 : 4). Seit 6000 v. Chr. hat man in Mehrgarh in Indien die ersten Adobehäuser errichtet. Die frühesten gebrannten Ziegel wurden in Sumer im Irak im 4. Jt. v. Chr. produziert. Allerdings war das Brennmaterial rar und teuer, so dass man nur die Schalungen mit gebrannten Ziegeln versah. Im Irak wurde der bisher größte bekannte Ziegelturm der Welt gebaut, die aus 400 000 Tonnen Ziegel errichtete Zikkurat von Borsippa. Der Islam führte das Glasurziegelhandwerk zu einer Blüte. Auch die ersten Glasurziegel Asiens stammen aus dem Zweistromland und datieren um 1000 v. Chr. Aus China kennen wir Schmelzöfen aus Ziegeln, die um 1200 v. Chr. datieren.

**Afrika**
Vom 5. Jt. v. Chr. bis heute nutzen die Ägypter Adobeziegel (Abb.).

Ziegelei, Theben, um 1450 v. Chr.

Außerhalb Ägyptens sind die Schmelzöfen der Eisenzeit aus Ziegeln aufgebaut. Sie stammen aus dem 1. Jt. v. Chr. aus Fundorten westlich des Victoriasees. Die bekanntesten Lehmziegelbauten sind Städte wie z. B. Timbuktu in Mali.

**Amerika**
Die frühesten Lehmziegel wurden von 2600 v. Chr. an in Aspero im Supétal im heutigen Peru in großen Tempelplattformen verbaut. Lehmziegelbauwerke zierten auch die Siedlungen der Fremontkultur im Südwesten Nordamerikas, die aneinander gebauten Wohnblocks der Puebloindianer, die Kivas der Hopi und der Mogollon sowie die einstöckigen Häuser der Mimbres (S. 230 f.). 1611 entstand in Virginia das erste industrielle Ziegelwerk. Es folgten 1628 Manhattan und 1629 Salem, wo auch der erste neuzeitliche Ziegelbrennofen entstand. Bereits um 1900 gab es in den USA etwa 6400 Ziegelwerke. Als sog. **»Welthauptstadt des Pflasterziegels«** wurde seit 1920 Canton/Ohio bekannt, wo man 1923 460 Millionen Stück Pflasterklinker fertigte. Nach 1945 verdrängten Beton und Asphalt Ziegelpflaster.

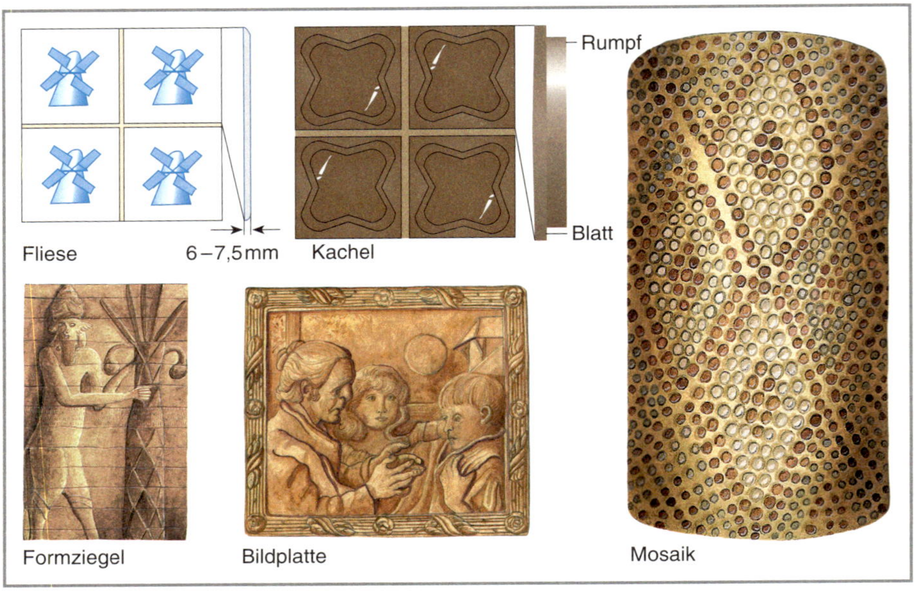


Arten der Flächenverkleidungen

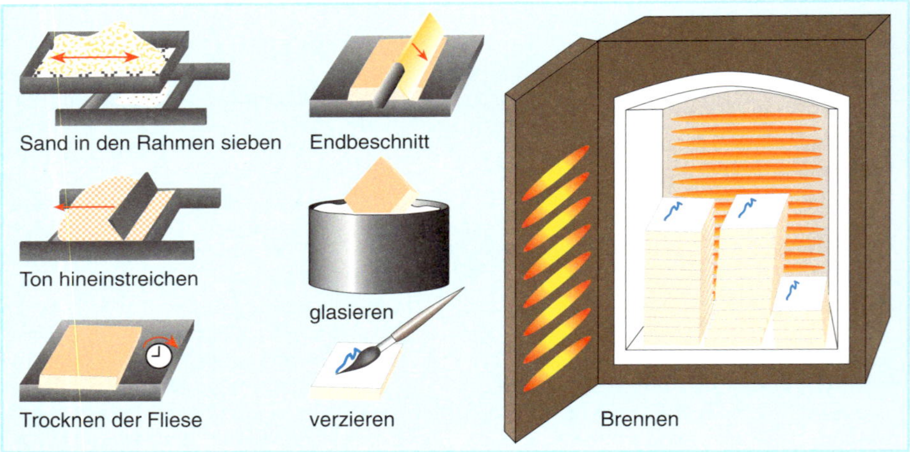


Handwerkliche Fliesenfertigung

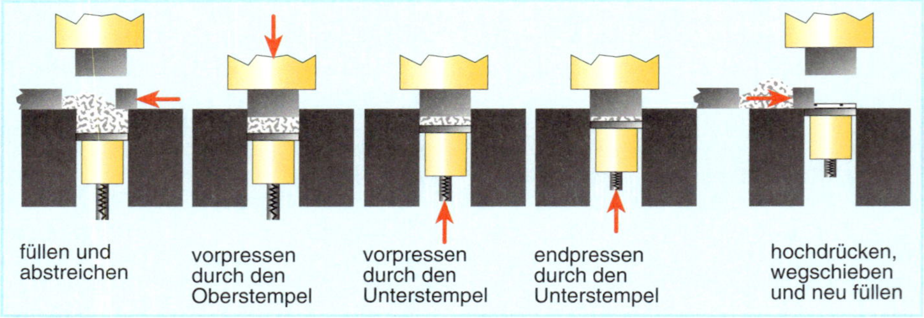


Industrielle Fliesenfertigung

**Flachkeramik**
Fliesen, Kacheln, Mosaiken, Bildplatten und Formziegel gehören zu den keramischen Flächenverkleidungen.
Der Begriff **Fliese** geht auf das niederdeutsche Wort »spleißen« zurück, was soviel wie »spalten« bedeutet. Im 17. Jh. wurde es ins Hd. übernommen und für die in Mode gekommenen Wandverkleidungen verwendet. Der Begriff **Kachel** stammt vom lat. *caccabus* für »Tiegel/Pfanne« ab und wurde im 11. Jh. zum ahd. *kahhala* für »Öllampengefäß«. Der Begriff **Mosaik** kommt vom etymologisch ungeklärten griech. *Musa* für die Göttin der Künste. Über das ital. *mosaico* und das frz. *mosaïque* kam das Wort im 18. Jh. in die dt. Sprache.

**Fliesen und Kacheln**
**Fliesen** stellen Keramik- oder Steinplatten dar, die Wände, Decken, Böden oder andere Flächen wisch- und wasserfest verkleiden. Die **Kachel** ist urspr. ein aus weichgebranntem Steingut bestehendes, gewölbtes Bauteil für Öfen. Die Wölbung der Oberseite (Blatt) und die Verlängerung durch den Rumpf in das Innere des Ofens bilden eine größere Fläche und dienen der besseren Wärmeabstrahlung.

**Formziegel**
sind Ziegelarten, die als Gruppe ein Muster bilden. Man unterscheidet zwischen industriell gefertigten Standardformziegeln und handgefertigten Formziegeln. Für den Bau von Gewölben werden Formziegel als Hohl- bzw. Langkeilziegel verwendet. In der Architektur spielten sie in verschiedenen Kulturen eine als aufwendige Fassadenverkleidungen eine bedeutende Rolle (Tabelle).

| Zeit | Verbreitung |
|---|---|
| 1415 v. Chr. | Uruk, Irak |
| 12. Jh. v. Chr. | Susa, Iran |
| 580 v. Chr. | Babylon, Irak |
| 13.–15. Jh. | Backsteingotik, Dtl. |
| 19. Jh. | Gründerzeit, Dtl. |

**Bildplatten**
heißen Keramikplatten, die das dargestellte Motiv auf einer einzigen, größeren Fläche, z. T. mit Rahmen abbilden. Die Ursprünge liegen in den Steinreliefs des antiken Iran und den steinernen Bildplakaten, welche in die Fassade von Renaissancehäusern eingelassen waren. Die keramische Kunstform kommt im 19. Jh. in Dtl. auf und wird wie ein traditionelles Bild an die Wand gehängt (S. 62 f.).

**Mosaik**
Mosaiken sind kleinteilige Flächendekorationen aus den verschiedensten Materialien (Stein, Holz, Keramik, Glas u. a.). Das Mosaik erreicht seine Wirkung ähnlich der pointillistischen Malerei erst durch die Mischung auf der Netzhaut des Auges ab einer bestimmten Betrachtungsentfernung. Die frühesten sog. Stiftmosaiken stammen aus Uruk und datieren um 3000 v. Chr. Die roten und beigen Stifte wurden in die Tonsäulen eingedrückt und bildeten zusammen ein textilartiges Muster (Abb.).

**Fliesenfertigung im Handwerk**
Sie erfolgt in mehreren Arbeitsschritten. Auf einem Fliesenpaneel des Jahres 1737 in Amsterdam findet sich die Darstellung eines Fliesenbetriebes: Im Erdgeschoss dreht ein Pferd eine Tonmühle, die die Arbeitsmasse mischt. Daneben steht eine weitere Pferdemühle, die die Glasurpartikel mahlt. Schließlich erhebt sich ein gewaltiger Brennofen über mehrere Etagen. In der ersten befindet sich die Gefäßtöpferei. Die zweite Etage beherbergt die Fliesenfertigung. Vor einem Regal schneidet ein Töpfer Fliesen auf Maß (Abb.); dann erfolgen Glasierung und Verzierung. Schließlich werden die Fliesen in den mehretagigen Ofen geschichtet und gebrannt.

Maßbeschnitt

**Industrielle Fliesenproduktion**
Durch einen beweglichen Rahmen wird die Pressform mit Ton gefüllt und beim Rückschub geglättet. Dann verdichtet der Oberstempel die Masse. Nun kann der Unterstempel vor- und endpressen. Der Ausstoß auf die Fliesenstraße erfolgt mittels Unterstempel, der Brand in einem kontinuierlichen Ofen (S. 46 f.).

Stiftmosaik,
Uruk,
um 3000 v. Chr.

Fliesenpaneel,
Saqqara, um 2690–2660 v. Chr.

Ziegelrelief,
Susa, 12. Jh. v. Chr.

Knauffliese, Assur,
883–859 v. Chr.

Glasurziegelrelief, Susa, 6. Jh. v. Chr.

Glasurziegelrelief,
Babylon, 580 v. Chr.

Fliese, Han,
3. Jh. v. Chr. –
3. Jh. n. Chr.

Bildplatte,
Mathura,
5. Jh. n. Chr.

Dachschmuckziegel,
Qingliang,
627–650 n. Chr.

Flachkeramiken dienen nicht nur dem Dekor, sie bieten auch einen langfristigen Witterungsschutz. Das älteste erhaltene Mosaik ist das Stiftmosaik in Uruk, wo Tonwände mit textilartigen Mustern verkleidet wurden. Aus den ersten beiden Dynastien in Ägypten kommen die ältesten glasierten Fliesenflächen.

Im ägyptischen Neuen Reich wurden Fliesen Modebauschmuck. In den Königspalästen von Malkata und Amarna sind Böden und Wände mit Fliesenbildern bedeckt: Teichszenen, blühende Wiesen und Wasservögel. Unter den Ramessiden verkleidete man sogar Treppen, Balustraden, Thronpodeste sowie Tür- und Fensterrahmen. Beliebt waren Darstellungen Unterworfener (S. 218).

Es scheint einen Zusammenhang zu geben zwischen den gleißenden Lichtverhältnissen jener Länder, in denen alles Farbschwache grau erscheint, und ihrer Vorliebe für farbenprächtige Verkleidungen von Bauten, hinter denen sich oft Adobeziegel befanden (S. 55). Höhepunkt der Flächendekore des Altertums sind die berühmten Glasurziegelreliefs von Babylon und Susa (Abb.).

**Abbildungen**

**Stiftmosaik** Die in Lehmputz eingesteckten, gebrannten farbigen Stifte zeigen Muster, die sich von Rundpfeiler zu Rundpfeiler unterscheiden und die die Nordwestseite eines Gebäudes verzierten. Sie ahmen ein Flechtwerkmuster nach.

**Fliesenpaneel** Die Wände waren mit grünen Fayencefliesen versehen, die Schilf imitieren. Der Bogen wird durch sog. Djedpfeiler gebildet, die als Hieroglyphe Dauer und Beständigkeit bedeuten. Jeweils vier bis acht Fliesen wurden mit einer Schnur durch Löcher hinter der Wand zusammengehalten.

**Ziegelrelief** Das Detail einer 1,37 m hohen Außenwand eines Tempels in Susa zeigt einen Stiermenschen neben einer Palme. In 1 m Höhe findet sich eine Inschrift, die die mittelelamischen Könige Kuturnachunde und Schilhakinschuschinak nennt.

**Knauffliese** Die Fliese trägt die Inschrift Assurnasirpals II. [883–859 v. Chr.]:

> *»Palast des Assurnasirpal, des Königs der Gesamtheit, des Königs von Assyrien, Sohnes des Tukulti-Ninurta, des Königs der Gesamtheit ...«*

**Glasurziegelrelief** Nach der Eroberung Babyloniens durch die Perser errichtete Darius [521–486 v. Chr.] seine Residenz in Susa und ließ sie von unterworfenen Handwerkern einrichten. An vielen Stellen finden sich Glasurziegelreliefs. Zwei geflügelte Sphingen sitzen sich gegenüber ohne sich anzuschauen. Oben findet sich die geflügelte Sonnenscheibe mit gebundenem Gefieder, das Sinnbild Ahura Mazdas.

**Glasurziegelrelief** Zwischen dem Ischtartor und dem Vorwerk der Hauptburg Babylons befand sich die Prozessionsstraße, die zu beiden Seiten mit Glasurziegeln verkleidet war. Die Straße trug den Namen:

> »*Aj-ibur-schapu*«
> Nicht habe Bestand der Feind!

Etwa 60 Löwen von insgesamt 575 Tieren schreiten auf jeder Seite zwischen Bändern mit Blütenornamenten, die das Neujahrsfest symbolisieren. Durch Modeltechnik wurden die Fliesen als Serie hergestellt. O. Douglas-Hill (1897–1972) fertigte die reproduzierten Teile.

**Fliese** Sie zeigt den vom Krokodil als dem Verschlinger des Lichts gehäuteten Hasen (Mondsymbol, S. 172 f.), dem die »Bösen« der 80 Halbbrüder auf dem Weg zum Freien einer Prinzessin geraten hatten, im Salzwasser zu baden und sich im Wind trocknen zu lassen. Der Hase belohnt den »guten« Bruder, der ihm zu einem neuen Fell verholfen und damit die Licht-Dunkel-Ordnung wieder hergestellt hatte, mit der Prinzessin.

**Bildplatte** Dargestellt ist das Kopfopfer eines Asketen, der durch Haartracht und Dhoti, einem um die Hüften geschlungenen Tuch, dessen eines Ende herabhängt, während das andere durch die Beine durchgezogen wird, identifizierbar ist. In der rechten Hand hält er ein Kurzschwert, mit dem er zum Selbstmord durch Abschneiden des Kopfes ansetzt. Die linke Hand hält das Haar, als ob sie den abfallenden Kopf halten will.

**Dachschmuckziegel** Er zeigt ein Geister abwehrendes Monster. Der Ziegel befand sich auf der obersten Reihe der Dachziegel unterhalb des Dachvorsprungs. Den Ziegel brannte man in reduzierender Atmosphäre. Danach wurde auf die Irdenware mit Kaltfarben Rotpigment aufgemalt.

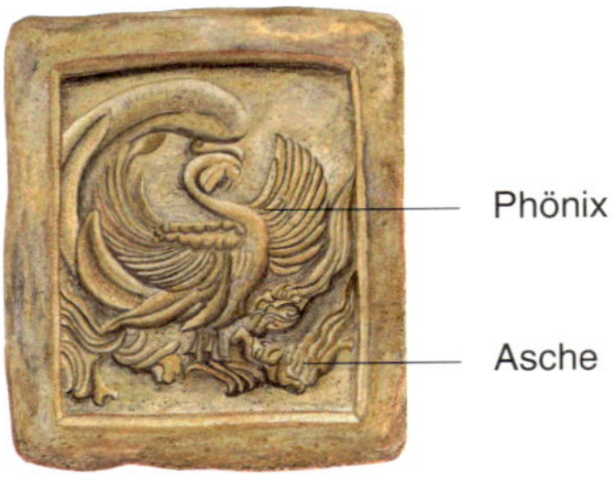


Schmuckziegel,
Japan, 8. Jh. n. Chr.

Fliese, London, 14. Jh.

Fliese in Cuenca-Technik,
Valencia, 15. Jh.

Fliese in Cuerda-seca-Technik,
Toledo, 16. Jh.

Randfliese, Iznik,
um 1575

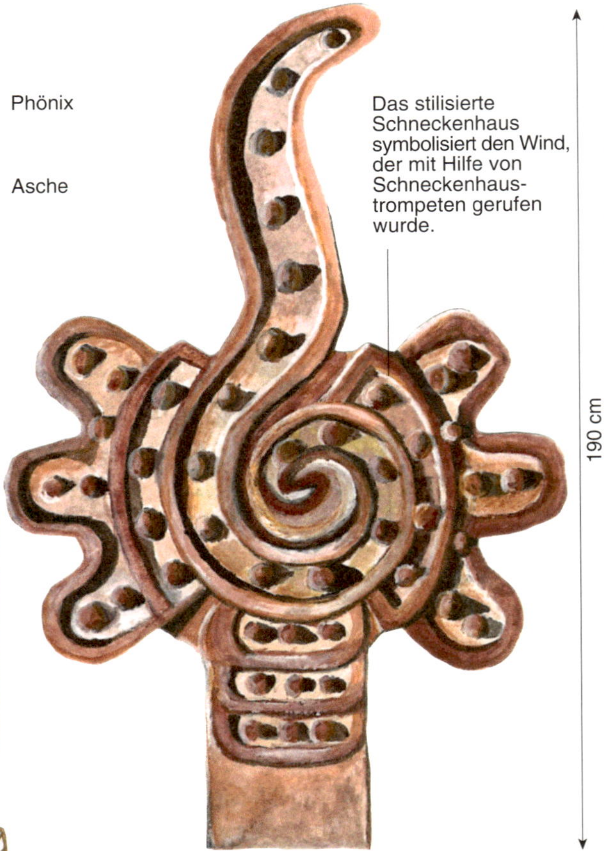


Dachzinne, aztekisch, 1300–1521

Schema der Moschee des Schah Abbas,
Isfahan, Iran, erbaut 1611–38

Mit dem Untergang des Röm. Reichs geriet das Wissen um die Herstellung von Flachkeramik in Europa in Vergessenheit. Dagegen wurde der islam. Orient zum entscheidenden Impulsgeber und Zentrum der Fliesenproduktion. Die frühesten Bsp. stammen aus den Palästen von Samarra (9. Jh.) sowie der großen Moschee von Kairuan in Ägypten (11. Jh.) Die ältesten islam. Reliefglasurziegel stammen von den Ghasnaviden in Afghanistan. Lüsterfliesen sowie kobaltblaue und türkisgrüne Fliesen wurden in Kaschan im Iran seit dem 12. Jh. in bedeutender Zahl gefertigt (S. 266) Die Seldschuken in Kleinasien entwickelten die Unterglasurfarbenfliesen und die Osmanen in Iznik (Türkei) die Balusterrotfliesen. Im Iran der Safawiden dominierte das Aufglasurtürkis. Zentren der Unterglasurmalereifliesen waren Teheran und Nain im Iran. Nach der Eroberung Spaniens durch die Araber wurde dort die blaue Fliesenverkleidung übernommen, die von span. *azul* für »blau« **Azulejos** genannt werden. Seit dem 13. Jh. ging man mit den sog. **Alicatados** zur Mehrfarbigkeit über. Die Vermeidung menschlicher Darstellungen im Islam führte zu einer Blüte nicht menschengestaltiger Motivquellen wie Schrift, Geometrie und Flora. Geometrische Formenspiele führten zu den quadratischen **Losetas**, um welche man sechseckige **Alfardones** anbrachte. Dadurch entstanden achteckige Muster, die typ. für Katalonien und Valencia sind. Reliefpaneele nennt man **Mudéjarstil**. Es gab aber auch Paneele im **Majolikastil** (S. 116 f.). Man unterscheidet **Olambrillas**, die für Fußböden genutzt werden, von **Tableros**, die Decken schmücken. Die bedeutendste Ausstattung findet sich im span. Talavera de la Reina (S. 136 f.). Die Bedeutung der Fliesen für Spanien belegt ein Spruch, mit dem man einen Armen beschreibt:

*»No ava casa con azulejos.«*
Er besitzt kein Haus mit Fliesen.

**Abbildungen**

**Schmuckziegel** Der Dachschmuckziegel stammt von einem Tempeldach und zeigt einen Phönix, der aus der Asche aufsteigt. In der jap. Architektur, die von Holz und leichten Stoffen dominiert wird, sind keramische Verkleidungen selten.

**Fliese** Die Wandfliese zeigt eine Szene aus der Kindheit Jesu im Sgraffitodekor (S. 42 f.), wobei zunächst auf den roten Scherben ein gelber Überzug aufgetragen wurde. Danach kratzte man das Motiv heraus, das nun hell vor dunklem Hintergrund zu sehen ist. Die Technik eignete sich nur für Wandfliesen, da diese der ständigen Beanspruchung auf dem Fußboden nicht gewachsen gewesen wären.

**Fliese** Diese Fliese wurde in der sog. Cuenca-Technik gefertigt. *Cuenca* bedeutet »Zelle« und zeigt an, dass die Muster auf den Fliesen aus eingegrabenen Flächen bestehen, wodurch ein Verlaufen der Glasurfarben verhindert wurde (S. 62 f.).

**Fliese** Die Fertigungstechnik dieser Fliese heißt *Cuerda seca*, was soviel wie »trockenes Band« bedeutet. Dabei grenzt ein Band aus einer mit Manganoxid gemischter Wachssubstanz die Dekorfelder ab, was Verläufe verhinderte (S. 62 f.).

**Randfliese** Die höchste Fertigungsqualität islam. Fliesen erreichten im 16. Jh. die Töpfer von Iznik. Die verschlungenen Arabesken in den Farben Balusterrot, Weiß und Blau sind typ. für die Blütezeit osmanischer Fliesenkunst (S. 254 f.).

**Dachzinne** Sie gehörte wahrscheinlich zum Tlaloctempel des Templo Mayor im historischen Zentrum der Stadt Mexiko. Die Schneckenspirale symbolisiert den Wind. Gehäuse von Meeresschnecken benutzte man als Trompeten. Die enormen Ausmaße bezeugen den hohen Stand der aztekischen Töpferkunst, da dafür große Pressformen hergestellt und der Brand in riesigen Öfen beherrscht werden musste.

**Schema** In Persien und Zentralasien wurden Moscheen oft mit Fliesen verkleidet. Um ein Zerbrechen im Winter zu verhindern, hüllte man sie in Leder ein.

Schematische Darstellung der Farbfolge einer Iznikfliese

Fliese mit »Diamantmuster«, Sevilla, um 1600

Fliese, Delft, 17. Jh.

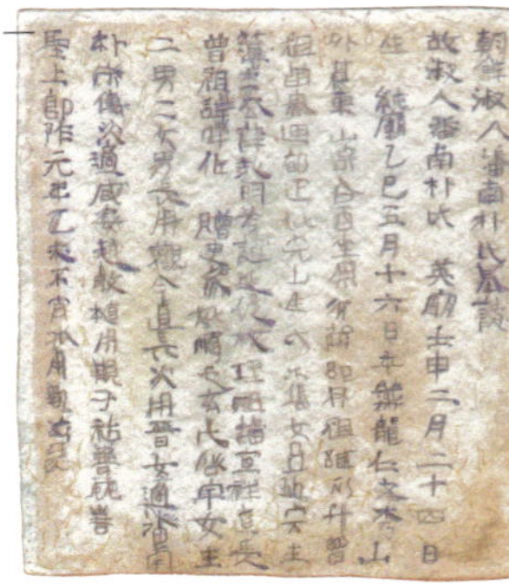

50 Jahre nach dem Tod der Dame Pak von Pannam listet der Stein, »gefertigt in großer Trübnis für meine Mutter von ihrem unwerten Sohn«, alle Namen und Titel ihrer und ihres Mannes Vorfahren auf

Porzellangedenkstein, Korea, 1835

Bildplatte »Die Märchenerzählerin«, H. Thoma, um 1903

Fliese, P. Behrens, 1900–02

Fliesen, B. Leach, um 1928

Wandplatte, London, 1840–60

Im frühen 16. Jh. brachten ital. Fliesenmeister die weiße Fayenceglasur nach Antwerpen, der damals wirtschaftlich bedeutendsten Stadt Westeuropas. 1585 flohen viele der zumeist protestantischen Handwerksmeister nach der Besetzung Antwerpens durch die Spanier in die Niederlande. Zuerst waren es nur die Paläste, die mit Fliesen ausgeschmückt wurden. Die Fliesenproduktion erhielt jedoch auch durch die große Nachfrage nach wasserdämmenden Belägen in den zumeist im Wasser stehenden Häusern der Provinz Holland Impulse. Aufgrund des nach 1600 wachsenden Wohlstands wurden außerdem immer mehr Küchen verfliest. Seit 1625 übte die Chinamode einen so großen Einfluss aus, dass die weißen Fliesen fast nur noch mit Blaumalerei verziert wurden. Bis 1650 waren die etwa 80 niederländischen Manufakturen in ganz Europa führend (Tabelle).

| Ort | Hauptmotive |
|---|---|
| Delft | Landschaften, Mühlen, Blumen, Genreszenen |
| Gouda | farbige Vögel |
| Haarlem | Medaillons, mit Laub umrankte Putten |
| Harlingen | Schiffe |
| Rotterdam | Meerestiere, Sarazenen, türkische Soldaten |
| Utrecht | Schäferszenen |

Die eigentlich falsche Bezeichnung Delfter Fliesen für alle Blauweißfliesen rührt einerseits von der hohen Qualität und andererseits von der Dominanz der Delfter Produktion zwischen 1630 und 1750 her. Seit der zweiten Hälfte des 18. Jh. ging die Fliesenproduktion v. a. wegen der billigeren Konkurrenz des Steinguts aus England zurück, wo man mit Transfertechnik (S. 120 f.) viel effizienter arbeitete, als die Niederländer mit ihren Sponzenschablonen.

**Techniken**

**Bianco sopra bianco** ist eine im 16. Jh. in Italien entwickelte Technik, bei der ein Dekorrahmen in hellem, matten weiß in Kontrast zum grau/blau/weißen Hintergrund gestellt wird. **Cuenca** bedeutet »Zelle« und ist eine Technik aus dem Spanien des 15. Jh., bei der erhöhte Zellenränder ein Verlaufen der Glasurfarben verhindern sollen. Bei der **Cuerda-seca-Technik** wird dies mittels einer Trockenkordel, der *cuerda seca*, erreicht. **Sgraffito**-Fliesen werden zunächst mit einer Engobe bedeckt und dann ausgeschabt. **Pâte-sur-pâte** oder **paste-on-paste** heißt eine Technik, bei der dünne Schichten transluzider, weißer Paste übereinander aufgetragen und einzeln getrocknet werden, wodurch ein immer opakerer Übergang entsteht. Sie wurde im 19. Jh. in England erfunden. **Kwaart** nennt man bleihaltige Überglasuren, die mit Farboxiden vermischt, feuerfest gebrannt und als Keramikfarben fein zerrieben wurden. **Spolvero** oder **sponzen** bedeutet das Durchpudern von Holzkohle oder Braunstein in einem Beutel durch gelöchertes Papier oder Zinnfolie (Abb.).

Folie (Sponze)

**Abbildungen**

**Fliese mit Diamantmuster** Das »bico de diamante«-Muster stammt von einer Scheintür, die von verschwenderisch angebrachten, manieristischen Fliesengemälden umgeben ist.

**Fliese** Typ. Delfter Fliese mit Faschingsszene, die mit einem Rinderohrhaarpinsel aufgetragen wurde. Der *Trekker* malte die Konturen und der *Dieper* die Binnenflächen aus.

**Porzellangedenkstein** Eine erstaunliche Platte, die die konfuzianische Tradition Koreas belegt. Noch 50 Jahre nach dem Tod seiner Mutter zeigt der Sohn tiefen, selbstkritischen Respekt ihr gegenüber. Der Text wurde in Unterglasurblau aufgetragen.

**Bildplatte** Die Platte wurde nach einer Grafik gefertigt, die Thoma 1893 fertigte.

**Fliese** Villeroy & Boch produzierte diese jugendstiltyp. »verschlungenen Bänder«.

**Wandplatte** Typ. Komposittechnik: im Spiegel findet sich eine maschinell gedruckte Grafik mit Handkolorierung, der Rand ist rosa und braunes Lüster.

**Fliesen** Die weißen Schamottefliesen wurden mit jap. Kobalt- und Eisenfarbendekor in Pinsel- und Bambusgriffeltechnik sowie Sgraffito mit Metallgriffel verziert.

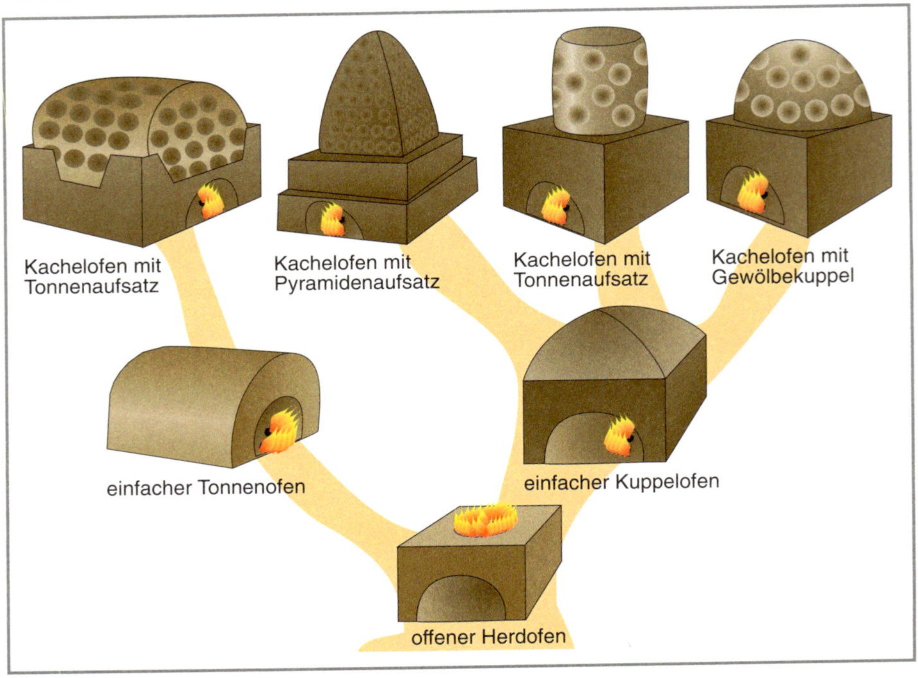


Entwicklung der Kachelöfen

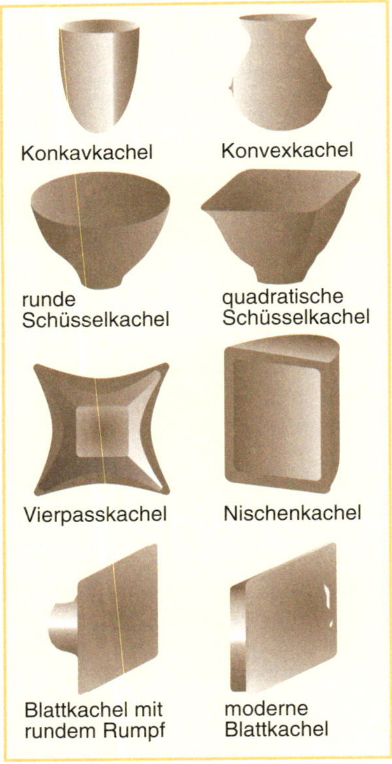


Verschiedene Kachelformen

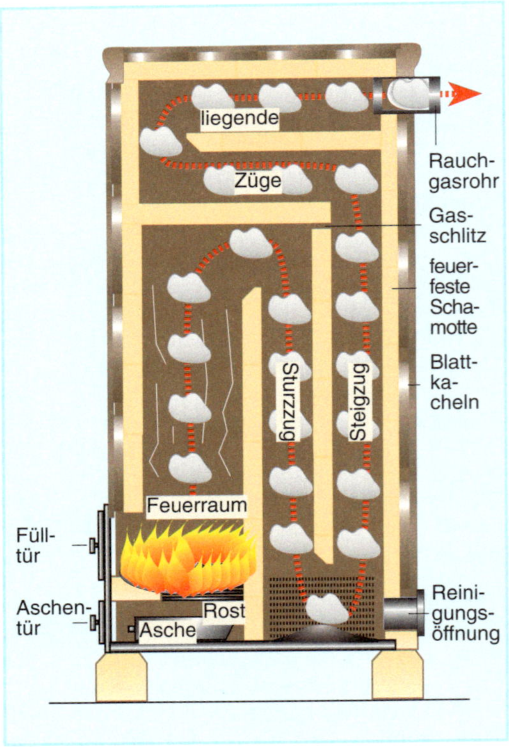


Schnitt durch einen modernen Kachelgrundofen

Als **Kachelofen** werden Raumheizer bezeichnet, die mit wärmespeichernden Kacheln verkleidet sind. Andere Heizer sind der **Kamin**, der v. a. in Frankreich, Holland und England verbreitet war, sowie der **eiserne Ofen** Frieslands.

**Geschichte**

Der Kachelofenbau beginnt mit den aus Steinen und Lehm gebauten Öfen der Germanen und Slawen in röm. Zeit. Die ersten Öfen sind Herdöfen für die Küche, den einzig beheizbaren Raum. Die weitere Entwicklung ist umstritten. Aus einer röm. Villa in Steinheim stammt ein Ofen mit Außenbefeuerung. Mglw. entwickelte sich daraus der Kachelofen. Eine andere Entwicklungslinie ergibt sich aus der Weiterentwicklung von Backöfen, wobei sich v. a. in Südtirol zahlreiche Tonnenöfen erhalten haben.

Die wahrscheinlich von den Römern erfundene **Kachel** diente als konstruktives Bauteil, um das Gewicht von Gewölben zu verringern. So besteht die Kuppel von San Vitale in Ravenna bspw. aus Topfgewölben. Auch die röm. Töpferöfen wurden durch Gefäßkacheln stabilisiert. Diese konnten dabei entweder spiralförmig, rippenförmig oder zentripetal zur Spitze geführt werden. In einem Baugesetz des Königs LIUTPRAND [713–44] wird bereits ein Ofen (lat.: *furnus*) aus *caccabi* genannt (S. 56 f.). Die ersten bildlichen Darstellungen von Kachelöfen datieren in den Anfang des 14. Jh. Es handelt sich um die Zeichnung auf der Züricher Wappenrolle sowie um ein Fresko im Kanonikatshaus des Domherrenstiftes St. Stephan in Konstanz. Das gemeinsame Merkmal der frühen Kachelöfen ist die Überwölbung des Feuerraumes. Bei den Formen der Gewölbe gibt es eine Linie der horizontalen Tonnenüberwölbungen und der verschiedenen Kuppel- bzw. Aufsatzöfen. Erst die Erfindung der nur aus Kacheln bestehenden Öfen ermöglichte eine Schmuckformentwicklung.

**Entwicklung der Kacheln**

Die ältesten Kacheln aus dem 12./13. Jh. sind spitzbodige Gefäße mit konvexer oder konkaver Wandung. Später entwickeln sich die Konkavkacheln zu den sog. Schüsselkacheln mit Flachboden. Diese wurden auf der Drehscheibe hergestellt und waren zunächst rund. Das Problem der Zwischenräume bei Kombination mehrerer Kacheln wurde durch quadratische Schüsselkacheln gelöst. Man drückte die Rundkacheln in quadratische oder andere Holzformen, die dem Kunststil entsprachen. So gibt es z. B. got. Kacheln mit Maßwerk. Eine besondere Form stellt die Nischenkachel dar, die durch Auseinanderschneiden eines Zylinders entstand. Aus den Schüsselkacheln entwickelten sich die Blattkacheln, die entweder durch Schließen der Schüssel mit einer Platte (Blatt) bestanden, oder aber man fertigte nur die Platte und klebte darauf eine Wulst.

**Technik des Kachelgrundofens**

Ein Kachelofen dient der langsamen und gleichmäßigen Abgabe der durch Feuer erzeugten Wärme, die durch die schlechte Wärmeleitfähigkeit der Kacheln als Strahlungswärme mit einer durchschnittlichen Temperatur von 50–90 °C abgegeben wird. Der Vorteil des zu den Speicherheizern zählenden Kachelofens liegt in der Verringerung der Feuerhäufigkeit.

Die Verbrennung erfolgt im Feuerraum, der durch einen Rost vom Ascheraum getrennt ist. Die während des Hauptbrandes offen gehaltene Aschetür regelt die Sauerstoffzufuhr und damit die Brenndauer. Nach dem vollständigen Verflüchtigen der Kohlenstoffteilchen wird die Aschetür geschlossen, um die verbleibende Glut möglichst lange auszunutzen. Die Züge des Ofens bestehen ebenso wie die Wände aus Schamotte. Gasschlitze zwischen den Wänden verhindern einen Gasrückstau bei unvollständiger Verbrennung.

Die fliegende, heiße Asche sammelt sich unterhalb von Sturz- und Steigzug und kann durch die Reinigungsöffnung entsorgt werden. Die Heizgase gelangen über ein Rauchgasrohr in den Schornstein. Größere Kachelöfen können mit einer Schnellheizröhre ausgestattet sein. Dieses Metallrohr im Inneren des Ofens kann von außen geöffnet werden und dient der schnelleren Wärmeausbreitung.

Keramische Fliesenverkleidung des Space Shuttle

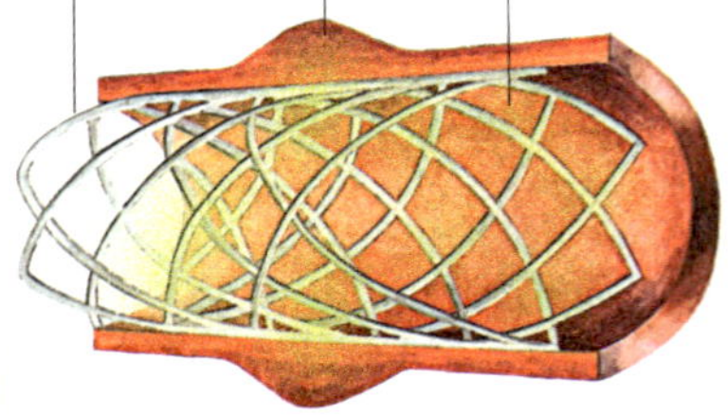


Stent zur Minderung des Herzinfarktrisikos

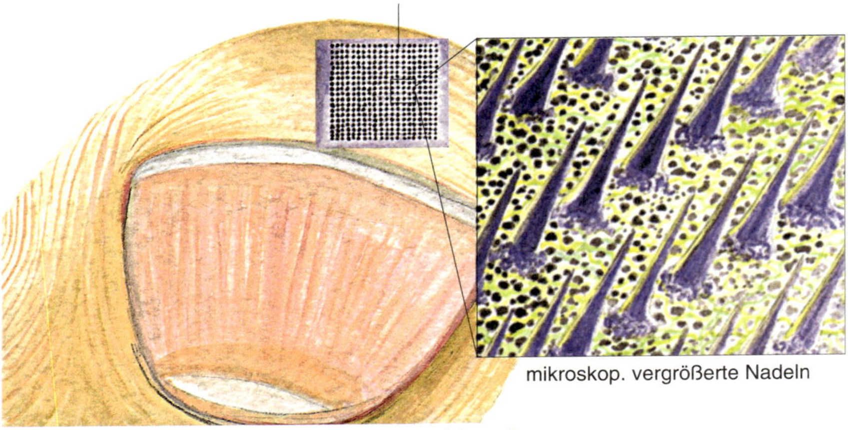


Schmerzloses Spritzen durch Mikrospritzen aus Keramik

Schwebender Supraleiter

Keramikantenne

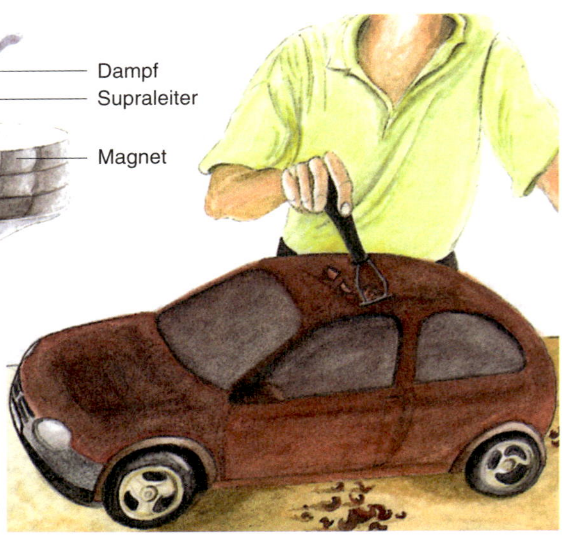

Tonmodell eines Autos

Keramik wird in der modernen **Technik** für zahlreiche Anwendungen in verschiedenen Branchen gebraucht. Die ständig wachsende Anzahl von Einsatzgebieten dieser Keramik als sog. »High Tech Keramik« in Hochtechnologien führte zu Bezeichnungen wie »Werkstoff der Zukunft« oder »der Stoff, aus dem die Träume sind«. Die Gründe dafür liegen in den durch die Forschung erkannten Eigenschaften von Keramik (Tabelle).

| Gebiet | vorteilhafte Eigenschaften |
|---|---|
| Mechanik | verschleißfest, hart, formbeständig, dicht |
| Elektrik | leitfähig, isolierfähig, durchschlagfest, piezoelektrisch, dielektrisch |
| Thermik | hochtemperaturfest, wechselbeständig |
| Chemie/ Biologie | korrosionsfest, katalytisch, physiologisch verträglich, lebensmittelverträglich |

**Anwendungsbeispiele**

**– Ausdehnung**

Besonders die geringe mechanische Ausdehnung von Keramik verleiht diesem Material gegenüber Metall Vorteile.

**– Biokompatibilität**

Wegen der ausgezeichneten Gewebeverträglichkeit, der Korrosionsfreiheit und der detailgenauen Fertigungsmöglichkeiten eignet sich Keramik als Implantat und Zahnersatz.

**– Chemieresistenz**

Keramik ist gegenüber Säuren, Laugen und Lösungsmitteln unempfindlich.

**– Dielektrik**

In Kondensatoren benötigt man zwischen leitenden Schichten voll isolierende. Allein die unterschiedliche Korngröße der Keramik bewirkt dies und wird für Sperrschichtkondensatoren genutzt.

**– Härte**

Keramik ist nach Diamant das härteste natürliche Material (Tabelle), weshalb Schusswesten daraus hergestellt sind.

| Material | Kerbungshärte in kg/mm² |
|---|---|
| Diamant | 7000–9500 |
| Bornitridkeramik | 3500–4750 |
| Borcarbidkeramik | 3200 |
| Keramikglas | 530 |

**– Heißleitfähigkeit**

Bei keramischen Heißleitern nimmt mit zunehmender Temperatur der Widerstand ab. Sie sind als Temperaturfühler verwendbar.

**– Hitzebeständigkeit**

Keramik kann höchste Temperaturen überstehen. So schützen 33 000 je nach Hitze unterschiedlich dicke Fliesen das Spaceshuttle (Abb.). Für die Raumfahrt bisher genutzte Metalle weichen oder schmelzen da bereits (Tabelle).

| Material | Schmelztemperatur |
|---|---|
| Aluminium | 660 °C |
| Stahl | 1426 °C |
| Siliziumdioxidkeramik | 1649 °C |
| Hafniumcarbidkeramik | 3838 °C |

**– Isolierfähigkeit**

Keramikisolatoren für Überlandleitungen können Überschlagwechselspannungen von 775 000 V (trocken) bzw. 560 000 V (nass) aushalten.

**– Kaltleitfähigkeit**

Bei Kaltleitern steigt der Leitungswiderstand entsprechend dem Temperaturanstieg und umgekehrt. Dies wird bei Tauchsiedern oder Eierkochern genutzt. Einige keramische Oxide werden bei niedrigen Temperaturen zu Supraleitern, was z. B. bei Magnetbahnen Anwendung findet.

**– Korrosion**

Keramik hat in Autos eine höhere Lebensdauer als das gesamte Fahrzeug.

**– Piezoelektrische Eigenschaften**

Piezoelektrik ist die Fähigkeit, durch mechanische Verformung elektrische Ladungen aufzubauen. Piezokeramiken nutzt man z. B. für Schlagzünder und Impulsgeber für Uhren.

**– Varistorprinzip**

Varistoren bilden eine Sperrschicht, die erst bei einer bestimmten Spannungshöhe Strom leitet, und werden als Ableiter von Überspannungen genutzt. Sie bestehen aus einer gasgefüllten Keramikhülse und Metallendelektroden.

**– Wärmeleitung**

20–30 W Wärme gibt ein Mikrochip pro cm² ab. Dies ist mehr als ein heißes Bügeleisen. Das Keramikgehäuse der Chips kann bis zu 150 °C und GHz-Frequenzunterschiede überstehen.

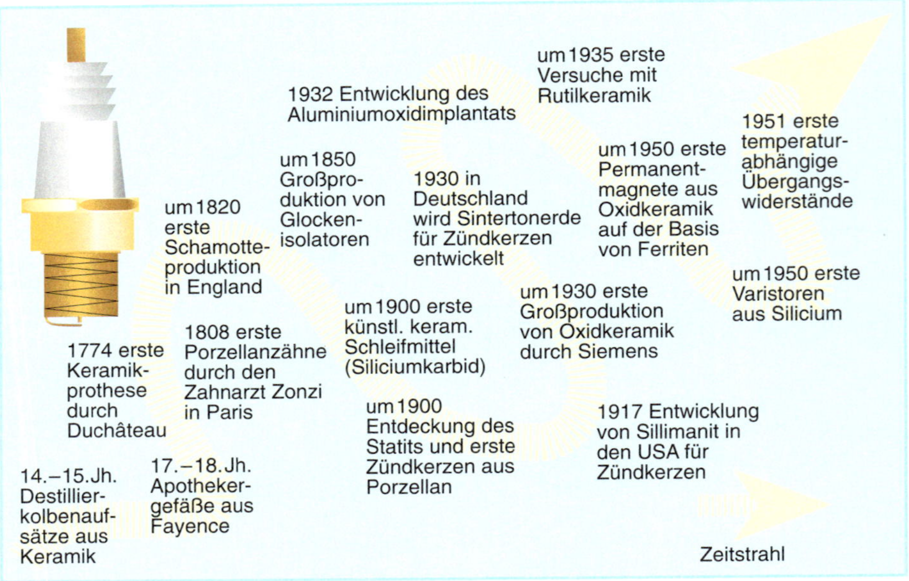


Erfindungen und Entdeckungen

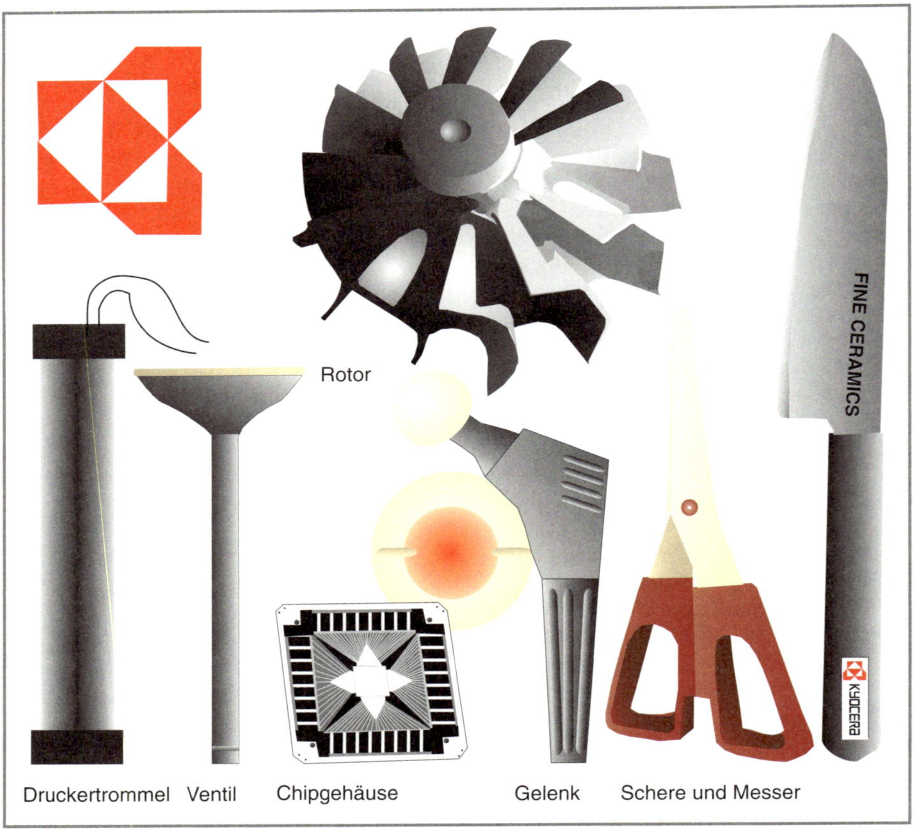


Auszug aus der keramischen Produktpalette des Technologiekonzerns Kyocera (**Kyo**to **Cera**mics)

**Geschichte**

Die technische Keramiknutzung reicht bis in das 14. Jh., als man die ersten Destillierteile für die Alkohohlbrennereien nutzte. G. AGRICOLA (1494–1555) verwendete feuerfeste Werkstoffe für die Glasschmelze. Mit den ersten europäischen Zinkdestillationen ab 1795 fanden Schamottemuffeln Anwendung. Im damals wirtschaftl. führenden England wurden ab 1780 die Tone von Stourbridge für die Herstellung von Feuerfestmaterialien abgebaut. U. a. beim Bau von Dampfkesseln benötigte man für die Auskleidung des Feuerraumes feuerfeste Stoffe. Auch für die Trockendestillation von Kohle zu Gas brauchte man Keramik; die Produktion von Keramikretorten stieg bes. mit der Einführung der öffentlichen Gasbeleuchtung (bspw. ab 1814 in London).

Auf dem europäischen Kontinent wurden die ersten feuerfesten Stoffe in Podejuch bei Stettin ab 1834 durch die Firma Didier hergestellt. Seit der Mitte des 19. Jh. entwickelte sich ein bis heute rasant wachsender Bedarf der chemischen Industrie an säure- und laugenbeständigen Gefäßen.

1821 wurde ein neues Mineral im Senegal entdeckt, das man nach einem fünf Jahre später in Baux-en-Provence an der Rhone gefundenen Vorkommen »Bauxit« nannte. Jedoch fertigte das Offenbacher Unternehmen Moyat erst ab 1894 daraus reinen Elektrokorund. 1838 wurde die erste dt. Schleifscheibenfabrik in Ransbach gegründet. 1839 entwickelte A.W. FABER ein Verfahren, bei dem Graphit und Kaolin bei 1000–1200 °C zu der noch heute gebräuchlichen Bleistiftmasse gebrannt wird. W. v. SIEMENS (1816–92) erkannte vor 1850 die guten Isoliereigenschaften von Porzellan. Ab da begann in Dtl. die Fertigung von Glockenisolatoren. Die erste Hochspannungsleitung mit Porzellanisolatoren wurde von dem frz. Unternehmer M. DEPREZ (1843–1918) in Dtl. errichtet. Die Firmen Hermsdorf-Schomberg und Rosenthal bauten die ersten Hochvoltprüfanlagen. 1881 konnte E. COHEN (1842–1905) in den USA Siloxicon herstellen, das wegen des hohen Schmelzpunktes von 2500 °C als Schmelztiegelmaterial eingesetzt wurde. 1892 entdeckte der Amerikaner E.G. ACHESON, dass sich künstliche Diamanten aus Siliziumcarbid herstellen lassen. Er nannte sie »Carborundum« und ließ das Herstellungsverfahren patentieren. Besonders für die Schleifmittelindustrie brachte diese Erfindung einen gewaltigen Aufschwung.

Am Ende des 19. Jh. wuchs der Bedarf an Permanentmagneten stark an, so dass nach künstlichen Alternativen geforscht wurde: Zu Beginn der 50er Jahre fand man Oxidkeramik auf der Basis von Ferriten, die zunehmend von kunststoffbasierten Ferriten abgelöst wurden. Für die Zündkerzenisolatoren verwendeten die Amerikaner ab 1917 eine Sillimanitmasse, die Deutschen ab 1930 Sintertonerde. Um 1930 begann Siemens in Berlin mit der Produktion von hochfeuerfester Aluminiumoxidkeramik. In den 40er Jahren experimentierte man in den USA und in Dtl., um das elektrische Verhalten von Titanoxid und den Titanaten zu erforschen. Die daraus hervorgegangene Rutilkeramik, das sind Verbindungen wie Titanoxid, Bariumtitanat und Strontiumtitanat, werden heute im Bereich der Elektrokeramik besonders häufig eingesetzt. 1951 wurden die ersten temperaturabhängigen Übergangswiderstände aus Bariumtitanatkeramik gefertigt. Seit 1952 sind Varistoren aus Siliciumcarbidkeramik in Gebrauch. Sie werden heute durch Zinkoxidkeramik verdrängt. 1987 wurde der erste Supraleiter aus Keramik entwickelt. Damit ist es möglich, widerstandsfrei Strom zu leiten und so Energie einzusparen.

**Kyocera**

Der in Kyoto, Japan, entstandene Konzern war eines der ersten Unternehmen, das sich ausschließlich auf die Anwendung von Keramik in der Technik spezialisierte und dies auch im Firmennamen zum Ausdruck brachte. 1959 wurde das Unternehmen von K. INAMORI mit 28 Beschäftigten gegründet. Heute gibt es 62 Produktionsstätten weltweit. Kyocera vergibt jährlich den Kyotopreis in den Bereichen Hochtechnologie, Grundlagenforschung sowie Kunst und Philosophie. Es ist eine der renommiertesten Auszeichnungen der Welt.

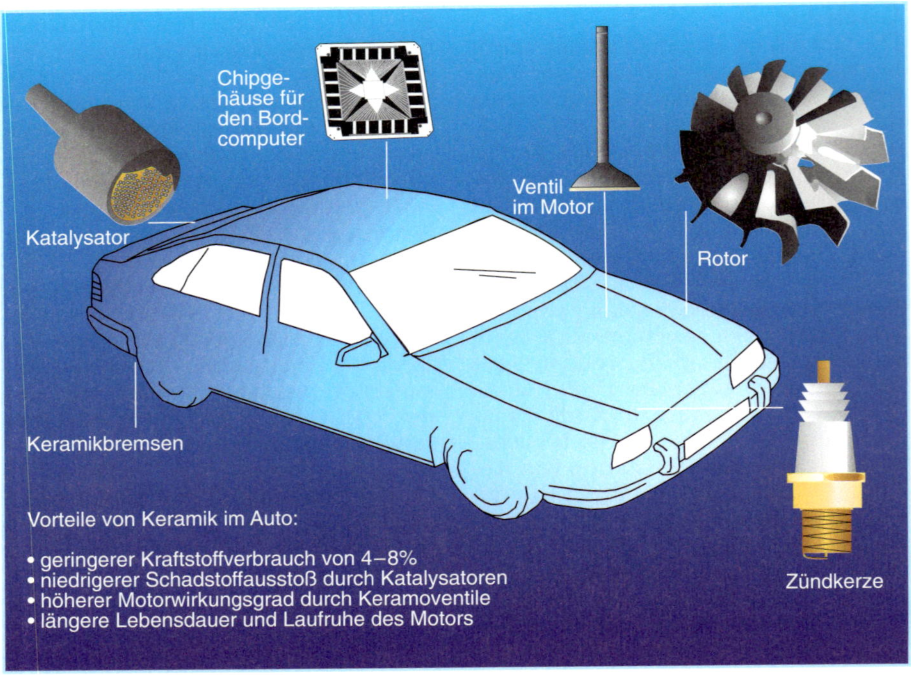


Keramik im Automobilbau

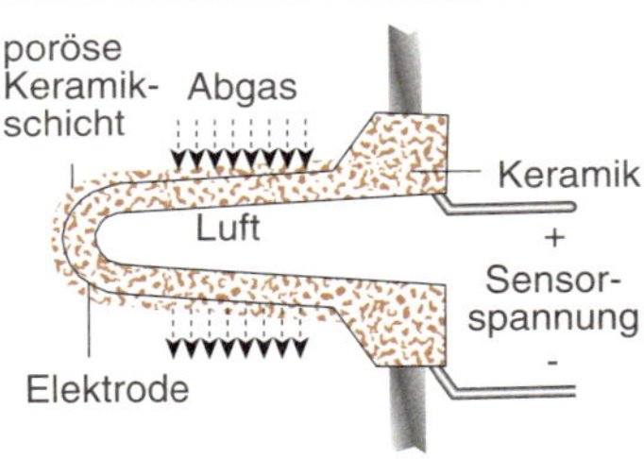


Lambdasonde als Sauerstoffsensor

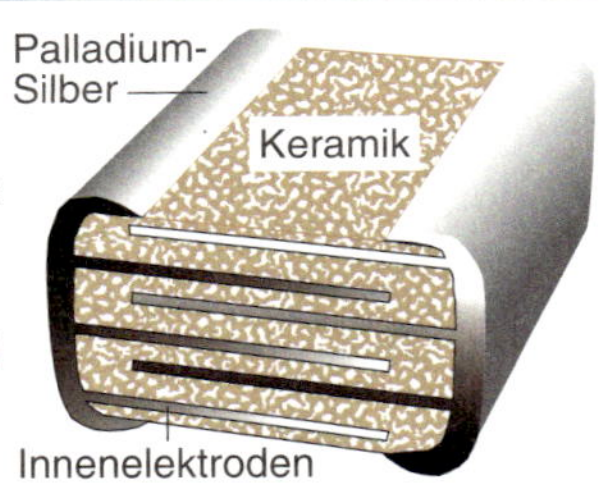


Vielschichtchipkondensator

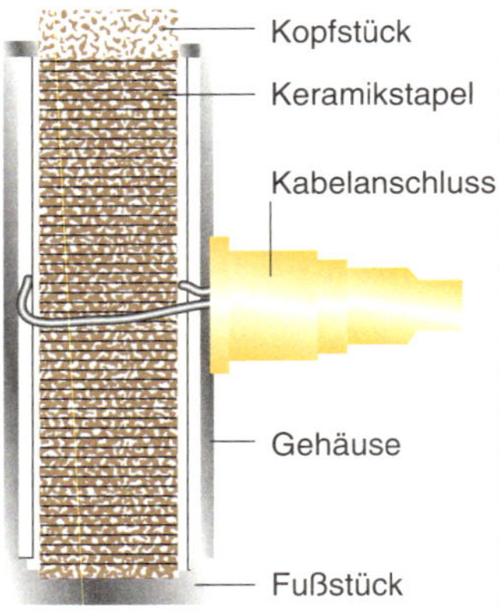


Vielschichtaktor

**Gehäusetypen für integrierte Halbleiterschaltungen und die Anzahl der mögl. Anschlüsse:**

Dual-Inline Carrier (DIL)
14–64

Einschicht Chip Carrier (CC)
16–84

Mehrschicht Chip Carrier (CC)
16–84

Pin Grid Array (PGA)
64–225 Pins und mehr

Keramikgehäuse für Schaltungen

Keramik in der Elektronik

Isolatorfertigung

In der Mechanik, der Elektrotechnik und der Elektronik spielt die Keramik eine bedeutende Rolle. Ohne Keramik wäre unser Alltag um einiges unbequemer.

**Keramik im Alltag**
Der Tagesablauf eines Menschen zeigt die Abhängigkeit von Keramik: Man wird geweckt von einem *Quarzwecker* mit einem keramischen Piezoelement; Porzellan im Bad begleitet die Morgentoilette (*Knöpfe* an Schränken, das *Spiegelglas* ist mglw. hartes Keramoglas, das *Wasch-* und das *Toilettenbecken*). Beim Ankleiden legen wir eine *Uhr* mit Keramoglas an sowie eine *CD* mit gehärteter Kerambeschichtung ein und schalten das Licht mit einem *Schalter* voller Keramik ein; es folgt Kaffee kochen mit Wasser, das aus keramikgedichteten *Armaturen* kommt und in einem *Kaffeeautomaten* mit keramischen Substraten zubereitet wird; das Frühstücks*geschirr* ist auch aus Keramik; wir fahren zur Arbeit in einem Auto mit *Keramikteilen*; im Büro arbeiten wir mit dem *Computer*, der voll Keramik steckt, wie auch *Rauchmelder*, *Fliesen*, die *Kugel* des Kugelschreibers, der Bleistift mit seiner Keramikgraphit*mine* usw.

**Anwendungsgebiete**
**Aluoxidkeramiken**
sind die einzigen Materialien, die gegen aggressive Natrium- und Cäsiummetalldämpfe resistent sind. Zudem können sie mit 96 % Transparenz hergestellt werden. Sie dienen z. B. als Brennerrohre für Natriumdampflampen mit Arbeitstemperaturen von über 1700 °C.
**Elektrowärmetechnik**
Der Schlüsselwerkstoff Keramik eröffnete erst die Möglichkeiten elektrischer Wärmeerzeugung. Dies ist durch die Eigenschaften bedingt: hohe Temperaturwechselbeständigkeit, Alterungsbeständigkeit, Indifferenz gegen Heizleiterlegierungen, Lichtbogenfestigkeit u.a.
**Wärmeleitende Gehäusefolien**
Chips werden in weiße oder schwarze Folien hermetisch dicht eingeschweißt, was dem Schutz vor Umwelteinflüssen, der besseren Automatisierbarkeit der Montage und einem geringeren Ausfall durch Überhitzung dient.

**Hochfrequenzkeramiken**
bestehen meist aus Speckstein und können weichlötbar metallisiert werden.
**Hochspannungskeramiken**
sichern die ständige Verfügbarkeit und Langzeitsicherheit bei der Erzeugung, Übertragung und Endverteilung von elektrischer Energie. Sie haben in elektrischen Systemen v. a. zwei Aufgaben:
- Isolierung spannungsführender Teile
- Raumfixierung elektrischer Teile.

Eine wirtschaftliche Energienutzung bedingt immer höhere Übertragungsspannungen, die von der Isolatorleistung abhängen. Während 400-kV-Anlagen heute üblich sind, ermöglichen neue Isolatoren eine Spannung von 700 kV.
**Kondensatoren**
dienen v. a. als Speicher elektr. Ladungen. Entsprechend den Permittivitätszahlen unterscheidet man drei Typen: 20–60, bis 15 000, 20 000–50 000. Kondensatoren werden mittels Trocken- und Strangpressen hergestellt.
**Magnetkeramik**
unterscheiden sich in Weichferrite mit niedriger Koerzitivfeldstärke sowie hohem elektr. Widerstand und Hartferrite mit hoher Koerzitivfeldstärke und niedriger Remanenz aus. Servomotoren in Autos arbeiten mit Magnetkeramik.
**Niederspannungskeramiken**
sollen isolieren und Leiter fixieren. Elektro- und Gasherde, Mikrowellen, Waschmaschinen, Geschirrspüler, Kaffeemaschinen, Friteusen, Bügeleisen, Leuchtkörper und Sicherungen enthalten Niederspannungskeramiken.
**Piezokeramiken**
setzen bei mechanischer Verformung elektrische Ladungen frei; beim inversen Prozess ändert sich unter Einfluss einer elektrischen Ladung die Größe des Stücks, z. B. bei Anzündern, Sonartechnik, Ultraschalldiagnostik.
**Substrate**
sind Trägerplatten für Schaltkreise. Man unterscheidet Dick- und Dünnfilmsubstrate. Sie werden aus zähviskosem Gießschlicker endlos gegossen und bei 1500–1600 °C gesintert.
**Widerstandsträger**
aus Keramik liefern eine hohe Gleichstromfestigkeit und eine gute Wärmeleitfähigkeit, um die Streuung der Widerstandsvorwerte gering zu halten.

| Stoff | Eigenschaften | Anwendung |
|---|---|---|
| **teilstabilisiertes Zirkonoxid** | hohe Risszähigkeit und Festigkeit, Sauerstoff-Ionenleitfähigkeit | Sensortechnik, hochbelastete Teile im Maschinenbau |
| **Aluminiumtitanat** | niedriger Ausdehnungskoeffizient, sehr gute Thermoschockbeständigkeit | Portliner, Ofenschieber und Zylinderauskleidungen |
| **Aluminiumoxid 80 %** | sehr hohe bis höchste Festigkeit und Feuerfestigkeit, hohe Härte, chem. resistent, hohe Wärmeleitfähigkeit | Isolierteile, metallisierbar, hartlötbar für die Elektrotechnik und Elektronik, Substrate, Vakuumgefäße, Gehäuse, verschleißfeste Bauteile u.a. |
| **Aluminiumoxid 86 %** | sehr hohe bis höchste Festigkeit und Feuerfestigkeit, hohe Härte, chem. resistent, hohe Wärmeleitfähigkeit | Isolierteile, metallisierbar, hartlötbar für die Elektrotechnik und Elektronik, Substrate, Vakuumgefäße, Gehäuse, verschleißfeste Bauteile u.a. |
| **Aluminiumoxid 95 %** | sehr hohe bis höchste Festigkeit und Feuerfestigkeit, hohe Härte, sehr hohe Verschleißfestigkeit | Isolierteile, metallisierbar, hartlötbar für die Elektrotechnik und Elektronik, Substrate, Vakuumgefäße, Fadenführer (Textilien) |
| **Aluminiumoxid >99 %** | sehr hohe bis höchste Festigkeit und Feuerfestigkeit, hohe Härte, sehr hohe Verschleißfestigkeit | Isolierteile, metallisierbar, hartlötbar für die Elektrotechnik und Elektronik, Substrate, Vakuumgefäße, Fadenführer (Textilien), Implantate |
| **gesintertes Siliciumnitrid** | geringe Dichte bei guter Temperaturwechselbeständigkeit, fest, korrosionsbeständig | Hochtemperaturtechnik, Pumpen- und Ventilkomponenten |
| **reaktionsgebundenes Siliciumnitrid** | Festigkeit bei hohen Temperaturen, geringer Längenausdehnungskoeffizient | Filtertechnik und Formenbau |
| **heiß gepresstes Siliciumnitrid** | verschleißfest, korrosionsbeständig, hohe Werte für Biegefestigkeit und E-Modul, hoch präzise zu fertigen | Fadenführer, Mahlkugeln, Rollen, auf fliehkraftbeanspruchte Teile, Düsen, Wärmetauscher |
| **heiß isostatisch gepresstes Siliciumnitrid** | verschleißfest, korrosionsbeständig, hohe Werte für Biegefestigkeit und E-Modul, hoch präzise zu fertigen | Fadenführer, Mahlkugeln, Rollen, auf fliehkraftbeanspruchte Teile, Düsen, Wärmetauscher |
| **gasdruckgesintertes Siliciumnitrid** | gute Festigkeit mit hohem E-Modul, hohe maximale Einsatztemperatur | belastete Teile in der Hochtemperaturtechnik und im Maschinenbau |
| **Aluminiumnitrid** | hervorragende Wärmeleitfähigkeit | Substrate, Gehäuse und Kühlkörper |
| **drucklos gesintertes Siliciumcarbid** | hohe maximale Einsatztemperatur bei guter Festigkeit | Brennhilfsmittel und Maschinenbau |
| **siliciuminfiltriertes Siliciumcarbid** | chem. Beständigkeit, gute Verschleißfestigkeit, gute Wärmeleitfähigkeit, elektrische Leitfähigkeit | Gleitringe, Dichtungen, Wälz- und Rollenlager, höchste Präzision erreichbar |
| **heiß gepresstes Siliciumcarbid** | sehr gute mechan. Eigenschaften, hohe maximale Einsatztemperatur | hoch belastete Präzisionsbauteile im Maschinenbau wie z.B. Düsen, Wärmetauscher und tragende Teile |
| **heiß isostatisch gepresstes Siliciumcarbid** | sehr gute mechan. Eigenschaften, hohe maximale Einsatztemperatur | hoch belastete Präzisionsbauteile im Maschinenbau wie z.B. Düsen, Wärmetauscher und tragende Teile |
| **rekristallisiertes Siliciumcarbid** | gute Festigkeit bei höchsten Temperaturen | Brennhilfsmittel wie Rollen und Balken |
| **nitridgebundenes Siliciumcarbid** | gute Festigkeit bei höchsten Temperaturen | Brennhilfsmittel wie Rollen und Balken |
| **Borcarbid** | höchste Härte | Bearbeitungstechnik und Verschleißschutz |

| Stoff | Eigenschaften | Anwendung |
|---|---|---|
| **Quarzporzellan (C 110 nach IEC 672)** | mechan. gut, elektr. sehr gut, therm. brauchbar, chem. resistent | Chem. Technik, Elektrotechnik, Maschinen- und Anlagenbau |
| **Pressporzellan (C 111 n. IEC 672)** | mechan. gut, elektr. gut, therm. brauchbar, chem. resistent | Niederspannungsisolierteile, Sanitärbedarf |
| **Tonerdeporzellan (C 120 und C 130 n. IEC 672)** | hohe bis sehr hohe Festigkeit, elektr. gut bis sehr gut | Hoch- und Niederspannungsisolatoren und -isolierteile auch großer Abmessungen |
| **Steatit (C 220 n. IEC 672)** | hohe bis sehr hohe Festigkeit, elektr. gut bis sehr gut | Hoch- und Niederspannungsisolatoren und -isolierteile für die Elektrowärmetechnik |
| **Hochfrequenzsteatit (C 221 n. IEC 672)** | hohe bis sehr hohe Festigkeit, elektr. gut bis sehr gut, kleiner Verlustfaktor | Hoch- und Niederspannungsisolatoren und -isolierteile für die Elektrowärmetechnik, Hochfrequenztechnik, auch weichlötbar |
| **poröses Sondersteatit (C 230 n. IEC 672)** | im gebrannten Zustand mit Werkzeugen bearbeitbar | Modellteile, Isolierröhrchen |
| **Titandioxid (C 310 nach IEC 672)** | hohe Permittivitätszahl, kleiner Verlustfaktor | Kondensatoren für die Hochfrequenztechnik |
| **Cordierit (C 410 n. IEC 672)** | hohe Temperaturwechselbeständigkeit, geringe Ausdehnung | Bauteile für die Wärmetechnik |
| **Poröse Cordieritkeramik (C 511 n. IEC 672)** | hohe Temperaturwechselbeständigkeit, für Heizleiter bis 1000 °C | Heizleiterträger für Elektrowärmegeräte und elektr. Industrieöfen |
| **Poröse Cordieritkeramik (C 520 n. IEC 672)** | hohe Temperaturwechselbeständigkeit, für Heizleiter bis 1200 °C, sehr geringe Ausdehnung | Heizleiterträger für Elektrowärmegeräte und elektr. Industrieöfen, Funken- und Lichtbogenschutzteile |
| **Poröse Cordieritkeramik (C 530 n. IEC 672)** | hohe Temperaturwechselbeständigkeit, für Heizleiter bis 1300 °C | Heizleiterträger für Elektrowärmegeräte und elektr. Industrieöfen |
| **Aluminiumsilikat (C 610 n. IEC 672)** | hohe bis sehr hohe Festigkeit, hohe Wärmeleitfähigkeit (2-6), hohe Feuerfestigkeit | Isolierrohre aller Art, z.B. für Thermoelemente, Isolatoren für Zündkerzen, NH-Sicherungskörper |
| **Aluminiumsilikat (C 620 n. IEC 672)** | hohe bis sehr hohe Festigkeit, hohe Wärmeleitfähigkeit (6-15), hohe Feuerfestigkeit | Isolierrohre aller Art, z.B. für Thermoelemente, Isolatoren für Zündkerzen, NH-Sicherungskörper |
| **Aluminiumoxid (C 780, 786, 795, 799 n. IEC 672)** | sehr hohe bis höchste Festigkeit und Feuerfestigkeit, sehr hart, sehr hohe Wärmeleitfähigkeit, sehr großer Durchgangswiderstand, chem. resistent, sehr hohe Verschleißfestigkeit (nur C 795/C 799) | Isolierteile, metallisierbar und damit auch hartlötbar für die Elektrotechnik und Elektronik, z.B. Substrate, Vakuumgefäße, verschleißfeste Bauteile für Maschinen- und Anlagenbau, chem. Technik, Fadenführer (C 795/799), Implantate (C 799) |
| **Berylliumoxid (C 810 n. IEC 672)** | höchste Wärmeleitfähigkeit | Isolierteile, auch hartlötbar, Substrate, Vakuumgefäße |
| **Magnesiumoxid (C820 n. IEC 672)** | beständig gegen bas. Schmelzen, hoher Durchgangswiderstand | Schmelztiegel, Isolierteile |
| **Aluminiumnitrid (C 910 n. IEC 672)** | sehr hohe Wärmeleitfähigkeit | Substrate, Gehäuse, Kühlkörper |
| **Siliciumnitrid (C 930 n. IEC 672)** | hohe Temperaturwechselbeständigkeit und Festigkeit | Brennhilfsmittel |
| **Siliciumnitrid, dicht (C 935 n. IEC 672)** | hohe Temperaturwechselbeständigkeit und höchste Festigkeit | Fadenführer, Mahlkörper, Rollen, Düsen, Wärmetauscher u.a. |

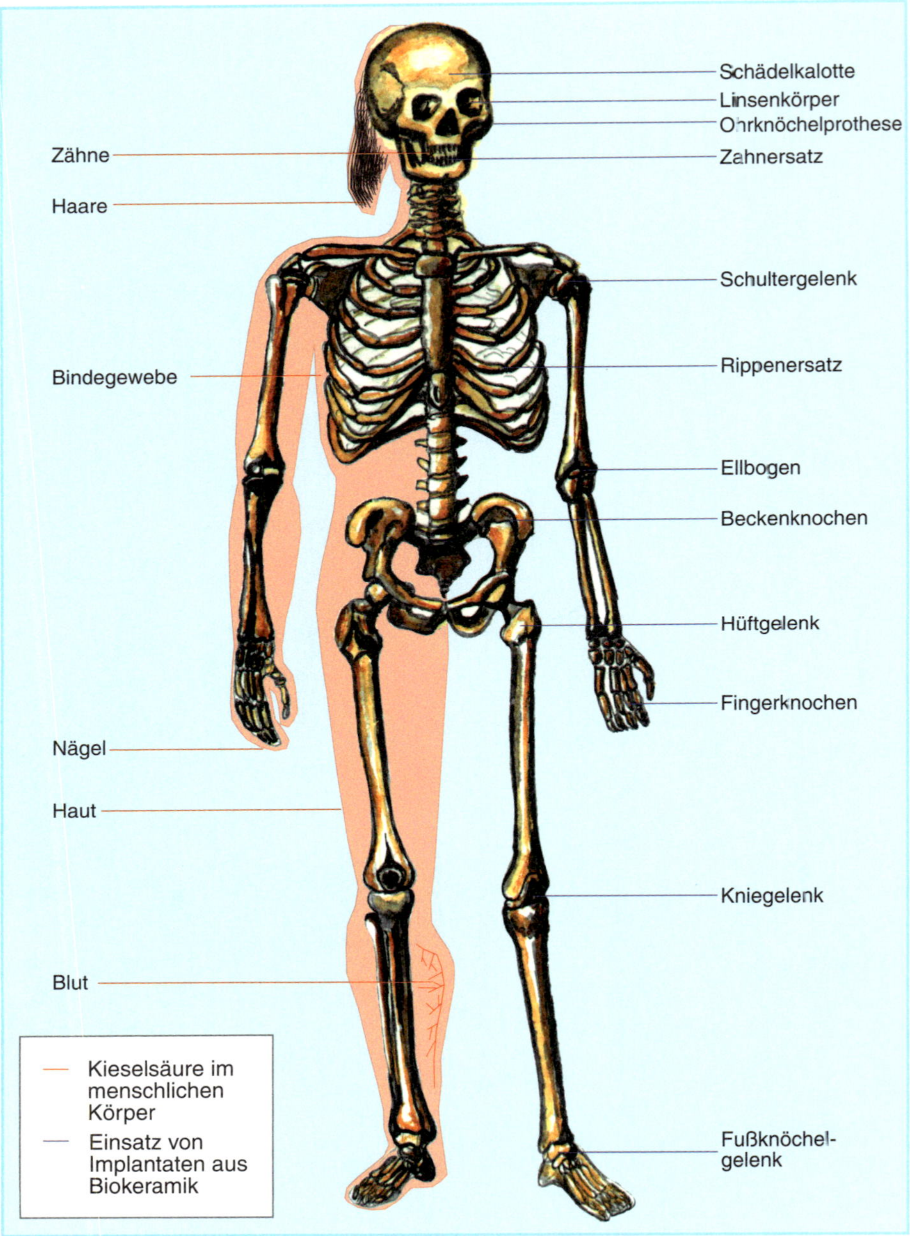


Kieselsäure und Keramikimplantate im menschlichen Körper

Zahnkeramik

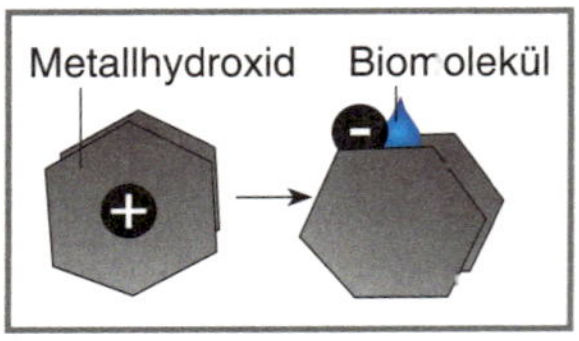


Tonmineral als Genfähre

Als **Biokeramik** bezeichnet man alle Keramiken, Tone und Tonrohstoffe, die einen direkten Bezug zum Menschen und seiner Gesundheit haben.

**Kieselsäure beim Menschen**
Die Salze der Kieselsäure sind bedeutende Ausgangsstoffe der Tonminerale. In der Pflanzenwelt dient Kieselsäure als Aufbau- und Stützelement v. a. bei den aufrecht stehenden Pflanzen wie Gräsern, Schachtelhalm und Getreide. Auch bei Tieren kann der Anteil an Kieselsäure sehr hoch sein; z. B. bestehen Vogelfedern zu 70 % daraus. Chem. gebundene Kieselsäure (Quarz, $SiO_2$) besitzt einen extrem hohen Härtegrad von 6–7, während Stahl nur die Stufe 5 erreicht. Beim Menschen findet sich Kieselsäure bzw. Silicium in den Zähnen, im Haar, im Bindegewebe, in den Nägeln, in der Haut und im Blut. Silicium festigt das Bindegewebe, kann das Knochengerüst stärken und aufbauen. Gleichzeitig hat es die Fähigkeit, Wasser zu binden sowie die Aktivierung der sog. Fresszellen (Phagozyten) und der Lymphozyten zu fördern. Allerdings altern die Siliciumverbindungen wie alle kolloidalen Systeme im Körper. Deshalb ist die zusätzliche Zufuhr von Kieselgel gesundheitsfördernd.

**Implantate aus Keramik**
Keramik ermöglicht den fast vollständigen Ersatz von Knochen, wenn diese teilweise oder gänzlich zerstört wurden. Die Implantatgeschichte beginnt 1774, als F.-T. DUCHÂTEAU (1751–1829) eine selbstgefertigte Porzellanprothese an sich ausprobierte. 1808 wurden in Frankreich die ersten Porzellanzähne hergestellt. 1932 erwähnte die wiss. Literatur Aluminiumoxidkeramik als Implantatwerkstoff. Der Vietnamkrieg mit seinen Verletzten erzwang eine Fokussierung auf die Implantatforschung. 1967 forschte der Keramikingenieur L. HENCH von der University of Florida an neuen Halbleiterschaltern für Nuklearwaffen. Auf dem Weg zu einer Armee-Material-Konferenz saß er neben einem Vietnamrückkehrer, der darüber klagte, dass Tausende Soldaten die Metall- und Plastikimplantate nicht vertrügen. HENCH bemühte sich daraufhin um ein Stipendium der U.S.-Army, das er 1969 erhielt. Damit erforschte er die Gewebeverträglichkeit von Glaskeramik an Ratten, mit dem Ergebnis, dass das Material sehr verträglich ist. Heute kommen dafür v. a. Aluminiumoxidkeramik, Zirkonoxidkeramik und Hydroxylapatite zur Anwendung.
Bei der Implantatproduktion dominiert die Serienfertigung in verschiedenen Größen. Komplexe Knochenformen, z. B. Kiefer- oder Schädelknochen, werden individuell oder halbindividuell, z. B. mit standardisierten Schäften, hergestellt. Da keramische Teile wegen ihrer Härte völlig rund gefertigt werden können, kommt es zu einer geringeren Reibung zwischen dem Polyäthylenlager und der Gelenkkugel. Weitere Einsatzbereiche sind Augenlinsen- und Ohrknöchelchenprothesen. Der Linsenkörper beim Augenimplantat besteht aus einem durchsichtigen Korundkristall.

**Dentalkeramik**
Künstliche Zähne, Kronen u. a. Zahnersatzteile bestehen oft aus Spzialkeramik, und zwar aus 70–80 % Feldspat, 15–20 % Quarzmehl, 4 % Kaolin und bis 2 % Marmor. Die Keramik wird bei 1250 °C glasig gebrannt und zu Pulver zerstoßen. Es folgt die Formung mit Hilfe von organischen Bindemitteln. Dann werden die Zähne mit Krampons bei 1250–1300 °C gebrannt, um eine hohe Dichte zu erreichen. Dadurch gibt es kaum Abrieb, wenn der Zahnersatz poliert wird (Tabelle).

| Bezeichnung | Einsatz als |
|---|---|
| Vollkeramik | In- und Onlays Jacketkronen |
| Verblendkeramik | Verblender von Kronen und Brücken |
| Glaskeramik | Front- und Seitenzahnkronen, Inlays, ästhetische Verblender |

**Tonminerale als Genfähre**
Zwischen positiv geladenen Metallhydroxidschichten (Tonminerale) können Biomoleküle lagern, die als Genvektoren fungieren. Im sauren Milieu der Lysosomen löst sich die Hülle auf, der Vektor wird frei.

Geisteswissenschaftliche Analysemethoden

## Kunstgeschichte
## Ethnologie
## Archäologie

Ein Ethnologe hat die Fertigung dieses Kruges festgehalten und stellt so Wissen für die archäologische und kunstgeschichtliche Deutung zur Verfügung.

Archäologen oder Kunsthistoriker haben diese Schale aus Indien geborgen, verglichen und in den historischen Zusammenhang eingeordnet.

Naturwissenschaftliche Analysemethoden

## Chemismus

Infrarotspektroskopie
Neutronenaktivierungsanalyse
Mikrosonde
Röntgenfluoreszenz
energiedispersives Röntgen
Flammenphotometrie
Mikroelementaranalyse
Mössbauerspektroskopie
optische Remissionsspektroskopie
optische Emissionsspektralanalyse

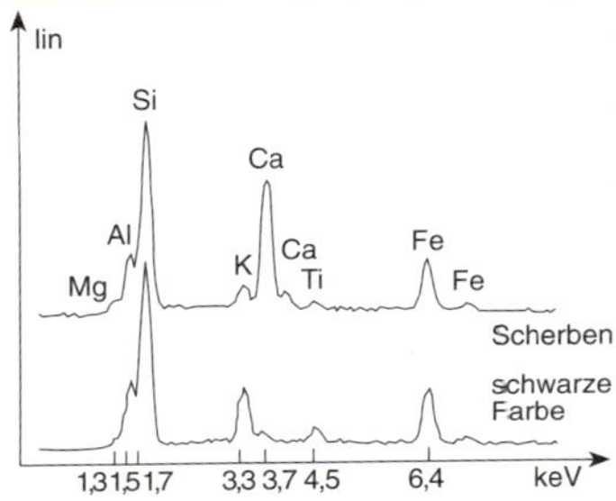


Röntgenspektrum: der hohe Ca-Wert oben zeigt, dass der Scherben mit Kalk aufgehellt worden ist.

## Phasenbestand

Debye-Scherrer-Verfahren
Lichtmikroskopie
Zählrohrdiffraktometrie

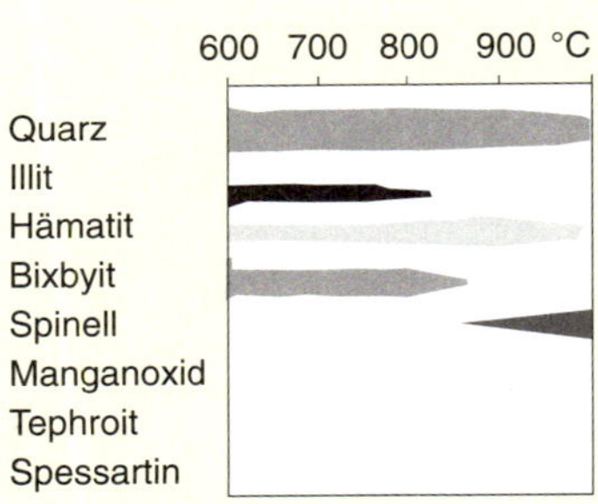


Die Elemente eines Scherbens sind in unterschiedlich kristallisierten Phasen in diesen eingebunden. Die Röntgenbeugung ermittelt den Phasenabstand z.B. eines Manganoxidtongemisches in Abhängigkeit von der Temperatur. Damit werden alle vorhandenen Phasen unabhängig von ihrer Korngröße erforscht.

## Gefüge und Morphologie

Rasterelektronenmikroskopie

Im Rasterelektronenmikroskop erkennt man z.B. die dichte Malschicht (links) und den porösen Scherben (rechts).

## Datierung und Echtheit

Archäomagnetismus
Spaltspurenanalyse
Verwitterungsmethode
Thermolumineszenz (S. 84 f.)

Für die Menschheit besitzt Keramik die Bedeutung eines **Leitfadens** durch die nicht schriftliche Geschichte. Sie ist fast unverwüstlich und trägt in Form und Dekor Merkmale von Zeit, Raum bzw. Menschengruppe in sich. Gleichzeitig belegt sie den jeweiligen technischen Entwicklungsstand.
Mehrmals wird im Verlauf des Weges, den die Keramik vom Ton zum Gefäß, dann in das Erdreich bis zur Ausgrabung und schließlich ins Museum nimmt, auf sie subjektiver Einfluss ausgeübt. So mag z. B. der Töpfer nicht den sonst bevorzugten Ton verwendet haben. Später wirkte der Inhalt sich auf die Scherbenoberfläche aus. Hinzu kommen die Kontaminationen im Erdreich. Selbst der Ausgräber beeinflusst durch die Entnahme und Dokumentation subjektiv.

Bei den **Geisteswissenschaften** sind die Kunstgeschichte, die Ethnologie und die Archäologie mit Keramik befasst. Die **Naturwissenschaften** sollen die Fragen der Geisteswissenschaftler beantworten helfen. Dazu bedienen sie sich verschiedener Analysemethoden.

**Analysemethoden**
**Chemismusanalysen** dienen dem Nachweis der Elemente des Periodensystems. Die **energiedispersive Röntgenanalyse** ermöglicht einen ersten Überblick über die Elemente. Es reichen wenige Milligramm Probenmaterial aus. Allerdings können die leichteren Elemente unterhalb der Ordnungszahl 6 nicht erfasst werden. Halbquantitative Aussagen mit einer Fehlerquote von 5–10 % macht man anhand der Peakhöhen der Messdiagramme im Vergleich zum Dominanzelement, z. B. Silicium im Scherben. Die **Flammenphotometrie** eignet sich ausschließlich zur genauen Analyse von Elementen wie Lithium und Natrium. Die **Röntgenfluoreszenz** benötigt eine pulverisierte und mit Lithiumborat zu einem Glas aufgeschmolzene Probe. Es reichen 2–300 mg. Die Fehlerquote liegt unter 5 %. Die **Mikroelementaranalyse** dient dem Nachweis kleinster Konzentrationen von Kohlenstoff, der beim Dekor eine große Rolle spielt. Im ozonangereicherten Sauerstoffstrom wird die Probe auf 1000–1100 °C erhitzt. Elementarer und organisch gebundener Kohlenstoff verbrennt zu Kohlendioxid und wird konduktometrisch gemessen. Der mglw. enthaltene anorganische Kohlenstoff kann durch Schwefelsäurebehandlung einzeln nachgewiesen werden und muss vom Gesamtkohlenstoff der Probe abgezogen werden. Die **Mikrosonde** ermöglicht nach Kenntnis der Elementübersicht der Probe Einzelnachweise im ebenen Anschliff, wobei nur der Anteil in der jeweils oberen Phase erkennbar ist. Die Analyse eignet sich für den Nachweis farbgebender Pigmente wie z. B. Eisen. Die **Mössbauer-Spektroskopie** dient dem Nachweis des Oxidationszustandes des Eisens in oxidierenden Pigmenten oder silikatischen Phasen. Die **Neutronenaktivierungsanalyse** ist auf bestimmte Elemente beschränkt, die mit höchster Genauigkeit bestimmt werden. **Opt. Remissionsspektroskopie** und **Infrarotspektroskopie** werden zum Nachweis von farbgebenden Pigmenten verwendet. Die **opt. Emissionsspektralanalyse** eignet sich besonders für Herkunftsanalysen durch den Nachweis von Spurenelementen, deren Konzentration unter 0,01 % liegen.
**Phasenbestandsanalysen** dienen der Kenntnis der mineralogischen Phasen. Die **Zählrohrdiffraktometrie** kann die kristallisierten Phasen nachweisen. Bei Phasengemischen liegt die Fehlerquote nicht unter 5–10 %. Die **Röntgenbeugung** dient der Analyse feinkörniger Matrizen. Das **Debye-Scherrer-Verfahren** erfordert wenig Material und ermöglicht einen Überblick. Die Nachweisgrenze liegt über 10 %. Mit der **Lichtmikroskopie** identifiziert man größere Gemengeteile und kann Besonderheiten gut erkennen.
**Gefüge- und Morphologieanalysen** lassen Schlussfolgerungen aus dem Erscheinungsbild zu. Die **Rasterelektronenanalyse** ist eine bildgebende Methode mit hoher Schärfentiefe und einem Auflösevermögen bis 150 Å. Man kann Versinterungen und Blasen erkennen.

Nach dem 2. Weltkrieg entstand die als **Archäometrie** bezeichnete Disziplin, die sich u. a. mit Altersbestimmungen und Materialerkundungen beschäftigt.

Ur- oder Universalstil: Spiralemotiv in der Weltkeramik

Regionalstil: verschiedene Bukranionstile in Mesopotamien

Herrschaftsorientierter Stil: Islam, Russland, DDR

Zeitstil: Seladonmoden

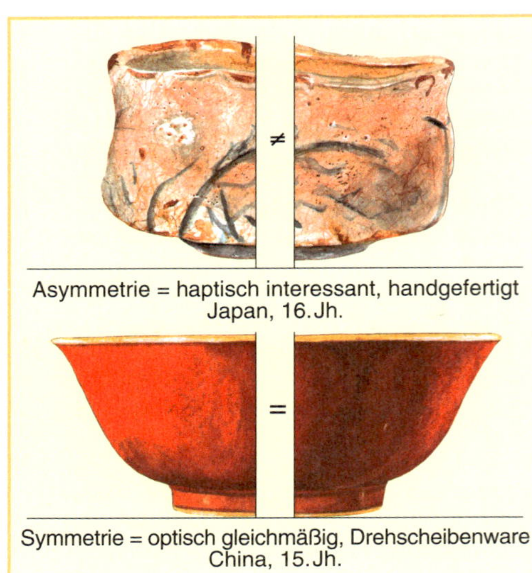


Technikbestimmter Stil

Das Wort »Stil« kommt vom lat. *stilus* für »Schreibgriffel, spitzer Gegenstand«. J. J. WINCKELMANN (1717–68) ersetzte als erster damit das bis dahin übliche Wort »Manier« für den künstlerischen Ausdruck bzw. den typ. Stil eines Künstlers.

**Stile und ihre Postulierung**
Die Einteilung der Kunstgeschichte in Stile entsprang dem Wunsch nach einer Ordnung der archäologischen und kunstgeschichtlichen Artefakte einerseits, andererseits oftmals der Identitätsfindung von Gruppen bis hin zur ethnischen Postulierung eines Stils im Sinne einer Herrschaftsgruppe, z. B. der Nationalsozialisten. In der Keramik wird der Begriff »Ware« dem Begriff »Stil« vorgezogen.

**Ur- oder Universalstil**
Es gab aus der Natur und der Geschichte heraus Anregungen, die zu einer sog. *polyzentrischen Entwicklung* führten. Das bedeutet, dass in mehreren Regionen der Welt Menschen auf die gleichen Ideen kamen oder die gleiche Logik verfolgten, ohne darüber Informationen auszutauschen. Ursache ist u. a. die prähistorische Prägung des Menschen durch die Evolution, auf der die Wahrnehmungserfahrung und die Stimulanz der wahrgenommenen Umwelt beruht. Da viele archäologische Sachbestände einer zusammenhängenden Phasenbeweiskette entbehren, ist die Antwort auf die Frage nach einer polyzentrischen oder monozentrischen Entwicklung oft umstritten. So tendieren einige im Fall des Spiralmotivs zu der These, es sei in Nordasien entstanden und über Nord- nach Südamerika gelangt, andere postulieren eine polyzentrische Entwicklung.

**Regionalstile**
sind Form- und Dekorvorlieben in einem bestimmten Gebiet. Sie basieren auf dem von der Abgrenzung dominierten Herrschaftsgedanken, sind aber nicht so vordergründig wie der herrschaftsorientierte Stil. Ein Beispiel ist die Halafkeramik. Das Bukranion (*Rindschädel*) ist sozusagen das Typenschild der Halafleute. Eine weitere Differenzierung des Regionalstils führt zum **Werkstattstil** und zum **Individualstil**.

**Herrschaftsorientierter Stil**
In der Weltgeschichte war es bisher mehrfach zu beobachten, dass nach hist. Umbrüchen die Kunst als Ideenträger sowohl von den Fürsprechern als auch von den Gegnern genutzt wurde. So verbot MOHAMMED (570–632) die Koranübersetzung. Die Folge war, dass man z. B. im Iran alte persische Weisheiten in der arabischen Herrschaftssprache anbrachte. A.-R. M. IBN A. AL BERUNI (973–um 1050) schrieb dazu:

*»lieber auf Arabisch geschmäht,*
*als auf Persisch gerühmt ...!«*

**Zeitstil**
Gibt es in einem Zeitraum eine Bevorzugung von Formen oder Dekoren, spricht man vom Epochen- oder Zeitstil, z. B. von den Seladonmoden oder dem Historismus (S. 144 f. und Abb.).

**Technikbestimmter Stil**
Hängen Stile von Fertigungstechniken ab, spricht man vom technikbestimmten Stil, wie z. B. bei der Lüsterware im Islam (S. 246 f. und Abb.).

**Funktionalstile**
sind Stile, bei denen die Funktion oder der Ort der Anbringung eine bestimmte Ausdrucksweise bedingen. So wird z. B. das Einzelmotiv oder das Schriftband auf einem Bogenfeld einer Moschee in 30 m Höhe sicher um ein Vielfaches größer sein als auf einer Schale.

**Subjektivität einer Stilbildung**
Keramik wird nicht für eine spätere Einordnung durch Wissenschaftler geschaffen. Sie unterliegt verschiedenen **Subjektivitäten**: Der Hersteller hat eine individuelle Art des Schaffens, z. B bei der Schale mit der Inschrift »gemacht von ...« (S. 246 f.); der Auftraggeber wünscht etwas Einzigartiges, z. B. einen koptischen Priester, weil er vielleicht selbst Kopte ist (S. 246 f.); der Verwendungsweg subjektiviert, so man die Schale nicht am ursprüngl. Verwendungsort findet; ebenso das Auffinden: So gibt es den »Rhodosstil«, obwohl die entsprechenden Keramiken auf Rhodos nur antiquarisch gekauft und dort weder in Auftrag gegeben, noch gefertigt oder genutzt wurden.

Formanregung aus der Natur; links: Panzerfrucht, rechts: G. Marks, Form, USA, 1984

Ledersack, Japan, 5.–7. Jh.

Materialverfremdung: M. Levine, John's Jacket, Steinzeug, USA, 1981

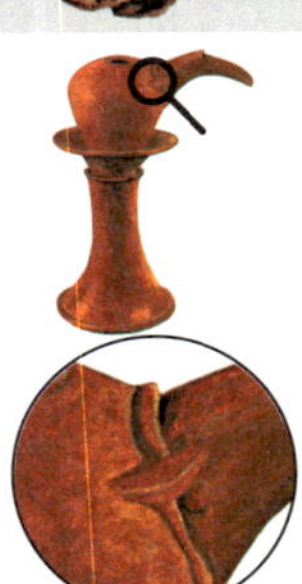

Lötstelle

Fransen

Stein

Material- und Technikimitation

China, 700–750 n. Chr.

Japan, 8. Jh.

Byzanz, 11.–12. Jh.

England, 1760

USA, 1982

Die Traditionslinie des Sancai

**Aneignung durch Bilder**
Schon immer versuchte der Mensch, Abbilder und Sinnbilder von der Welt zu machen, sei es in Form von Höhlenmalereien oder frühen Fruchtbarkeitsidolen. Immer auch flossen Wahrnehmungen der Menschen in ihren Formwillen ein. Dies ist heute nicht anders, wenngleich moderne Vervielfältigungstechniken ein Mehrfaches an Eindrücken ermöglichen. So sieht jeder Mensch etwa 100 000 Bilder pro Tag. Diese wirken auf den Formwillen bewusst oder unbewusst als Erinnerungsbilder, die anregen und beeinflussen. Sie wirken permanent und sind wertfrei.
Im MA. galten Kopie und Abbild als hohe Kunst. In der Renaissance und im Barock galt noch als hochbegabt, wer in der Musik Melodien anderer besonders kunstvoll verarbeiten konnte.

**Vervielfältigung und Urheberrecht**
Dagegen entwerteten Fotografie, Druck, Guss und andere Bild und Form gebende Vervielfältigungstechniken diese Aneignungsart der Umwelt und gaben ihr ein Negativimage. Das Urheberrecht gewann dadurch an Bedeutung. Allerdings ist der Begriff des Urheberrechts relativ jungen Datums und war eine Reaktion auf die finanzielle Verwertung fremden geistigen Eigentums, die seit dem 19. Jh. praktiziert wurde.
Heute unterscheidet man das nicht übertragbare **Urheberrecht**, die **Nutzungs-** oder **Verwertungsrechte** und die **Patentrechte**. Hätte der Rechtsbrauch bereits in der Zeit I. NEWTONS (1643–1727) seine heutige Ausprägung gehabt, müssten wir für das Gehen bezahlen, da NEWTON mglw. das Patent auf die Schwerkraft besäße, die wir dabei nutzen.
Unbewusste Einflüsse kann man mit dem individuellen Akt der Namensgebung vergleichen, wo sich hinterher herausstellt, dass man den in jenem Jahr häufigsten Namen gewählt hat, obwohl man geglaubt hatte, ganz ohne Einfluss entschieden zu haben.

**Anregungen und Einflüsse**
auf die Keramik kommen aus der Natur und/oder aus der Kultur, d. h. aus bereits Geschaffenem. Dabei greift beides häufig ineinander.

**Abbildungen**
**Formanregung aus der Natur** Links findet sich eine aufgeschnittene Panzerfrucht, rechts eine Keramikform, die von G. Marks (geb. 1951) stammt. Marks wollte sicher nicht eine Kopie der Frucht anfertigen. Er schuf jedoch eine ähnlich urtümliche Form, Binnentextur und Oberflächenstruktur und weckt dadurch eine Naturfruchtassoziation.
**Materialverfremdung** John's Jacket von M. A. Levine (geb. 1935) wurde aus Steinzeug gefertigt und mit einer Engobe überzogen. Levine verfolgt mit den täuschend echt wirkenden Stücken die Idee, dass der Schein trügen kann. Die Technik, flexible Stoffe in Keramik nachzuahmen, gab es bereits im 5.–7. Jh. in Japan.
**Material- und Technikimitation** In der Geschichte gab es häufig den Fall, dass Luxusgüter in Keramik nachgeahmt wurden; Bsp.: die Bronzeimitate aus China oder die zahlreichen Metallimitate, die im 18. Jh. in Anlehnung an die Goldschmiedekunst entstanden sind.
Einen großen Aufschwung nahm die Keramik im Islam, wo Mohammed das Tafeln mit wertvollen Metallgeschirren verbot und damit den Lüsterimitaten zum Weltruf verhalf (S. 246 f.).
Die abgebildete Lötstelle auf der Waschgarnitur wäre zumindest in dieser Form nicht notwendig. Sie ist Zierrat, der von Kupfergefäßen beeinflusst wurde.
Das nordafrikanische Milchgefäß ist mit einem Muster verziert, das an Teppichfransen erinnert.
Das Steingefäßimitat aus dem alten Ägypten wurde als Billigimitat teurer Steingefäße gefertigt.
**Die Traditionslinie des Sancai** Sancai (S. 166 f.) bezeichnet einen dreifarbigen Schmelzfarbendekor aus grüner, gelber und brauner Bleiglasur. Das älteste Stück stammt aus dem Grab eines Prinzen in China und wurde in das Jahr 675 n. Chr. datiert. Die Graburne stammt bereits aus dem 8. Jh. Ihren Höhepunkt erreichte die Technik in der Tangzeit, wo v. a. die Tier- und Grabwächterfiguren Weltgeltung erlangten. Sancai heißt auf jap. Saiyutoki. Über Byzanz, den Islam, das maurische Spanien, das England des 18. Jh. kann die Entwicklung bis heute verfolgt werden, so z. B. bis zu dem abgebildeten Krug von B. Woodman (geb. 1930; Abb.).

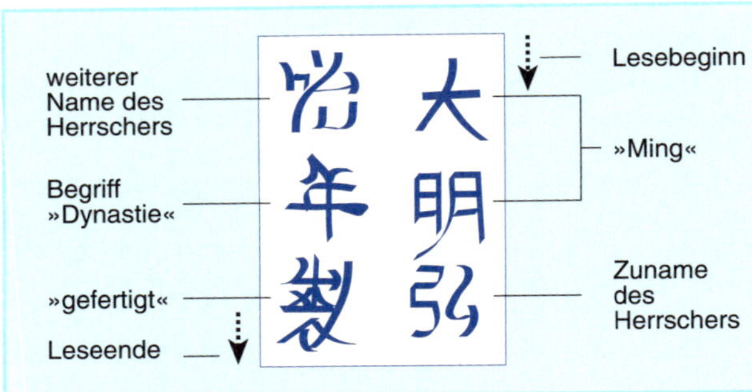


Marke des Kaisers Hongzhi (1488–1505)

Meißner Markenentwicklung

Bilder als Marken

Buchstaben als Marken

**Porzellanmarken** kennzeichnen ein Gefäß oder Objekt als Produkt einer bestimmten Fertigungsstätte (Fabrik, Manufaktur etc.). Es gibt verschiedene Markierungstechniken (Tabelle).

| Markierung | Merkmale |
|---|---|
| eingekratzt | dünn, gefranst |
| gedruckt | glatte Umrisse, flach |
| gemalt | meist blau, freier Strich |
| geschnitten | schräge Schnittkanten |
| gesiegelt | roter Siegellack |
| gestempelt | Reliefabdruck |

Hatte früher eine Ware großen Erfolg, ahmten andere deren Marke nach, da es keinen Markenschutz im heutigen Sinne gab. Deshalb ist die Marke kein sicheres Datierungs- bzw. Herkunftsmerkmal und wird erst nach Material-, Form- und Dekorprüfungen genutzt.

**Geschichte**

Die frühesten Porzellanmarken stammen aus **Asien**, wo der chin. Kaiser HUNGWU [1368–98] die Produkte der kaiserlichen Manufakturen kennzeichnen ließ. Die chin. Marken werden »nienhao« genannt und sind meist in zwei senkrechten bzw. waagerechten Reihen zu je drei Zeichen angeordnet. Zunächst wurden die Marken handgemalt. Seit der Qing-Dynastie finden sich auch Siegelabdrücke. Für die Datierung können die Herrschernamen nur bedingt helfen. Aus ökonomischen Gründen versahen zahlreiche Herrscher besonders Exportwaren mit Siegeln von Kaisern vergangener Zeiten, um höhere Preise für die scheinbaren Antiquitäten zu erlösen. Jap. Porzellane weisen dagegen durch kleine Markierungen darauf hin, dass es sich um eine Kopie handelt. Auf chin. Porzellanen kann man neben den Hauptmarkierungen noch eine Marke für den Sechzigjahreszyklus sowie eine Ortsmarke finden. Beide sind jedoch von geringem Aussagewert. Einerseits fehlt bei der Sechzigjahresmarke zumeist die Angabe, welche Periode seit dem Beginn der Zyklen um 2637 v. Chr. gemeint ist. Andererseits kann es sich bei den Ortsmarken um Lager, Verkaufszentren etc. handeln. Jap. Porzellane wurden von Anfang an mit Marken versehen. Sie sind aufschlussreicher als die chin., da sie in aller Regel die Zeit, den Ort der Herstellung und den Künstler nennen.

In **Europa** beginnt die Markierung zeitgleich mit der Erfindung des Porzellans im 18. Jh. in Meißen. Seit 1721 markierte die Meißner Porzellanmanufaktur durchgehend alle Produkte. Seit 1723 sind die Schwerter nachgewiesen, zunächst als eingepresste Marke und später mit Kobalt unter die Glasur gemalt. Die Schwerter stellen bis in die heutige Zeit die ausschließliche Porzellanmarke der Meißner Manufaktur dar. Die Wiener Porzellanmanufaktur vertrieb ihre Waren fast 30 Jahre lang ohne Kennzeichnung. Erst ab 1844 wurden die Wappen des österreichischen Herzogs als Marke verwendet. Während für das 18. Jh. Bilder als Porzellanmarken typ. waren, die entweder als Motiv das Herrschaftswappen, ein Berufssymbol oder ein Piktogramm der Landschaft bzw. des Lokalsymbols zeigen, entwickelte sich im 19. Jh. mit der zunehmenden Industrialisierung der Porzellanfertigung eine Mechanisierung der Markierungen. So finden sich nun häufiger Buchstaben oder Kürzel der Firmenbezeichnungen auf den Stücken.

Immer häufiger kamen jetzt auch Nachahmungen der Marken europäischer Spitzenproduktionen auf. Die Meißner Schwerter kann man bspw. auf den Porzellanen folgender Firmen finden: Chelsea, Derby, Worcester, Bristol, Tournai, Weesp, Rauenstein, Limbach, Nymphenburg, Volkstedt, Wallendorf, Loket, Dubi sowie im russ. Werbiliki. Meistens erreichte diese im modernen Sprachgebrauch »Markenpiraterie« genannte Methode nur eine kurze Produktionszeit, da die Originalfirmen sich rechtlich zur Wehr setzten.

Allerdings fertigten und fertigen noch heute auch Spitzenfirmen wie Meißen oder Berlin Kopien eigener hist. Produkte, so dass z. B. gegenwärtig »Rokokoporzellan« mit den alten Formen hergestellt und verkauft wird. Man kann diese Kopien nur an der Porzellanmasse, an den Farbwirkungen oder mit Hilfe der Thermolumineszenz als Kopien erkennen (S. 84 f.).

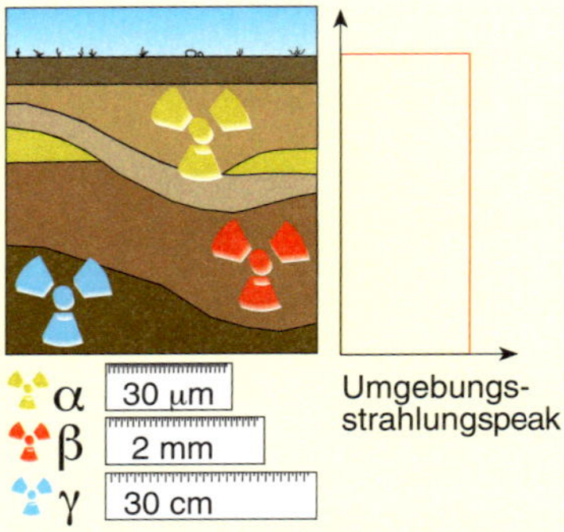


Reichweite und Peak der natürlichen α-, β- und γ-Strahlung

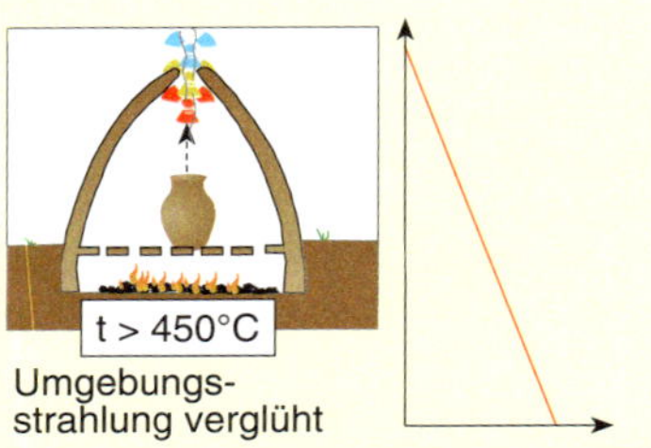


Abstrahlung bei Erwärmung über 450 °C und Rückstellung der Peakuhr auf 0

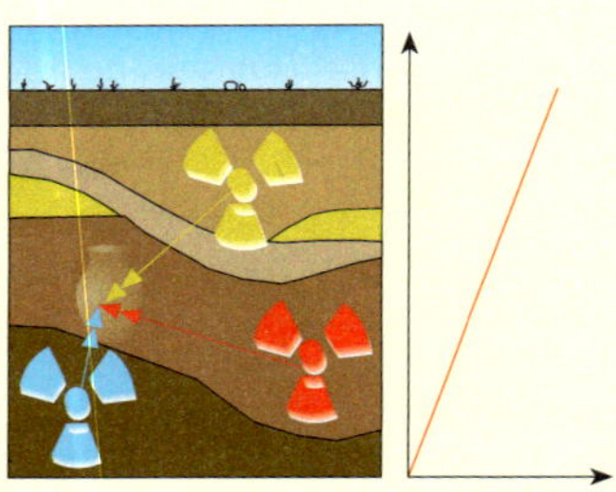

Umgebungsstrahlung bestrahlt Keramik bei Erdlagerung

Vergleich der neuen Strahlungsdosis mit bekannten Dosen der Umgebung

Schema der Thermolumineszenzanalyse

| | | | |
|---|---|---|---|
| 1 Helsinki | 8 Cambridge | 15 Köln | 22 Budapest |
| 2 Roskilde | 9 Oxford | 16 Paris | 23 Mailand |
| 3 Tallin | 10 London | 17 Rennes | 24 Thessaloniki |
| 4 Edinburgh | 11 Brighton | 18 Madrid | 25 Athen |
| 5 Durham | 12 Paisley | 19 Bern | 26 Patras |
| 6 Birmingham | 13 Berlin | 20 Zürich | 27 Warschau |
| 7 Bradford | 14 Heidelberg | 21 Wien (2x) | 28 Ankara |

Die bedeutendsten TL-Labors in Europa

| | |
|---|---|
| Quarz | 50 - 100 000 Jahre |
| Feldspat | 500 - 500 000 Jahre |
| Feuerstein | 5 000 - 500 000 Jahre |
| Calzit | 10 000 - 500 000 Jahre |

Einschlüsse und ihre Eignung für bestimmte Alter

| Technik | Besonderheit |
|---|---|
| Quarzeinschlusstechnik | Korngröße > 100 mm |
| Feinkorntechnik | Korngröße 1–8 mm |
| Vordosistechnik | Messung des 110 °C-Peak |
| Subtraktionstechnik | Messung ohne Umgebungswerte möglich |
| Zirkontechnik | Datierung ohne Kenntnis des Fundortes möglich |

Thermolumineszenztechniken

| | | | |
|---|---|---|---|
| Korngröße (mm) | 0,1 – 0,2 | 0,2 – 0,3 | 0,1 – 0,2 |
| Beta (rad/a) | 0,263 | 0,251 | 0,286 |
| Gamma (rad/a) | 0,073 | 0,073 | 0,073 |
| Betaquelle (rad/s) | 8,00 | 8,00 | 8,00 |
| TL-Alter in Jahren | 2804 | 2772 | 2969 |
| Korngröße (mm) | 0,2 – 0,3 | 0,1 – 0,3 | 0,2 – 0,3 |
| Beta (rad/a) | 0,274 | 0,266 | 0,226 |
| Gamma (rad/a) | 0,073 | 0,073 | 0,073 |
| Betaquelle (rad/s) | 8,00 | 8,34 | 7,82 |
| TL-Alter in Jahren | 2735 | 2802 | 2766 |

Altersdurchschnitt, absolut: 2808
AD-Alter: 830 v.Chr. (± 40 Jahre)
Standardabweichung: 3 %
Kalibrierte C-14-Messung vom Fundort: 935 v.Chr.

Erwartungshorizont der Archäologen: 700–850 v.Chr.

Protokoll von Quarzeinschlussmessungen aus Skamlebäk, Dänemark

Afrika, Nok — China, Tang — Japan, Jomon

Anwendungsbeispiele für Thermolumineszenz

**Datierung und Echtheitsprüfung**
sind die wichtigsten Ziele naturwissenschaftlicher Keramikanalysen. Unter den verschiedenen Methoden hat seit 1968 die **Thermoluminiszenzanalyse** die größten Erfolge vorzuweisen. Beim **Archäomagnetismus** nutzt man die Eichkurve des sich verändernden Erdmagnetismus zur Datierung. Allerdings darf sich dafür der Ort des Objekts nach dem Brand nicht verändert haben. Dies ist fast nur bei den Brennöfen selbst der Fall. Bei der **Spaltspurenanalyse** untersucht man die in den Mineralien der Keramik enthaltenen Spuren radioaktiven Materials, die während des Brandes abgestrahlt wurden und sich danach von neuem bildeten. Die **Verwitterungsmethode** nutzt die zunehmende Wasseraufnahme mit höherem Alter. Sie steigt linear an und kann bei einer Laborerwärmung auf 100 °C gemessen werden.

**Die Thermoluminiszenzmethode**
Thermoluminiszenz bedeutet Wärmestrahlung. Bei einer Erwärmung über 450 °C wird eine der Strahlungsdosis proportionale Lichtmenge ausgesendet. Der Faktor der Proportionalität wird durch die Bestrahlung mit bekannten Dosen ermittelt. Das Resultat ist jene Dosis, die seit der letzten Erwärmung auf über 450 °C auf das Objekt eingewirkt hat. Misst man als Vergleich eine Probe, die nicht erwärmt wurde, kann man aus der Differenz das Alter ablesen. Die Methode wurde zum ersten Mal im Jahre 1953 von F. Daniels, C. A. Boyd und D. F. Saunders in der Zeitschrift ›Science‹ vorgeschlagen. Die ersten Versuchsreihen starteten die Amerikaner G. C. Kennedy, L. Knopf und G. Higgins um 1960. 1962 haben M. S. Tite und J. Waine aus Großbritannien das Verfahren grundlegend weiterentwickelt. M. Aitken aus Oxford verbesserte durch Erhitzen in Stickstoffatmosphäre die Treffsicherheit stark.

**Techniken der Thermoluminiszenz**
Die natürliche Radioaktivität v. a. von Uran-238, Thorium-232 und Kalium-40 in der Ton- und Lehmmatrix setzt sich aus der α-, β- und der γ-Strahlung zusammen. Diese besitzen unterschiedliche Reichweiten von 30 µm, 2 mm und 30 cm. Daneben gibt es eine Strahlung in der Keramik, die von den Mineralien Quarz und Feldspat ausgeht. Entsprechend dieser Voraussetzungen wurden verschiedene Techniken entwickelt. Die **Quarzeinschlusstechnik** nutzt nur über 100 mm große Quarze. Davon wird eine 20 mm dicke Schicht abgetragen, um die α-Strahlung vernachlässigen zu können. Die β-Dosis wird um 10 % vermindert berechnet. Allerdings liegt der Wirkungsanteil der γ-Strahlung noch bei 40 % und ist schwer zu bestimmen. Für die **Feinkorntechnik** nimmt man Messungen an 1 – 8 mm großen Körnern vor. Der Wirkungsanteil der γ-Strahlen liegt bei nur 25 %. Bei der **Vordosistechnik** wird nicht der 350 °C-Peak, sondern der 110 °C-Peak der Quarzteilchen gemessen. Das Signal dieses Peaks ist der Kaltstrahlung vor der Erwärmung über 450 °C proportional, weshalb Proben mit Altern zwischen 50 – 100 Jahren damit bestimmt werden können. Die **Subtraktionstechnik** nutzt die Differenz von Quarzeinschluss- und Feinkorntechnik ohne einen Vergleich zur Umgebungsstrahlung zu benötigen. Dies ist besonders für Museumsobjekte von Vorteil. Allerdings muss die Differenz mindestens 30 % betragen, um zu einem aussagekräftigen Ergebnis zu gelangen. Bei der **Zirkontechnik** macht man sich zunutze, dass das Mineral Zirkon einen hohen Anteil an Uran und Thorium und damit eine hohe Eigenradioaktivität besitzt. Dadurch kann die Umgebungsstrahlung als Vergleich vernachlässigt werden. Erste Erfolge hatte die Thermoluminiszenzmethode bei der Erkennung von Fälschungen von **Tangkeramiken** (S. 166 f.). Auch bei der Datierung der **Nokkultur** (S. 220 f.) und der **Jomonkultur** (S. 174 f.) war die Methode der Altersbestimmung hilfreich. Die Jomonkeramik wurde 1954 in der Fukuihöhle bei Nagasaki entdeckt und mit der Radiocarbonmethode auf 12 700 ± 500 vor heute datiert. Dies wäre die älteste Gefäßkeramik der Welt, und die Datierung wurde aus diesem Grund kontrovers diskutiert. Thermoluminiszenzanalysen bestätigten jedoch das hohe Alter.

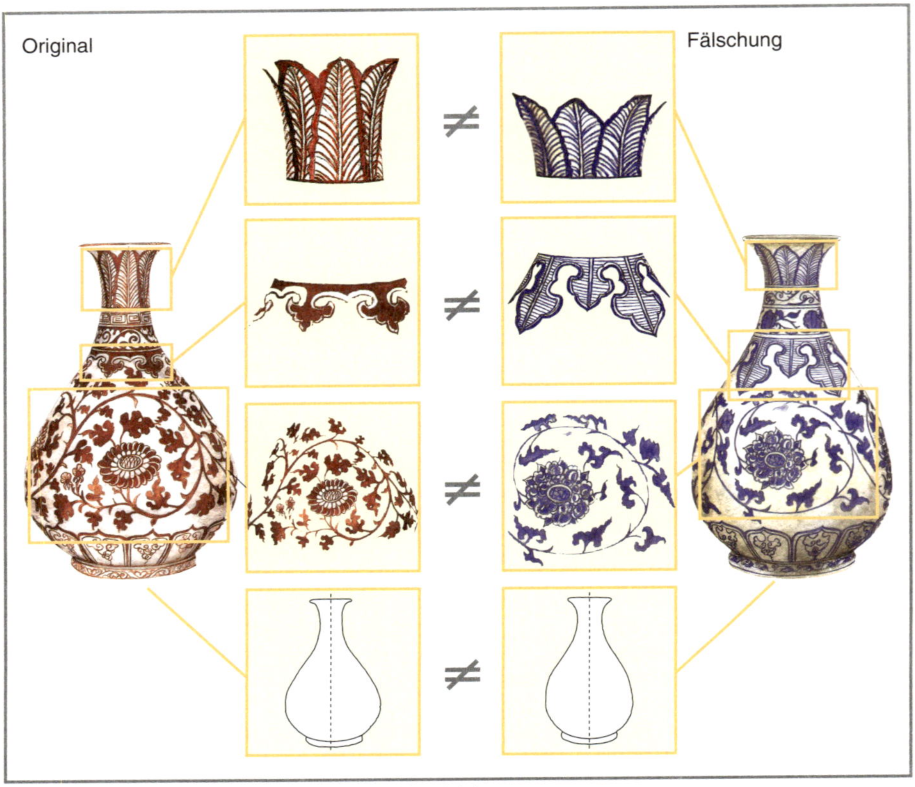


Original und Fälschung einer Mingvase im Vergleich

Häufig kopierte Marken

Fälschung einer Majolikaflasche, 20. Jh.

**Kopien** unterscheiden sich von Fälschungen durch das offene Bekenntnis des Verfertigers der Kopie. Mit einer **Fälschung** dagegen wird versucht, auf Kosten des Bekanntheitsgrades eines anderen Urhebers, Gewinn aus dem Scheinoriginal zu erzielen und bewusst zu täuschen. Parallel zur Preisentwicklung in bestimmten sich verändernden Stilen und Waren steigt oder sinkt das Aufkommen an Fälschungen. Auch bekannte Museen haben Fälschungen gekauft (Tabelle).

| Fälschung | Museum |
|---|---|
| hellenistische Tanagrafigur | Hess. Landesmuseum, Kassel (19. Jh.) |
| kretische Priesterin | Fitzwilliammuseum, Cambridge (1927) |
| Vase des Kleomenes | Louvre, Paris (1890–1900) |
| Etruskischer Sarkophag | British Museum, London (1873) |

Auktionshäuser beziffern die Fälschungsquote mit 10 %. Das Fälscherhandwerk gilt als das zweitälteste Gewerbe der Welt. Bereits die Perser fälschten Yuan- und Mingporzellan. Außerdem gibt es Fälschungen früher Qinvasen aus der viel späteren Mingzeit. In China nennt man dies die »Fang gu«-Tradition. Fang gu allerdings wurde aus Verehrung der Ahnen geschaffen und nicht, um Käufer zu täuschen. Besonders häufig wurden die Prestigemarken von Meißen und Sèvres gefälscht. Dabei erwarb man Rohware aus den Originalfabriken und ließ die Stücke dann im Stil von Meißen oder Sèvres bemalen. Diese »Umdekorwaren« sind so häufig, dass sie ein eigenes Marktsegment bilden. Besonders nach der frz. Revolution, nachdem Sèvres 1793 verstaatlicht wurde, exportierte man große Mengen vorrevolutionärer Weißware nach London, wo sie mit Vogelmotiven des frühen Sèvresstils verziert und verkauft wurden. Im 20. Jh. überschwemmten Fälschungen chines. Porzellane den Markt. Dabei wurden für wertvolle Porzellane 30–50 Muster gebrannt, bis das Aussehen perfekt schien. Die Fälschungskopie wird zunehmend vom *Stilfalsifikat* verdrängt. Dabei handelt es sich um ein Stück, das es bisher nicht gab, jedoch alle Stilmerkmale der Zeit aufweist.

**Erkennung von Fälschungen**
Fälschungen kann man an folgenden **Merkmalen** erkennen: Herkunftsnachweis fehlt; Stück sieht wie neu aus; Gebrauchsspuren sind unnatürlich, laufen alle in die gleiche Richtung oder sind nicht an den natürlichen Gebrauchsstellen (z. B. Henkel); chin. Stücke, die mingzeitlich oder älter sind, besitzen meist leichte Fehler wie Risse; fehlen diese, handelt es sich mglw. um eine Fälschung; die Glasur scheint sehr dünn und hat keine blasigen Stellen, Kupferrot und Kobaltblau wirken nicht deutlich und tief; Gesichtsmimik stimmt nicht mit dem Zeitstil überein.
Für die verschiedenen Waren gibt es **Checklisten** in Büchern und Zeitschriften. Für 2–3 % des Wertes erhält man **Expertisen**.

**Abbildung**
**Original und Fälschung** Auf den ersten Blick scheinen beide Stücke abgesehen von der Farbe gleich zu sein. Kupferrote Originalvasen gab es auch in der Mingzeit in kobaltblau. Die Silhouette der Fälschung zeigt eine *plumpere Form* bei der Fälschung. Der Hals ist *dicker*, auch der Bauchansatz wurde verändert. Die zentrale Pfingstrose wurde im Original als rechtsdrehende Spirale elegant der Form eingepasst. Bei der Fälschung dagegen bildet die Blüte nicht das Zentrum der *linksdrehenden Spirale.* Außerdem malte der Fälscher wenige große Blätter und erzeugte dadurch eine *disharmonische Verteilung* von Blau- und Weißflächen, während das Original sowohl im Größen- als auch im Farbflächenverhältnis eine für die Mingzeit typ. Harmonie erreichte. Beim hängenden Dreiblattmuster sind die Unterschiede offensichtlich: *Füllung und Größe sind verschieden.* Das führt bei der Fälschung zu einem in den Vordergrunddrängen des im Original nur vom Hals- zum Bauchbereich überleitenden Dekors. Das Blattornament unterscheidet sich nur durch die Größe und die *stärkere Rändelung* gegenüber dem Original. Diese Details beweisen, dass die rechte Vase eine Fälschung ist.

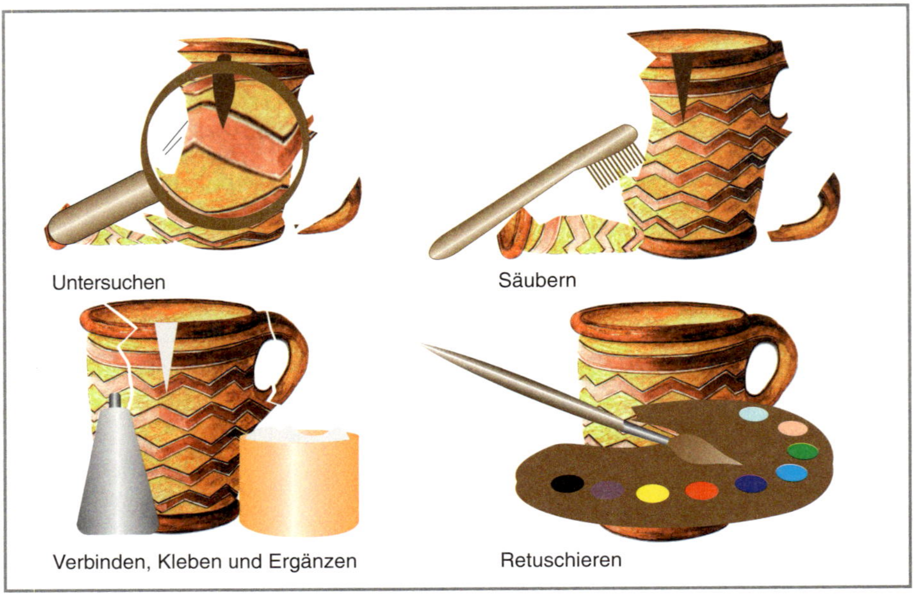


Schrittfolge beim Restaurieren von Keramik

| | Irdenware | Steinzeug | Porzellan |
|---|---|---|---|
| Klebstoffe | • Zellulosenitrat<br>• Paraloid B-72<br>• Polyvinylacetat<br>• Archäocoll 2000 N | • Paraloid B-72<br>• Devcon 5-min Epoxy<br>• Araldite Rapide<br>• UHU 300+ Epoxy<br>• Araldite AY 103/HY 956<br>• HXTAL NYL-1<br>• Fynebond<br>• Araldite 20/20<br>• Cyanoacrylate | • Paraloid B-72<br>• Devcon 5-min Epoxy<br>• Araldite Rapide<br>• UHU 300+ Epoxy<br>• Araldite AY 103/HY 956<br>• HXTAL NYL-1<br>• Fynebond<br>• Araldite 20/20<br>• Cyanoacrylate |
| Ergänzungsstoffe | • Polyfilla<br>• Pariser Gips<br>• Dentalgips<br>• Crystacal R<br>• Polyfilla fein | • Polyfilla<br>• Pariser Gips<br>• Dentalgips<br>• Crystacal R<br>• Polyfilla fein<br>• ICI Auto Colour<br>• F.E.W. (Polyester)<br>• Isopon P 38<br>• Epoxidharze<br>• Milliput<br>• Magicbond | • Polyfilla<br>• Pariser Gips<br>• Dentalgips<br>• Crystacal R<br>• Polyfilla fein<br>• ICI Auto Colour<br>• F.E.W. (Polyester)<br>• Isopon P 38<br>• Epoxidharze<br>• Milliput<br>• Magicbond |
| Retuschiermaterialien | • Maimeri-Farben<br>• Acryllacke<br>• Bindemittel: HXTAL NYL-1, Araldite 20/20, Fynebond<br>• pulverisierte Pigmentfarben | • Maimeri-Farben<br>• Acryllacke<br>• Bindemittel: HXTAL NYL-1, Araldite 20/20, Fynebond<br>• pulverisierte Pigmentfarben | • Maimeri-Farben<br>• Acryllacke<br>• Bindemittel: HXTAL NYL-1, Araldite 20/20, Fynebond<br>• pulverisierte Pigmentfarben |

Materialien für die Restaurierung

**Reparaturen** und **Restaurierungen** von Keramik sind fast so alt wie die Keramik selbst. Bereits in der Antike wurden gebrochene Keramiken »geflickt«. In Japan waren Keramiken mitunter so wertvoll, dass sie mit Gold repariert wurden. Während man im 19. Jh. Wert auf vollständige Ergänzung legte, ist heute Reversibilität und Sichtbarkeit der Restaurierung wichtig. Der Entwicklungsstand der Technik erlaubt es, fast jeden Schaden zu beheben; so werden die Farbschichten der 7000 Keramiksoldaten der Qindynastie (S. 164 f.) entwässert und mit Polyethylenglykol getränkt, das mittels Elektronenstrahlen gehärtet wird, so dass die Farben nicht mehr zerfallen können.

**Schrittfolge beim Restaurieren**

**Untersuchen**

Zunächst ist es wichtig, zu wissen, um welche Art Keramik es sich handelt. Dies kann man gut an einer Bruchkante oder am Standring erkennen. Irdenware zeigt eine lose Kornstruktur, in die die Glasur eindiffundiert. Steinzeug besitzt eine höhere Homogenität mit einigen Einschlüssen und ist dicht gebrannt. Porzellan ist meist weiß, und man erkennt eine einheitliche Textur am Bruch. Bedeutsam sind frühere Reparaturen, weil mglw. Schellack oder andere kaum lösbare Substanzen eine Restaurierung erschweren könnten.

**Säubern**

Die Reinigung betrifft sowohl Schmutz als auch Reste alter Übermalung und Verklebung. Für die allg. Säuberung werden destilliertes oder deionisiertes Wasser sowie nichtionische Reinigungsmittel verwendet. Zur Fleckentfernung dienen biologische Waschpulver, Wasserstoffperoxid mit Ammoniaklösung sowie Umschläge mit Laponit, Sepiolit oder Bleicherde. Vergoldungen werden jedoch von Bleichkonzentrat angegriffen. Lösungsmittel wie Azeton, industrielle Methylalkohole o. Ä. sollten nur für die Entfernung alter Klebstoffe, Füllungen oder Übermalungen Anwendung finden. Dazu kann man sich noch eines Dichlormethanfarbentferners bedienen. Kalkflecken lassen sich mit Essig entfernen. Vor der Verwendung aller genannten Mittel sollte die Keramik in kaltem Wasser gelagert werden, um die Schmutzpartikel einzuweichen. Die genannten Reinigungsmittel darf man nicht mischen.

**Verbinden und Kleben**

In der Geschichte der Keramikrestaurierung wurden verschiedene Füllstoffe genutzt: Gold, Blei, Eisen und Kupfer waren die frühesten. Dann kamen Klebstoffe wie Gelatine, Ei, Käse und Fischleim sowie später Schellack. Für die modernen Klebemittel ist die Verträglichkeit mit dem Material und die Reversibilität wichtig. Der Klebstoff Zellulosenitrat findet sich bereits bei Restaurierungen des 19. Jh. Er lässt sich durch erneutes Hinzufügen von Lösungsmittel wieder entfernen. Acrylpolymere lassen sich auch wieder lösen. Für Irdenware eignet sich bes. Polyvinylacetat auf Wasserbasis. Obwohl Epoxidharze nicht löslich sind, finden sie sich wegen ihrer hohen Haftfestigkeit oft in der Restaurierung. Als hilfreich hat sich das Abstützen nicht standfester Teile in einem Sandeimer erwiesen. Bei Mehrfachbrüchen arbeitet man stets von innen nach außen und rund um die innere Bruchstelle herum.

**Ergänzen**

Hier spielen Bindemittel und Färbestoffe eine wichtige Rolle. Häufig werden vorgefärbte Mischungen angeboten. Zur genauen Farbanpassung müssen jedoch weitere Zumischungen von Farbpigmenten erfolgen. Meist wurden den Ergänzungsstoffen noch geringe Anteile an Klebstoffen beigemengt. Dabei ist auf Verträglichkeit mit den alten Klebstoffen zu achten.

**Retuschieren**

Die Schwierigkeit beim Retuschieren besteht darin, die Tiefe der Muster, das Durchscheinen und den Glanz zu erreichen, der im Original vorhanden war. Kaltfarben sind Brandfarben vorzuziehen, da letztere durch die hohe Verarbeitungstemperatur unliebsame Nebenwirkungen auf Klebstoffe haben können. Vergoldungen können mit Metallfarbpulvern retuschiert werden, die nach der Farbabstimmung mit Klarlack gebunden werden. Blattgold verarbeitet sich schlechter, ist aber auch häufig zu finden. Restaurierungen müssen genau protokolliert werden.

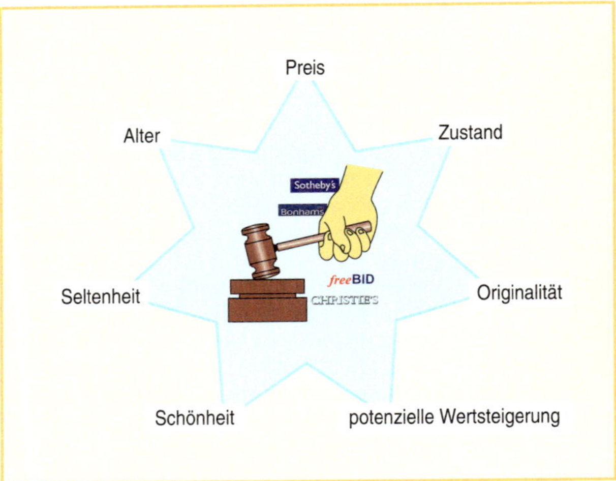


Faktoren für den Kauf

Grabstein, Augsburg, 1591

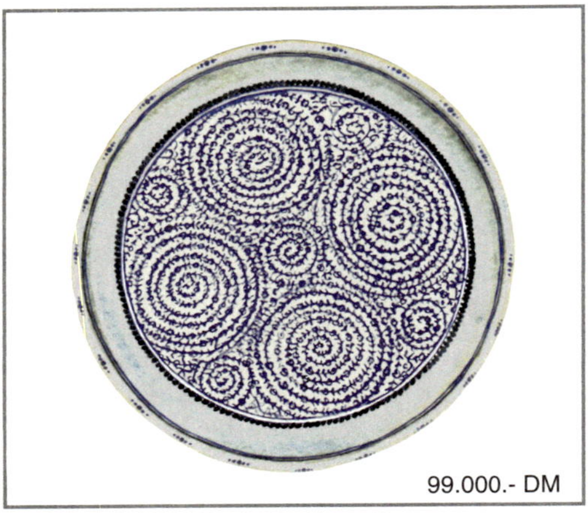


Preisbeispiel für islamische Keramik, Verkauf am 16.04.1986 in London

Taxbeispiel für 12 Teller von Gio Ponti: Angebot für 25.02.1998 in London

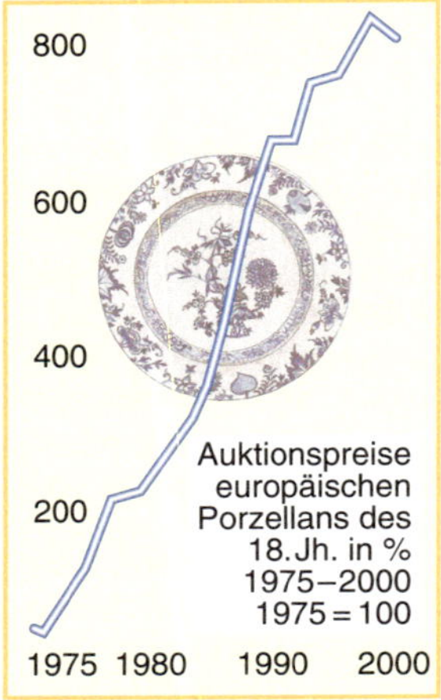


Wertsteigerung

1. *Exportgenehmigung muss vorliegen für: China, Griechenland, Rom, Ägypten, Afrika, Indien, Südostasien, Kolumbien.*
2. *Legale Herkunft muss vom Anbieter schriftlich bestätigt werden.*
3. *Recherche zweifelhafter Provenienzen ist zwingend.*
4. *Keine Annahme von Angeboten über 50 oder mehr Einzellosen ohne präzise Dokumentation.*
5. *Expertengruppe prüft ausländische Objekte.*
6. *Mitschnitt aller telefonischen Angebote und Gespräche zwischen Bietern und Personal.*
7. *Namensfeststellung von Käufern und Zweitbietern für den Fall von Rechtsstreitigkeiten.*
8. *Auktionator darf Preise nicht mehr fiktiv in die Höhe treiben indem er in eine bestimmte Richtung des Saales blickt und nickt.*
9. *Auktionator muss öffentlich erklären, dass ein Objekt keinen Käufer gefunden hat.*

Sotheby's Grundsätze zum Schutz vor Hehlerei

**Geschichte des Keramikhandels**
Kunsthandel mit Gefäßkeramik gab es seit dem Neolithikum. Dies belegen die ausgegrabenen Töpfereien in den Siedlungen jener Zeit.
Über den Keramikhandel im antiken Rom besitzen wir detaillierte Kenntnisse. Die Geschirrhändler kauften in den Großtöpfereien große Mengen Keramik und ließen es über 500 km weit in strohgepolsterten Holzkisten zum lokalen Markt transportieren. Daneben gab es jedoch immer auch die lokalen Produzenten, sog. vici, und sogar die handaufgebaute Keramik für den Eigenbedarf oder als persönliche Grabbeigabe. Der Auftraggeberkreis für besonders hochwertige Kunstkeramik war bis in die Renaissance hinein von kirchlichen und Herrscheraufträgen dominiert.
In der Renaissance blühte der Keramikhandel auf. Bekannte Kunsthändler wie der Italiener GIOVANNI DELLA PALLE waren für den frz. König tätig. Neben dem Straßenhandel auf Jahrmärkten entwickelte sich der Ladenhandel. Mit der Gründung der niederländischen Ostindischen Kompanie 1602 wurde ein umfangreicher Handel zwischen Europa und Asien aufgebaut. Die in Mode gekommenen Getränke Kaffee, Tee und Schokolade benötigten eine besondere Darbietungskultur, die Porzellan zum Statussymbol werden ließ. Mit der Erforschung des Altertums im 18. Jh. erweiterte sich der Markt, da mit steigendem Bekanntheitsgrad antiker Keramik zugleich auch die Nachfrage danach stieg.
Im 19. Jh. brachte der Historismus einen großen Aufschwung, da man sich an den historischen Stilen orientierte, und die Museen viel ankauften (S. 144 f.). Zentren waren seit dem Ersten Weltkrieg London, Paris, Berlin und New York. Die Ausbildung zum Kunsthändler ist an Instituten möglich (Tabelle).

| Institut | Ort |
|---|---|
| Christie's Education | London, New York |
| Institut für Kunstgeschichte | Bern |
| Sotheby's Institute of Art | London, New York |

**Preisbildung und Wertsteigerung**
Der Kunsthandel mit Keramik ist preisstabiler als andere Kunstbereiche. Wertsteigerungen von 10 % bis 100 % p. a. sind möglich, aber auch Verluste.
Der Vergleich des Mei-Moses Fine Arts Index mit dem S & P 500 Aktienindex zeigt, dass der Kunsthandel volatiler ist, jedoch der großen High-Tech-Euphorie um das Jahr 2000 nicht folgte (Tabelle).

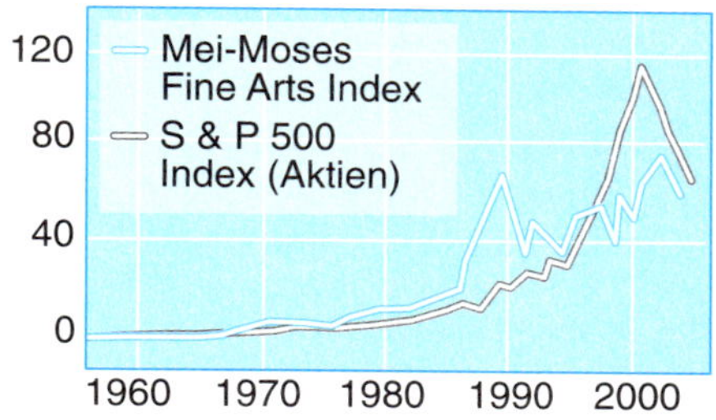


**Auktionen**
Das Wort Auktion kommt vom lat. *auctio* für »Vermehrung«. Dahinter verbirgt sich die Idee, dass der Preis eines Objekts durch das Bieten immer höhere Beträge erreicht. Auktionshäuser veröffentlichen die angebotenen Objekte in einem Katalog. Die Zahlungsweise muss vor der Auktion geklärt werden. Auktionen dauern oft den ganzen Tag. Ein Auktionator schafft etwa 100–120 Lose pro Stunde. Anhand der Loslisten kann man absehen, wann das ausgewählte Objekt angeboten wird. Manchmal erhält man dann Bietkarten mit Nummern oder man kann durch Handheben mitbieten. Auf den sog. Hammerpreis wird noch die Kommission von 10–15 % und die MwSt. aufgeschlagen.

**Händler, Messen und Märkte**
Am einfachsten kauft man alte Keramik im Antiquitätenladen. Seriöse Händler erkennt man an ihrer Mitgliedschaft in einem der Verbände der Antiquitätenhändler erkennen. Auch Messen und Märkte bieten Kaufmöglichkeiten.

**Hehlerei und Diebstahl**
Obwohl es in fast allen Ländern Gesetze gibt, die Ausfuhr und Handel mit geraubter oder gehehlter Kunst verbieten, können selbst große Auktionshäuser dies nicht ausschließen. Sotheby's erließ deshalb zum Schutz eigene Grundsätze.

| | Beispiel |
|---|---|
| Bezeichnung | *rotfigurige Schale* |
| Herkunft | *Athen, etwa 480 v.Chr.* |
| Erwerbungsweg | *von der Sammlung Prof. Rose über Sotheby's Auktion 1986* |
| Größe | *Durchmesser 15 cm* |
| Material | *Keramik, Irdenware* |
| Zustand | *kleine Abspaltungen am Rand* |
| Fotonachweis | *1986 (Nr. 23), 1990 (Nr. 159)* |
| Standort | *Vitrine im Arbeitszimmer* |
| Restaurierungen | *keine* |
| Verleihungen | *1988 Universitätsmuseum* |
| Gutachten | *durch archäolog. Institut* |
| Literaturhinweise | *Propyläen Kunstgeschichte, Bd.2* |

Dokumentation (Beispiel)

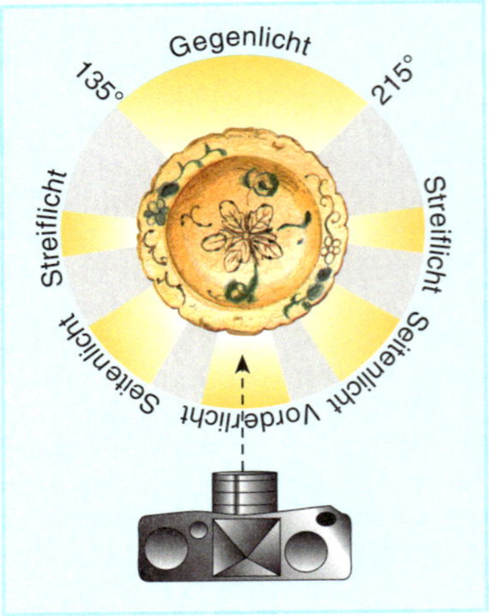


Lichttypen beim Fotografieren

Große Schärfentiefe bei geringer Blende

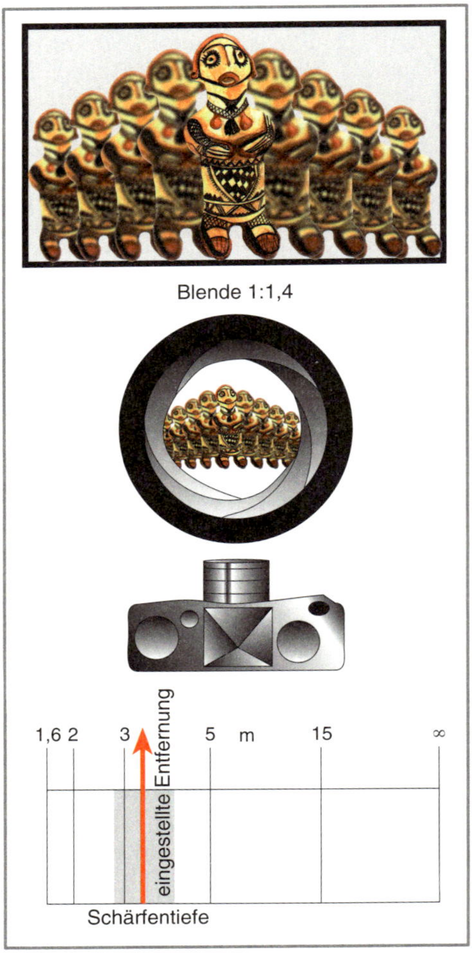


Geringe Schärfentiefe bei offener Blende

**Dokumentation**
Die Dokumentation ist der Pass des Objekts und besitzt eine große Bedeutung für den Besitzer, den Wissenschaftler, den Kunsthändler, den Versicherer oder im Falle von Diebstahl die Polizei. Sie sollte so umfassend wie möglich sein. Allerdings ist es nur selten möglich, den vollen Wissenskreis um ein Objekt zu ermitteln, weil an diesem Prozess oft viele Nachbarwissenschaften beteiligt sind (S. 76 f.).

**Rubriken der Dokumentation**
*Bezeichnung:* sie sollte so formuliert sein, dass das Bild, das durch diese Formulierung im Kopf entsteht, dem Objekt entspricht. *Herkunft:* dies bezeichnet den Herstellerort und die Herstellungszeit. Es ist die wichtigste Information, da sie dem Stück Geschichte und Geografie geben und es selbst damit zur hist. Quelle aufwerten kann. Subjektive Faktoren erschweren die genaue Herkunftsbestimmung (S. 78 f.). *Erwerbungsweg:* dieser nennt den Weg des Objekts vom Erst- bis zum Letztbesitzer und gibt Aufschluss über eine mgl. Schadens- und Rezeptionsgeschichte. *Größe:* Maßangaben zu Gewicht, Größe etc. sollten in jedem Fall dokumentiert werden. *Material:* zur Materialbestimmung sind bei der Keramik mitunter technische Untersuchungen erforderlich. *Zustand:* dieser ist zeitabhängig und gibt Aufschluss über die Bedingungen der Aufbewahrung und mglw. notwendige Restaurierungen. *Fotonachweis:* »Bilder sagen mehr als tausend Worte«. Sie helfen, Schadensentwicklungen zu erkennen, weil man genauer vergleichen kann, als mit einem »Gedächtnisbild«. Außerdem sind sie für den Versicherungs- oder Diebstahlsfall erforderlich. *Standort:* eine v. a. für größere Sammlungen unabdingbare Findhilfe. *Restaurierungen:* diese Angabe hilft bei einer erneuten Restaurierung, Fehler bei der Materialkombination und der Lösung von Altreparaturen und Altretuschen zu vermeiden (S. 88 f.). *Verleihungen:* sie geben Auskunft über mögliche in der Vergangenheit liegende Schadensursachen und über die Ausstellungsreputation des Objekts. *Gutachten:* sollten besonders vor einem Verkauf eingeholt werden. *Literaturhinweise:* diese zeigen Querverbindungen oder bisherige Veröffentlichungen des Objekts und dienen der Kenntnisabsicherung durch Außenstehende. Weitere Rubriken sind denkbar: *Epoche, Herstellungsart, laufende Nummer, Brand, Dekor* u. a.

**Versicherung**
Zu einer Dokumentation gehört eine Kopie der Versicherungspolice. Für einfache Stücke reicht eine Hausratsversicherung, die sog. Wertgegenstände bis zu 20 % der Versicherungssumme mitversichert. Zusatzvereinbarungen sind möglich. Fortgeschrittene Sammler nutzen eine individuelle Kunstversicherung mit Allgefahrendeckung, was bedeutet, dass die Keramik gegen alles versichert ist, was dem Kunstgut gefährlich werden kann.

**Fotografie**
Bei der Fotografie von Keramik unterscheidet man grundsätzlich glänzende von matten Objekten. Für die professionelle Fotografie für die Veröffentlichung benötigt man als Grundausrüstung: Kamera (Digitalkamera, Kleinbild, Mittel- oder Großformat; im Studiobereich wird Mittelformat bevorzugt), Objektive (Standard, Tele, Makro), Stativ (stabiles Dreibein für außen und innen, stabiles Einbein für Museen und Sammlungen), Kunstlicht (Blitzlicht, Lampen, Diffusmacher wie Schirme oder Wannen), Aufnahmetisch. Lichtstärke und Lichteinfall spielen eine wichtige Rolle. Man kann verschiedene Lichttypen unterscheiden, deren Ausnutzung eine geringere oder höhere Plastizität und eine stärkere oder schwächere Silhouettierung bewirkt. Für eine Veröffentlichung wird eine vollständige Oberflächentextur angestrebt, d. h. es finden sich keine einfarbigen hellen oder dunklen Partien. Eine Ausnahme bilden die Glanzlichter, die als Beweis einer Glasur o. Ä. dienen. Die Schärfentiefe bezeichnet den Tiefenbereich der Schärfe und wird in m angegeben. Es liegt am Gestaltungsziel, ob die Schärfe das Bild durchziehen soll (alles ist wichtig!) oder man das Scharfgestellte durch die unscharfe Umgebung hervorheben will.

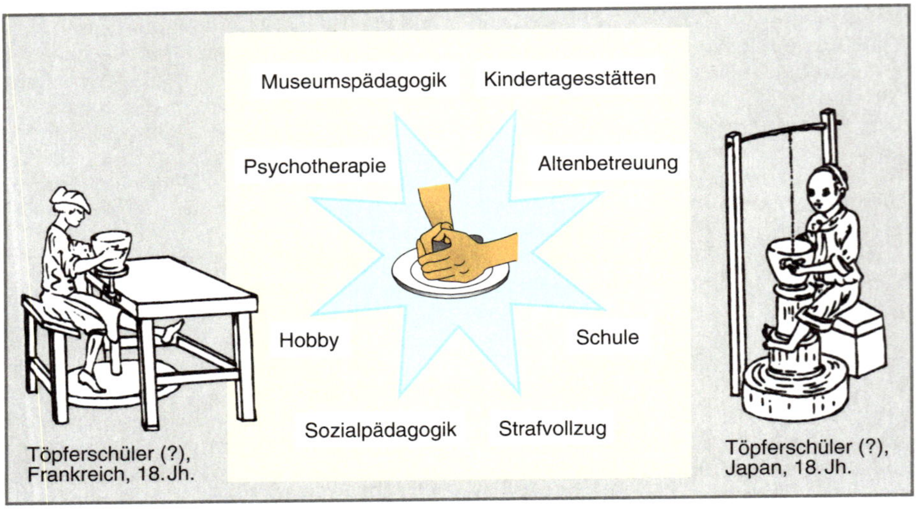


Einsatzgebiete

| | Ton  | Holz 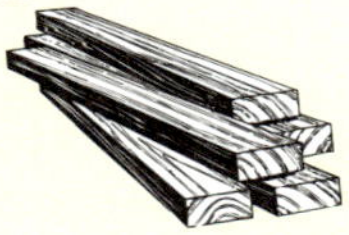 | Metall 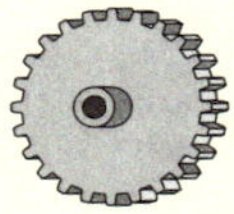 |
|---|---|---|---|
| mit bloßen Händen bearbeitbar? | ja | nein | nein |
| individuelles Arbeitstempo möglich? | ja | bedingt | bedingt |
| Abtragen und Hinzufügen möglich? | ja | bedingt | bedingt |
| Arbeit für Blinde möglich? | ja | bedingt | bedingt |

Die pädagogische und therapeutische Eignung von Ton im Vergleich zu Holz und Metall

Beispiel: Stelle ein rundes, junges Objekt für einen Blinden her!

| Form | Eigenschaft | Funktion |
|---|---|---|
| rund | zart | Spielzeug |
| eckig | grob | Objekt für einen Blinden |
| lang & dünn | schön | Objekt für einen Alten |
| kurz & dick | häßlich | Objekt für eine Frau |
| offen | jung | Objekt für einen Mann |
| geschlossen | alt | sinnliches Objekt |
| anthropomorph | optimistisch | sexuelles Symbol |
| zoomorph | pessimistisch | Fetisch |
| vegetabil | männlich | Trostobjekt |
| Architekturform | weiblich | Meditationsobjekt |

Kombinationsaufgaben zum Anregen von Fantasie und Assoziation

Ton ver**streichen**
jemanden **streich**eln

etwas in Ton
**eindrücken**
**Eindruck** machen

**Formen** mit den Händen
sich selbst **formen**

eine Form **finden**
sich selbst **finden**

Assoziationen

**Altenbetreuung**
Hier geht es um die Vermittlung des Gefühls von Gebrauchtwerden und um Aktivität. Einige Sinne lassen im Alter nach, der Tastsinn nicht. Er erscheint dem in Kontrasten fühlenden Menschen dadurch stärker. Arbeiten am Tonfeld oder an der Tonplastik geben dem alten Menschen damit Gefühlserfahrungen, die er mit anderen Menschen seltener erlebt. Klassisches Beispiel ist das Streicheln.

**Hobby**
Hobbytöpferei gehört zu den festen Bestandteilen unserer Lebensumwelt. Seit der Töpfermode in den 70er und 80er Jahren des 20. Jh. besetzt Keramik eine sichere Marktnische (Tabelle).

| Markt | Beispiel |
|---|---|
| Bildung | Töpferlehrgänge |
| Reise | Sommerkurse |
| Hobbyartikel | Fertigglasuren |
| Zeitschriften | Keramik Magazin |

**Kindertagesstätten**
Im Vordergrund steht die Erprobung der Wirkungen Hand-Ton bzw. Ton-Hand. Nach dem Sattspielen mit dem flexiblen Material können Betreuer Gestaltungen anstreben. Ein feiner Tastsinn sowie das Vorstellungsvermögen werden durch Arbeiten mit geschlossenen Augen gefördert. Die Integration einer Keramikwerkstatt in den Tagesbetrieb ist einer Aussonderung mit speziellen Keramikstunden vorzuziehen. Kinder können sich dadurch dann in Ton ausdrücken, wenn sie das Bedürfnis dazu spüren. Fremdbestimmte Zeiten führen dagegen zur Entfremdung von innerer und äußerer Welt des Kindes.

**Museumspädagogik**
Kennenlernen von Geschichte und Vorgeschichte wird durch Nachahmen sowie durch den Kauf von Repliken erleichtert. Das Nachvollziehen alter Herstellungstechniken wie des Freifeuerbrandes lassen das Wertempfinden gegenüber alten Keramiken steigen. Im gleichen Maße steigt durch den geschichtsnahen Gebrauch dieser Repliken das Verständnis für Geschichte.

**Schule und Sozialpädagogik**
Keramik und Töpferei spielen sowohl an den Grundschulen, Hauptschulen, Realschulen und Gymnasien als auch an den sonderpädagogischen Einrichtungen eine große Rolle. Der in der Regel v.a. auf die linke Gehirnhälfte zielenden Methodik der Schule steht dadurch ein alle Sinne und damit auch die gefühlsbetonte rechte Hirnhälfte ansprechendes Medium zur Verfügung.

**Strafvollzug**
Töpfern und Lehmofenbau gehört in Strafvollzugsanstalten noch zu selten zum Alltag. V.a. in Jugendstrafvollzugsanstalten werden den Inhaftierten Handwerkslehren als Töpfer angeboten. Die starke Gefühls- und Sinnesbetonung von Tonarbeiten fördern die positive Handhabung eigener Gefühle und damit die Resozialisierung.

**Therapie**
In diesem Bereich gibt es sowohl töpfernde Therapeuten als auch in der Therapie arbeitende gelernte Töpfer. Ton ist als therapeutische Hilfe nicht für jeden Patienten geeignet. Empfindet ein Mensch Ton als schmutzig und matschig, möchte er mit seinen Händen keinen Kontakt zu diesem Material herstellen. Außerdem ist der flexible Ton für Patienten mit einer inneren Instabilität ungeeignet. Die Unfähigkeit, sich selbst von der Außenwelt zu unterscheiden, kann bei der Bearbeitung des forminstabilen und wenig Festigkeit vermittelnden Tones negative Erlebnisse bis hin zu seelischen Verletzungen und Irritationen hervorrufen. Dagegen sind Patienten mit frühen, starren Prägungen, Versagensängsten, übersteigertem Perfektionismus, die zu Neurosen geführt haben, die klassische Zielgruppe für Keramiktherapie. Die Möglichkeit der Bearbeitung mit bloßen Händen erleichtert den entsprechenden Patienten das Abbauen von Aggressionen durch Tonschlagen. Das relativ schnelle Erleben von vorzeigbaren Produkten ist auch von Vorteil. Ziel therapeutischen Arbeitens mit Keramik ist die Vermittlung des Gefühls des Gebrauchtwerdens. Primär ist dabei die Arbeitsfindung, nicht die Berufsfindung.

Nord-, Mittel- und Westeuropa

Ost- und Südosteuropa

Südeuropa

ab 5000 v. Chr.
4.–14. Jh. n. Chr.
16.–17. Jh.
18. Jh.
19. Jh.
20. Jh.

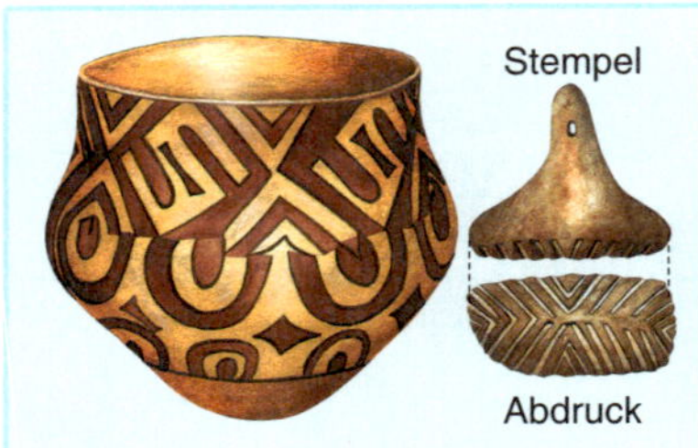


Tripoljekeramik und Dekorstempel, Rumänien, 3100–2100 v. Chr.

Glockenbecher, Deutschland, 2500–2000 v. Chr.

Trichterbecher, Deutschland, 3000–2000 v. Chr.

Frau und Mann, Rumänien, 5000–4000 v. Chr.

Frau auf einem Hocker, Bulgarien, 5. Jt. v. Chr.

Flechtschnur und Abdruck auf neolithischer Schnurkeramik

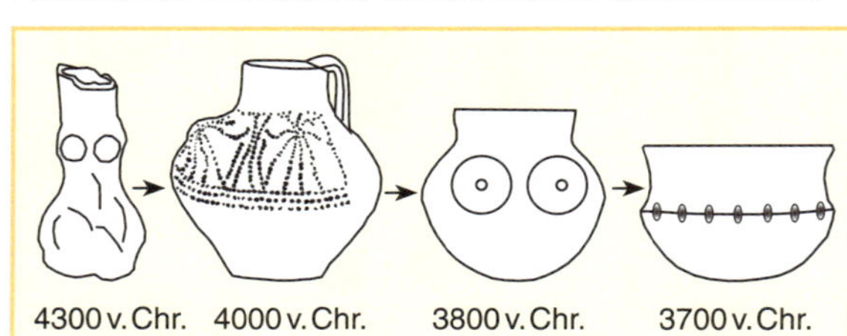


Die Entwicklung von der Frauenfigur zum gynecomorphen Gefäß, Frankreich, 4300–3700 v. Chr.

**Neolithikum** bedeutet Jungsteinzeit und stellt die jüngste Phase der Steinzeit dar. Der Begriff ist ein Hilfskonstrukt, dessen sich ändernde Definition einen Prozess zu periodisieren sucht, in dessen Verlauf der Homo sapiens sich von Afrika aus über die ganze Welt ausbreitete. Man unterscheidet das akeramische vom keramischen Neolithikum. Lange Zeit glaubte man, eine bestimmte Keramik repräsentiere eine bestimmte Menschengruppe. Diese Auffassung wurde jedoch aufgegeben. Die zweifellos vorhandenen Gemeinsamkeiten in der Keramik lassen sich aber zu einem Verbreitungsbild im Neolithikum verdichten(Karte).

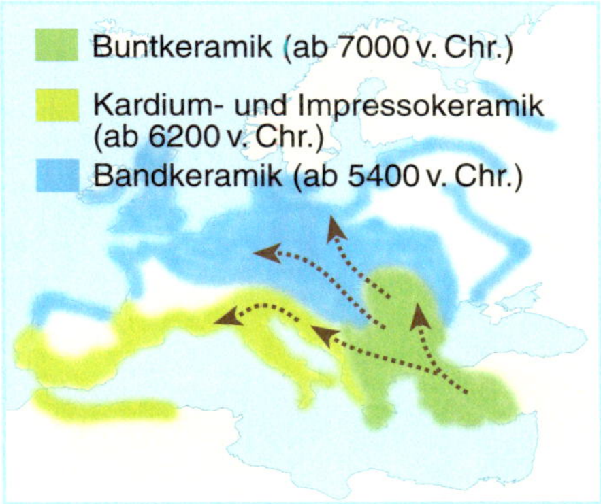


Verbreitung neolithischer Keramikstile

Dabei kann man innerhalb der drei Großgruppen feinere Gruppenbildungen vornehmen. So gehören z. B. Frau und Mann (Abb.) zur Buntkeramikgruppe. Innerhalb dieser sind sie dem anatolisch-balkanischen Kreis zugehörig. Darin wiederum gehören sie zur Gumelnitzakultur und dort zur Hamangiagruppe.
Einen Zusammenhang zwischen Sesshaftigkeit und Keramik legt die ethnologische Forschung nahe (Diagramme).

Töpferei und Sesshaftigkeit

Einen Bezug zu Ackerbau und Viehzucht herzustellen, ist schwieriger, da auch Fischer, Jäger und Sammler Gefäße verwendeten und die Trennung von aneignender und produzierender Wirtschaftsweise zeitlich nicht begrenzt werden kann.

**Rohstoffe und Technologien**
Die Tone wurden überall meist in der Nähe gesucht. Dagegen waren die Herstellungstechniken verschieden. Am weitesten verbreitet waren die Ring- und die Spiralwulsttechnik (S. 20 f.). Neolithische Keramiken besitzen oft einen groben, meist gemagerten Scherben. Dies hängt mit den Brandbedingungen zusammen. Bei dem vorherrschenden Freifeuerbrand wird sehr schnell eine hohe Temperatur erreicht, so dass nur grobe, poröse Scherben den entstehenden Wasserdampf schnell genug austreten lassen können, ohne dass durch Abplatzungen oder Brüche die Ware beschädigt wird (Grafik).

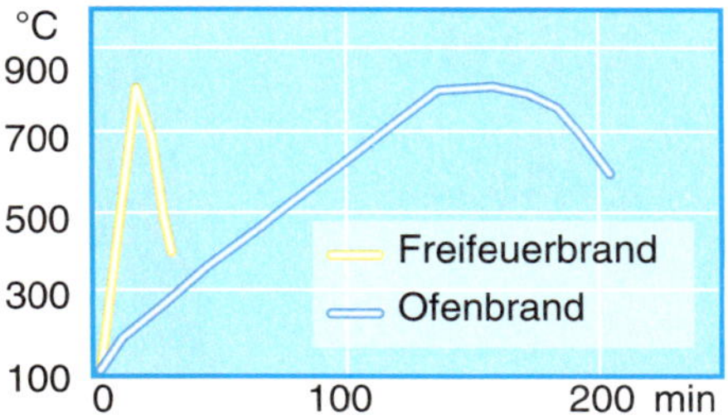


Vergleich von Freifeuer- und Ofenbrand

**Abbildungen**
**Tripoljekeramik** Die Tripoljekultur gehört zur Buntkeramikgruppe. Typ. sind Spiralenmuster, die in rot und schwarz auf weißem Grund gemalt wurden.
**Glockenbecher** wurden in Nord-, Mittel- und Südeuropa etwa 2300–2000 v. Chr. bei Bestattungen verwendet.
**Trichterbecher** gehören zur Megalith- oder Großsteingrabkultur Norddeutschlands.
**Mann und Frau** Die beiden Figuren gehören zur Hamangiakultur in Rumänien.
**Flechtschnur** Die Megalithgrabbestatter verwendeten Schnurkeramiken als Grabbeigabe. Diese waren durch den typ. Abdruck geflochtener Schnüre verziert.
**Frau** Diese Figur stammt aus der Karanovo-Kultur in Bulgarien.

Keramik der Bronzezeit

Entwicklung der Stilisierung in der minoisch-mykenischen Kunst

Etwa um 3000 v. Chr. begann mit der **Bronzezeit** eine v. a. aus Vorderasien beeinflusste Entwicklung. Die frühen Keramiken kennzeichnen Ritzverzierungen. Außerdem finden sich Spiralen, Mäander, Pflanzen- und Tierdekore. Eine typ. Form ist die Schnabelkanne. Die mittlere Periode wird dominiert durch die Kamaresware mit weißer, roter und schwarzer Bemalung. Bemerkenswert ist eine zunehmende Stilisierung, die sich bis ins 12. Jh. v. Chr. erstreckt (Abb.).

### Kreta

| Periode | Zeit |
|---|---|
| Frühminoisch | 2600–2000 v. Chr. |
| Mittelminoisch | 1900–1700 v. Chr. |
| Spätminoisch | 1700–1400 v. Chr. |

In der frühminoischen Phase kommen schnabelartige Ausgüsse und der Rundboden auf. Der Dekor besteht aus einfachen Linienmuster in Rotbraun. Es folgt die Vasilikiware, die durch große schwarze und braune Flecken auffällt. In der mittelminoische Periode dominiert die Kamaresware, eine bunt bemalte, dünnwandige sog. »Eierschalenware«. Die spätminoische Phase repräsentieren der florale, der Meeres- und der Palaststil.

### Griechenland/Mykene

| Periode | Zeit |
|---|---|
| Frühhelladisch | 3000–2000 v. Chr. |
| Mittelhelladisch | 2000–1650 v. Chr. |
| Späthelladisch | 1650–1100 v. Chr. |

Die frühhelladische Keramik fertigte man ohne Drehscheibe. Typ. sind rotbraune Dekore auf runden Formen. 3000 v. Chr. beginnt die Drehscheibenkeramik und 2500 v. Chr. folgen Glanzengoben. Zwischen 2200 und 2000 v. Chr. gibt es zwei Waren: eine mit Mustern bemalte, handgefertige und die gedrehte minysche Keramik. Letztere ist auch während der mittelhellad. Periode vorherrschend. Von 2200 – 1700 v. Chr. dominiert eine graue minysche Ware, danach die gelbe. Die späthelladische Phase kennzeichnen floraler, Meeres- und Palaststil.

### Zypern

| Periode | Zeit |
|---|---|
| Frühbronzezeit | 2300–1950 v. Chr. |
| Mittelbronzezeit | 1950–1650 v. Chr. |
| Spätbronzezeit | 1650–1050 v. Chr. |

Typ. ist die Milchschale, die auch exportiert wurde. Während die Früh- und Mittelbronzezeit von der rotpolierten Ware dominiert wird, die oft mit eingeritzten und inzisierten Mustern versehen war, findet sich in der Spätbronzezeit z. B. die weiß grundierte Ware mit geometr. Mustern in braun und rot.

**Abbildungen**

**Milchschale** Sie gehört zur weißgrundigen Ware der zyprischen Bronzezeit und ist noch heute verbreitet.

**Schnabelgefäß** der Eierschalenware, einer sehr dünnwandigen Keramik.

**Schnabelkanne** mit einem Auge, dem Tierschnabel sowie den Füßen auf dem Bauch, was die Abstammung des Gefäßtyps vom Tiervorbild belegt.

**Figur** Diese etwa 29 cm hohe Statuette stammt zusammen mit einer zweiten Frauenfigur sowie Reliefs von Tieren, Meerespflanzen und Nachbildungen von Früchten aus den Lagerräumen des Palastes von Knossos. Sie wird häufig als Schlangengöttin bezeichnet, obwohl es sich eher um eine Priesterin handelt.

**Stiergefäß** Das Gefäß ist etwa 25 cm lang und 20 cm hoch. Es diente wahrscheinlich als Gießgefäß für ein kultisches Trankopfer. Der Stier ist eines der wichtigsten Symbole Kretas.

**Gefäß** Das Gefäß gehört zur rotpolierten Ware und wurde im Freifeuer gebrannt. Dabei erfolgte zunächst der rotbrennende Oxidationsbrand, später der schwarzbrennende Reduktionsbrand.

**Siegel** Die Siegelmotive stammen aus einem Fund von über 100 Siegeln im sog. »House of Tiles« in Lerna und haben einen Durchmesser von 2,5 cm. Sie dienten als Eigentumsnachweise an Gefäßen mit Öl oder Wein.

**Entwicklung der Stilisierung** Anhand der drei Gefäße mit gleichem Motiv kann man die Entwicklung von der realistischen Malerei bis hin zur vereinfachenden, stilisierten Verzierung gut verfolgen.

Tontafel, 630–610 v. Chr.

Töpferei, Zeichnung auf einer Hydria

Trinkschale, 490 v. Chr.

Amphore, 10. Jh. v. Chr.

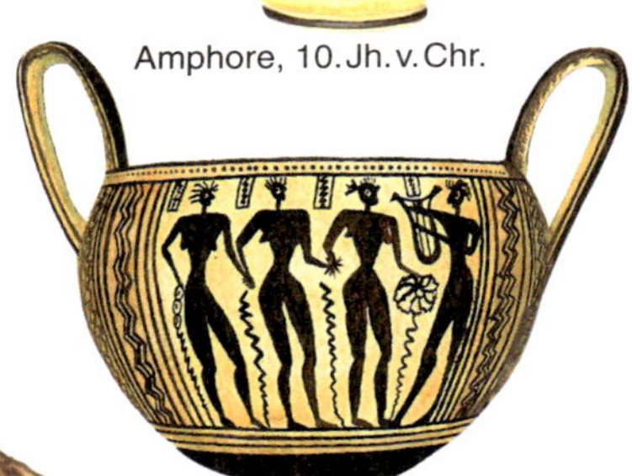

Kantharos, um 750–725 v. Chr.

Figurenvase, 8. Jh. v. Chr.

Augenschale, um 540 v. Chr.

**Schwarzfigurige Keramik**
Am Ende des 2. Jt. v. Chr. beginnt auf dem griech. Festland mit der protogeometrischen und geometrischen Keramik eine Blütezeit der Keramikentwicklung (Tabelle), die v. a. durch den Export gefördert wurde.

| Zeit | Ereignis |
|---|---|
| 1200 v. Chr. | kulturelle Zersplitterung |
| 770 v. Chr. | Mensch als Hauptmotiv |
| 700 v. Chr. | älteste Töpfersignatur, schwarzfigurige Keramik |

**Formen und Dekore**
Den Dekor dominierten horizontale Bänder mit geometrischen Mustern. Im 8. Jh. endete diese Phase mit stark stilisierten Menschendarstellungen, bei denen v. a. der dreieckige Oberkörper auffällt. Es folgte ein stärker an orientalischen Motiven angelehnter Stil mit Blütenranken, Tierszenen und Spiralen. Die Töpfereien traten offenbar in einen Wettstreit um die schönsten Bilder von Heroen und Tierfriesen. Dies legt die Steigerung der Produktion nahe. In dieser Zeit erlangte Korinth die Vorrangstellung unter den Keramikstädten.

**Technologien und Wirtschaftlichkeit**
Schließlich erfanden die Korinther um 700 v. Chr. die schwarzfigurige Malerei, eine Technik, bei der die Motive während des reduzierenden Brands schwarz werden und versintern. Die Binnenstruktur wird danach eingekratzt.
Athen übernahm die Technik und überflügelte im 6. Jh. seinen Konkurrenten. Die Töpfer des Töpferviertels von Athen waren so erfolgreich und berühmt, dass der Ortsname Kerameikos der Gattung Keramik bis heute ihren Namen gibt. Als Zeichen der Individualisierung signierten Töpfer und Maler ihre Waren. So kennen wir über 11 Maler mit Namen. Zwei Drittel aller geborgenen schwarzfigurigen Vasen stammen aus Athen, insgesamt über 20 000. Etwa einen Tageslohn kostete eine 60–70 cm hohe Vase. Der Export in das etruskische Italien lohnte sich offenbar, denn dorthin verkauften die Töpfer häufig. Dies wird dadurch belegt, dass die meisten Keramiken dort gefunden wurden.

**Abbildungen**
**Tontafel** Die Tafel zeigt eine Tongrube und mehrere Sklaven bei der Arbeit. Der Ton wurde mit Hacken abgetragen und in Körbe geschichtet.
**Töpferei** Die Abrollung entstammt dem Schulterdekor einer Hydria. Die Maske am Brennofen diente als »Knallgottabwehr«, was ein plötzliches Entweichen des Wassers verhindern sollte (S. 28 f.).
**Trinkschale** In sehr skizzenhaftem Stil ist ein Töpfer bei der Arbeit dargestellt: Er sitzt vor seiner Scheibe, neben sich ein Regal mit gestapelten Schalen.
**Figurenvase** Die ausdrucksstarke Vase stammt von der Insel Aigina. Der Ausguss hat die Form eines Raubtierkopfes, das Schulterbild zeigt einen reißenden Wolf.
**Amphore** Diese Amphore des sog. reifprotogeometrischen Stils zeigt mit dem Fries von Halbkreisen bereits den Übergang zur geometrischen Phase.
**Kantharos** Der Kantharos, eine Tafel- und Kultschale, zeigt auf der Außenseite drei Frauen, die sich an den Händen halten und vor einem Lyraspieler einen kultischen Tanz vollführen.
**Augenschale** Das Stück, das im Gräberfeld der ital. Stadt Vulci gefunden und 1841 durch den bayerischen König gekauft wurde, ist am Fuß signiert: »ΕΞΣΕΚΙΑΣ ΕΠΟΕΣΕ« (dt. ‘Exekias hat es gemacht’). Exekias ist mit etwa 30 ihm zugeschriebenen Keramiken berühmt. Das Bild zeigt eine mythologische Szene: Seeräuber hatten Dionysos, den Gott des Weines, entführt. Als sie ihn auf einem Schiff wegschaffen wollen, gibt er sich durch seine Fähigkeiten zu erkennen, wie es bei Homer (8. Jh. v. Chr.) heißt:

> *»Bald begaben sich seltsame Dinge...*
> *bald breiteten bis zum äußersten*
> *Rand des Segels hier und dort*
> *Weinreben sich aus, und Trauben*
> *die Fülle hingen herab.«*

Daraufhin verwandelt sich Dionysos in einen Löwen und packt den Anführer. Die Mannschaft stürzt sich,

> *»um dem Tod zu entrinnen ...*
> *hinaus in die heilige Meerflut,*
> *wo zu Delphinen sie wurden.«*

Die Kylix wird als Augenschale bezeichnet, da sich auf der Außenseite ein Gesicht mit großen, aufgerissenen Augen befindet. Das Motiv sollte Unheil abweisen und wurde später oft kopiert.

Rotfigurige Keramik

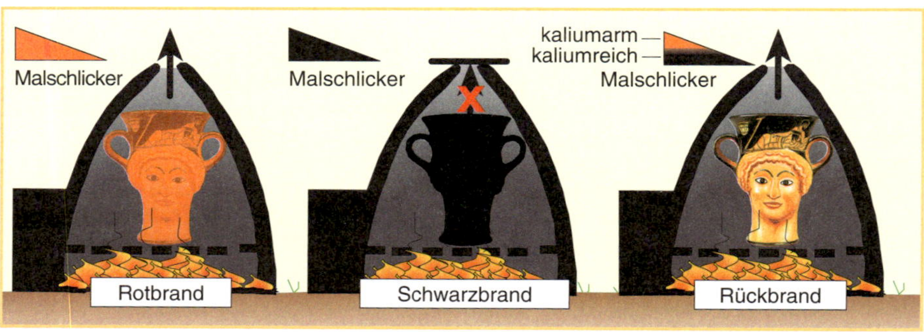


Technologie der rotfigurigen Ware

**Rotfigurige Keramik**

Um 530 v. Chr. änderte der anonyme Maler des Töpfers ANDOKIDES die Farbwahl. Die Figuren wurden rotorange, der Hintergrund blieb schwarz. Dies setzte eine noch bessere Beherrschung der Brennatmosphäre in den hohen Öfen voraus (Abb.). Durch die neue Technik erreichte man eine viel plastischere Binnenzeichnung der Figuren. Außerdem begannen die Maler nun, mit perspektivischen Verkürzungen zu arbeiten und mehrere Standebenen zu nutzen. Meisterwerke der rotfigurigen Malerei stammen von EPIKTETOS, EUPHRONIOS, DURIS und dem BRYGOSMALER. Amphoren wurden noch bis in das 2. Jh. v. Chr. schwarzfigurig gestaltet, was mit ihrer Rolle als Preis für die olympischen Spiele zusammenhängen mag. Ende des 6. Jh. v. Chr. führte man als neue Technik den weißen Malgrund ein. Dieser ermöglichte eine größere Farbwahl bei der Bemalung. Wegen der geringeren Haltbarkeit setzte sich die Technik nur für Grabbeigaben wie z. B. Lekythoi durch. Eine bedeutende Figurenproduktion entwickelte sich ab dem 4. Jh. v. Chr. in Athen und Tanagra, wo sich ein für das Modelverfahren bes. geeigneter Ton fand. Mit der Einführung des Christentums im 4. Jh. n. Chr. endete die Produktion der Tanagrafiguren.

Regulierung des Rauchabzugs

**Abbildungen**

**Trinkschale** Das Bild zeigt eine nackte Frau, die auf dem Phallusvogel reitet. Dieser symbolisiert die Vorstellung von den magischen Kräften des Phallus. Da sich auf Kriegerschilden solche Motive finden, sind es mglw. Symbole zur Unheilabwehr.

**Skyphos** Diesen Trinkbecher zieren Herakles und Geropso. Der sich abwendende junge Herakles wird von der alten Amme Geropso mit dem Ziel verfolgt, er möge doch endlich den versäumten Musikunterricht nachholen. Die Rückseite zeigt den Unterricht des Lehrers Linos mit dem Halbbruder des Herakles, Iphikles.

**Trinkschale** Die Schale zeigt einen Liebhaber und seinen Geliebten vor einem Kuss. Rechts steht ein Erastes, ein erwachsener Liebhaber und Lehrer in Liebesdingen. Links himmelt ihn ein Eromenos (das sind meist minderjährige Jünglinge), der die Unterweisungen erhält, an. Die Kindhaftigkeit des Erastes wird durch Reifen und Stock symbolisiert, das Erwachsensein des Alten dagegen durch einen Gehstock. Derartige Prostitutionsszenen mit homosexuellen Partnern gibt es in der schwarz- und rotfigurigen Malerei sowie als Imitation im 19. Jh. (S. 144 f.).

**Sphinx** Diese Lekythosvase stammt aus dem Gräberfeld bei Phanagoreia am Bosporus. Dazu gehört ein Gegenstück aus der gleichen Werkstatt, das Aphrodite darstellt und vergoldet ist. Die im Getreidehandel wohlhabend gewordenen Kaufleute im nördlichen Schwarzmeergebiet konnten sich Vergoldungen leisten.

**Kopfgefäß** Die nur 13 cm hohe Figur wurde in Teilen gefertigt: das Oberteil auf der Drehscheibe, die Frauengesichter vorn und hinten im Model. Die Malerei wurde dem Foundrymaler zugeordnet. Die Darstellung auf dem oberen Rand zeigt eine Feier, auf der ein Lyraspieler sein Instrument abgelegt hat (in der Abb. nicht sichtbar). Auf der sichtbaren Seite singt ein älterer Herr mit einem Skyphos in der Hand. Offenbar gehörte der schielende Blick einer Frau zum Schönheitsideal von damals, denn auch die anderen drei bekannten Frauenkopfvasen zeigen diesen Blick.

**Glockenkrater** Der Krater zeigt eine Szene aus der Komödie ›Amphitryon‹ des Plautus (240–184 v. Chr.). Zeus hat sich das Aussehen Amphitryons zugelegt, um sich dessen Frau Alkmene zu nähern. Merkur in Gestalt des Dieners Sosia hält der aus dem Fenster schauenden Alkmene eine goldene Schale hin.

**Technologie** Die Rotfärbung wurde fast ausschließlich durch Hämatit erreicht. Das gleichzeitige Vorkommen von roter und schwarzer Farbe ist durch einen Wechsel der Gasatmosphäre im Brennofen bedingt. Nach der Oxidation folgte ein reduzierend bzw. leicht rauchend gehaltener Brand und schließlich wieder eine Oxydationsphase, der Rückbrand. Die 3–5-mal so dicken schwarzen Schichten ließen sich nicht zurückbrennen und blieben so schwarz. Dies wurde noch durch die Wahl unterschiedlicher Malschlicker unterstützt: Die kaliumreichen Schlicker, die man für den schwarzen Grund nutzte, versinterten schneller als die kaliumarmen.

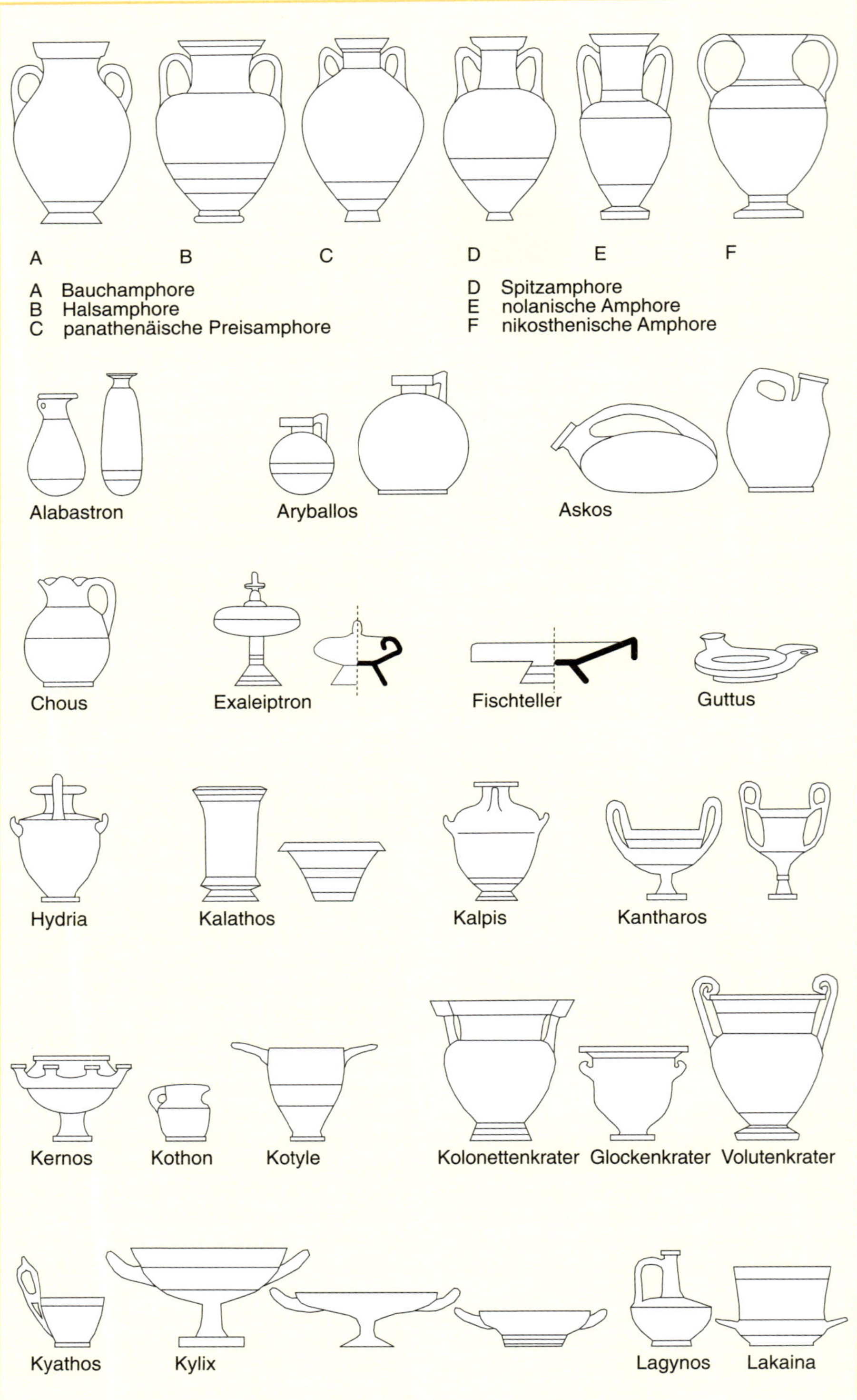
A
B
C
D
E
F
A Bauchamphore
B Halsamphore
C panathenäische Preisamphore
D Spitzamphore
E nolanische Amphore
F nikosthenische Amphore
Alabastron
Aryballos
Askos
Chous
Exaleiptron
Fischteller
Guttus
Hydria
Kalathos
Kalpis
Kantharos
Kernos
Kothon
Kotyle
Kolonettenkrater
Glockenkrater
Volutenkrater
Kyathos
Kylix
Lagynos
Lakaina

Die Namen der **Formen** sind durch spätantike Lexikographen wie z. B. Athenaeios (um 200 n. Chr.) und Hesychios (5. Jh. n. Chr.) oder den Byzantiner Photios (um 820 – um 891) überliefert. Wir kennen sie auch aus Tempelinventaren, Versteigerungslisten und den Aufschriften auf den Gefäßen. Einige Namen, Formen oder Funktionen sind allerdings umstritten.

**Abbildungen**
**Alabastron** Henkelloses Lagergefäß mit beutelartigem Körper, engem Hals und flachem Mündungsteller zum Verstreichen der Duftöle bei der Frauentoilette und im Kult. Das Wort leitet sich von ähnlichen ägypt. Gefäßen aus Alabaster ab.
**Amphore** Verschließbares, verschieden großes Gefäß für Lager, Transport und Kult. Genutzt wurden Amphoren für Wein, Öl, feste Nahrung, Asche (Totenkult) und als Wahlurne sowie als sog. Preisamphore im Sport. Je nach Typ unterscheidet man Bauch-, Hals- und Spitzamphoren.
**Aryballos** Ein- oder zweihenkliges Lager- und Kultgefäß mit kugeligem Körper. Die Aryballoi wurden in der Palästra verwendet.
**Askos** Tafelgefäß mit Bügelhenkel, das meist auf dem flachen Bauch liegt.
**Chous** Im 6. Jh. v. Chr. als Tafelgefäß eingeführt. Der Chous ist ein Maßkrug für das Wetttrinken anlässlich der Anthesterien, einem großen, besonders in Athen gefeierten Blütenfest. Der erste Tag gilt der Fassöffnung, der zweite dem Kannentrinken und der dritte dem Topffest.
**Dinos** Trinkgefäß, dessen Form unbekannt ist. Es wird in der Literatur oft mit dem Lebes verwechselt (ohne Abb.).
**Exaleiptron** Lager- und Kultgefäß mit eingezogenem Innenrand zum Schwenken von Salbölen für Toilette und Grabkult.
**Fischteller** Tafelteller mit überragendem Rand und einer Eintiefung in der Spiegelmitte, die als Soßennapf diente. Die Verwendung für Fischgerichte wird wegen der häufigen Fischmotive auf den Tellern angenommen.
**Guttus** Enghalsige Spendekanne mit Ringhenkel und Trichterausguss. Die Bezeichnung bedeutet wörtlich Tropfen. Der Guttus wurde im Kult verwendet.
**Hydria** Transport- und Tafelgefäß mit den Eigenschaften einer Kanne (Senkrechthenkel) und einer Amphore (beidseitige Tragehenkel). Typ. sind scharfe Umbrüche, wohingegen für das ähnliche Gefäß namens Kalpis fließende Formen typ. sind.
**Kalathos** Lager-, Tafel- und Kultgefäß für Früchte, Käse, Wolle und Wein. Er besitzt meist eine konische Form.
**Kalpis** Konventionelle Bezeichnung für eine Hydriavariante. Seit dem Ende des 6. Jh. v. Chr. kam diese auf Kopf oder Schulter zu tragende Form auf.
**Kantharos** Tafel- und Kultschale zum Trinken in der Form einer Fußschale mit weit überragenden Senkrechthenkeln. Es gibt figürliche Schalen mit Tierköpfen oder Tiergesichtern.
**Kernos** Kultgefäß mit Mittelschüssel, außen herumlaufenden Gefäßen sowie einem Standfuß. Der Kernos fand im eleusinischen Kult Verwendung.
**Kothon** Einhenkliges Trink- und Spendegefäß. Die Form ist der Metallkunst entlehnt. Es wurde vorwiegend als Reisegefäß von Wanderern und Soldaten verwendet und ist auch unter dem Namen Hemikotylion bekannt.
**Kotyle** Oberbegriff wie etwa Napf oder Schale. In der Literatur findet sich der Begriff häufig als Bezeichnung für Skyphos.
**Krater** Weit geöffnetes Tafelgefäß zum Mischen von Wasser und Wein. Es gibt entsprechend der Form verschiedene Typen.
**Kyathos** Eigentlich Begriff für langstieligen Metalllöffel zum Schöpfen aus dem Krater. In der Literatur finden wir ihn auch für eine aus Etrurien stammende, dünnwandige Tassenform mit hohem Senkrechthenkel.
**Kylix** Tafelgefäß in Form einer flachen Trinkschale auf hohem Standfuß. Aus den an beiden Seiten befindlichen Knaufhenkeln der Archaik entwickelte sich mit der Zeit ein waagerechter Stielgriff.
**Lagynos** Als Weinkanne verwendetes Tafel- und Kultgefäß in Form eines Flaschenkürbis; wurde bes. im alexandrinischen Kult benutzt. Der Hals und die Senkrechthenkel wurden teilweise plastisch verziert.
**Lakaina** Nicht eindeutig bestimmbare Form. Mglw. wurde ein zweihenkliges Trinkgefäß in der Form einer konischen, tiefen Schüssel so bezeichnet.

Lampe
Lekanis
Lebes
Lebes Gamikos
Lekythos
Bauchlekythos
Lydion
Luterion
Lutrophoros
Mastos
Oinochoe
Kleeblatt-oinochoe
Olpe
Pelike
Perirrhanterion
Phiale
plastisches Gefäß
Psykter
Phormiskos
Pithos
Pyxis
Rhyton
Situla
Skyphos
Stamnos
Thymiaterion

**Lampen** Keine spezielle Formgruppe. Typ. sind Öllampen mit zwei Öffnungen für Öl und Docht (S. 110f.).

**Lebes** Kraterförmiges, henkelloses Tafelgefäß mit abgesetzter Schulter, das meist als Kessel auf einem Ständer verwendet wurde. In der Literatur fälschlich als Dinos bezeichnet. Er ist in den Darstellungen von Gelagen und Festen bis in das 6. Jh. v. Chr. zurück zu verfolgen.

**Lebes Gamikos** Unterschiedlich großes Kultgefäß mit Deckel. Der Lebes Gamikos diente als Hochzeitsgefäß für das Brautbad. Er besitzt im Gegensatz zum Lebes beidseitig Senkrechthenkel.

**Lekanis** Zweihenklige, bauchige Schüssel (Tafelgefäß), die dem Auftragen von warmen Speisen oder dem Darbringen von süßen Früchten dienen konnte.

**Lekythos** Oberbegriff für alle Salbgefäße. Im eigentlichen Sinne bauchige oder schlanke Flasche mit Trompeten-, Teller- oder Echinusmündung und senkrechten Henkeln. Jeder junge Grieche besaß Lekythos, Schwamm und Strigilis, ein Schabeisen, um Staub und Sand nach Wettkämpfen und Übungen abkratzen zu können.

**Luterion** Waschbecken auf hohem, separatem Ständer.

**Lutrophoros** Schlanke Halsamphore mit zwei oder drei Henkeln und langem Hals. Im Lutrophoros wurde das rituelle Wasser des Brautbades gereicht.

**Lydion** Kleines, henkelloses Salbgefäß aus Lydien mit hohem Fuß und starker Horizontalgliederung.

**Mastos** Einer weiblichen Brust nachgestaltetes Trinkgefäß der Spätarchaik mit waage- oder senkrechten Henkeln.

**Oinochoe** Oberbegriff für Weinkannen. Auch für Kannen mit kleeblattförmiger Mündung angewandt.

**Olpe** Oberbegriff für Kannen. Auch für schlanke Form mit Senkrechthenkeln und fließendem Umriss.

**Pelike** Kleinamphore als Handelsverpackung für Wein und Öl. Erst seit dem 6. Jh. v. Chr. nachgewiesene Form.

**Perirrhanterion** Antikes Weihwasserbecken. Häufig von menschengestaltigen Figuren getragen.

**Phiale** Auch Omphalosschale genannte henkellose, flache Spendeschale. In der Mitte gibt es einen erhöhten Kugelboden als Haltestütze für den Mittelfinger.

**Phormiskos** Kürbisflasche, die für das Sprengen verwendet wurde. Oft wurde der Phormiskos an einer durch Halsringe geflochtenen Schnur aufgehängt.

**Pithos** Weit verbreitetes, unterschiedlich geformtes Lagergefäß v. a. für Getreide, aber auch andere Feststoffe.
Der Pithos fand auch im Grabkult Anwendung. Die Form war meist ein über 60 cm hoher Konus. Wegen dieser Überarmlänge konnte er nicht aus einem Stück gedreht werden. Deshalb erfolgte der Aufbau in Wulsttechnik. Als Verschluss diente ein loser Deckel.

**Plemochoe** Die Form dieses Spendengefäßes für den eleusinischen Kult ist unbekannt und deshalb ohne Abb.

**Poterion** Allgemeine Bezeichnung für Trinkgefäße bei Gelagen und Symposien.

**Psykter** Kühlgefäß, das in einen mit Flüssigkeit gefüllten Krater eingesetzt wurde. Entweder im Krater oder im Psykter befand sich Schnee oder kaltes Wasser, weshalb es einen zylindrisches Unter- und ein bauchiges Oberteil für das Gleichgewicht beim Schwimmen besitzt. Der Dekor war aus diesem Grund nur auf der Schulter des Oberteils angebracht.

**Pyxis** Oberbegriff für Deckelbüchsen, die als Schmuckdosen, Salb- und Kosmetikgefäße Verwendung fanden; aber auch Nutzung im Grabkult. Das dt. Wort Büchse leitet sich davon ab.

**Rhyton** Trinkgefäß mit Ein- und Ausgussöffnung. Vorbild waren wohl orientalischen Rhyta in der Form eines Stierkopfes.

**Situla** Schlankes Weingefäß ohne Hals. Im Gegensatz zu den Bronzebeispielen besitzen die unteritalischen Beispiele aus Keramik keine Henkel.

**Skyphos** Zweihenkliger Trinknapf mit abgesetztem Rand; ist selten verziert, als Alltagstrinkgefäß vollflächig schwarz.

**Stamnos** Weingefäß mit Deckel. Es diente dem kurzfristigen Aufbewahren von Wein sowie als Mischgefäß.

**Teller** Zumeist schwarz überzogene, einfache Tafelgefäße. Seit der geometrischen Periode gibt es auch Teller mit einem Loch zur Befestigung an der Wand.

**Thymiaterion** Weihrauchgefäß auf einem hohen Ständer. Das Thymiaterion diente als Kultgefäß bei rituellen Anlässen. Der Deckel war als Rauchabzug meist durchbrochen.

Urne, 7. Jh. v. Chr.

Gebärende, um 1.–4. Jh.

Kopf eines Mimen, 1. Jh. v. Chr.

Becher, 2. Jh.

Becher, um 2.–4. Jh.

Öllampenfertigung

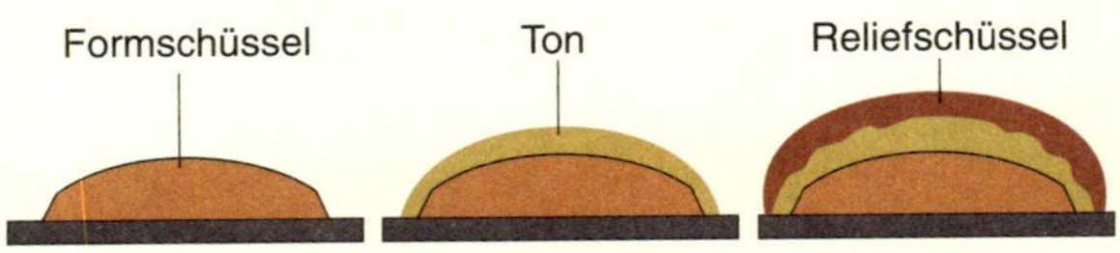


1. Formschüssel

2. Ton aufdrücken oder aufdrehen

3. Reliefschüssel aufdrücken

Reliefschüssel, 20 v. Chr.

Schrittfolge bei der Fertigung mit Reliefschüssel

Flachrelief in Model fertigen

Schale drehen, Reliefs auflegen

Reliefschale, 4. Jh.

Herstellungsprozess bei der Reliefauflage

Vom 6. Jh. v. Chr. bis zum 2. Jh. n. Chr. entwickelte sich Rom von einem kleinen Stadtstaat Zentralitaliens zu einem Weltimperium. Die **Keramik der Römer** ist eine Mischung der verschiedenen auf dem Gebiet des Röm. Reiches existenten Stile.

**Rohstoffe und Technologien**

Röm. Töpfereien lagen in der Nähe lokaler Vorkommen von Ton und Sand. Holz für Brennöfen und Wasser konnte man herbeischaffen. Ton wurde im Tagebau aus pleistozänen Ablagerungen gegraben und dann auf Freiflächen der Witterung überlassen, bevor man ihn in Handmühlen zerkleinerte. Die Wasserzufuhr erfolgte in Bottichen, wo der Ton mauken konnte (S. 18 f.).

Die Anlage von Töpfereien folgte dem Vormarsch röm. Legionen. Diese sowie die unterworfenen Völker waren Hauptabnehmer. Im 2. Jh. n. Chr. wurde Rheinzabern marktbeherrschend in den weström. Provinzen. Die Produktion betrug etwa 1 Million Stück im Jahr. Einer der wichtigsten Töpfereibesitzer Rheinzaberns, COMITIALIS, beschäftigte nach Archäologenschätzung 100 bis 150 Töpfer. Die Namen mit *fecit* (dt. 'hat es gemacht') auf den Gefäßen dienten der Lohnabrechnung. Es gab fast nur Stempel freier Römer:

»*Darro fecit*« (Abb.).

Stempel

Der Handel erfolgte über sog. »negotiatori artis cretaria«, also Geschirrhändler (S. 90 f.). Mitte des 3. Jh. erlosch die Produktion in Rheinzabern, da nach dem Fall des Limes ein Großteil der Absatzgebiete verlorengegangen war.

**Formen und Dekore**

In Europa dominierten 750–500 v. Chr. die Hallstattkeramik und 500 v. Chr. bis zur römischen Eroberung die La-Tène-Ware, auf der die Villanovakultur sowie die Keramik der Etrusker aufbauten. Die Villanovakeramik ist eine Kombination aus Dreh- und Aufbaukeramik (S. 22 ff.). Typ. sind eingeritzte, mit weißer Paste gefüllte, geometrische Dekore. Die Etrusker fertigten zuerst eine grobe Keramik in Rot, Schwarz und Braun. Am bekanntesten ist die Buccheroware, eine grau bis schwarz glänzende Keramik mit Reliefdekor. Daneben lebte die griechische Vasentradition fort.

Die bekannteste röm. Ware ist die Terra sigillata. Der Begriff wurde erst im 18. Jh. in Anlehnung der medizinischen Roterde gleichen Namens geprägt. In England heißt sie »Samian ware«. Die Gefäße sind mit einem feinen Tonschlicker überzogen, der im stark oxidierenden Brand bei etwa 950 °C einen roten Glanz erhält. Terra sigillata, Bleiglasur und Fayence produzierte man in unterschiedlichen Zentren (Tabelle).

| Dekor | Fertigungszentren |
|---|---|
| Terra sigillata | Lezoux, La Graufesenque, Arretium, Rheinzabern, Westerndorf, Karthago |
| Bleiglasur | Saint-Remy-en-Rollat, Vichy |
| Fayence | Memphis |

Neben der feinen Tafelkeramik gab es zu allen Zeiten eine einfache, grobe Alltagskeramik, die etwa 90 % der Produktion ausmachte. Für die Wirtshäuser gab es Keramik mit Sprüchen:

»*Pota!*« = Sauf!

»*Da mihi!*« = Gib mir was!

**Abbildungen**

**Urne** Die Frau auf dem Deckel ist von Klageweibern und Greifen umgeben.

**Gebärende** Für den Hausgebrauch bestellte man sich solche kleinen Figurinen als Andenken z. B. an eine Geburt.

**Kopf eines Mimen** Es ist der gerissene Dummkopf »Maccus« des röm. »Attelanatheaters«, dessen Ideen sich später in der Commedia dell'Arte fortsetzten (S. 142 f.).

**Becher** Der Becher aus Terra sigillata besitzt einen Glasschnittdekor. Seit dem 2. Jh. n. Chr. gab es eine »Glasmode«, die auch die Keramikdekore beeinflusste.

**Becher** Der Becher stammt aus dem Moselgebiet und ist ein Spruchbecher für Wirtshäuser, auf dem »FELIX« (lat. für 'glücklich' steht.

**Herstellungsprozess** Terra sigillata entstand durch Überdrehen auf eine Formschüssel. Die Reliefschüssel wurde dann über den Ton gedrückt sowie noch Rand und Standfuß gefertigt. **Öllampen** fertigte man aus einer Ober- und Unterform.

Konstantinschale und Ritzzeichnung, Italien, um 330

Schale, Nordafrika, Ende 4. Jh.

Schale, Türkei, um 11.–12. Jh.

Schale, Griechenland, 13. Jh.

Krug, Türkei, 13. Jh.

**Byzantinische Keramik** umfasst alle Waren, die auf Gebieten des Byzantinischen Reiches vom 4.–15. Jh. hergestellt wurden. Sie wirkt im Gegensatz zur zeitgleichen Keramik der chin. und islam. Hochkulturen einfach. Ein Silber- und Goldverbot für Tafelgefäße wie im Islam gab es nicht, weshalb Keramik nicht so hoch bewertet wurde wie dort. Auch fehlen Metallimitate wie das Lüster. Die wichtigsten Keramiken in Byzanz sind die Terra sigillata aus der röm. Tradition und bleiglasierte Irdenwaren. Die Bleiglasur war bereits im 4. Jh. in Byzanz bekannt. Seit dem 8./9. Jh. wurde mit verschiedenen Ton- und Glasursorten sowie unterschiedlichen Gefäßformen experimentiert. Der noch aus röm. Zeit bekannte rote Scherben wurde allmählich durch einen weißbrennenden ersetzt. Der Einfluss des chinesischen Tangporzellans und seiner islamischen Nachahmer ist nun unverkennbar. Während der makedonischen Renaissance (867–1056) wurde eine qualitätvolle Keramik mit reliefierten oder gemalten Dekoren in Form von Tieren oder Rosetten gefertigt. Die bevorzugten Hintergrundfarben auf weißem Scherben waren Grün, Blau und auch Schwarz. Im 12. Jh. kam der Hohlstichel in Gebrauch, was zu einer Blüte von Ritzverzierungen und ausgeschabten Dekorfeldern führte. In der Zeit der Paläologen [1261–1453] gab es viele Kriege und soziale Verwerfungen, so dass die billigere Keramik gegenüber Gold und Silber einen Aufschwung erlebte. Selbst der Kaiser war nicht reich genug, um Gold und Silber zu benutzen. So schreibt bspw. NIKEPHOROS GREGORAS (14. Jh.) von der Hochzeitsfeier Kaiser JOHANNES' V. (1341–91) folgendes:

> *»Zu der Zeit war der Palast so arm,*
> *dass es keine Becher oder Pokale*
> *von Silber oder Gold gab;*
> *einige waren von Zinn*
> *und der Rest von Ton ...«*

Die frühesten byzantinischen Fliesen stammen aus dem »Großen Palast« BASILEIOS I. [867–86]. Typ. ist ihre geringe Dicke bis max. 3 mm. Dies unterscheidet sie auch von den wesentlich stärkeren islamischen Fliesen. Die Motive auf den Keramiken reichen von Tieren über pflanzliche Stilisierungen bis zur Darstellung der Mutter Gottes mit Kind (Tabelle).

| Motiv | Bedeutung |
|---|---|
| Adler | Güte, Macht, Scharfsicht |
| Leopard | Sünde, Antichrist |
| Löwe | Macht Christi |
| Taube | heiliger Geist, Reinheit |

**Abbildungen**

**Konstantinschale** Die im Ø 13 cm große Schale bedeckt ein schachbrettartiges Muster unter einer rötlich-weißen Bleiglasur. Die Innenseite ziert ein schwach sichtbares Medaillon mit den Bildern Christi, Konstantins (um 280–337) und dessen Frau Fausta. Die nicht vollständig erhaltene Umschrift lautet:

> »VAL Δ COSTANTINVS Δ
> PIVS Δ FELIX Δ AVGVSTVS Δ
> CVM Δ FLAV Δ MAX Δ
> FAVSTA ...«

**Schale** Die Schale besitzt einen roten Scherben und einen gelblich-weißen Schlickerdekor, aus dem das Motiv in Champlevétechnik herausgeschabt wurde. Das Medaillon im Spiegel zeigt die Illustration zu einer Geschichte aus dem byzantinischen Epos ›Digenis Akritas‹, in der die Tochter des Emirs Haplorrabdes geraubt wird. Digenis Akritas, Sohn einer Griechin und eines arab. Emirs, ist ein jugendlicher Held, der schon als Kind mit Bären und Löwen kämpfte. Er zieht sich mit 33 Jahren zusammen mit der Prinzessin in sein Schloss zurück, um gemeinsam mit ihr zu sterben. Der Hase symbolisiert ewige Liebe und Sinneslust der beiden Dargestellten.

**Schale** Diese Schale zieren vier figürliche Motive aus dem Alten Testament: Abraham bereitet die Opferung seines Sohnes Isaak vor; Isaak liegt gefesselt am Boden; ein Schafsbock steht vor einem Busch; ein guter Hirte.

**Schale** Dieses Stück besitzt einen Dreifarbendekor (S. 80 f.). In den weißen Schlicker wurde ein Schiff geritzt und später durch grünliche und bräunliche Farbtupfer verziert. Das Ganze wurde mit einer durchsichtigen Bleiglasur überzogen.

**Krug** Der feine Dekor des Kruges aus Relief und Zeichnung unter einer glimmerhaltigen Glanzengobe deutet auf eine Verwendung als Tafelkrug hin.

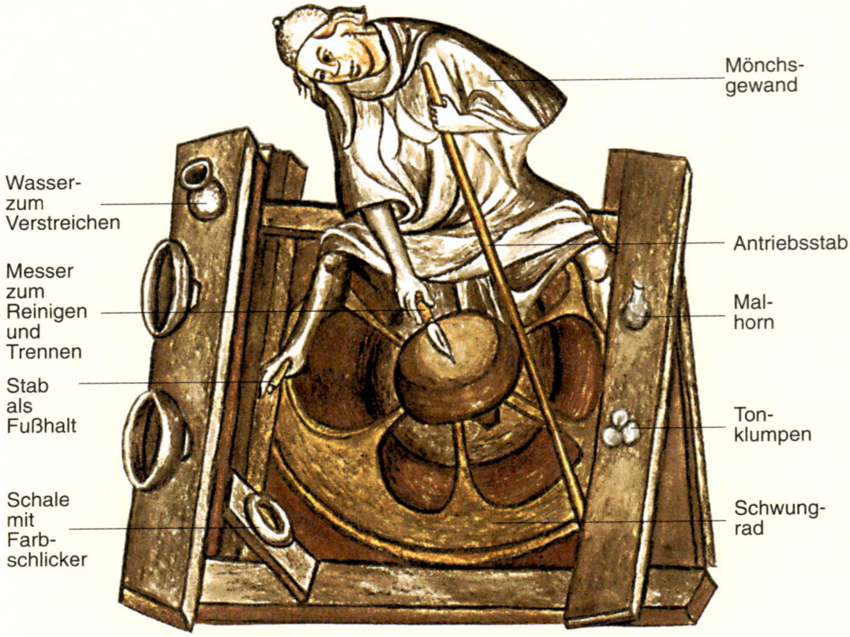


Töpfer an der Drehscheibe, Frankreich, 14. Jh.

Schale, Deutschland, um 8.–9. Jh.

Krug, Italien, um 6.–7. Jh.

Aquamanile, England, um 13.–14. Jh.

Grapen, Deutschland, um 13.–14. Jh., Holzschnitt mit zwei Grapen auf einem Herd, Deutschland, 1507

Friesenkanne, Schweden, 9. Jh.

Puppe, Deutschland, um 13.–14. Jh.

Mittelalterliche Keramik in Europa

**Mittelalterliche Keramik** nennt man die Keramik der Zeit des 12.–15. Jh. Im Mittelalter verwendete man Gefäße aus Holz und Keramik. Schalen und Teller wurden aus Holz gedrechselt. Keramik nutzte man für Vorrats-, Gieß- und Kochgefäße und für Nachtgeschirre.

**Rohstoffe und Technologien**
Der Tonabbau erfolgte im MA. in Tongruben oder Schächten. Die steigende Nachfrage erforderte einen verbesserten Abbau, wofür die Glockenschächte entwickelt wurden (S. 16 f.). In Osteuropa wurden die Keramiken weitgehend in Wulsttechnik gefertigt, im Westen mit der Drehscheibe. Die Techniken Wülsten, Treiben und Drehen kombinierte man häufig.

Töpfer, 13. Jh.

Die **Töpfergilden** waren um Familien organisiert. In Siegburg gab es bspw. im späten MA. vier Familien mit 25 Meistern sowie zahlreichen Gesellen und Lehrlingen. Man benötigte eine siebenjährige Lehrzeit, um Gildengeselle zu werden. Ausschließlich leiblichen oder Adoptivsöhnen der Meister war dies erlaubt. Qualitäts- und Preiskontrollen nahmen die sog. »vier Gekorenen« vor, eine Gruppe gewählter Meister Siegburgs.

**Formen und Dekore**
Typ. ma. sind Gluthauben, eimerartige Hängekochtöpfe und Aquamanile. Neben Rund- und Flachböden gab es auch sog. Wackelböden, die linsenförmig sind. Um ein Anbrennen zu verhindern musste man den in der Glut stehenden Topf häufig drehen, wozu ein Kugel- oder Linsenboden geeigneter war als ein Flachboden. Später entwickelten die Töpfer dafür den Grapen, einen Topf auf drei Beinen.
In den slawisch besiedelten Gebieten dominierten schmalere Gefäße mit hohen Schultern und flachem Boden.
Die Glasur war im 5. Jh. in Vergessenheit geraten. In dieser Zeit der fränkischen Landnahme wurden oft die röm. Formen und Dekore übernommen.
Vom 5.–8. Jh. dominierte in Zentraleuropa die fränkische Ware mit feinem Ton und rauchschwarzer oder rötlicher Oberfläche. Die Gefäße wurden mittels Rollstempeln, Stäbchen und Stempeln verziert. Etwa zeitgleich gab es außerdem in England eine rot bemalte Keramik, die Stamford ware. In Dtl. waren es die Badorfer und die Pingsdorfer Waren. Ab etwa 1000 gewannen in Italien islamische und byzantinische Keramikstile an Einfluss. Es gab nun gemalte und geritzte Verzierungen auf weißen Zinnglasuren. Frankreich begann, von Ausnahmen abgesehen, erst im 9. Jh., glasierte Keramik herzustellen.
Noppenkrüge, Wasserpfeifen, Sparbüchsen, glasierte Dachziegel, Fußbodenfliesen mit Schlickereinlagen sind für die Zeit zwischen dem 9. und 15. Jh. typ. In Dtl. waren glasierte Tafelgefäße mit einer grünen oder gelben Bleiglasur versehen. Keramikzentren waren das Maasgebiet, Burgund und Italien. Im späten MA. nahm die Fayence- und Steinzeugproduktion zu.

**Abbildungen**
**Töpfer an der Drehscheibe** Die Miniaturmalerei stammt aus der ›Translation et Exposition de la Cité de Dieu‹ des Klosters St. Augustin. Der Töpfer sitzt in einem Holzgestell, um nahe der Drehscheibe zu sein, ohne sich in den Speichen zu verletzen.
**Schale** Die Schale hat ein für die karolingische Renaissance typ. Muster des »laufenden Hundes« auf dem Rand.
**Krug** Im frühen MA. gab es in Italien neben Wein- oder Ölgefäßen auch feinere Tafel- und Küchenware. Man versah sie mit einer farbigen Bleiglasur.
**Aquamanile** Diese Gießgefäße in Tierform wurden bereits in röm. Zeit eingeführt. Sie dienten dem Waschen der Hände nach dem Essen. Mit der Einführung von Messer und Gabel als Besteck durch die Spanier im 16. Jh. endete die Produktion im 17. Jh.
**Friesenkanne** Infolge des zunehmenden internationalen Handels entstanden im 8./9. Jh. Handelsplätze – sog. Emporia. In einer solchen Niederlassung, nämlich in Birka/Schweden, fand sich diese Friesenkanne. Sie wurde im Rheinland hergestellt und nach ganz Europa exportiert.
**Puppe** Im späten MA. fertigte man in Dtl. sog. Pfeifentonfiguren. Man verkaufte sie als Spielzeug auf Märkten.

Albarello, Italien, 17. Jh.

Töpferei, Italien, 1540

Belle-donne-Teller, Italien, um 1520–30

Maler bei der Arbeit, Italien, um 1510

Teller, B. Palissy, Frankreich, um 1550

Büste einer Hofzwergin, Italien, um 1490–1510

Keramik der Renaissance

Verbreitung von Majolika und Fayence

Die typ. **Renaissancekeramiken** sind die Majolika und die Fayence. Die islamischen Länder hatten als Ersatz für das teure Porzellan im 9. Jh. die weiße Zinnglasur erfunden (S. 246 f.). Die neue Technik kam über das maurische Spanien nach Italien. Der Export wurde meist über die Mittelmeerinsel Mallorca, im MA. Maiolica genannt, abgewickelt. Daher kommt das Wort **Majolika**. Zunächst nur für die Lüsterware, die sog. »lavori di maiolica« verwendet, nutzte man es später auch für farbige glasierte Irdenware ohne Lüster. **Fayence** leitet sich von dem Fertigungsort Faenza ab und bezeichnet in Dtl. v. a. Waren mit weißem Hintergrund. Die heutige Nutzung beider Begriffe unterscheidet sich von Land zu Land (Tabelle).

| Land | Majolika | Fayence |
|---|---|---|
| England | Italian and Spanish majolica | French and German faïence |
| Frankreich | majolique, faïence italienne | faïence |
| Italien | maiolica | bianco di Faenza |
| Spanien | loza fina | – |

Es gibt zahlreiche Quellen: Töpfermarken, Verträge, Steuerlisten, Gildenpapiere und Bücher wie die ›Li tre libri dell'arte del vasaio‹ von C. PICCOLPASSO (1524–79). Berufe wie Schlämmer, Glasurmüller, Dreher, Modelleur, Blau- und Buntmaler sowie neue Stile kamen auf (Tabelle).

| Zeit | Einführung von |
|---|---|
| um 1350 | Kobaltblau |
| um 1440 | polychromen Dekoren |
| um 1490 | Lüster |
| um 1520 | stile istoriato |
| um 1560 | stile compendiario |

Der **stile istoriato** mit seinen mythologischen, biblischen und historischen Motiven und der **stile compendiario**, eine mit frischem Strich in Blau, Gelb und Orange bemalte Ware, sind am bekanntesten. Fayence und Majolika besetzten bis zum Siegeszug des Steinguts im 18. Jh. die Nische zwischen billiger Irdenware und teurem Porzellan.

**Rohstoffe und Technologien**

Die Rohstoffe wurden z. T. importiert. Die Töpfer aus Venedig nutzten Tone aus Ravenna, Rimini, Pesaro, Ferrara und Padua. Die besten Zinnvorkommen gab es in Devon und Cornwall, gefolgt von Flandern, Böhmen und Bayern. Zunächst wurden Zinn und Blei zu Zinnasche geschmolzen. Hinzu kam ein Mix aus Sand, Pottasche, Salz und Soda, den man in Dtl. Meistergut oder Mastikot und in Italien Marzacotto nennt. Beide Bestandteile wurden mit Salz verschmolzen und in der Glasurmühle vermahlen. Weitere Farben erhielt man unter Zugabe von Metalloxiden (S. 37).

**Bekannte Künstler**

Berühmt wurden im 16. Jh. die Maler G. MARIA, O. FONTANA, F. AVELLI und C. PICCOLPASSO. Besonders bekannt für ihre Skulpturen wurde die Familie DELLA ROBBIA. LUCA (1400–1482) war Bildhauer und fertigte aus Geldnot Keramik, die er weiß und himmelblau bemalte. Sein Neffe ANDREA (1435–1525) und dessen Söhne GIOVANNI (1469–nach 1529) und GIULIANO (1488–1566) dagegen bedienten sich einer bunten, Form verdeckenden Farbvielfalt.

**Abbildungen**

**Albarello** Albarello (ital.: 'Bäumchen' von arab. 'al-biram') bezeichnete urspr. Bambusstücke, die in Persien als Arzneiverpackung dienten. Über das maurische Spanien gelangte die Form nach Italien. Typ. sind Gelb, Grün und Blau als Farben.
**Belle-donne-Teller** In Urbino, Castel Durante und Gubbio gab es 1520–40 die Tradition dieser auch *coppa amatoria* genannten Teller: das Bild einer Frau auf dunkelblauem Grund sowie der Name mit Zusatz B für *bella* = schön. Der Legende nach wurden diese Teller den Frauen von ihren Verehrern geschenkt.
**Maler** Das Detail stammt von einem Teller aus Cafaggiolo. Die Kleidung weist auf den reichen Stand des Majolikamalers hin.
**Teller** B. Palissy wurde durch mit Naturabgüssen verzierten Teller bekannt (S. 133).
**Büste einer Hofzwergin** Der Realismus ist im 15. Jh. neu.

Keramikmodel, Deutschland, um 1590

Hefneryn, Deutschland, um 1450

Bartmannkrug, Deutschland, 16. Jh.

Trichterkrug, Deutschland, 15. Jh.

Salzglasierung

Vase, A. Dalpayrat, 1904–06

Eule, Deutschland, um 1580

Kanne, China, 17. Jh.

Kanne, England, 17. Jh.

Kanne, Deutschland, 18. Jh.

chinesisches Steinzeug und europäische Imitationen

**Steinzeug** (engl. stoneware, frz. lithocérame) ist eine der vier Grundarten von Keramik (S. 10 f.). Es ist hart, wasserdicht und wird über 1200 °C farbig oder weiß gebrannt. Die Wasserdurchlässigkeit beträgt weniger als 5 %. Steinzeugtone sind aluminiumreich und arm an Flussmitteln. Die besten Steinzeuge besitzen eine Porosität von 0,4 % und werden bei 1300 – 1400 °C gebrannt. Der Scherbenbruch ist muschelig. Heute verwendet man Steinzeug v. a. für Kanalisationsrohre und in der Studiotöpferei.

**Geschichte**

Steinzeug wurde zuerst in China im 3. Jt. v. Chr. hergestellt (S. 164 f.). In den Perioden Han (206 v. Chr. – 220 n. Chr.) und Song (960 – 1279) gab es Steinzeugblüten. Die ältesten Steinzeuge Europas stammen aus dem 12./13. Jh. aus Siegburg. Voraussetzung waren die Erfindung eines Hochtemperaturofens sowie das Vorhandensein entsprechender Rohstoffe. Die reichen Tonvorkommen an den Hängen des Westerwaldes bei Höhr und Grenzhausen sowie rheinabwärts bei Siegburg, Frechen und Raeren boten mit dem Rhein und seinen Nebenflüssen gute Voraussetzungen für Produktion und Export in die Niederlande, nach Skandinavien und Frankreich. In Höhr-Grenzhausen wurde 1879 die ›Staatliche Fachschule für Keramik‹ gegründet.
Die anfänglich unglasierten Keramiken versah man später mit Lehmengoben, die sich durch anfliegende Asche partiell in Glasuren verwandelten. Die nur schwer zu handhabenden Oberflächen befriedigten die Töpfer jedoch nicht. Im 15. Jh. erfanden sie die **Salzglasur** für das Steinzeug. Bei hohen Temperaturen wurde Salz in die Luken des Brennofens geschüttet (Abb.), das sich zusammen mit der Flugasche an der Gefäßwand als eine weniger als 0,1 mm starke Glasur niederschlug. Je nach Brennatmosphäre entstand Eisen-II-Oxid und damit eine graue Glasur oder Eisen-III-Silicat, d. h. eine braun glänzende Glasur. Außerdem begann man um 1530 mit Kobalt aus dem Harz durch Smaltebewurf eine blaue Farbe als Dekor zu erzielen.
Steinzeug eignet sich bes. für mechanische Dekore (S. 42 f.), da es dafür bereits im lederharten Zustand ausreichend hart ist. Typ. sind die Techniken **Knibis** und **Red** (Tabelle).

| Technik | Erklärung |
|---|---|
| Knibis | wiegendes Eindrücken mit Keilholz als Dekor |
| Red | Ausschaben mit Holzmesser, dadurch verlauffreier Glasurdekor |

Die **Modeltechnik** erlebte in der Steinzeugtöpferei eine Blüte. Urmodeln wurden von sog. Formenschneidern gefertigt. Davon nahm man Patrizen (Vollformen) ab, die wiederum als Form für die Matrizen oder Modeln (Hohlformen) herhielten.
Im 18. Jh. dachte man in Europa noch, dass die aus China stammenden, als Ballast für die leichten Teeimporte beigelegten roten Steinzeugkannen aus Porzellan seien. Während diese Kannenart in China sowohl für Tee als auch für Wein verwendet wird, stellte man in Europa einen ausschließlichen Zusammenhang zum Tee her: Erst das »rote Porzellan« erzeuge den edlen Teegeschmack. In ganz Europa suchten die Manufakturen danach, die aus Ji-Hsing importierte Ware zu kopieren (Abb.). Deshalb war auch das rote Böttgersteinzeug, das man fälschlich Böttger-Porzellan nannte, von großem Wert (S. 122 f.).

**Abbildungen**

**Keramikmodel** aus Raeren. Motive sind Frauen- und Männerbildnisse.
**Trichterkrug** Typ. Kanne für die Siegburger Manufakturen seit 1400. Der Scherben ist steinhart, also mit Eisen nicht ritzbar, und säureresistent.
**Hefneryn** Töpferin in ihrer Werkstatt als Spielkartenbild des Habsburger Hofes.
**Bartmannkrug** Meist auf Birnkrügen aufgebrachte Männergesichtsmasken, die um 1500 aufkamen. In England wurden sie »Bellarmine« in Anspielung auf den reformationsfeindlichen Kardinal R. Bellarmino (1542 – 1621) genannt, der die Inquisition gegen Gallilei leitete.
**Vase** Steinzeug war in der Zeit des Jugendstils sehr beliebt.
**Eule** Sie steht als Symbol für den Töpfer, der auch Eulner genannt wird.

Fertigungsprozess beim Transferprint

Terrine, Septfontaines, 2. Viertel 19. Jh.

Kanne, England, 1760

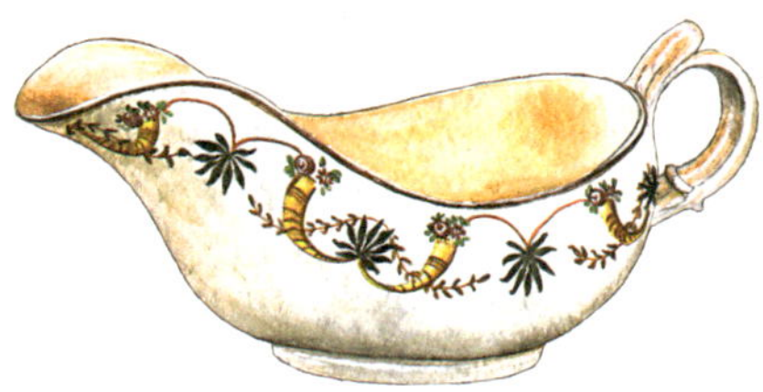
Sauciere, Böhmen, um 1810–20

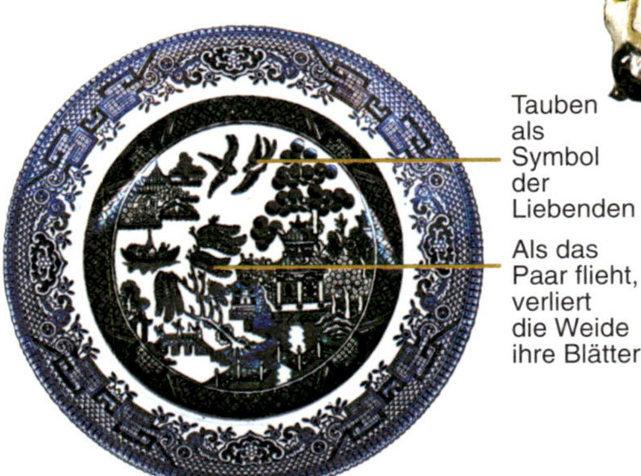

Teller mit aufgedrucktem Dekor

Katze, England, um 1745

**Steingut** (engl. creamware, frz. faïence fine, ital. terraglia inglese) ist eine der vier Grundarten von Keramik (S. 10f.). Man unterscheidet nach den Bestandteilen Ton-, Kalk-, Feldspat- und Talksteingut. Steingut ist immer glasiert, da der weiße Scherben porös ist. Die niedrigen Brenntemperaturen (bis 1280 °C) ermöglichen Energieeinsparungen, der Glasurbrand bei noch niedrigerer Temperatur schafft eine größere Farbauswahl.

**Geschichte**
Die ersten Versuche machte in England J. Astbury (1686–1743). Er verwendete Kieselerde, um eine weiß glänzende Schicht zu erzeugen. 1710 wurden weißbrennende Tonerden in Devonshire entdeckt. Ab 1720 machte man zahlreiche Versuche, die 1743 zum ältesten Steingut durch E. Booth führten. In der zweiten Hälfte des 18. Jh. verdrängte Steingut die Fayence. Großen Aufschwung nahmen dt. und frz. Fabriken 1806–10 (Tabelle), als die Kontinentalsperre den Steingutimport aus England unterband.

| Land | Steingutfabriken |
|---|---|
| Deutschland | Kassel, Magdeburg, Wiesbaden, Schramberg |
| Frankreich | Douai, Lunéville, Sèvres, Montereau, St. Clément |

**Transferdruck auf Steingut**
J. Sadler (1720–89) erfand 1752 den Metalldruck mit keramischen Farben. Mit Kupferplatten bedruckte man Seidenpapier, das auf das Steingut gepresst wurde. Dafür war der Steingutscherben mit seiner hohen Saugfähigkeit gut geeignet. Damit begann der Siegeszug der Transfertechnik, die die Dekorierung von Keramik industrialisierte.
Die Herstellung eines Transferdruckes oder Umdruckes beginnt mit der Zeichnung des Dekors auf Papier. Die durchstochenen Umrisse werden dann mit dem Kohlebeutel oder mit Kohlepapier auf eine Kupferplatte übertragen und graviert. Die Druckfarbe besteht aus Metalloxiden, Ölen und Flussmitteln. Sie wird auf die heiße Druckplatte aufgetragen und verrieben, so dass jede Linie und jeder Punkt gefüllt sind. Der überschüssige Rest wird abgeschabt. Das Seidenpapier wird vor dem Auflegen mit einer Mischung aus Seife und Wasser beschichtet, damit es nicht an der heißen Platte kleben bleibt. Außerdem erhält es so seine Flexibilität und saugt nicht die Farbe aus der Platte. Nach dem Druck in der Presse erfolgt das Ausschneiden der Musterteile. Diese werden dann auf die Keramik aufgedrückt und zwar beginnend mit dem Innenspiegel. Nach dem Wässern und damit dem Aufweichen des Papiers kann dieses leicht abgewischt werden. Dagegen klebt die wasserunlösliche, ölige Farbe noch auf der Oberfläche. Der erste Brand erfolgt bei 680–700 °C. Danach wird das Gefäß in die Flüssigglasur getaucht, die nach erneutem Trocknen bei 1060–1100 °C glatt gebrannt wird.

**Abbildungen**
**Teller** Das sog. »Willowmuster« gehört zu den häufigsten Dekoren in Großbritannien. T. Minton (1765–1836) hat es um 1780 eingeführt. Es gibt zahlreiche Varianten; eine davon basiert auf einer um 1900 von dem Engländer E. Bramah veröffentlichten chinesischen Fabel: Diese handelt von Koong-see und ihrem Geliebten Chang. Ihr Vater verbietet die Heirat. Die beiden fliehen, und zur gleichen Zeit fallen die Blätter von der Weide. Soldaten folgen ihnen und töten Chang. Koong-see verbrennt sich daraufhin. Beide verwandeln sich als Treuezeichen in Tauben.
**Terrine** Die mit hochplastischem Relief gefertigte Terrine stammt aus Septfontaines, dem ersten Ort in den Niederlanden (heute in Luxemburg), der Steingut fertigte.
**Kanne** Diese Kanne vertritt den sog. Whieldontyp. Ihr Dekor ist dem Sancai (S. 166f.) entlehnt. Mit einem Schwamm wurden die grünen und braunen Glasuren aufgetragen, so dass ein Sprenkeleffekt entstand, wie er für Sancai und die davon abgeleiteten Waren typ. ist.
**Sauciere** In Tynec nad Sázavou wurde ab 1801 ein gelblich schimmerndes Steingutservice hergestellt, aus dem diese Sauciere mit dem Füllhornfries stammt.
**Katze** Das Stück gehört zu der sog. »agate ware« aus Staffordshire. Sie imitiert Achat durch Fladerung verschiedenfarbiger Scherbentone (S. 42f.).

Kanne, Meißen, 1710–11

Vase, Florenz, Ende 16. Jh.

Pantalone, Meißen, 1710–12

Johann Friedrich Böttger

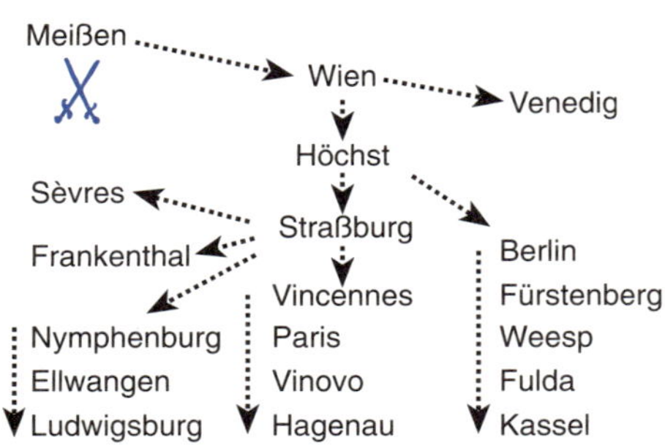


Der Weg des Verrats des Porzellanarkanums

Im 15.–16. Jh. importierten die Europäer große Mengen chinesisches Porzellan, was regelrecht zu einer Chinamode führte (S. 124 f.). Man suchte nach Wegen, das teure Importgut zu ersetzen; Fürsten wollten mit ihren Manufakturen auf Festen glänzen und im Porzellanverkauf Geld verdienen. Die frühesten Experimente führte A. Simeone 1470 in Venedig durch. Es entstanden jedoch noch keine Porzellane, sondern nur zinnoxidgetrübte Milchgläser. Erst der Großherzog von Florenz, F. M. de Medici (1541–87), ließ aus der weißen Erde von Vicenza echtes Porzellan, sog. Mediciporzellan, herstellen. Die bläuliche Farbe wurde eingebrannt und mit einer Bleiglasur, der sog. Coperta, überzogen. Dadurch wirkt dieses Porzellan wie mit Sahne übergossen. Mediciporzellan ist Weichporzellan. Daneben gibt es noch Knochen- und Hartporzellan (Tabelle).

| Brenntemperatur | Porzellanart |
|---|---|
| 1000–1100 °C | Weichporzellan |
| 1180–1200 °C | Knochenporzellan |
| 1260–1300 °C | Hartporzellan |

Es gelang einer Reihe europäischer Manufakturen, Weichporzellan herzustellen (Tabelle).

| Land | Weichporzellanmanufaktur |
|---|---|
| Dänemark | Kopenhagen |
| England | London, Stratford-le-Bow, Chelsea, Limehouse |
| Frankreich | Bourg-la-Reine, Chantilly, Crépy, Lunéville, Mennecy, Orléans, Rouen, St. Cloud, Vincennes |
| Italien | Florenz, Neapel |
| Schweden | Marieberg |
| Spanien | Buen Retiro |

**Die Erfindung des Hartporzellans**
August d. Starke (1670–1733) befahl 1704 E. W. v. Tschirnhaus (1651–1708) mit J. F. Böttger (1682–1719) zusammenzuarbeiten, um hinter das Geheimnis des Porzellans zu kommen. Beide gingen, ebenso wie die Engländer, von der Steinzeugherstellung aus. Die notwendige hohe Brenntemperatur konnte durch die neuen, von Tschirnhaus erfundenen Öfen erreicht werden. Die Kaolinerde wurde in Kolditz, später in Aue abgebaut. Das erste Ergebnis der Forschungen war rotes Steinzeug, das man Jaspisporzellan nannte, weil man es polieren konnte, und es dann wie Jaspis glänzte. 1708 wurde endlich Hartporzellan gebrannt, da das schmelztemperatursenkende Alabaster in Nordhausen gefunden wurde.

**Das Arkanum und seine Verbreitung**
Das streng gehütete Geheimnis um das Porzellan nannte man Arkanum. Die Arkanisten mussten bei »Leibes- und Lebensstrafe« schwören, das Geheimnis zu bewahren. Böttger durfte zwei Mitarbeitern nur je die Hälfte des Arkanums verraten. Andererseits suchten andere Herrscher die Arkanisten zu bestechen, um selbst Porzellan herstellen zu können. So wurde das Arkanum weiter verbreitet.

**Unabhängige Porzellanerfinder**
Der Durchbruch bei der Porzellanfertigung lag in Europa in der Luft. In mehreren Ländern wurde dazu geforscht. W. Cookworthy (1705–80) entdeckte 1754 in Cornwall in England Porzellanerde. D. I. Winogradow aus St. Petersburg in Russland fand 1745 die Porzellanrezeptur heraus. Weitere von Böttger unabhängige Erfinder waren: Macheleid und Greiner in Thüringen, Lauraguais-Brancas in Frankreich, Gioanetti in Italien, Müller in Dänemark sowie A. Duché in den USA.

**Abbildungen**
**Kanne** Sog. »Eisenporzellankanne«, die vom Hofgoldschmied J. J. Irminger geformt wurde, der von 1710–19 auf der Lohnliste Meißens stand. Die Färbung gab dem Eisenporzellan den Namen.
**Vase** Fratzengesichter oder Maskarone kamen aus dem antiken Theater und sind in der Renaissance Raumdekoration. Mediciporzellan war sehr wertvoll, sogar fehlerhafte Stücke wurden an hohe Würdenträger verschenkt.
**Pantalone** Die Figur geht auf das von J. Callot (1593–1635) stammende Stück ›Pentalon Ancien‹ über einen an der Nase herumgeführten Alten zurück (S. 143.).

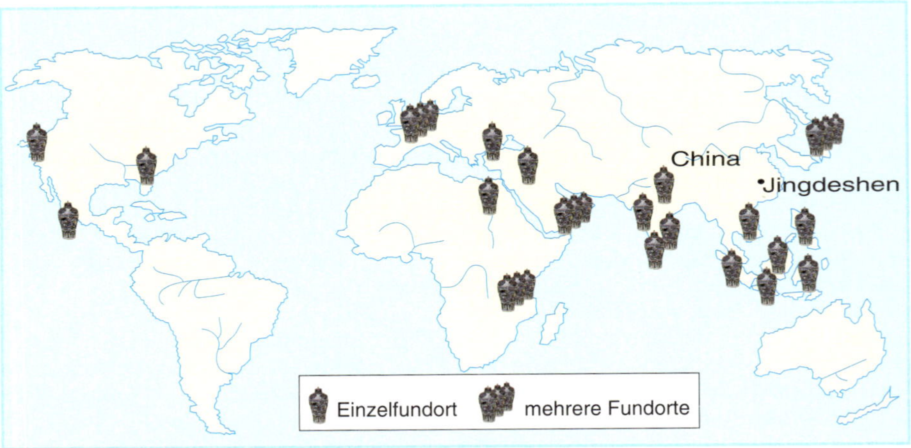


Fundorte von exportierter Mingkeramik

J. G. Höroldt, Zeichenvorlagen und Meißner Schale, um 1720

Teller mit Granatapfelmotiv, China, vor 1722

Teller mit Zwiebelmotiv, Meißen, um 1739

Nachahmung des chinesischen Granatapfelmotivs

Europäisches Porzellan ist nicht denkbar ohne die Impulse der chinesischen Vorbilder. Der Begriff **Chinoiserie** leitet sich vom frz. »à la chinoise« ab und bedeutet 'chinaähnlich'. Bereits im 16. Jh. legten europäische Fürsten Sammlungen mit chinesischem Porzellan, sog. Porzellankabinette an. Die Portugiesen waren die ersten Händler, die Verträge mit den Chinesen abschlossen. 1602 folgte die ›Niederländische Ostindienkompanie‹. Selbst Bruchstücke von Porzellan waren bis 1700 so kostbar, dass man sie in Möbelstücke als Verzierung einließ. Der Porzellanhandel kam jedoch während des Dynastiewandels von der Ming- zur Qingdynastie 1644 teilweise zum Erliegen (S. 169). So kam alles Porzellan, das 1650–80 importiert wurde, aus Japan, wo neben Chinoiserien auch japanische Imari- und Kakiemonwaren (S. 180 f.) gefertigt und exportiert wurden. Als China nach 1680 wieder Porzellan exportierte, lieferte es nun im Gegenzug auch Stücke nach *»japanischer Arth«*, wie es AUGUST DER STARKE wünschte, um den Markt zurückzugewinnen, den die Japaner erobert hatten. Der Import von Porzellan erreichte im 17./18. Jh. seinen Höhepunkt (Tabelle).

| Jahr | Import (in Stück) |
|---|---|
| 1604–56 | 3 000 000 nach Holland |
| 1722–23 | 683 000 nach Frankreich |
| 1734 | 400 000 nach Holland |
| 1738 | 27 000 nach Frankreich |
| 1751–52 | 3 200 000 nach England |
| 1750–75 | 11 000 000 nach Schweden |
| 1760 | 225 000 nach Dänemark |
| 1790 | 227 763 nach Frankreich |

Nach der europäischen Erfindung des Hartporzellans 1708 war die Nachahmung asiatischer Porzellane charakteristisch. AUGUST DER STARKE erteilte 1720 ausdrücklich den Auftrag, so viel wie möglich *»indianische Stücke«*, wie die Chinoiserien damals genannt wurden, *»zu imitieren«*.

**Motivrepertoire und Vorlagen**
Zunächst wurden die importierten Gefäße und Figuren direkt kopiert oder abgeformt. Wegen der Schwindung (S. 28 f.) sind daher europäische Figuren etwa ein Sechstel kleiner als die Originale. Die Motive wurden anfangs Reisebeschreibungen wie dem 1702 erschienenen Buch ›Picturae sinicae‹ entnommen, später frei entworfen und ab 1760 romantisch verklärt (Tabelle).

| Zeit | Phase |
|---|---|
| um 1670–1730 | Nachahmung |
| um 1720–1760 | Fantasie |
| um 1760–1820 | Romantik |

Bedeutende dt. Eigenmotive waren der alte, reiche gelbe Löwe, der rote Hofdrache, der grüne Löwe, das fliegende Eichhörnchen und das Zwiebelmuster. 1739 wurde das älteste Zwiebelmusterservice hergestellt. Es zeigt eigentlich einen Granatapfel. Da damals in Dtl. Granatäpfel nicht bekannt waren, benannte man das Motiv nach dem Aussehen »einer aufgeschnittenen Zwiebel«.

**Höroldt-Chinoiserien**
Besonders bekannt wurden die Dekore J. G. HÖROLDTS (1696–1775) in Meißen. Die sog. Höroldtmalereien bestimmten die Porzellanmalerei in Meißen und in Europa von 1723–35. Er fertigte ein Skizzenbuch an, den sog. ›Schulz-Codex‹, auf das fast alle seine fantasievollen Chinoiserien zurückverfolgt werden können. Es sind Traumbilder einer schönen, guten Welt, die Ausdruck einer Chinabewunderung sind. HÖROLDT stand als Subunternehmer Malern vor, denen er Aufträge erteilte. Er selbst kann nur mit etwa 16 signierten Stücken in Verbindung gebracht werden. Während er 3000–4000 Taler im Jahr verdiente, bekam sein bester angestellter Maler nur 324 Taler. 1731 wurde der Vertrag mit ihm deshalb in eine Anstellung als Direktor der Malerabteilung für 1000 Taler im Jahr umgewandelt. Er reduzierte daraufhin sein Engagement. Ab 1735 wurden außerdem die Formen J. J. KAENDLERS (1706–75) immer bewegter, so dass weniger Platz für Szenenmalereien war. Neben HÖROLDT gab es auch andere durch Signaturen und Monogramme bekannte Chinoiseriemaler des 18. Jh.: J. E. STADLER, J. G. ERBSMEHL, C. F. HEROLD, J. C. HORN, J. G. HERMANN, J. T. LOCKE, A. F. v. LÖWENFINCK.

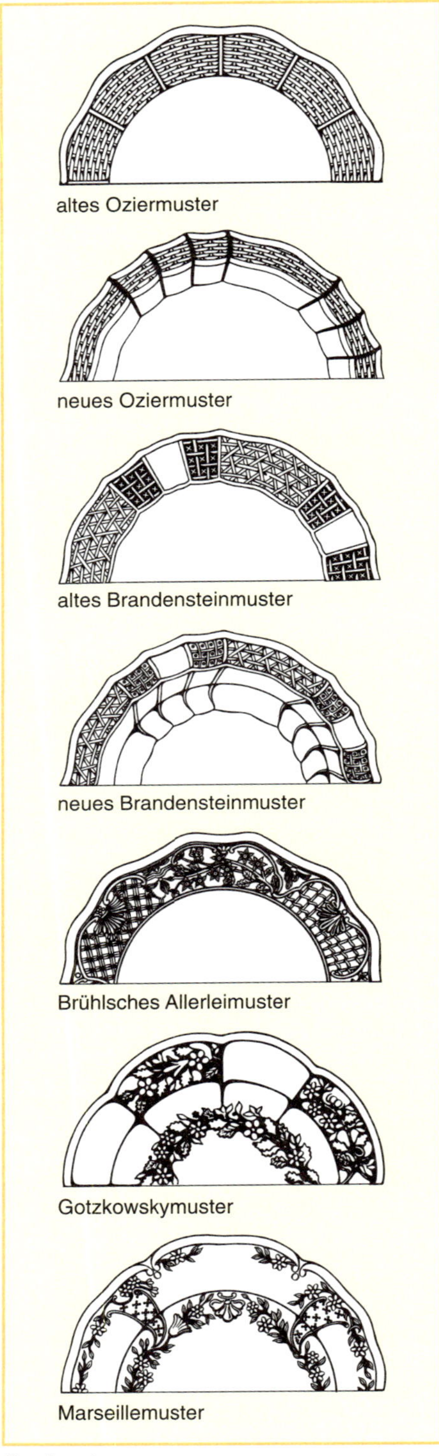


Randmuster

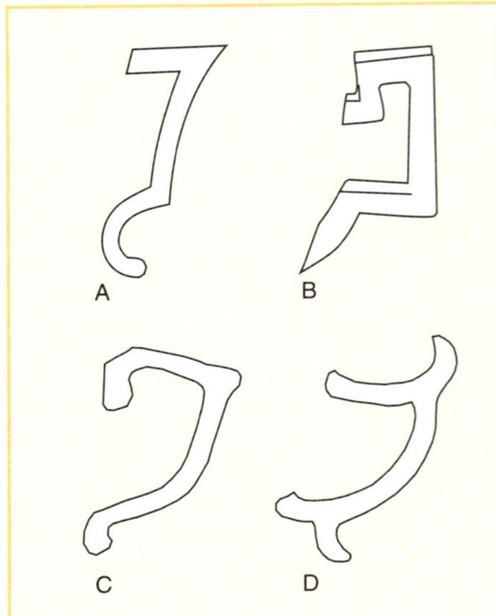


J-förmige Henkelformen

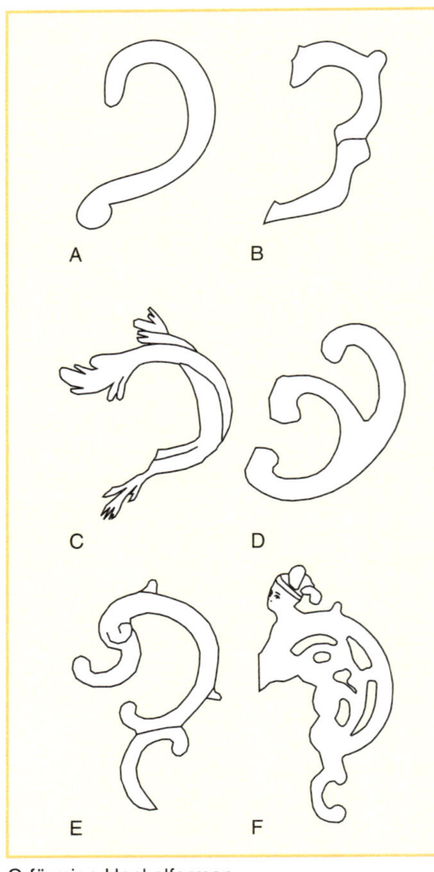


C-förmige Henkelformen

Als BÖTTGER sich 1709 nach der Erfindung des Porzellans über die Nutzung dieses Materials ausließ, versprach er

*»komplette Tafelgeschirre so edel wie jene aus Silber...«.*

Zu seinen Lebzeiten erfüllte sich dieses Versprechen jedoch nicht. In einem Inventar der Meißner Manufaktur von 1711, das 13000 Stücke auflistet, finden sich nur 35 Teller mit einheitlichem Design. Es entstanden damals noch weitgehend Einzelteile ohne direkten Bezug zueinander. Große Nachfrage bestand im 17./18. Jh. nach Tee- und Kaffeetrinkgefäßen, den sog. »Koppchen« und nach Salzgefäßen für die Tafel. Um 1720 begann man in Meißen Einzelteile durch Dekorübereinstimmungen passend zu gestalten. HÖROLDT löste diese Aufgabe durch optische Zusammenfassung der Gefäße für Tee, Kaffee und Kakao. Da die Getränke heiß serviert wurden, benötigte man eine Schale, um etwas vom Getränk zum Kühlen abzugießen; aus dieser Untertasse wurde dann getrunken. Außerdem gehörten zur Trinkgarnitur Zuckerdose und die Schale zum Ausspülen der Teereste. Diese Teile wurden durch einen angeglichenen Dekor miteinander verbunden. KAENDLER verbesserte die Abstimmung von Kannen und Trinkgefäßen, indem er die Henkelformen harmonisierte. Das Problem war dabei, dass man in China keine Tassen mit Henkeln kannte. Die Handhabung der dort gebräuchlichen Schalen durch Anfassen am oberen Rand war wiederum in Europa unbekannt. Zudem wurde die Hitze durch die aus der Schale entwickelten hohen Becher länger im Getränk gehalten. Deshalb erfand man Henkel und Untertassen und bemühte sich v. a. bei den Henkeln um ein chinoises Aussehen (Abb.). Bereits um 1720 wurden die ersten Frühstückservices hergestellt. KAENDLER fertigte 1731 das erste Service mit einheitlichem Relief (Tabelle).

| Jahr | Service |
|---|---|
| 1720 | erste Frühstückservices |
| 1731 | Service für Graf Friesen |
| 1732 | Service für König Schwedens |
| 1733 | Krönungsservice für August III. |
| 1737 | Schwanenservice für Graf Brühl |

1732 wurde für den schwedischen König ein Service mit Reliefblumen, gemaltem Wappendekor und Griffen in Fischform hergestellt. Das bekannteste Tafelservice ist das sog. »Schwanenservice«, das aus mehr als 2000 Einzelstücken besteht. Die von Staatsbanketten und diplomatischem Protokoll ausgehende Tafelservicekultur hat sich bis heute erhalten. Für Staatsbankette der dt. Bundesregierung sieht das Protokoll das sog. »blau-goldene Service« der Königlichen Porzellan-Manufaktur Berlin vor.

**Abbildungen**

**Oziermuster** Meißner Reliefdekor in Form eines breiten, stilisierten Weidenflechtwerks auf der Tellerfahne. Um 1735–37 eingeführt für das aus 461 Teilen bestehende, sog. Sulkowskiservice für den kursächsisch-polnischen Grafen J. H. Sulkowski (18. Jh.).

**Brandensteinmuster** In acht Felder unterteiltes Flechtmuster, das um 1730 von Höroldt in Meißen eingeführt wurde. Man nannte es nach dem kurfürstlich-sächsischen Oberküchenmeister F. A. v. Brandenstein. 1744 entwickelte J. F. Eberlein (1696–1749) das Neubrandensteiner Muster.

**Brühlsches Allerleimuster** 1742 von Eberlein in Meißen eingeführtes Muster für ein Service, das der Direktor der Manufaktur, Graf H. v. Brühl (1700–63), bestellt hatte. Das Sumpfmotiv ist eine Anspielung auf seinen Namen »Brühl«, was damals soviel wie »sumpfige Wiese« bedeutete.

**Gotzkowskymuster** Der Dekor wurde von Eberlein 1741 für J. E. Gotzkowsky (1710–75), einen Kaufmann, der 1761 die Berliner Porzellanmanufaktur gegründet hat, entwickelt. Die Berliner Kopie des Dekors heißt »Floramuster«. Es wurde auch von der englischen Manufaktur Chelsea u. a. Manufakturen imitiert.

**Marseillemuster** Reliefmuster auf Meißner Porzellan mit Blumengehängen und Füllhörnern sowie sechs Einkerbungen auf der Fahne. Zwischen den Einkerbungen finden sich gemalte Dekore. Der 1739 entstandene Dekor geht auf ein gemaltes Fayencemuster aus dem frz. Rouen zurück, wurde 1743 in Meißen eingeführt und v. a. als Blumeneinfassung genutzt.

Platte, Berlin, um 1870–80

Teeschale, Zürich, um 1770

Kind mit Spielpferd, Meißen, 1905

Die englische Aufschrift zeigt, dass es sich um Exportware handelt.

Besuch beim Zahnarzt, Pößneck, 1880

Tasse, Wien, 18. Jh.

Krug, Bayreuth, 1736–37

Reffträger, Deutschland, um 1589

Der deutschsprachige Raum ist neben Großbritannien und Frankreich eines der drei Zentren der europäischen Keramikentwicklung (Tabelle).

| Jahr | Ereignis |
|---|---|
| 1300 | Protosteinzeug im Rheinland |
| 1388 | erste Töpferinnung in Sachsen |
| 1526 | früheste deutsche Fayencen |
| 1661 | älteste Manufaktur in Hanau |
| 1708 | Porzellanherstellung in Meißen |
| 1718 | Gründung der Manufaktur Wien |
| 1780 | erster Abziehbilddekor in Zürich |

**Deutschland**
Die Entwicklung in Dtl. ist anfangs vom Steinzeug (S. 118 f.) geprägt. Voraussetzung dafür waren die großen nordeuropäischen Wälder, die genügend Brennstoff boten sowie die Vorkommen an Steinzeugtonen. Zentren der dt. Steinzeugproduktion waren das Rheinland und der Westerwald, den man deshalb auch »Kannenbäckerland« nennt. Im 17. Jh. wurde die Fayencetechnologie von Holland übernommen. Zentren waren nun Hanau, Berlin, Nürnberg, Bayreuth, Zerbst, Erfurt u. a. Allerdings war die gewerbliche Wirtschaft bis zur Mitte des 19. Jh. von Handwerkern und Manufakturen geprägt. Erste industrielle Ansätze gab es in Schlesien, Sachsen und am Rhein. Diese Gebiete besaßen große Tonvorkommen, die rentabel abgebaut werden konnten. In Preußen gehörte das Töpfereihandwerk zu den durch FRIEDRICH II. (1712–86) bes. geförderten Bereichen, für deren Schutz er 1774 Gildebriefe einführte. Der billigen Steingutkonkurrenz Englands waren die dt. Töpfer dennoch oft nicht gewachsen. Viele wanderten nach Amerika aus. Das in den USA bekannte »Pennsylvania Dutch«, eine glasierte Irdenware, stammt weitgehend von dieser dt. Tradition des 18. Jh. ab. In Dtl. wurde das erste Hartporzellan Europas hergestellt. Neben Meißen produzierten es Berlin, Höchst, Nymphenburg, Ludwigsburg, Fürstenberg und Frankenthal.

**Österreich**
Die bekannteste frühe Manufaktur Österreichs war die in Salzburg, wo Hafner und Ofensetzer arbeiteten. Bereits 1719, kurz nach der Erfindung des Hartporzellans in Dtl., gab es in Österreich eine vom Meißner S. STÖLZEL (1685–1737) geleitete Manufaktur. Sie orientierte sich an Meißen und an den dt. Dekoren.

**Schweiz**
Die Hafner in Winterthur begannen Ende des 16. Jh. als erste Schweizer Manufaktur zu fertigen. »Habaner Fayencen« wurden bis ins 18. Jh. hergestellt. Weitere Zentren waren Steckborn, Lenzburg, Zürich und Bern. 1763 brachte A. SPENGLER (1724–90) aus Höchst in Dtl. das Arkanum nach Zürich und Nyon.

**Abbildungen**
**Platte** Gemäldekopien in Porzellan gab es in Berlin und in Meißen. Die Kopie des Gemäldes »Die Neapolitanerin« stammt aus der Königlichen Porzellanmanufaktur Berlin.
**Besuch beim Zahnarzt** Ende des 19. Jh. waren Figuren wie die Zahnarztszene sehr beliebt. In England wurden diese Stücke »Fairings« genannt, weil sie als Preise auf Märkten vergeben wurden.
**Tasse** Die Tasse repräsentiert den neoklassizistischen Stil Wiens, der durch den ab 1784 leitenden Direktor der Manufaktur, K. S. von Sorgenthal (um 1720–1805), eingeführt wurde. Dèjeuners und Sammeltassen sind typ. für diese Periode.
**Krug** A. F. v. Löwenfinck (1714–54) dekorierte diesen Krug mit einer Muffelmalerei in Lila, Rot, Graublau, Zitronen- und Orangengelb und Dunkelgrün. Dargestellt ist ein Würdenträger mit Krummschwert und Schirm vor einer Spiegelkartusche mit Monogramm. Löwenfinck ist ein bekannter Chinoiseriemaler. Der Krug wurde mit »B.K.« für Bayreuth markiert.
**Teeschale** Die Teeschale ist auf der Unterseite mit einem »Z« für Zürich markiert. Solche Stücke werden sehr häufig auf dem Kunstmarkt angeboten. Typ. für Zürich ist der gräulich-rauchige Scherben. Die Maler Gessner und Füssli bevorzugten 1770–81 Landschaften in Grün- und Brauntönen mit Chinoiserien.
**Kind mit Spielpferd** Die Figur wurde von J. K. Hentschel (1869–1907) gefertigt, der als Modelleur in Meißen arbeitete.
**Reffträger** Im 16. Jh. verkauften sog. Reffträger Keramik an der Haustür.

Porzellanmarkenentwicklung der Chelseamanufaktur

Tabakkrug, Martinware, 1900

Teller, Chelsea, um 1755

Vase, Wedgwood, um 1790

»New Canton« bedeutet, dass Chinaporzellan imitiert wurde.

Tintenfass, Bow, um 1750/51

Büste, Chelsea, um 1745–49

**Frittenporzellan**

| | | |
|---|---|---|
| Derby ab 1756 | Longton Hall 1749–60 | Chelsea ab 1745 |

**Steatitporzellan**

| | | |
|---|---|---|
| Bristol 1748–52 | Worcester 1752 | Caughley 1772 |

**Knochenporzellan**

| | |
|---|---|
| Thomas Frye 1744 und 1748 | Bow 1748–76 |

**Hartporzellan**

| | | | |
|---|---|---|---|
| William Cookworthy 1768 | Plymouth 1768 | Bristol 1770–82 | New Hall 1782–1810 |

Porzellanarten in England und ihre Verbreitung

Töpfermeile mit Glockenöfen, Staffordshire, 1845

**England** ist neben Dtl. und Frankreich eines der Zentren der europäischen Keramikgeschichte (Tabelle).

| Jahr | Keramikentwicklung |
|---|---|
| 1600 | farbige Engoben (slipwares) |
| 1672 | erstes Steinzeug in Fulham |
| 1740 | weiß glasiertes Steinzeug |
| 1745 | Frittenporzellan |
| 1754 | Kaolinlager in Cornwall entdeckt |

In England verlief die Geschichte des Porzellans auf andere Weise als auf dem europäischen Festland. Während in Kontinentaleuropa die Gründung der Manufakturen häufig durch einen Fürsten oder einen reichen Mäzen finanziert wurde, war dies in England zumeist Sache von Unternehmern und Handwerksbetrieben. Dazu zählten Goldschmiede, Maler und Mezzotintostecher. In der Region Staffordshire, wo es eine reiche Auswahl an Tonen sowie Kohle für den Brand gab, entstand das Zentrum der Keramikindustrie, die »Potteries«. In England wurden unterschiedliche Porzellanarten entwickelt, deren übergeordnete Bezeichnung »china« lautet. 1745 begann man damit, nach frz. Vorbild die sog. »pâte tendre«, ein Frittenporzellan aus Salpeter, Soda, Alaun, Gips, Kochsalz, Ton und Kreide zu fertigen. Der Brand erfolgte bei 1000–1250 °C, was eine reiche Palette an Unterglasurfarben ermöglichte. Eine andere Porzellanart ist das Steatitporzellan, dem der Zusatz an Speckstein seinen Namen gab. Typ. ist das Knochenporzellan oder »bone china«, ein mittelhartes Porzellan, das J. Spode (1754–1827) erfand. Es besteht zu 50 % aus kalzinierten Rinderknochen, die als hochviskoses Flussmittel dienen, sowie aus je 25 % Kaolin und Feldspat. Es wird zweimal gebrannt, wobei der Schrühbrand in einem Pulverbad aus Aluminiumoxid erfolgt, um ein Verziehen der Stücke zu verhindern. Das Hartporzellan wurde 1754 von dem englischen Chemiker W. Cookworthy (1705–80) erfunden, der in Cornwall Kaolinlager entdeckt hatte. Im 19. Jh. wurden die meisten Manufakturen auf Knochen- oder Hartporzellan umgestellt.

**Bedeutende Manufakturen**

**Bow** Zweite große Londoner Manufaktur, 1744 gegründet.

**Bristol** 1660 gegründete Fayencemanufaktur, seit 1748 Weichporzellan. Typ. sind glockenförmige Walzenkrüge.

**Chelsea** 1745 in London gegründet. Es ist die einzige staatlich geförderte Manufaktur. So schrieb ein Zeitgenosse 1751:

> *»Der Herzog (von Cumberland) ist ein großer Förderer des Chelsea-Chinas!«*

**Coalport** 1790 gegründet und bekannt für reinweißes Knochenporzellan.

**Minton** 1798 gegründet, innovativste Manufaktur Englands. Typ. ist der sehr aufwändige, bunte Dekor.

**New Hall** Zweitälteste Porzellanfabrik in Staffordshire, wurde 1781 gegründet. Typ. sind Teegeschirre und Bowlen.

**Plymouth** 1768 gegründet. Typ. sind Rokokoformen.

**Spode** 1776 in Stoke-on-Trent gegründet. Typ. ist reliefiertes Tafelgeschirr.

**Worcester** Die Manufaktur wurde 1751 von 15 Kaufleuten und Handwerkern gegründet. Typ. sind Bildreserven.

**Abbildungen**

**Tabakkrug** Die Brüder Martin gründeten 1873 in Fulham und Southall Manufakturen und fertigten bis 1914 salzglasiertes Steinzeug. Typ. sind groteske Formen wie rätselhafte Vögel, Frösche u. a. Die Stücke dienen als Tabakdosen, Löffelwärmer oder Krüge.

**Teller** Stück der Serie »Hans Sloane«. Dieses Motiv wurde in Chelsea 1752-56 verwendet und liegt in der Tradition des Meißner Motivs »Deutsche Blumen«. Als Vorlage diente P. Millers (18. Jh.) Buch ›Figures of the Most Beautiful, Useful and Uncommon Plants‹. Miller war Gärtner im botanischen Garten von Chelsea, der unter der Patronage von H. Sloane (1660–1753), einem englischen Adligen, stand.

**Büste** Das Brustbild eines lachenden Mädchens zeigt eine später nie wieder erreichte Natürlichkeit. Es stammt aus der Triangelphase Chelseas, deren Figuren als die besten in England gelten.

**Tintenfass** Bow ließ verschiedene Herstellernamen auf ihre Stücke auftragen.

**Vase** J. Wedgwood (1730–95) trug mit Erfindungen zur Revolutionierung der engl. Keramik bei.

Tongewinnung

Drehen

Bemalung

Brennen

Verkauf

Töpferei, Frankreich, 1822

Deckelvase, Sèvres, um 1778

Centrepiece, Sèvres, 19. Jh.

Zuckerlöffel, Tournai, 18. Jh.

Kanne, Weesp, 18. Jh.

Chinese, Chantilly, um 1735

**Frankreich** ist neben Dtl. und England eines der Zentren der europäischen Keramikgeschichte (Tabelle).

| Zeit | Keramikentwicklung |
|---|---|
| 13. Jh. | Keramikregion Saintonge |
| 16. Jh. | Palissywaren, St. Porchaire-Stil |
| 17. Jh. | blauweißer »style rayonnant« |
| 1679 | erste Fayencemanufaktur |
| 1725 | ockergelber Fond erfunden |
| 1769 | erstes Hartporzellan |

Die Majolikafertigung blühte im 16. Jh. in der Normandie, in Poitou, Saintonge und Beauvais. Berühmt wurden die Keramiken B. PALISSYS (1509–90) mit naturgetreuen plastischen Tierauflagen auf Tellern (Abb. S. 116) und die aufwändig bemalte St. Porchaire-Ware. Im 17./18. Jh. sind die führenden Manufakturen Nevers, Rouen, Moustiers, Paris, Rennes und Saint Cloud. Typ. ist ein ockergelber, großflächiger Fond. Weichporzellan wird in Frankreich »porcelaine de France« genannt. Saint Cloud und Rouen fertigten blauweiße Stücke mit dem von der Fayence bekannten typ. Behangmuster »style rayonnant«. Chantilly, Mennecy, Vincennes und Sceaux gehörten auch zu den Weichporzellanherstellern. Hartporzellan heißt frz. »porcelaine royale«. Obwohl die Manufaktur Vincennes bereits 1745 ein 20-jähriges Monopol auf die Porzellanherstellung erhielt, konnte sie erst 1769, nachdem in Yrieix Kaolin gefunden wurde, produzieren. Bereits 1751 äußerte sich der Dekormaler HULTZ in einem Brief über den angestrebten Stil:

> *»lassen Sie uns alles Schwerfällige und Triviale vermeiden und Dinge hervorbringen, die leicht, delikat, neu und vielseitig sind ...«*

Vincennes wurde 1753 in Manufacture Royale umbenannt und 1758 Eigentum des frz. Königs. 1756 zog die Manufaktur nach Sèvres an die Straße von Paris nach Versailles um. Markenzeichen wurden zwei gespiegelte »L« mit einem Datumszusatz (A: 1753, B: 1754 ...).

**Belgien**

Im heutigen Staatsgebiet Belgien wurde seit 1751 nur in Tournai Porzellan hergestellt. Typ. sind exotische Vögel.

**Niederlande**

Die ersten Fayencemanufakturen der Niederlande wurden von Italienern gegründet. Der italianisierende Stil änderte sich mit den Importen chinesischen Porzellans im großen Stil Anfang des 17. Jh. Der »blauweiße Stil« dominierte nun. Der größte Aufschwung in der niederländischen Keramik (Tabelle) kam mit dem Ausfall chinesischer Porzellanimporte, die durch Fayencen ersetzt wurden.

| Jahr | Keramikentwicklung |
|---|---|
| 1512 | italienische Töpfer als »geleybakker« in Antwerpen |
| 1573 | Manufakturgründung in Haarlem |
| 1584 | Manufakturgründung in Delft |
| 1600 | Glasurüberzug »kwaart« und Muffelbrand entwickelt |
| 1602 | Holländische Ostindienkompanie |
| 1644 | »Hollands porceleyn« ersetzt Ausfall chinesischer Importe |
| 1757 | Hartporzellan in Weesp |

**Abbildungen**

**Töpferei** Stich aus der ›Galerie Industrielle‹. Er zeigt Tongrube, Drehen, Dekorieren, Feuerschüren und Verkauf.

**Deckelvase** Die Deckelvase in klassizistischem Stil wurde mit einem Lapislazulifond und mit einer Vergoldung versehen. Die Vasen dienten als Schmuck auf den Kaminsimsen des Hofstaats.

**Centrepiece** Das fast einen halben Meter hohe Centrepiece im ägypt. Stil wurde nach Vorlagen von V. Denon gefertigt. Das gesamte Service hat Napoleon der von ihm verlassenen Josephine 1812 als Geschenk angeboten, was sie stolz ablehnte.

**Zuckerlöffel** Zuckerlöffel erkennt man am durchbrochenen Muster. Sie wurden überall in Europa hergestellt.

**Kanne** Die Kanne gehört zu einem Service für Öl und Essig aus Weesp. Auf der Gefäßwand finden sich typ. Rokokokartuschen mit Blumen und Blättern. Die rot gefassten Kehlen am Hals weisen auf den Einfluss des frz. Porzellans aus der Zeit Ludwigs XV. (1715–74) hin.

**Chinese** Die Figur wurde in Weichporzellan gefertigt. Typ. ist die kalte, durchscheinende Glasur und bis 1740 ein starker Einfluss des japanischen Kakiemon.

Teekanne, Vezzi, 1725

Tasse, Doccia, 1770

Pagodenfigur, Cozzi, 18. Jh.

Pantomime in Venedig, anonym, 18. Jh.; rechts: Porzellanfiguren, Capodimonte, 1750

**Italien** war das dritte Land, das in Europa Hartporzellan herstellte. Die Produktionsaufnahme geht auf technisches und künstlerisches Wissen aus Dtl. und Österreich zurück und führte zu mehreren Manufakturgründungen (Tabelle).

| Produktion | Porzellanmanufaktur |
|---|---|
| 1720–1727 | Vezzi in Venedig |
| seit 1735 | Doccia bei Florenz |
| 1743–1759 | Capodimonte in Neapel |
| 1758–1763 | Hewelcke in Venedig |
| 1762–1825 | Le Nove bei Bassano |
| 1764–1812 | Cozzi in Venedig |
| 1771–1834 | Neapel |

Capodimonte wurde als Hofmanufaktur gegründet, Doccia entstand unter Adelspatronage. Die übrigen Manufakturen waren kommerzielle Privatunternehmen. Die Porzellanproduktion litt unter dem Fehlen geeigneter Kaolinvorkommen. Der Kaolinimport aus Sachsen wurde durch das Ausfuhrverbot von 1727 unterbrochen. Danach nutzten alle Manufakturen lokale Vorkommen, die jedoch nur einen groben, gräulichen Scherben ergaben. Die erste Hartporzellanmanufaktur gründeten F. Vezzi (1651–1740) und sein Bruder zusammen mit dem sächsischen Arkanisten C. K. Hunger in Venedig. Die Vezzis waren Goldschmiede, und so ähneln ihre Porzellane dem damaligen Silbergeschirr mit aufgelegtem Reliefdekor. Typ. sind achteckige Teekannen. Eine der größten Manufakturen war die von G. Cozzi 1765 mit Hilfe des Senats von Venedig gegründete. Typ. sind die Nachahmungen der jeweils führenden Stile des Rokoko, des Klassizismus oder des Empire. Bedeutsam ist die Figurenproduktion Cozzis: Hofzwerge, chinoise Pagodenfiguren, Bauern und mythologische Szenen. Eine direkte Konkurrenz dazu entwickelte sich mit der Le Nove Manufaktur bei Bassano, da die Arbeiter beider Fabriken von einer zur anderen wechselten.
Die wirtschaftlich erfolgreichste Porzellanfabrik war Doccia bei Florenz. Typ. ist ein rauer Scherben, der als »masso bastardo« wegen seiner Rissanfälligkeit traurige Berühmtheit erlangte. Der Dekor wurde sowohl mit Schablonen »a stampino« als auch mit Pinsel aufgetragen. An der stilisierten Tulpe »a tulipano« oder dem Hahnenkampf »a galletto« kann man Doccia erkennen. Bemerkenswert ist die Kombination des ökonomischen Erfolges und der sozialen Fürsorge. Zu Doccia gehörten Schulen, ein Krankenhaus und Arbeiterhäuser. Capodimonte ist als erster Hersteller von Weichporzellan die bekannteste Manufaktur. In Portici (1757–59), Aranjuez (1763–65) und Buen Retiro (1770–80) errichtete sie Kabinette, die vollständig aus Porzellan bestehen. 1759 wurde die Manufaktur nach Madrid in den Palast Buen Retiro verlegt, da der König die Nachfolge auf den spanischen Thron antrat. Typ. sind violette Wolkenmotive sowie die blaue Lilie als Marke der Bourbonen. In Neapel arbeitete die königliche Manufaktur. Das Porzellan war weich, glasig und durchlässig. Die Formen sind klassizistisch, die Dekore von den damaligen Funden in Pompeij und Herkulaneum beeinflusst.

**Abbildungen**

**Teekanne** Die mit Reliefs und Malereien verzierte Kanne erinnert an getriebene Silbergeschirre. Man erkennt Vezziware an ihrer optischen Schwere.

**Tasse** Die Tasse zeigt den roten Hahn als typ. Motiv der »a galletto«-Ware.

**Pagodenfigur** Eine besondere Marktnische besetzte die Manufaktur Cozzi mit der Fertigung von Figuren im Stil Meißens. Dazu gehörten auch Pagodenfiguren für die Parkpagoden der Adligen. Sie sind durch eine besonders prägnante Ausstrahlungskraft gekennzeichnet. Neben chinoisen Figuren und Zwergen wurden Commedia-dell'-Arte-Figuren sowie zu Pyramiden zusammengestellte Gruppen hergestellt. Meist stammten die Vorlagen dazu aus Stichen jener Zeit, z. B. von J. Callot (1592–1635).

**Commedia-dell'-Arte-Figuren** Stegreifspiele waren vom 16.–18. Jh. beliebt (S. 143). Die Texte wurden improvisiert, nur die Charaktere und ihre Gefühlsäußerungen standen vorher fest. Die Zuschauer erkannten die Charaktere an ihrer Kleidung und warteten nur auf die Pointen. G. Gricci (1700–70) war in Italien der führende Figurenmodelleur.

Krug, Sevilla, 15. Jh.

Teller, Ribesalbes, 18. Jh.

Paneel, Talavera, 17. Jh.

Fliesenpaneel, Lissabon, 1916

Ringflasche,
Bisalhães, 1985

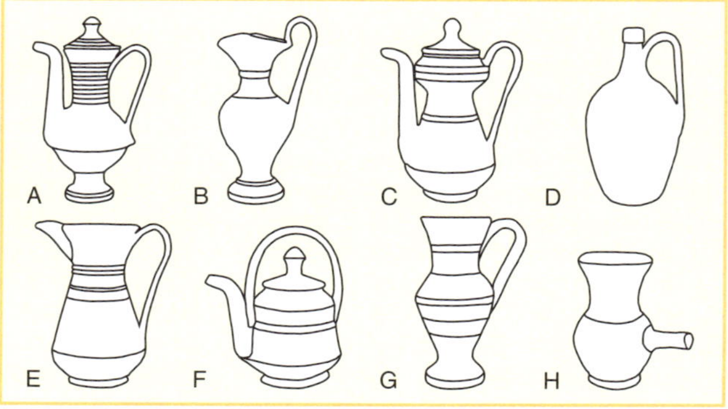


Krug- und Kannenformen der Schwarzkeramik Nordportugals,
Bisalhães, 20. Jh.

Die Fayence- und Majolikakunst Europas hat ihren Ursprung im islamisch beeinflussten **Spanien**, wo 1273 in Granada in der Alhambra damit begonnen wurde, einen ganzen Palast mit luxuriöser Keramik auszustatten. Die »Alhambravasen« gaben einer ganzen Gefäßgattung ihren Namen (S. 252 f.). Die islamischen Motive veränderten sich vom 14.–18. Jh. von der Arabeske zum naturalistischen Pflanzenabbild, von der arabischen Kalligraphie hin zu gotischen Buchstaben. Auch die Hinzufügung von Kobaltblau erfolgte in maurischer Zeit.

**Porzellan- und Steingutmanufakturen**
Die älteste Porzellanmanufaktur begann in Buen Retiro ihre Produktion. Dorthin hatte der Bourbonenkönig KARL IV. die Manufaktur von Capodimonte verlegen lassen, als er 1759 König KARL III. von Spanien wurde. Die Leitung übernahm der Modelliermeister G. GRICCI. Typ. sind die stilistischen Einflüsse von Sèvres und Vincennes (S. 132 f.). In den von ihr gefertigten berühmten Porzellankabinetten (S. 135) bestand alles aus Porzellan: Decke, Boden, Wände, Möbel, Kronleuchter und Spiegelrahmen. Die zweite spanische Porzellanmanufaktur wurde 1787 von P. CLOOSTERMANS in Alcora bei Castellón de la Plana unter Patronage des Grafen von Aranda gegründet. Für Alcora ist im 18. Jh. auch die Steingutproduktion belegt, die 1787 CLOOSTERMANS als »terra de pipa« (dt.: Pfeifenton) einführte. Daraus entstanden zunächst Figuren, später auch Gefäße. Mitte des 20. Jh. gründeten die drei Brüder LLADRÓ eine Manufaktur in der Nähe von Valencia, die zunächst Services mit Blumendekor herstellte. Seit etwa 1960 fertigen sie nur noch kunstvolle Porzellanplastiken. Typ. sind Farbverläufe und bizarre Formen. Ihre Stücke befinden sich in allen bedeutenden Keramiksammlungen der Welt.

**Abbildungen**
**Krug** Der Krug wurde in »cuerda-seca-Technik« dekoriert (S. 61). Seine Form ist der Goldschmiedekunst entlehnt. Die Pflanzenmotive sind stark europäisiert, das Schriftband aus gotischen Majuskeln ist von arabischer Kalligraphie beeinflusst.
**Teller** Der Fayenceteller in der Volkskunsttradition belegt, dass Spanien trotz des marktbeherrschenden englischen Steinguts eigene Traditionen bewahrte.
**Paneel** Im 17. Jh. wurde Talavera de la Reina zum Fliesendekorzentrum in Spanien. Das Paneel entstammt einer Kirchenkanzel und zeigt den heiligen Dominicus.
**Fliesenpaneel** In der ersten Hälfte des 20. Jh. war P. J. Pinto einer der bekanntesten Fliesenmaler in Portugal. Er verzierte 1922 die Innenhöfe des Sportpalastes »Pavilhão dos Desportos« und später Markthallen in Setúbal. 1916 malte er das im Jugendstil gehaltene Fliesenpaneel »Die Möwe«. Die Architektur Portugals ist geprägt durch die vielfältige Verwendung der »azulejos«, wie die Fliesen wegen ihrer ursprünglich blauen Bemalung dort genannt werden.
**Ringflasche** Bis in die 30er Jahre des 20. Jh. war die unter Sauerstoffentzug gebrannte »Schwarzkeramik« u. a. in Spanien, Portugal, Polen, Ungarn, Italien und Frankreich verbreitet. In Nordportugal gab es Ende des 20. Jh. noch ganze Töpferdörfer, die diese Technik verwendeten. Die Ringflasche, auch »Bilha de rosca« genannt, ist ein Trinkwasserkrug. Ein Einfülltrichter dient dem Wasser-Eingießen, ein Stutzen dem Trinken. Dies geschieht ähnlich einem Kendi (S. 208 f.), indem man den Krug nicht an die Lippen ansetzt, sondern den Wasserstrahl auffängt. Die Herstellung solcher Ringflaschen erfolgt durch das Aufschlitzen eines zunächst besonders dickwandigen Bechers in einen zweiwandigen Ring. Zum Schluss werden beide Hohlwände wieder verschlossen. Der Glanz entsteht durch Verdichten der Oberfläche nach dem Brand mit einem Kieselstein.
**Krug- und Kannenformen** Typ. für die Schwarzkeramik Portugals ist ein Repertoire von Formen und Funktionen, das sich traditionell entwickelt hat.
**A Leitera** – Milchkanne
**B Jarro de água** – Wasserkrug
**C Bule para o café** – Kaffeekanne (neu)
**D Garrafão** – Korbflasche
**E Caneca pichel** – Krug zum Schöpfen von Wein aus dem Fass
**F Chaleira para o Chá** – Teekanne
**G Maria da fonte** – auf dem Kopf zu tragendes Wasserschöpfgefäß
**H Cafeteira antiga** – Kaffeekanne (alt)

Teller, Dänemark, 1802

Gitarrenspielerin, Dänemark, 1908

Vase, Schweden, 1872

Vase, Dänemark, 18. Jh.

Teller, Norwegen, um 1928/30

Vase, Finnland, um 1925

**Dänemark**
Das erste Weichporzellan wurde 1759 in Kopenhagen von L. FOURNIER, einem Töpfer aus Chantilly, hergestellt. Nach den Kaolinfunden auf der Insel Bornholm führten Experimente im Jahr 1775 zum Hartporzellan. Die Kopenhagener Manufaktur folgte den europäischen Stilen. Typ. sind Vögel, Landschaften, Porträtsilhouetten und Figuren. Das berühmteste Service Kopenhagens ist das ›Flora Danica‹. Die Manufaktur gründeten 1853 der Modelleur F. GRØNDAHL, M. H. BING (1807–83) sowie sein Bruder J. H. BING (1811–96). Beide fertigten im klassizistischen Stil. Großen Einfluss übte der Bildhauer B. THORVALDSEN (1770–1844) aus, dessen Statuen man häufig nachbildete. Seit 1880 dominierte der Japonismus (S. 146 f.), den A. KROG (1856–1931) bei Royal Kopenhagen und P. KROHN bei Bing & Grøndahl verfolgten.

**Schweden**
Bereits Mitte des 17. Jh. produzierte die Odelbergmanufaktur in Gustavsberg Irdenware. Erst 1822 fertigte sie Porzellan und seit 1866 das einzige Knochenporzellan außerhalb Englands. Die ersten Fayencen produzierte man seit 1729 nahe Stockholm, in Rörstrand. Sie waren im frz. Stil und zunächst nur blauweiß. 1758 wurden Schmelzfarben eingeführt. Seit 1766 begann die Weichporzellanfertigung. Erst um 1777/78 gelang die Hartporzellanherstellung mit Hilfe des dt. J. DORTU. Neben Geschirr wurden Figuren schwedischer Bauern hergestellt. Von 1827–50 fertigte die Manufaktur Gustavsberg Weich- und Hartporzellan.

**Norwegen**
1760 begann P. HOFFNAGEL mit der Herstellung von Fayence, nachdem er geeignete Tone in Herrebrøe gefunden hatte. Er stellte Gefäße im Rokokostil her. Typ. sind muschelförmige Verzierungen auf Terrinen und Krügen. Herrebrøefayencen erkennt man an sehr flüchtigen, lockeren Dekoren.

**Finnland**
Finnlands einzige Manufaktur Arabia wurde von der schwedischen Rörstrandmanufaktur 1874 gegründet, um näher am russischen Markt zu sein. Der Stil war von dem belgischen Keramiklehrer A. W. FINCH (1854–1930) beeinflusst, der 1897–1902 in Finnland lehrte. 1916 erfolgte die Trennung von Rörstrand. 1948 wurde die Fabrik übernommen und umbenannt in Wärtsiläkoncernen A/B Arabia. Es dominierte nun die Herstellung von funktionalem Alltagsgeschirr, wobei Finnland zusammen mit Schweden mit typ. einfachen Formen und Dekoren großen Einfluss in Europa ausübte (S. 156 f.).

**Abbildungen**
**Gitarrenspielerin** Die Figur wurde von T. Larsen ausgeführt. Die Fertigung erfolgte bei Bing & Grøndahl in Kopenhagen zwischen 1908 und 1914.
**Teller** Teil des urspr. 1800 Stücke umfassenden Services ›Flora Danica‹. Der Nürnberger J. C. Bayer bemalte es für den dänischen König Christian VII. (1749–1808). Es war als Geschenk an die Zarin Katharina II. (1729–96) in Auftrag gegeben und 1802 vor Fertigstellung beendet worden, weil der Maler erblindete. Der Königshof in Kopenhagen beschloss nach dem Tod Katharinas den Verbleib in Dänemark. Der Direktor der Manufaktur, T. Holmskjold war ein Schüler C. v. Linnés (1707–78) und regte das Projekt an. Das Buch ›Icones plantarum‹ von G. C. Oeder mit insgesamt 1080 Stichen diente als Vorlage.
**Vase** im historisierenden Stil, entworfen von A. Malmström. Im 19. Jh. regte sich in Skandinavien ein neues Nationalbewusstsein. Schweden sah sich dabei in einer von alters her bestimmten Führungsposition. Wikingersymbole wie Drachen, Pferdeköpfe und Flechtbänder ermöglichten Identifikationen mit der eigenen Geschichte und Kultur.
**Vase** Die Vase ist mit der »bianco-sopra-bianco-Technik« verziert (S. 62 f.). Die Pigmente des Dekors wurden über einer weiß gefärbten Glasur aufgetragen.
**Teller** Der Teller wurde von N. Gulbrandsen entworfen und in Porzellan produziert. Er ähnelt den russischen Revolutionskeramiken (S. 152 f.) und diente als Werbegeschenk.
**Vase** mit einer nackten Frau im russischen Revolutionsstil. Sie wurde von T. Öberg (S. 152 f.) für Arabia entworfen.

Das erste böhmische Porzellan wurde mit der Aufschrift »Es lebe Böhmen« gefeiert.

Teller, Klösterle, 1794

Vase, Pécs, um 1900

Figur, St. Petersburg, um 1770

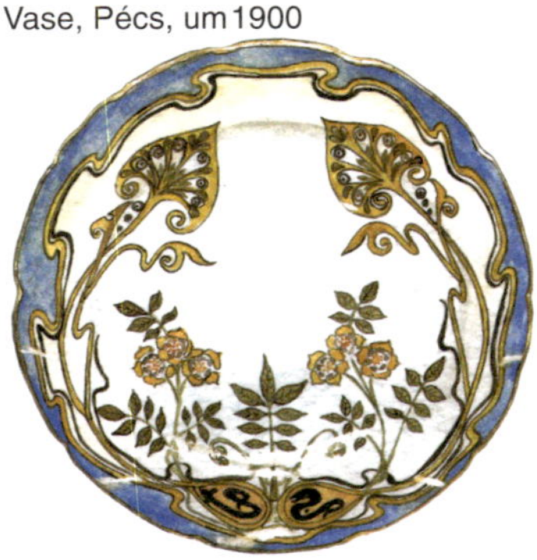

Teller, Klösterle, um 1900

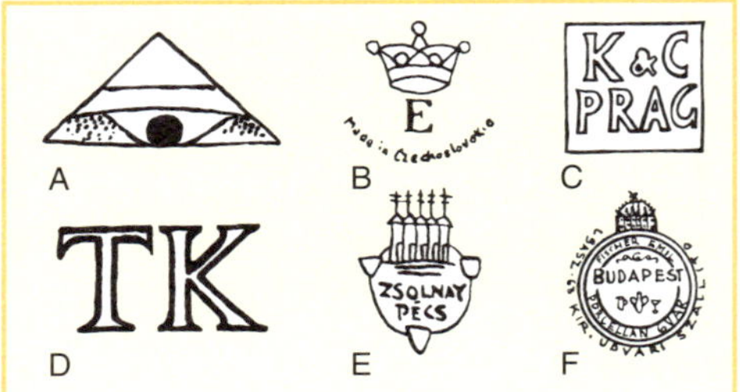


Marken osteuropäischer Manufakturen

**Russland**
Die erste Porzellanmanufaktur Russlands wurde 1744 in St. Petersburg von Zarin ELISABETH (1709–62) gegründet. In den ersten drei Jahren gelangen dem dt. C. K. HUNGER nur einige Tassen, die Fehlbrände waren. Erst D. I. WINOGRADOW (1720–58) fertigte 1747 graues Porzellan; er wurde jedoch wegen Trunkenheit ins Gefängnis gesteckt. Nach seinem Tod wurde mit Hilfe des Arkanisten J. G. MÜLLER weißes Hartporzellan hergestellt. KATHARINA II. ließ die Stile von Meißen, Sèvres und Wien imitieren. 1779 wurde A. J. D. RACHETTE als Modellmeister nach St. Petersburg berufen. Ihm verdankt die Manufaktur ihren Ruhm in der Figurenplastik. So schuf er nach dem Werk ›Description des toutes les Nations de l'Empire de Russie‹ von J. G. GEORGI die Serie ›Die Völker Russlands‹. Bekannte Services waren das Yacht- und das Arabeskenservice. 1765 gründete der Engländer F. GARDNER in Werbiliki eine zweite Manufaktur und fertigte Handwerker-, Händler- und Arbeiterfiguren. Eine Kommission KATHARINAS II., die am Porzellan interessiert war und St. Petersburg jährlich mit 15 000 Rubeln unterstützte, veranlasste die häufigere Verwendung russischer Themen. NIKOLAUS I. (1796–1855) erhöhte im 19. Jh. die Zölle für Importporzellan drastisch. Den Importrückgang nutzten russische Fabriken, um Porzellane ausländischen Stils im Inland zu verkaufen. Dagegen exportierte man nach England russisches Porzellan, das man durch den Einsatz von Leibeigenen billig produzieren konnte. Der Krimkrieg und die Aufhebung der Leibeigenschaft 1861 stürzte die Porzellanindustrie in eine tiefe Krise. Die Manufakturen verfielen unter ALEXANDER II. (1818–81) und wurden 1917 enteignet (S. 152 f.).

**Polen**
Unter der Patronage von Fürst J. PONIATOWSKI (1763–1813) fertigte die Fayencefabrik in Warschau 1770–80 Tafelgeschirr. 1776 sandte er dem türk. Sultan ein Prunkservice im »Imaristil«. Fürst A. K. CZARTORYSKI (1734–1823) baute in Korzec und Tomaszów Manufakturen. Beide imitierten Sèvres.

**Böhmen**
F. A. HABERTITZEL baute 1789 mit Hilfe des Arkanisten J. G. SONNTAG aus Rudolstadt eine kleine Werkstatt in Rabenstein. Die Fabrikationserlaubnis wurde jedoch nicht erteilt, da man Konkurrenz für die Wiener Manufaktur befürchtete. Auch der zweite Versuch von J. G. PAULUS und J. PÖSCHL in Slavkov (Schlaggenwald) scheiterte. Erst 1794 gelang der dritte Versuch mit der Gräflich Thunschen Porzellanfabrik in Klösterle in Böhmen. Das Rezept verriet J. G. SONNTAG. Vom Erstbrand hat sich ein Kaffeeservice erhalten. 1791 wurde in Prag eine Steingutfabrik gegründet, die 1837–94 Porzellan fertigte, u. a. Figuren im Neorokoko.

**Ungarn**
Die Eheschließung des ungarischen Königs MATTHIAS I. (1443–90) mit BEATRIX V. NEAPEL (1457–1508) brachte 1475 die Majolika nach Ungarn, wo in Buda eine Manufaktur gebaut wurde. Im 17. Jh. fertigten die Habaner eine Fayence, die mit religiösen Sprüchen und Jahreszahlen versehen und im Stil der ›bianchi di Faenza‹ verziert wurde (S. 117). Im 18. Jh. waren die Fabriken von Holics (Holitsch) und Tata (Totis) bekannt für ihre Fayencen. Sie orientierten sich an den Stilen Straßburgs und Castellis. In Pécs (Fünfkirchen) gründete N. ZSOLNAY 1862 eine Manufaktur, die japanisch und islamisch beeinflusste Keramik herstellte.

**Abbildungen**
**Teller** Der Teller gehört zum ersten erfolgreich produzierten Porzellan in Klösterle.
**Vase** Die Vase aus Weichporzellan zeigt eine Malerei mit Schmetterlingen, Blättern und Blüten unter der Craqueléeglasur.
**Teller** Das Pflanzenornament wurde in dem für die Zeit um 1900 typ. Jugendstil ausgeführt (S. 148 f.).
**Figur** Die Figur gehört zur Serie, die die russischen Völker und Arbeiter zeigt.
**Marken**
**A** Korzec, 1790–96
**B** Dubi, Bloch & Co., nach 1871
**C** Prag, 1842–52
**D** Klösterle, 1830–93
**E** Pécs, 2. H. d. 19. Jh.
**F** Budapest, nach 1868

Tischdekoration des Papstes Clemens IX. für Christina von Schweden, Rom, 1668

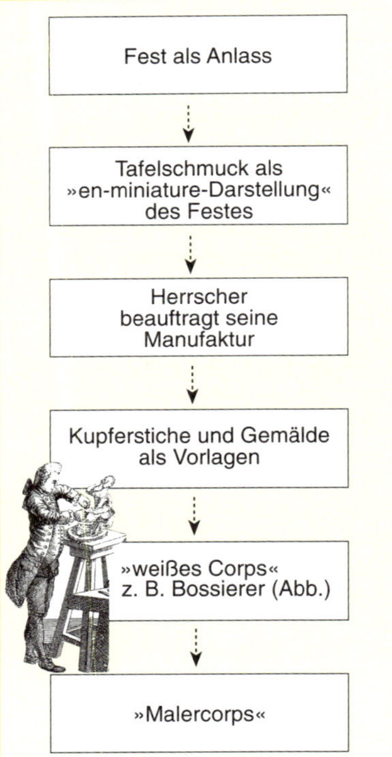


Schema der Figurenherstellung

Töpfer von J. J. Kändler (1706–75), Meißen, um 1750

**Geschichte**
Porzellanfiguren entstanden als Folge einer barocken Tischkultur. Großartige Feste wurden an den Fürstenhöfen aus Anlass von Krönungen, Hochzeiten, Geburten oder Friedensschlüssen gefeiert. Maßgeblich für diesen Kulturtrend waren Manieren und Tischetikette am Hof LUDWIGS XIV. (1638–1715) in Versailles. Der Tafelschmuck bildete das Fest mit seinen schauspielerischen, musikalischen u.a. Darbietungen »en miniature« nach. Im Gegensatz zu den Festen unter freiem Himmel, wie sie im MA. und der Renaissance üblich waren, fanden die Barockfeste im Innern statt. Die Natur kam in Porzellan nachgeahmt »ins Haus«. In der Folge enstanden bis ins Detail gestaltete Tafelpläne mit einer geometrischen Ordnung. Mittelpunkt dieser Tafeln war das »centrepiece«. H. WALPOLE (1717–97) schrieb 1753:

> *»Fruchtgelees, Plätzchen ... sind seit langem auf die Seite gedrängt von Harlekinen, Gondolieri ... aus sächsischem Porzellan ... nach und nach breiteten sich ganze Wiesen mit Vieh ... über die Tafel aus ...«*

**Motive der Figuren**
Entsprechend dem Zeitstil gab es verschiedene Motive: fremde Völker, Komödianten, Handwerker, mythologische und allegorische Figuren. Eine bedeutende Gruppe stellen die Figuren der Commedia dell'Arte dar (S. 134 f.). Das Stegreiftheater geht auf die römischen derben Possentheater, die »Attellanae« (S. 110 f.) und die ma. »Joculatores« zurück. Die Namen der Typen änderten sich mit der Zeit: Arlecchino ist z.B. auch Bagatino oder Trivelin. Die Darsteller hatten als Charaktere (Tabelle) eine Reihe von Gefühlsausbrüchen bereitzuhalten. Um 1800 endet die Commediatradition.

| Figur | Charakter |
|---|---|
| Arlecchino | witzig, intelligent |
| Columbine | vorwitzige Dienerin |
| Dottore | Arzt oder Jurist |
| Pantalone | geiziger, alter Kaufmann |
| Pulcinella | geldgieriger, versoffener Schürzenjäger |
| Scapino | scheinheiliger Bösewicht |

**Vorlagen**
Vorlagen waren Kupferstiche und Abbildungen in Büchern. Künstler dienten sich den Glasschneidern, Stukkateuren und Modelleuren an. Bereits 1745 gab es in der Bibliothek der Meißner Manufatur über 5000 solcher Vorlagen (Abb.).

Vorlage

Mascarades, 1597

Figur

Pantalon, 1710/12

**Herstellung**
Man setzte erst Arbeitsmassen für drei bis sechs Monate zum Mauken an. Der Modellmeister überwachte diesen Bereich und kontrollierte auch die Kapselmacher, die Bossierer, die Dreher und die Schleifer. Man nannte diese Gruppe das »weiße Corps«, weil sie nur mit der weißen Rohware zu tun hatten. Der Modellmeister machte Vorschläge für neue Figuren und zeichnete nach Vorlagen Skizzen. Diese mussten zur Genehmigung beim Fürsten oder Direktorium zur sog. »Beaugnehmung« eingereicht werden. Durch eine Unterschrift auf der Skizze galt die Genehmigung als erteilt. Dann wurde ein Urmodell aus Ton, Holz oder Wachs gefertigt. Holz war das bevorzugte, weil haltbarste Material dafür. Danach stellte der Former einen Gipsabguss sowie die Negativkapsel her; es folgte die Modelleinrichtung. Dazu goss man die verschiedenen Negativformen zu einer positiven Patrize um. Von diesem Original konnte man dann zahlreiche Matrizen abgießen. Ausladende Teile und Details wurden in sog. Quetschformen manuell hergestellt. Der Bossierer setzte nun alles zusammen und entfernte überstehende Grate. Es folgte das Überarbeiten mit Verstreichholz und Pinsel (Abb.). Nach dem Schrühbrand wurde die Figur durch das sog. »Malercorps« bemalt. Der Glattbrand lag bei 1400 °C.

Teller, del Vecchio, 19. Jh.

Krug, Minton, 1856

Neoklassik und Neorenaissance

Lichtampel, Gardner, 1830

Brotplatte, A.W.N. Pugin (1812–52), Minton, 1851

Neogotik

Stövchen mit Muschelkanne, Neapel, 1850

Neorokoko

Grundform und Hintergrundfarbe eines typischen Sèvreskühlgefäßes

+

stilisiertes chinesisches Schriftzeichen

Lotosblüte

=

Kühler, Minton, um 1872

Eklektizismus

Mit dem Begriff **Historismus** wird in der Kunstgeschichte eine Phase der Kopien und Imitationen hist. Stile bezeichnet. Vereinzelt bereits im 18. Jh. aufgetreten, erstarkte 1820–90 der Rückgriff auf vergangene Stile. Ein Motiv dafür war die Kritik G. SEMPERS (1803–79) von 1851 an der »Hässlichkeit, die die Maschine in die Welt gebracht hat«.
Museen für Kunsthandwerk wurden überall eröffnet (Tabelle). Handwerker konnten sich so anhand hist. Stücke weiterbilden und sich inspirieren lassen.

| Jahr | Museum für Kunsthandwerk |
|---|---|
| 1852 | London: South Kensington-M. |
| 1864 | Wien: M. für Kunst und Industrie |
| 1868 | Berlin: Deutsches-Gewerbe-M. |
| 1872 | Nürnberg: Bayer.-Gewerbe-M. |
| 1874 | Leipzig: Grassi-M. |
| 1877 | Hamburg: M. für Kunst und Gewerbe |

Gleichzeitig baute man den Urheber- und Musterschutz aus. Produkte mussten gekennzeichnet werden, was heute als Datierungshilfe dient (Tabelle).

| Datierung | Text in der Marke (Land) |
|---|---|
| nach 1850 | »Royal« (England) |
| nach 1855 | »Limited« (England) |
| nach 1859 | »Copyright« (USA) |
| nach 1862 | »Trade Mark« (England) |
| nach 1875 | »Trade Mark« (USA) |
| nach 1887 | »Copyright res.« (England) |
| nach 1900 | »Made in England« |

**Neostile und Eklektizismus**

Die **Neoklassik** umfasst die antikisierenden Keramiken. Bereits im 18. Jh., mit Beginn der Ausgrabungen z. B. Pompejis, entwarfen die Brüder ADAM Keramiken nach antiken Vorlagen. Die engl. Neoklassik wird deshalb »Adam style« genannt. J. WEDGWOOD (1730–95) beeinflusste dies so, dass auch er mit der Basaltware ab 1768 und der Jasperware ab 1774 neoklassische Keramik fertigte. In Frankreich nennt man die Neoklassik »Louis seize«. Im 19. Jh. wurde in Europa erneut Neoklassik modern. Neben etrurischer Ware (S. 102 f.) stellte die Firma Wedgwood weiter Jasperware her. Auch Neapel und Berlin produzierten neoklassische Keramik.

Die **Neorenaissance** umfasst v. a. die Majolika- und Fayenceimitationen. Zuerst zeigte man diese 1851 auf der Weltausstellung in London. Besonders PALISSY (S. 116 f.) wurde imitiert. Seit der Pariser Weltausstellung 1855 verstärkte sich dieser Trend. So wurde die St. Porchaire-Ware (S. 132 f.) um 1850 von den engl. Fabriken Wedgwood und Minton sowie der frz. Manufaktur Choisy-le-Roi als ›Henri-Deux-Faïence‹ oder ›Faïence d'Oiron‹ kopiert. Aber auch gröbere, bunte Majoliken und Lüster ahmte man in Spanien, England, Frankreich, Italien und Dtl. nach.
Das **Neorokoko** entstand Anfang des 19. Jh. in England mit dem Interesse an der Kunst des frz. Ancien Régime. Spiralen und Rocaillen wurden modern; das starke Wirtschaftswachstum ermöglichte vielen Bürgern, sich mit den teuren Keramiken dieses Stils einzurichten. Wichtige Hersteller waren Meißen, Dresden, Sèvres, Rockingham, Klösterle und Prag. Typ. Formen sind die Duftvase (›pot pourri‹) und Figuren mit Süßigkeitenschale in Muschelform.
Die **Neogotik** entwickelte sich im 18. Jh. aufgrund der Vorstellung von der Gotik als Urkunst schlechthin. Die neogotische Bewegung wurde durch den Nationalismus im 19. Jh. gefördert. In Frankreich nannte man sie »Troubadour«, in England »revived gothic«.
Im 19. Jh. verband man oft verschiedene Stile zum **Eklektizismus**.

**Abbildungen**

**Teller** Der italienische Teller ahmt die rotfigurige Ware nach (S. 104 f.).
**Krug** Er wurde von Minton gefertigt und knüpft an die frz. Emailkunstwerke von Limoges an. Typ. sind der Ring auf dem Henkel sowie die groteske Löwenmaske, die Lilien und das Flechtband.
**Stövchen** Es vereint das Gebrauchsgut Kanne mit dem Schaugut Figur. Dies ist typ. für das Neorokoko.
**Ampel** Unter Nikolaus I. fertigte St. Petersburg alle Neostile. Die Ermitage bot dafür genügend Vorbilder.
**Brotplatte** Die Umschrift lautet:

*»waste not, want not«*

Dies bedeutet dt. soviel wie: Wo keine Verschwendung, da kein Mangel.
**Kühler** Typ. Beispiel für den Eklektizismus.

Japonismus im 18. Jh. in Europa: Shiba-Onko-Motiv auf einer Schale, Meißen, um 1725/27

P. Krohn, Untertasse, Kopenhagen, P: 1886–88

Titelblatt, Deutschland, 1888

Japonismus in Europa im 19. Jh.

Vase, Japan, 16. Jh.

Vase, USA, um 1912

Japonismus in Amerika im 20. Jh.

Arnold Krog, Kopenhagen, P: 1886–88

japanische Bildleserichtung: ←

Katsushika Hokusai, ›Die Woge‹, P: 1823–32

Übernahme des Wogenmotivs

**Japonismus** bezeichnet die Verehrung für jap. Kunst und ihre Nutzung als Inspirationsquelle. Es gab mehrere Phasen:

**1. Phase: 17.–18. Jh. (v. a. Porzellane)**
Bereits kurz nach der Erfindung japanischen Porzellans 1616 wurde es zusammen mit Kopien chinesischer Vorlagen nach Europa exportiert (S. 124 f.). Nach dem Binnenhafen Imari nannte man zunächst alle japanischen Waren Imari. Später unterschied man den sparsamen, bildbetonten Kakiemondekor (vom Brennofenort Kakiemon) von dem textilen Brokatstil Imari. Etwa 1650–85 wurden v. a. dank des Exportausfalls Chinas (S. 124 f.) vom Hafen Nagasaki aus große Mengen nach Europa verschifft. Die helle Farbigkeit und der asymmetrische Kakiemondekor faszinierte in Europa und wurde in Dtl. und England gern als Vorlage genutzt.

**2. Phase: 19. Jh. (v. a. Farbholzschnitte)**
1853–54 öffnete Japan unter dem Druck der USA seine Grenzen für den Handel. Seit 1862 gab es in Paris jap. Farbholzschnitte und Kunstgewerbe zu kaufen. Die Weltausstellung von Paris 1867 machte Europa mit der Kunst Japans bekannt. Dies eröffnete nach dem Historismus Europa neue Inspirationsquellen und führte zu einer Japanbegeisterung, die sich in Werken berühmter Künstler widerspiegelt, z. B. in jenen V. van Goghs (1853–90). In der Keramik nahmen selbst traditionsreiche Firmen wie die Delfter Fabrik De Porceleyne Fles den neuen Trend auf.

**3. Phase: 20. Jh. (v. a. Teekeramiken)**
Eine erneute Verehrung kam mit Töpfern wie B. Leach (1887–1979) nach Europa. Er war in Hongkong geboren und wuchs in England und Japan auf. Nach seiner Lehre in der berühmten Kenzanfamilie (S. 180 f.) arbeitete er mit H. Shoji (1892–1978) zusammen. 1920 kehrte er nach Europa zurück und gründete in St. Ives seine berühmte Töpferei (S. 62 f.), deren Öfen wie in Japan am Hang lagen und zwei Brennkammern besaßen. Seinem Einfluss ist die neue Einfachheit und der Japonismus seit Mitte des 20. Jh. zu verdanken.

## Abbildungen

**Shiba-Onko-Motiv** Im 17. Jh. war es sehr beliebt. S. Guang (1019–86), Historiker und Staatsmann der Songdynastie, ist als Shiba Onko bekannt, der als Kind einen Spielkameraden rettete, nachdem dieser in ein Goldfischaquarium gefallen war. Er warf einen Stein auf das Gefäß, das dann zerbrach. Das Motiv gibt es in Rot, Blau und Grün. Es kam im 18. Jh. von Arita nach Europa (Tabelle).

| Datierung | Verbreitung des Motivs |
|---|---|
| vor 1700 | Arita |
| um 1710 | Delft |
| um 1725 | Meißen |
| vor 1740 | Chantilly |
| um 1740 | Chelsea |

**Untertasse** Sie ist Teil des Heronservice von P. Krohn aus Kopenhagen. A. Krog leitete ab 1885 die Manufaktur und traf 1886 S. Bing (S. 148 f.), einen berühmten Kunsthändler, in Paris. Bing & Grøndahl ließ das Service in Kopenhagen fertigen. Krog orientierte sich u. a. an M. Kozan (1842–1916), der zeitgleich mit Krog die Glasurpalette erweiterte. Nach 1900 entwarfen auch St. Petersburg, Berlin, Meißen und Nymphenburg in dem japonisierenden »Neuen Stil nach Kopenhagener Art« Services und Einzelstücke.

**Titelblatt** S. Bing galt um 1880 als bedeutendster europäischer Asiaticahändler. 1888–91 gab er den ›Japanischen Formenschatz‹ heraus, eine Zeitschrift, die sich das Ziel setzte, »vielen Künstlern das Studium der japanischen Kunst zu ermöglichen«.

**Vasen** Der später berühmte L.C. Tiffany (1848–1933) fertigte ab 1904 Keramik. Die Vase wurde wie alle seine Keramiken gegossen. Sie ahmt ascheglasierte Keramiken der Muromachiperiode nach (S. 178 f).

**Wogenmotiv** Der Holzschnitt stammt aus der Serie ›36 Ansichten des Berges Fuji‹. Flutwellen (Tsunamis) sind ein realer Erfahrungshintergrund des Motivs, von dem sich auch die Europäer oft inspirieren ließen: E. Barlach (Plakette, 1902), C. Debussy (›La Mer‹, 1905). Allerdings ging die Dramatik dabei verloren: Die japanische Bildleserichtung lässt diese Wellen auf den Betrachter zukommen, während sie auf Europäer neutral wirkt. Zudem ist Krogs Welle auf der Vase im Vergleich zum Original winzig.

Jugendstilformen aus Deutschland und Frankreich

Vase, Dänemark, um 1900

Wasserkrug, England, um 1910

Brunhilde, Minardi, Italien, um 1900

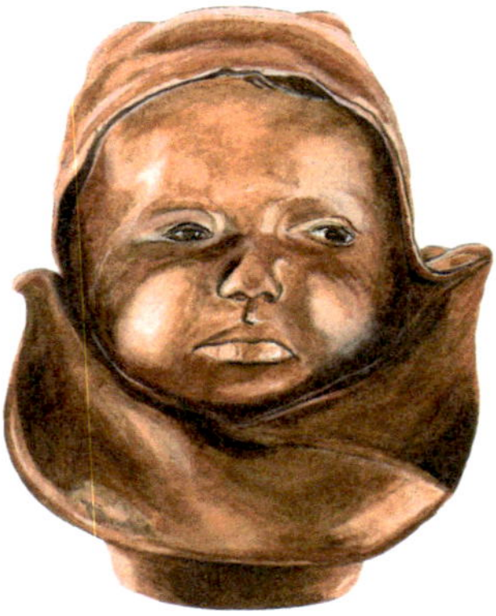

Kleinkind, E. Lion, um 1895

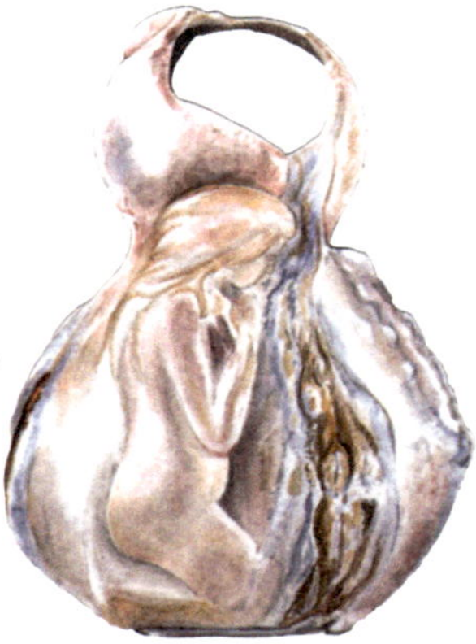

Vase ›Der Durst‹, A. Finot, 1900

Becher, Burgau, um 1903/5

**Jugendstil** ist die dt. Bezeichnung für eine internationale Stilrichtung von etwa 1890–1914. Der Name entstand in Dtl. erst später in Anlehnung an die Münchener Zeitschrift ›Jugend‹ (gegr. 1896). In anderen Ländern bürgerten sich für den gleichen Stil andere Bezeichnungen ein (Tabelle).

| Land | Bezeichnung |
|---|---|
| England | Modern Style |
| Frankreich | Art Nouveau |
| Italien | Stile liberty |
| Österreich | Sezessionsstil |

Der Jugendstil bedeutete die endgültige Absage an den Historismus. Schriftsteller in England, so J. RUSKIN und W. MORRIS, äußerten sich ablehnend über den Historismus und forderten die Zusammenführung von erfindenden und ausführenden Kräften. Nach dem beliebigen Zitieren aus der Geschichte hatte man nun einen Stil gefunden: das Aufbrechen klassischer Formarchitektur durch fließende Formdekorverschmelzungen. Typ. sind organische, asymmetretrische Motive, florale Muster und die Dominanz von geschwungenen Linien. Aufwändige keramische Techniken wurden erfunden (Tabelle).

| Technik | Erklärung |
|---|---|
| Barbotine | pastos aufgetragener Farbschlicker |
| cloisonné | Fadenrelief |
| Goldgrund | Goldfolie formgerecht unter Glasur verlegt |
| pâte-sur-pâte | Schicht-auf-Schicht aufgetragene weiße Masse |
| Stegkeramik | industrielle Technik mit Stegen für Glasuren in Gipsformen |

Der wirtschaftliche Erfolg der aufwändigen Keramiken war gering. Die beiden in Paris von S. BING (1838–1905) eröffneten Galerien ›L'Art Nouveau-Gallerie‹ (1895, namengebend für den frz. Stil) und ›La Maison Moderne‹ (1898) waren die bedeutendsten Vertriebsstellen, stellten jedoch 1903 bzw. 1904 ihren Verkaufsbetrieb ein. Die oft abgebildeten Meißner Porzellane von H. V. D. VELDE (1863–1957) wurden wegen der für die Jugendstilform notwendigen Dicke nie als Serie produziert, weil das Publikum dünnwandiges Meißner Porzellan gewöhnt war. Der Industrie gelang es nur schlecht, diesen Stil in Massenware zu transferieren. Die Qualität dieser eher individualistischen Bohèmeware sank beim Versuch, die Dekore maschinell umzusetzen. Die Antwort auf diese Entwicklungen in der Industrie waren Vereinigungen von Künstlern und Fabrikanten in sog. Werkbünden (Tabelle). Deren Ziel war die

> *»Veredlung der gewerblichen Arbeit im Zusammenwirken von Kunst, Industrie und Handwerk zur Wertarbeit«.*

| Jahr | Werkbund |
|---|---|
| 1907 | Deutscher Werkbund |
| 1910 | Österreichischer Werkbund |
| 1910 | Schwedischer Werkbund |
| 1913 | Schweizer Werkbund |

**Abbildungen**

**Jugendstilformen** links: Vase der Manufaktur Sèvres, Frankreich, 1895; Mitte: Teekanne mit Golddekor, H. v. d. Velde, Meißen, 1908; rechts: Kanne des Service ›Darmstadt‹ von Rosenthal, 1907.

**Wasserkrug** Ein traditioneller Wasserkrug wurde mit für den englischen Jugendstil typ. vegetabilem Dekor, der sich um die Gefäßform rankt, versehen.

**Brunhilde** Die Majolikabüste wurde mit einer Lüsterglasur verziert. Die Manufaktur ist Fratelli Minardi in Faenza.

**Vase** Die Vase ist ein typ. Vertreter des Jugendstils. Sie stammt aus der Rozenburgmanufaktur in Den Haag. 1889 wurde das sehr dünnwandige Eierschalenporzellan von dem neuen Direktor J.J. Kok eingeführt. Der Maler war J. Schellink.

**Kleinkind** Der Babykopf liegt im Steckkissen und trägt ein Häubchen. Von der Form wurden verschiedene Stücke abgeformt und von unterschiedlichen Künstlern verziert.

**Vase ›Der Durst‹** Typ. Arbeit der Manufaktur Mougin Frères, die nach Bildhauerentwürfen fertigte.

**Becher** Der Fußbecher diente als Salz- oder Marmeladengefäß.

René Buthaud, Frankreich, um 1925

Clarice Cliff, England, um 1935

Clarice Cliff, England, um 1935

Kurt Wendler, Rosenthal, um 1918/21

Maske einer Tänzerin, F. Rozet, H. Chaumeil, Frankreich, vor 1944

Frau, Lenci, Italien, um 1930

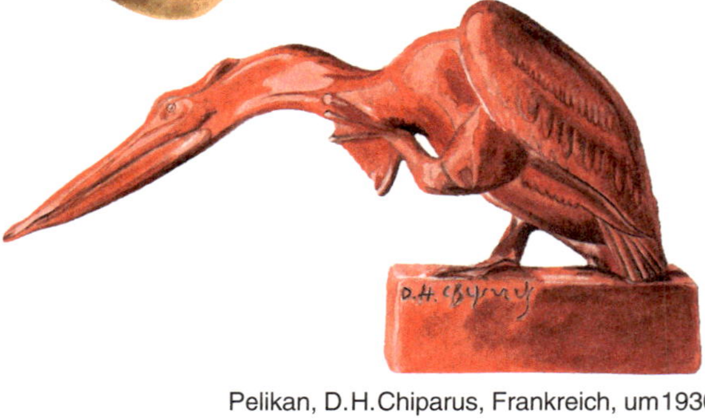
Pelikan, D.H. Chiparus, Frankreich, um 1930

Der Begriff **Art Déco** geht auf die 1925 von über 28 Millionen Besuchern besichtigte ›Exposition Internationale des Arts Décoratifs et Industriels Modernes‹ in Paris zurück. Sie war für 1914 geplant, musste aber wegen des Ersten Weltkrieges verschoben werden. Um 1920 war Paris das Zentrum der Keramikwelt. 1925 stellte man die Keramiken von M. DE VLAMINCK (1876–1958), A. DERAIN (1880–1954), H. MATISSE (1869–1954) und den französ. Glasmaler G. ROUAULT (1871–1958) aus. Im engeren Sinn betrifft Art Déco nur die frz. Kunst jener Jahre. Erst seit der Gedächtnisausstellung ›Les Années 25‹ des Jahres 1966 wurde der Begriff als allgemeine Stilbezeichnung für die dekororientierte Kunst 1918–39 eingeführt. Zeitgenössische Bezeichnungen waren Art Moderne, Style Moderne, Jazz Age, Streamlined Style oder Machine Age. Der Erste Weltkrieg veränderte das Lebensgefühl der Menschen nachhaltig. Die gute alte Ordnung verlor ihre Maßgeblichkeit. Massenproduktion und -konsum wurde ein wichtiges Ziel der Keramikproduktion. Hinzu kam, dass in den USA 1927 die ersten sog. »talkies« ins Kino kamen, und die Menschen versuchten, die Ess- und Trinkkultur des Kinos zu kopieren. Das sog. »consumer age« wurde geboren, das Zeitalter des Massenkonsums, und mit ihm ein zentrales Element des modernen Designs – das »corporate design«, das gleiche Stilelemente an verschiedenen Produkten anbringt und Produktfamilien oder Gesamtkunstwerke schafft. Wichtige Stilpole waren das reine Art Déco mit seiner Dekorhervorhebung und der Modernismus oder Purismus mit einer gegenüber der dekorativen Massenware stärkeren Betonung von Form, Funktion und sozialem Nutzen. In dieser Zeit der ›Goldenen Zwanziger‹, die voll von eruptiver Kreativität war, gab es alle Kontraste von Form- und Dekorgebung gleichzeitig (Tabelle).

| Kontraste in der Zeit des Art Déco |
| --- |
| Ornament und Formpurismus |
| Tektonik und Fließen |
| sphärisch und kubisch |
| Stromlinienform und Mastabastil |

Typ. für Art-Déco-Keramiken sind geometrische Formen wie z. B. kubische Tassen sowie Form verdeckende Dekore mit stark leuchtenden Farben. Art Déco lebt von der Vereinfachung historischer und ethnischer Vorbilder ohne diese nur nachzuahmen wie der Historismus oder zu idealisieren wie der Japonismus und der Jugendstil.

**Abbildungen**

**Vase** R. Buthaud (1886–1986) ist der Hauptvertreter des Sgraffito (S. 42 f.) innerhalb des Art Déco. Er war ein ausgebildeter Silberschmied, der seit 1920 durch seine Keramiken berühmt wurde. Zuvor entwarf er Plakate und zeichnete Aquarelle und Grafiken.

**Krug** C. Cliff (1899–1972) arbeitete seit 1916 in der ›A. J. Wilkinsons Royal Staffordshire Pottery‹. Ab 1927 entwarf sie für die ›Newport Pottery‹ Keramik, die sehr erfolgreich verkauft und imitiert wurde. Die meisten Stücke sind aus Steingut und mit einer elfenbeinfarbenen »Honigglasur« versehen.

**Deckelvase** K. Wendler entwarf die Vase 1918/21 für die Porzellanfabrik Philipp Rosenthal in Selb.

**Maske** Entwurf der Pariser Bildhauerin F. Rozet (1881–?) und von H. Chaumeil (1877–1944), der sein Zeichen auf der Rückseite angebracht hat. Chaumeil stellte seit 1914 im ›Salon des Artistes Indépendants‹ aus und nahm aktiv am Ersten Weltkrieg teil. 1918 kehrte er in sein Atelier Moret-sur-Loing bei Paris zurück. Damals ging er zu Kursen der ›Ecole des Arts Décoratifs‹ und nahm an den Ausstellungen des Herbstsalons teil. Typ. sind seine Fayencearbeiten wie die Maske. In der Galerie Géo Rouard wurden solche und andere Stücke mit großem Erfolg verkauft, da sie den Zeitgeschmack trafen.

**Frau** Die Lencimanufaktur wurde 1919 in Turin gegründet. Typ. sind Figuren aus Steingut und Porzellan sowie Wandmasken. Das Motiv des sich im Sessel räkelnden Mädchens war sehr modern.

**Pelikan** Die 17 cm hohe Pelikanfigur wurde von D. H. Chiparus, einem Rumänen, der in Paris lebte und arbeitete, geformt und dekoriert. Am bekanntesten sind seine Figuren aus Chryselephantine, die sich in verschiedenen Museen finden.

Zuckerdose, Petrograd, 1918

Agitprop-Teller, Petrograd, 1920

Soldat, Petrograd, um 1918

Teller, V. V. Kandinsky, um 1921

Teekanne, K. S. Malewitsch, 1923

**Revolutionskeramik** und Suprematismus in Russland sind als Thema wegen des Spannungsfeldes zwischen Diktatur, Tradition und Experiment interessant, dem die Keramikdesigner ausgesetzt waren. Es ist erstaunlich, dass bereits kurze Zeit nach der Revolution die Manufaktur von Petrograd durch den Leiter des Volkskommissariats für öffentliche Aufklärung, A. W. LUNATSCHARSKIJ (1875–1933), angewiesen wurde, die Vorräte an weißer Rohware zu Propagandazwecken zu nutzen und nicht als kapitalistisches Kulturgut zu vernichten. Dies war sicherlich dadurch begründet, dass in dieser Zeit generell Material für die Propaganda sehr knapp war. Besonders beliebt für diese Art der Kommunikation waren der Slogan und die Metapher (Tabelle).

| Metapher | Bedeutung |
|---|---|
| Anker | Hoffnung |
| Hammer | Arbeiterklasse |
| Kette | Befreiung (zerborsten) |
| roter Stern | Rote Armee |
| Sichel | Bauern |
| Sonne | Freiheit |
| Spiegel | Wahrheit |
| Trompete | Grußlied der neuen Zeit |

Die Slogans wurden aus Reden LENINS, jedoch auch aus klassischen Quellen wie OVID, CICERO oder sogar den Evangelien entnommen. Beispiele sind:

»*Wer nicht arbeitet, isst nicht!*«
(2. Brief des Apostels Paulus an die Thessaloniker) oder

»*Wer nicht für uns ist, ist gegen uns!*«
Die bedeutendste Porzellanfabrik war zweifellos Petersburg, das 1914 in Petrograd und 1924 in Leningrad sowie 1991 wieder in St. Petersburg umbenannt wurde. Die dortige Manufaktur nannte sich nach ihrer Gründung im Jahre 1744 (S. 140f.) Kaiserliche Porzellanmanufaktur (KPM), seit 1917 Staatliche Porzellanmanufaktur (SPM) und seit 1925 Lomonossow-Porzellanmanufaktur (LPM). Die Sowjetregierung wollte nach der Übernahme aus dieser Fabrik ein »Weltzentrum der wissenschaftlichen Porzellanforschung« machen, was später jedoch aufgegeben wurde.

**Abbildungen**

**Zuckerdose** Die Dose gehört zu einem Service, das mit den Buchstaben »G« und »Z« für G. D. Zimin (1875–1958) gekennzeichnet ist. Zimin lernte Techniken der Unterglasurmalerei u. a. in Dtl., Frankreich, Schweden und Österreich. Der Dekor der Dose erinnert an Biedermeierporzellan und besticht durch einen feinen Pinselstrich, der für Zimin typ. ist. Ein rundes Bildfeld auf dem Bauch ziert eine Garbe Stroh zwischen Hammer und Sichel sowie ein Birkenzweig. Dies zeigt den Spagat zwischen kapitalistischer und kommunistischer Zeit: Die neuen Motive sind in die alte Formsprache eingebettet.

**Soldat** Diese Figur von B. M. Kustodiev (1878–1927) steht in der Tradition der Figurenserie ›Die Völker Russlands‹ (S. 140f.). Der weiße Pelzmantel, die Pelzhandschuhe und die seit der Budjonnyzeit typ. Mütze mit rotem Stern symbolisieren die neue Ordnung.

**Agitprop-Teller** Er wurde entworfen von E. B. Rosendorf (1889–?). Sie arbeitete nur von 1919 – 20 in Petrograd und zog dann nach Estland um, wo sie an mehreren Ausstellungen teilnahm.

Der Teller wirkt überladen. Auf der Fahne drängen sich eine Borte aus Blättern, Ähren und Zweigen (?) zusammen mit einer etwas ungeschickt aufgetragenen Umschrift. Die Schichtung von blassen Bildzeichen für Dorf, Stadt und Industrie im Hintergrund und die ineinander gesteckten Arbeitsgeräte Hammer und Zange im Vordergrund sind überzeugend.

**Teller** W. W. Kandinsky (1866–1944) studierte Jura in Moskau, später Kunst in München. Der Teller zeigt den typ. Kandinskystil, der an Klebebilder aus Buntpapier erinnert. Dargestellt sind ein Segel, ein Strommast und zwei Leitungen sowie ein Hochhaus und stilisierte Wasserwellen. Im Gegensatz zur Zuckerdose in altmeisterlichem und zum plakativen Agitprop-Teller zeigt sich hier eine eigene Formsprache.

**Teekanne** Die Kanne entwarf K. S. Malewitsch (1878–1935), der Autor des damals bahnbrechenden Werkes ›Vom Kubismus und Futurismus zum Suprematismus‹. Die Rückführung auf die Grundformen und der Gegensatz zu Realismus und Nutzen waren Ziele des Suprematismus. Weiß galt als bevorzugte Farbe, da sie »Schwerelosigkeit suggeriere«.

G. Marcks, Grabengel, Deutschland, 1920

M. Esser, Affenmaske, Deutschland, 1923

M. Friedländer, Teetasse, Deutschland, P: 1930–35

H. Griemert, Kugelvase, Deutschland, 1938

A. Biancini, Jagdgöttin Diana, Italien, 1935

A. Breker, Porträtkopf, Deutschland, 1936

Die Nazis propagierten für den sog. »Eintopfsonntag« eine Suppenschüssel traditioneller Form. Diese bereits 1906 in Deutschland gefertigte Schüssel entsprach ihren Vorstellungen.

Kaffeekanne, Limbach, 1772

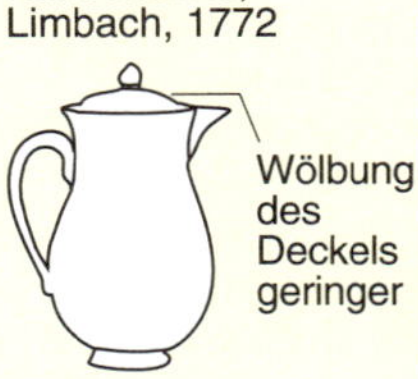


Kaffeekanne, Bauhaus, 1921

Kaffeekanne, O. Lindig, 1923

Formentwicklung in Deutschland

O. Douglas-Hill, Schatulle, 1935

Innerhalb des Stilpluralismus im ersten Drittel des 20. Jh. gab es einen Trend, den man Neue Sachlichkeit, Funktionalismus, Modernismus oder Purismus nannte. Seit 1922 verfolgte W. GROPIUS (1883–1969), der Direktor des Weimarer Bauhauses, das Programm ›Kunst und Technik – eine neue Einheit‹. Die Schule sollte sich der Industrie öffnen und formschöne Prototypen liefern. Immerhin gab es in Dtl. 1925 fünf Porzellanfabriken mit mehr als 2000 Mitarbeitern und elf mit über 1000. G. MARCKS (1889–1981) und seine Studenten T. BOGLER (1896–1968), O. LINDIG (1895–1966), R. BAMPI (1899–1965) und M. FRIEDLÄNDER (1898–1985) waren die Hauptvertreter dieser Richtung. Der Trend zum Weißdekor, wie z. B. die ›Hallesche Form‹, setzte sich nicht durch, da ihn die Käufer als einfallslos empfanden.

**Die Zeit des Nationalsozialismus**

Nach 1933 wurden die meisten Porzellane weiter produziert. Allerdings durften sie wie im Falle der Jüdin FRIEDLÄNDER nicht mehr unter deren Namen verkauft werden. Als FRIEDLÄNDER nach ihrer Emigration in den USA an einem Empfang teilnahm, servierten die Gastgeber ihr Tee in von ihr entworfenem Geschirr, ohne dies zu wissen. Das Bauhaus wurde 1933 geschlossen. Die Nazis übten auf Form und Dekor durch ihre ›Richtlinien für Kunst und Handwerk‹ Einfluss. Der Bevölkerung wurde der unwissenschaftliche »nordisch-germanische Stil der Urväter« mit der »Schüsselrem« (einem Wandbord) und »irdenen Schüsseln traditioneller Form« als beispielhaft hingestellt. Dagegen war die Ausstattung in den Repräsentationsräumen der Nazis durch einen bis ins Detail gehenden Machtsymbolismus gekennzeichnet, wie die Schatulle von O. DOUGLAS-HILL zeigt (Abb.).

In den anderen Ländern Europas gab es mehr bunte Dekore. Während des Zweiten Weltkrieges galten in einigen Ländern staatliche Restriktionen, so verbot in England 1942 der ›Board of Trade‹ die Herstellung dekorierter Keramik, um Rohstoffe und Arbeitskräfte auf die Verteidigung zu konzentrieren. Dieses Verbot wurde erst 1952 aufgehoben.

**Abbildungen**

**Grabengel** Der 1919 als Direktor nach Meißen berufene M. Pfeiffer setzte auf künstlerische Qualität von Künstlern wie G. Marcks, der den Engel formte.

**Affenmaske** M. Esser (1885–1945) war Schüler des bedeutenden Tierplastikers A. Gaul (1869–1921). Seine Plastiken machten Meißen durch ihren lebendigen Naturalismus berühmt. Eine Fischotterfigur Essers erhielt 1937 auf der Pariser Weltausstellung den Grand Prix.

**Tasse** Friedländer leitete die Porzellanwerkstatt der Burg Giebichenstein in Halle seit 1925 und baute für die Berliner Porzellanmanufaktur ab 1929 eine Versuchswerkstatt auf, deren Ergebnis u. a. die ›Hallesche Form‹ und ›Burg Giebichenstein‹ waren. Das Service fertigte man auch mit Farbringen in Gold, Seladon, Ziegelrot, Türkisblau, Ockergelb, Meergrün, Braun und Grau.

**Kugelvase** H. Griemert (geb. 1905) studierte zunächst in Bunzlau und später bei Marcks und Friedländer. Er verknüpfte einfache Formen mit dicken Glasuren, was ihn bekannt machte.

**Formentwicklung** Bei der Suche nach material- und funktionsgerechten Formen stießen die Bauhauskeramiker unter Gropius auf die klassischen Formen der zweiten Hälfte des 18. Jh., die von Meißen entwickelt und von anderen nachgeahmt wurden. Die Inspirationen wurden kreativ verändert und auf die funktional notwendigsten Dinge verknappt, z. B. Abflachung des Deckels.

**Jagdgöttin** Die etwas steif und plump wirkende Jagdgöttin Diana wurde im Auftrag der Keramikgesellschaft von Laveno gefertigt und zeigt die Veränderung des Frauenbildes vom lasziven Stil der Art-Déco-Zeit hin zum Heroismus.

**Porträtkopf** Die Kopfplastik wurde in A. Brekers (1900–91) Berliner Werkstatt am Tegeler Weg gebrannt.

**Suppenschüssel** Die im Buch ›Das dt. Haus und sein Hausrat‹ von R. Meringer 1906 präsentierte Schüssel galt den Nazis als besonders geeignet für den Eintopf.

**Schatulle** O. Douglas-Hill (1897–1972) war ein führender Keramiker der Nazizeit. Der Stil gleicht einem Sargdesign, das Ewigkeit und Mystik suggeriert. Der kniende Mann als Knauf symbolisiert die Ergebenheit gegenüber dem Führer.

Schüssel, J. Tait, England, 1955

Kaffeekanne ›Gold Key‹, Portmeirion, England, um 1964

Dose, Bürgel, DDR, 1980

Hochzeit des Macheath, Meißen, DDR, 1970

Kontrolleurin, J. Ledger, England, 1955

Stapeltassen, Deutschland, um 1980

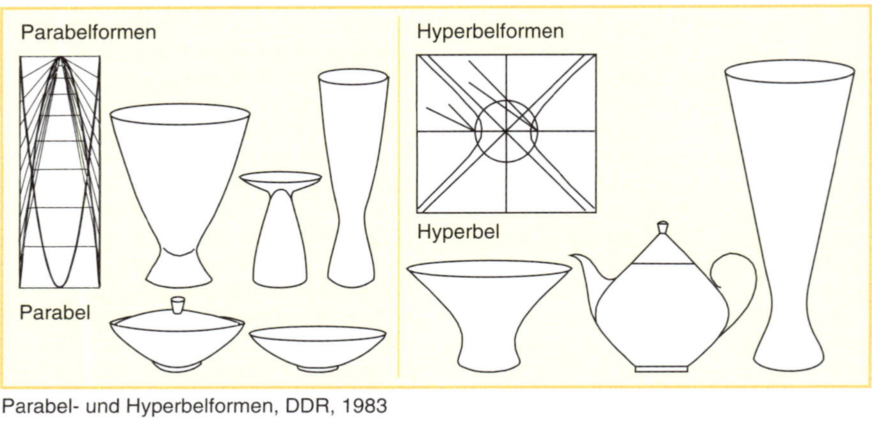


Parabel- und Hyperbelformen, DDR, 1983

Nach 1945 entwickelten sich verschiedene Keramiktrends (Tabelle).

| Zeitraum | Trend |
|---|---|
| 1950–60 | runde Formen, geometrischer Dekor |
| 1960–70 | Printdekore, geometrische Formen |
| 1970–80 | ›Neue Künstlichkeit‹ |
| 1980–90 | Ethnofoodgeschirr, Landhaustrend, Ökostil |
| nach 1990 | High-Tech-Stil, Retrotrend |

Führend waren die skandinavischen Fabriken. Die finnische Arabia leistete 1948 mit ihrem bekannten Designstudio unter K. G. Franck den bedeutendsten Beitrag: das einfarbige, ineinander steckbare Service ›Kilta‹. Die 40er und 50er Jahre waren formal von flachen, stromlinienförmigen Umrissen geprägt. Dagegen gewann Mitte der 60er Jahre die vertikale, parabel- und hyperbelförmige Keramik an Bedeutung.

Individualisierungs- und Mobilitätstrends spiegeln sich in der Keramik. Das Service verliert gegenüber dem Einzelstück an Bedeutung. Parallel werden moderne und traditionelle Keramiken angeboten. Außerdem gibt es regionales Kunsthandwerk. Die engl. Top Ten von 1998 sind traditionell (Tabelle).

| Dekor | Bilder und Merkmale | |
|---|---|---|
| Imari |  | blaurotes, textilartiges Muster |
| Feuille de Choux |  | kohlblattartige Randformung |
| alte Landrose |  | Bukette mit roten und gelben Rosen |
| Napoleon Ivy |  | Weinblattranken auf der Fahne |
| Haddon Hall |  | stickereiartiges Blumenmuster |
| Blue Italian |  | italienische Ruinenlandschaft |
| Zwiebelmuster |  | blauweiße Blumen und Obst |
| Willow |  | blauweißes Weidenmotiv |
| Flora Danica |  | naturgetreue Blumen |
| Chantilly sprig |  | zarte Kornblumen auf weißem Fond |

**Abbildungen**

**Schüssel** Der Dekor erinnert an das Atomium von Brüssel und symbolisiert Atomstrukturen und Wellen, wie sie damals durch die wissenschaftlichen Entdeckungen in aller Munde waren. Erstmals wurde das Service ›Festival‹ 1951 auf dem ›Festival of Britain‹ gezeigt. R. Midwinter entwarf die Form und J. Tait den Dekor.

**Kaffeekanne** Die schwarze Kaffekanne ›Gold Key‹ wurde in den 60ern von der Firma Portmeirion in England hergestellt. Sie ist ein Beispiel für die vertikalen, am Zylinder ausgerichteten Formen.

**Dose** Die Keramikherstellung hat in Bürgel bereits eine Tradition, die bis in das 14. Jh. reicht. Typ. ist die Punkt- und Tupfenmalerei auf blauem Grund.

**Figurenpaar** Das Hochzeitspaar aus B. Brechts ›Dreigroschenoper‹ wurden von P. Strang (geb. 1936) entworfen und in Meißen gefertigt. Typ. sind die vertikal ausgerichteten Figuren, die zu einem sechsfigurigen Ensemble gehören. Diese Gruppe zeigt das Klischeebild, das in der DDR vom Kapitalismus herrschte. Nach 1945 wurde die Meißner Manufaktur eine sowjetisch-deutsche AG mit hohen Reparationsverpflichtungen gegenüber der UdSSR. Erst 1950 erfolgte die Rückgabe an die DDR.

**Kontrolleurin** Dieses Detail entstammt einem Fliesenbild in der Poole Pottery in England. Es wurde um 1955 von J. Ledger entworfen. Die Kontrolleurin ist R. Pavely, eine sehr bekannte Künstlerin des Unternehmens. Interessant ist der an den sozialistischen Realismus erinnernde Stil des Wandbildes, das noch fünf weitere Arbeiterinnen abbildet, die an einem Tisch sitzend in ihre Arbeit vertieft sind. Derartige Wandbilder wurden in jener Zeit häufig an Außen- und Innenwänden als dekorative, motivationsstiftende Keramikplakate angebracht.

**Tassenstapel** Der Trinkbecher wurde in den 50er und 60er Jahren sehr populär und spiegelt eine weniger der Etikette und der formellen Trinkkultur verpflichtete Gesellschaft sowie den Individualisierungstrend wider.

**Parabel- und Hyperbelformen** Die Abb. stammt aus einem Porzellanlehrbuch, das die Herleitung der Formen aus Parabel und Hyperbel beschreibt, die zu jener Zeit dominierend in der Industrie waren.

T. und E. Coleman, ›Elemente des Glücks‹, England, vor 1993

R. Alberti, ›Amanti‹, Italien, 1994

D. Ross, Vase, England, vor 1996

J. Crowley, Porträt eines Dartspielers, England, 1981

H. Coper, ›Diestel‹, England, 1950; ›Spaten‹, England, 1968

links: Helmkanne, 18. Jh., rechts: H. Manthey, Helmkanne, DDR, vor 1990

**Studiotöpferei** heißt Keramik, die von Malern und Bildhauern, Kunsthandwerkern oder Designern allein oder in kleinen Gruppen unter den Bedingungen eines Ateliers entworfen oder gefertigt wird. Typ. ist die genaue Kenntnis von Rohstoffen und Techniken, die dem Studiotöpfer die Möglichkeit gibt, seine kreative Freiheit auszuschöpfen. Studiotöpfer bevorzugen deshalb oft bestimmte Techniken oder Rohstoffe, z. B. A. CAIGER-SMITH (geb. 1930) Lüster oder H. MANTHEY (geb. 1929) Fayence.
Die Ursprünge der Studiotöpferei liegen in **Frankreich**, wo z. B. E. CHAPLET (1835–1909) und T. DECK (1823–91) zuerst mit Keramik experimentierten. DECK hatte als Studiotöpfer so großen Erfolg, dass man ihn in Sèvres 1887 zum künstlerischen Leiter ernannte.
Für **Deutschland** sind bekannt: M. v. HEIDER (1839–1935) in Schongau und M. LAEUGER (1864–1952) in Karlsruhe. Studiotöpfer arbeiteten auch für berühmte Künstler. H. MUTZ (1845–1913) setzte z. B. Entwürfe von BARLACH um. Andere gründeten Werkstätten, z. B. J. J. SCHARVOGEL (1854–1938) 1897 in München die ›Vereinigten Werkstätten für Kunst und Handwerk‹ zusammen mit T. SCHMUZ-BAUDISS (1859–1942).
In **Dänemark** ist die frühe Studiotöpferei mit T. BINDESBØLL (1846–1908), der seine Aquarelle in Keramik umsetzte, und H. A. KÄHLER (1846–1917) verbunden, der durch seine roten Metallglasuren und Blumendekore bekannt wurde.
**England** spielt in der Studiotöpferei eine wichtige Rolle: W. MORRIS (1834–96), W. D. MORGAN (1839–1917) und später B. LEACH (1887–1979) sowie H. COPER (1920–81), M. CARDEW (1901–83) und J. CROWLEY (geb. 1946) waren so populär, dass das Victoria & Albert Museum zahlreiche Keramiken der Studiotöpfer ankaufte (Grafik).

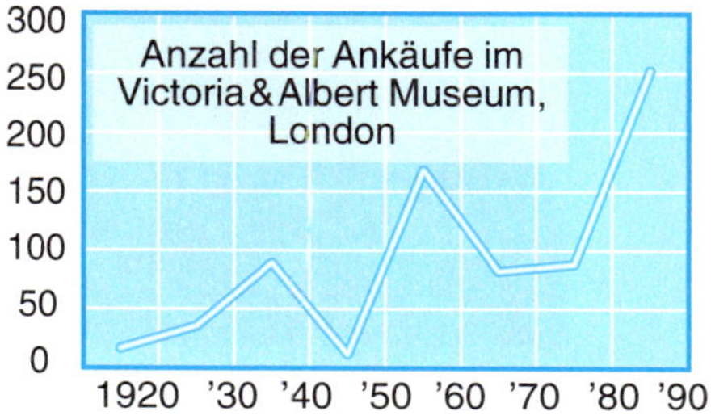


**Abbildungen**
**Elemente des Glücks** Das Objekt dient als Wanddekoration. Die Formen wurden von Metallobjekten ausgestochen oder abgeformt.
**Liebende** Die Plastik besteht aus Irdenware. Sie wirkt wie eine Abstraktion der bekannten Kalksteinskulpturen C. Brancusis (1876–1957). Die beiden mittleren Streifen symbolisieren umschlungene Arme, während die Köpfe nur durch die Abrundung und die Stufe in der Mitte erkennbar sind.
**Vase** Die Vase wurde mit einem polierten Schlickerdekor verziert. Der Glanz und die orangerötliche Färbung wecken Assoziationen mit der Terra-sigillata-Töpferei im antiken Rom (S. 110 f.). Es ist eine lange, vielschrittige Einzelarbeit, in der Schichten von Feinschlicker übereinander gelegt wurden.
**Porträt eines Dartspielers** Crowley studierte zusammen mit A. Britton am berühmten Royal College of Art in London (S. 262) und hatte bereits 1977 ihre ersten Ausstellungen. Der ›Dartspieler‹ zeigt ihren feinen Humor beim Einfangen typ. Situationen, wie z. B. einer im Fernsehen gezeigten Dartmeisterschaft. Bekannt geworden ist Crowley auch durch Abformungen von Händen ihres Babys.
**Diestel** und **Spaten** Coper ist einer der berühmtesten Studiotöpfer der Nachkriegszeit. Er emigrierte 1939 aus Dtl., wurde zunächst als Kriegsgefangener nach Kanada geschickt und kehrte 1941 nach England zurück, wo er bis zu seinem Tod lebte. Er übte mit seinen simplen, assoziationsauslösenden Formen und deren rauen Texturen weltweit großen Einfluss aus. Coper, der eine Zeit lang mit der ebenso bekannten Studiotöpferin L. Rie (1902–95) in einer Werkstatt arbeitete, machte sich auch als Lehrer einen Namen.
**Helmkanne** Manthey studierte ab 1949 an der Burg Giebichenstein in Halle. Seit 1956 arbeitete sie in Marwitz bei H. Bollhagen (1907–2001). Sie spezialisierte sich auf Fayencen. Die Formen sind von der Renaissancezeit inspiriert. Der auf die Zinnglasuren sparsam aufgetragene Dekor wirkt märchenhaft und lyrisch. Der Typus Helmkanne hat die Form eines umgedrehten Helmes und ist bereits seit der Renaissance als Keramikform bekannt.

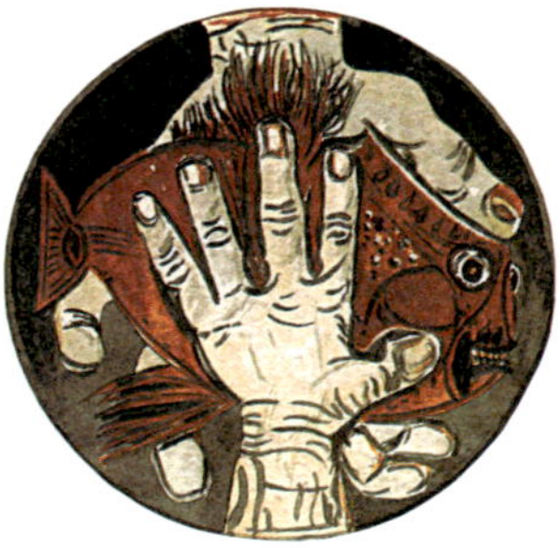

P. Picasso, ›Ein Fisch zwischen den Händen‹, 1953

M. Chagall, ›David und Bathseba‹, Platte, 1951

S. Dalí, Entwurf eines Weihnachtstellers, 1979

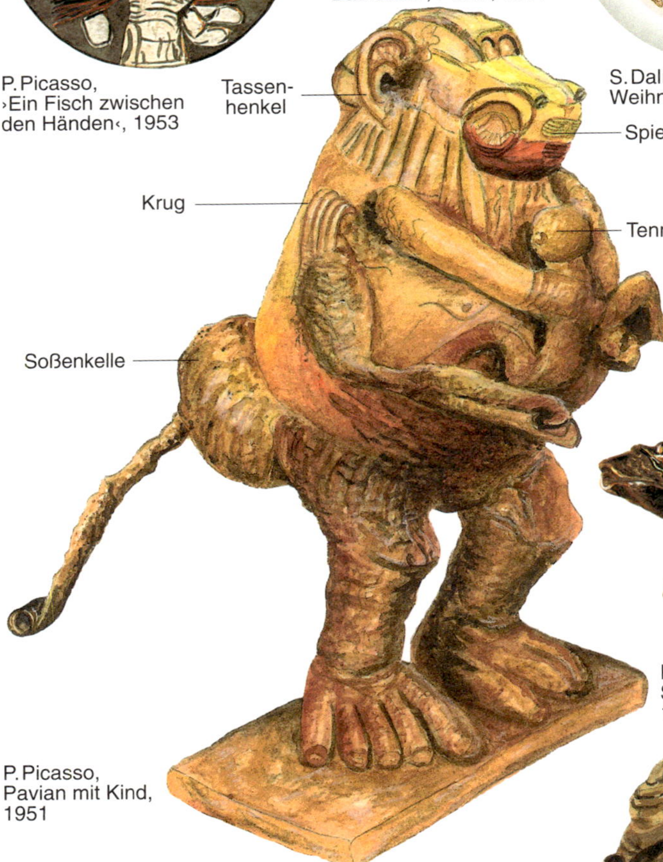


P. Picasso, Pavian mit Kind, 1951

P. Gauguin, Steinzeugschale, 1887–88

F. Léger, ›Das Kaninchen‹, 1952

H. Daumier, ›Fruchard‹, um 1833

**Künstlerkeramik** setzt eine über die Grenzen des eigenen Terrains hinweg denkende Künstlerpersönlichkeit voraus. Diese Universalität der Kunst gab es von der Antike bis zur Renaissance, z. B. bei L. DA VINCI (1452–1519). Vom 17.–19. Jh. war ein Bildhauer nur Bildhauer und ein Maler nur Maler. Erst Ende des 19. Jh. begannen Maler mit Bildhauer- und Keramikexperimenten. P. PICASSO (1881–1973) war einer der wenigen Maler, die selbst das Töpferhandwerk beherrschten. Die meisten Künstler nutzten die Keramik als Bildfeld oder für Kleinplastiken und arbeiteten mit bekannten Töpfern zusammen (Tabelle).

| Töpfer | Künstler |
|---|---|
| L. Artigas | G. Braque, R. Dufy, J. Miró |
| E. Chaplet | P. Gauguin |
| A. Metthey | P. Bonnard, M. Denis, A. Derain, A. Maillol, H. Matisse, J. Puy, A. Renoir, A. Rodin, G. Rouault, K. X. Roussel, M. de Vlaminck u. a. |
| G. und S. Ramié | J. Cocteau, P. Picasso |

Nach dem Zweiten Weltkrieg verfolgte P. ROSENTHAL (1916–2001) mit der Rosenthal Studio Line das Ziel, originale Kunstwerke und herausragende Designs durch ihre Verwendung auf Alltagsporzellanen der Allgemeinheit zugänglich zu machen. Die Jahresteller-serien wurden zu sehr begehrten Sammlerobjekten (Tabelle: 1986 abgeschlossene Jahrestellerserie).

| Jahr | Künstler |
|---|---|
| 1975 | Günther Uecker |
| 1976 | Bjørn Wiinblad |
| 1977 | Günther Ferdinand Ris |
| 1978 | Ivan Rabuzin |
| 1979 | Salvador Dalí |
| 1980 | Ernst Fuchs |
| 1981 | HAP Grieshaber |
| 1982 | Victor Vasarely |
| 1983 | Paul Wunderlich |
| 1984 | Otto Herbert Hajek |
| 1985 | Salomé |
| 1986 | Marcello Morandini |

**Abbildungen**

**Ein Fisch zwischen den Händen** Picasso begann seine keramischen Arbeiten 1947 in Vallauris, einer kleinen Provinzstadt im Süden Frankreichs, wo viele Töpfer lebten und arbeiteten. Er fertigte dort Kleinplastiken von Eulen, Tauben, Raubvögeln und Porträtbüsten bärtiger Männer oder junger Frauen oder Szenen wie der Fisch zwischen Kinder- und Erwachsenenhand.

**David und Bathseba** Von 1950–65 fertigte M. Chagall (1887–1985) Keramiken wie den Teller mit dem interessanten Kontrast von hartem Material und luftigen Farben. Chagall sagte über seine Töpferkunst:

> *»Manchmal entlässt das Feuer meine Schmerzenskinder anerkennend aus dem Ofen, manchmal ... in lächerlichen Formen. Die alten Elemente erinnern mich nur zu gut daran, dass meine Mittel bescheiden sind.«*

**Jahresteller** S. Dalí (1904–89) hat schon 1976 und 1979 Jahresteller für die Rosenthal Studio Line entworfen.

**Pavian mit Kind** In Vallauris entdeckte Picasso eine für ihn neue Technik – die sog. Zufallsmethode. Er ließ sich von den Assoziationen leiten, die gefundene Objekte in ihm weckten, und formte mit Ton z. B. eine Pavianplastik: Der Kopf besteht aus zwei Spielzeugautos; das Ohr ist ein alter Tassenhenkel und der Körper ein Krug; der Schwanz war urspr. eine Soßenkelle und der Kopf des Paviankindes ein Tischtennisball.

**Steinzeugschale** P. Gauguin (1848–1903) arbeitete mit E. Chaplet (1835–1909) von 1886–89 zusammen. Die Schale war ein Rohling, den er plastisch erweiterte. Es gibt auch ein Selbstporträt auf einem Krug.

**Das Kaninchen** F. Léger (1881–1955) richtete sich 1949 eine kleine Keramikwerkstatt im südfranzösischen Ort Biot ein. Er übertrug seinen Stil zunächst auf das Relief, später schuf er auch Skulpturen. Zum Zyklus der letzten Arbeiten vor seinem Tod gehört das Kaninchen, das auf einem Tisch liegt und in geometrische Formen zerlegt wurde.

**Fruchard** H. Daumier (1808–79) nutzte Ton, um durch Deformierung der Porträts Charakterzüge und körperliche Fehler zu überhöhen. Die Karikaturzeichnungen entstanden erst danach.

Nordasien

Westasien

Südasien

Ostasien

Südostasien

11 000 v. Chr.
–
2000 v. Chr.
2000 v. Chr.
1000 v. Chr.
–
1000 n. Chr.
1000–1500
1500–1800
19. Jh.
20. Jh.

Schüssel, Banpophase der Yangshaokultur, um 4500 v. Chr.

Urne, Banshanphase der Yangshaokultur, um 2500 v. Chr.

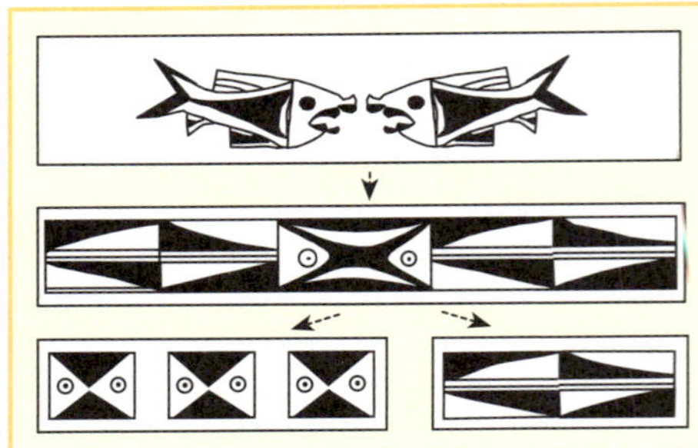

Entwicklung der Stilisierung des Fischmotivs

Krug, Majiayaophase der Yangshaokultur, um 3000 v. Chr.

musizierender Tänzer, Xindu, Ost-Han-Zeit (25–220 n. Chr.)

Offizier, Lintong, Grab des Qin Shi Huang (259 – 210 v. Chr.)

Krug, Weifang, um 2500 v. Chr.

Gefäß, Yangshao, um 2000 v. Chr.

Vase, Mingkunglu, um 17. – 15. Jh. v. Chr.

**China** stellt eines der bedeutendsten Keramikländer überhaupt dar. Steinzeug und Porzellan wurden hier erfunden.

**Periodisierung** (Auswahl)

| Zeit | Periode/Dynastien |
|---|---|
| 6500 v. Chr. | Neolithikum |
| 16. Jh. v. Chr. | Shang |
| ab 1027 v. Chr. | Zhou |
| ab 221 v. Chr. | Qin |
| ab 206 v. Chr. | Han (westl. und östl.) |
| ab 220 n. Chr. | streitende Reiche |
| ab 581 | Sui |
| ab 618 | Tang |
| ab 907–1125 | Liao |
| ab 907–960 | Zeit der fünf Dynastien |
| ab 960 | Song (nördl. und südl.) |
| ab 1279 | Yuan |
| ab 1368 | Ming |
| ab 1644 | Qing |
| ab 1912 | Republik China |
| ab 1949 | Volksrepublik China |

Die Übernahme der Bezeichnung Kaolin für Porzellanerde von dem chin. Ortsnamen Gaoling belegt den Einfluss Chinas in der Porzellangeschichte.
Den Wert des Keramikhandwerks in der Zhouzeit zeigt folgendes Zitat:

> *»Yu Yan Fu war Töpfer ... König Wu verließ sich darauf, dass er gute Tongefäße machte. Als Yu ein hervorragender Handwerker geworden war, verheiratete der König seine Tochter mit ihm und belehnte ihn mit dem Reich Chen.«*

In China wurden wichtige technologische Neuerungen in die Keramik eingeführt (Tabelle).

| Entwicklungszeit | Erfindung |
|---|---|
| 2500 v. Chr. | Protoporzellan |
| 1700 v. Chr. | Protoseladon |
| 475–221 v. Chr. | Bleiglasur |
| 420–581 n. Chr. | Weißporzellan |
| 581–907 | Metalloxidfarben |

Die Chinesen selbst teilen Keramik in poröse Irdenware *tao*, 陶, und feines Porzellan/Steinzeug *ci*, 瓷, ein. Impulse ergaben sich aus den keramischen Grabbeigaben *ming qi*, 明器, die seit der Shangzeit die urspr. Originale ersetzten. Die immer kräftigeren Farben der Bleiglasuren waren giftig, was nach Berichten auch die Grabräuber abhalten sollte.
Die früheste erhaltene Keramik Chinas datiert um 6500 v. Chr. und stammt aus einem Höhlenfundort in der Provinz Jiangsu. Sie ist rotgrau und grobkörnig. Die Formgebung erfolgte bis zur Longshanphase in Ringwulsttechnik, danach auf der Drehscheibe.
Gebrannt wurde seit dem 5. Jt. v. Chr. mit getrenntem Feuer- und Brennraum, in den sog. Yangshaoöfen, den Mantoukuppelöfen, den sog. Drachenhangöfen, und seit dem Ende der Mingdynastie mit liegenden, ovalen Kuppelöfen.

**Abbildungen**
**Schüssel** Typ. für Banpo ist das um das Gefäß geführte Fischmotiv, das variantenreich entwickelt wurde.
**Urne** der Banshanphase der Yangshaokultur in der heutigen Region Gansu. Typ. ist das mit Pinsel aufgetragene Wellen- und Schachbrettmuster.
**Krug** der Majiayaophase der gleichnamigen Kultur. Typ. sind die holzschnittartigen Spiralmuster.
**Offizier** Einer der über 7000 lebensgroß gefertigten Soldaten des Kaisergrabes Qin Shi Huangs (259–210 v. Chr.), von dessen »Tschin« ausgesprochenem Namen sich der Staatsname China ableitet. Es sind farbig bemalte Irdenwareplastiken von höchster Qualität. Über 1000 Töpfer haben offenbar mehrere Monate daran gearbeitet. Typ. sind statische Körperhaltungen (nur zwei Beintypen, acht Torsos und acht Kopfmuster) mit sehr differenzierten Farbfassungen (S. 88 f.).
**Tänzer** Typ. für die Plastiken der Hanzeit sind der Realismus und die Bevorzugung bewegter Körperhaltungen. Sie haben nur 1/3 der Lebensgröße. Der Tänzer ist wohl ein Hofzwerg, der Geschichten erzählte und dazu musizierte.
**Krug** Typ. Tafelgefäß zum Darbieten von Wein, das oft mit Dreibein und Hängeösen versehen war. Es ist sog. Urporzellan, da es Kaolin enthält.
**Gefäß** aus der neolithischen Longshanphase. Typ. dafür ist eine dünnwandige, schwarz glänzende Drehscheibenware.
**Vase** Protoseladongefäß mit typ. Zunform. Seladone erreichten seit der Shangzeit eine weite Verbreitung.

Schüssel, Tang, 8./9. Jh.

Tropfer, sechs Dynastien, 3.–4. Jh.

Ding-Gefäß, Südsong (1127–1279)

Schale, Song, 12. Jh.

Imitation von Fell durch Aufrauung = original

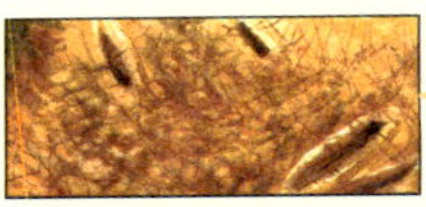

feine Glasurrisse = original

grobe Glasurrisse = gefälscht

Sancai-Kamel, Tang, 8. Jh.; links: Details

Grabwächter, Tang, 8. Jh.

Schüssel, Tang, 8.–9. Jh.

Steinzeugtopf, Tang, 8. Jh.

Der Untergang der Handynastie führte zu einer instabilen Situation, die erst 618 mit die Vereinigung Chinas unter den Tang beendet war. Aus der Übergangszeit der **sechs Dynastien** stammen die frühesten Seladone, die *Yue*, 越. L. GUIMENG (9. Jh.) schrieb darüber:

> *»Kommt der Spätherbst mit Tau und Wind, dann öffnen sich Yues Öfen und den tausend Gipfeln wird geraubt ihr smaragdnes Grün...«*

Seladon galt als »falscher Jade« und imitierte den seltenen Schmuckstein. In der **Tangzeit** stellten die Töpfer Yue nur noch für den kaiserlichen Hof her. Das Olivgrün galt als geheime Farbe.
Mit der Verbreitung konfuzianischer Elternverehrung ging eine Zunahme der Grabbeigaben, *ming qi*, 明器, einher. Es gab Regierungserlasse, die festlegten, dass die Menge der Grabbeigaben dem Rang zu entsprechen habe. Um der Grabräuberei Herr zu werden, dachte man sich Abschreckungsmaßnahmen aus: Quecksilberseen, giftige Glasuren und Angst einflößende Grabwächter aus Keramik (Tabelle).

| Bezeichnung | Erläuterung |
|---|---|
| fang xiang | Grabwächter der vier Gegenden |
| lokapala | Himmelskönig, als Grabwächter dienend |
| qitou | Monster, das ein Grab beschützt |
| zhenmou shou (Abb.) | grimmiges Grabwächterbiest |

In der Tangzeit erlebte *san cai*, 三彩, eine Blüte. *San cai* bedeutet ‘drei Mächte’ und steht für Himmel, Erde und Mensch, die zusammen das Universum bilden. Die drei entsprechenden Farben sind Grün (Kupferoxid), Gelb (Antimon) und Braun. Daneben gab es Schwarz und Blau. Typ. ist das gestaltende Freilassen von Teilbereichen (Kopf, Sockel; Abb.).
Als neue Technik kam die Marmorierung auf (S. 42f.). Die Gefäße wurden mit einer transparenten Glasur überzogen. Um 720 importierte China das wegen seiner Herkunft ›Mohammedaner-Blau‹ genannte Kobalt aus iranischen Minen (S. 246f., 266).

Handelskontakte zur Mittelmeerwelt und Vorderasien brachten griechische und röm. Formen sowie die Stempeltechnik (S. 110f.) nach China.
Die **Songzeit** gilt als klassische Periode der Keramik Chinas. Hochverfeinerte Waren wurden hergestellt. Zahlreiche Seladone mit bräunlichem Grün, Himmelblau oder Türkis stammen aus dieser Zeit. Der Umgang mit den Glasuren war besonders in der Abstimmung der Ausdehnungskoeffizienten von Glasur und Scherben perfekt.
Der Erfindungsreichtum hatte seine Ursache in der Einführung eines Systems des Lohnhandwerks, das eine größere Unabhängigkeit genoss als das alte Fronhandwerkertum. Außerdem förderte die Verbesserung der Kohleabbautechnik und die dadurch bedingte Verbilligung der Kohle den Porzellanofenbau. Der Porzellanhandel blühte. Hersteller markierten ihre Waren, z. B. »Gefertigt von der Familie Chen in Guxiang«.
Porzellanschulen entstanden (Tabelle).

| Porzellanschule | Merkmal |
|---|---|
| Ding | Weißporzellan |
| Yaozhou | gravierte Seladone |
| Linru und Ru | Alltagsseladone |
| Guan | Dunkelgrau |
| Longquan und Ge | Craquelées |
| Jun | Kupferrotglasur |
| Cizhou | bildhafter Dekor |
| Yingqing | bläuliche Glasur |
| Jian und Jizhou | Schwarzporzellan |

**Abbildungen**
**Schüssel** Typ. Rot-Gelb-Marmorierung.
**Tropfer** Für einen Kalligraphen gefertigter Tropfer (S. 168f.).
**Ding-Gefäß** Blaugrüne Glasur auf feinweißem Scherben.
**Schale** Sie diente mglw. als Unterschale einer Jardiniere.
**Sancai-Kamel** Typ. ist die Fellimitation mittels aufgerauter Glasur.
**Grabwächter** Der *zhenmou shou* ist dreiteilig: Horn, Kopf, Körper/Basis.
**Schüssel** Typ. ist der braune Scherben.
**Steinzeugtopf** Der modern wirkende Topf hat blaue Glasurspritzer. Er stammt wahrscheinlich aus der Experimentierzeit der ersten Kobaltimporte.

Pinsel, Ming, Wanliperiode (1573–1619)

Weingefäß, Qianlongperiode (1736–95)

Schale, Ming, Xuandeperiode (1426–35)

Deckelvase, Yuan, 14. Jh.

Vase, Qing, Kangxiperiode (1662–1722)

Kerzenhalter, Qing, Yongzhengperiode (1723–35)

Tuschereibstein, Qing, 1692

Anwendung von schwarzer Tusche und Tuschereibstein

Die Songdynastie wurde 1279 von den Mongolen vertrieben. Der sinophile Großkhan KHUBILAI (1215–1294) gab seiner Dynastie den Namen **Yuan**. In der Yuanzeit verfiel einerseits die verfeinerte Porzellankultur der Songperiode; andererseits erlebte die Keramikproduktion durch die erneute Öffnung der Seidenstraße und die Förderung der Schifffahrt in Südchina einen Aufschwung.
So wurden das Blauweißporzellan, Unterglasurrot, rote und blaue Überglasuren sowie die Goldbemalung erfunden.

**Die Porzellanindustrie Jingdezhen**
Jingdezhen ist eine der frühesten Großindustriestädte der Welt und bis heute das Zentrum der Keramik- und Porzellanfertigung Chinas (S. 265). Bereits in der Tangzeit gab es hier berühmte Manufakturen. Die begünstigenden Standortfaktoren sind: Kaolinvorkommen, weite Wälder für die Brennstoffe, verkehrsgünstige Lage am Tschangfluss. Heute werden täglich über eine Million Keramiken gefertigt. Die Entwicklung gliedert sich in acht Phasen (Tabelle).

| Phase | Merkmale |
|---|---|
| 907–960 | Seladone und Weißware |
| 960–1330 | Blauweißporzellane |
| 1330–1487 | Unterglasurblau und -rot |
| 1488–1644 | Massenproduktion |
| 1644–1795 | Überglasurfarben |
| 1796–1911 | Verfall |
| 1912–1940 | Vielfarbigkeit, Fräsdekor |
| seit 1949 | Massenproduktion |

Eine typ. Erfindung Jingdezhens war das »Eierschalenporzellan« mit einer Wanddicke von 0,5 mm, das noch heute gefertigt wird. Ein anonymer Dichter des 16. Jh. schrieb dazu:

*»Sorge erfasst uns,*
*der Wind würde es verwehen,*
*oder es könnte*
*in der Sonnenhitze zergehen.«*

**Ming- und Qingdynastie**
Die **Mingdynastie** gründete 1368 ein buddhistischer Wandermönch, der in den Wirren der Yuandynastie zum Soldaten geworden war. In den nächsten drei Jahrhunderten fertigten Töpfer Porzellane mit einem besonders hellen Weiß. Man unterscheidet »süßes Weiß« (*Yongle*), »schöner Jade« (*Xuande*), »reines Weiß« (*Jiajing*) sowie »durchsichtiges Glanzweiß« (*Wanli*).
Aus dem Norden kamen 1644 kriegerische Mandschu, die die Ming stürzten und die **Qingdynastie** gründeten. Die Anlagen in Jingdezhen wurden zerstört. Erst 1654 konnten sie unter dem neuen Namen ›Kaiserliche Porzellanmanufaktur‹ ihre volle Produktion wieder aufnehmen. Blauweißporzellane waren noch immer die Hauptprodukte. Hinzu kamen mit Emailfarben bemalte Waren, die man zuerst in Frankreich in ›Familien‹ (‘Familien’) gliederte (Tabelle).

| Famille | Merkmale |
|---|---|
| Famille jaune | gelber Fond, Variante der Famille verte |
| Famille noire | Reserven (Aussparungen) auf Schwarz |
| Famille rose | opakes Rosa bis Lila vorherrschend |
| Famille verte | Dekor auf leuchtender, grüner Glasur |

**Abbildungen**
**Weingefäß** Die Glasur des Bronze imitierenden Gefäßes vom Typ »Jue« wird als Auberginefarbe bezeichnet.
**Schale** Diese Teeschale besitzt die typ. Kupferrotglasur. Derartige Schalen fanden als Zeremonialkeramiken in der Xuandeperiode der Mingzeit Verwendung. Es handelt sich um denselben Porzellantyp wie bei der Blauweißware. Für die Glasur wurde jedoch 0,5–1 % Kupferoxid hinzugefügt.
**Vase** Diese Flötenvase der Famille verte trägt im oberen Drittel eine Illustration zum Roman ›Die drei Reiche‹: Ein alter Greis wird von einem General nach dem Weg gefragt.
**Deckelvase** Es handelt sich um Porzellan mit Unterglasurmalerei in Kobaltblau, wie es unter den Yuan erfunden wurde.
**Kerzenhalter** Das Stück gehört zur Famille rose. Ein männliches Gegenstück ergänzt es zu einem Paar.
**Tuschereibstein** Auf dem Tuschereibstein wurde Trockentusche aufgerieben und dann mit Wasser betropft (Abb.).

Taotiemotiv

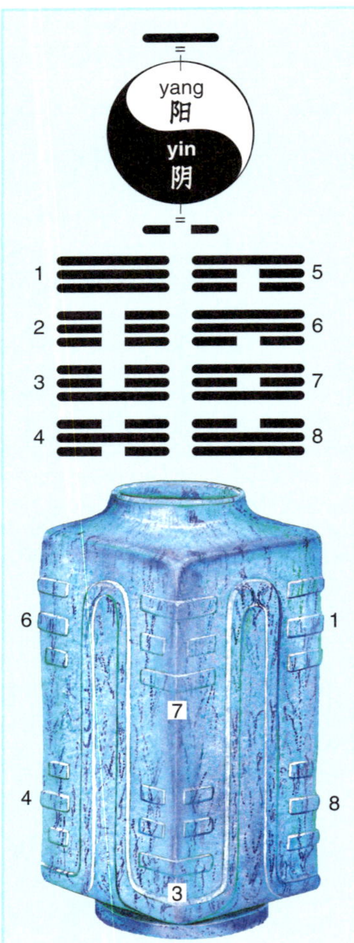


Die acht Trigramme

Studiotöpferei im 20. Jh.

Ende des 19. Jh. verfielen die Keramik- und Porzellanindustrie sowie das Handwerk. Ein anonymer Autor schrieb damals:

> *»Früher erreichte der Jahresumsatz von Jingdezhen etwa 5 Millionen Tael Silber. Jetzt geht es bergab, der Umsatz halbierte sich.«*

Zwischen 1875 und 1908 wurden alle kaiserlichen Brennöfen von Jingdezhen geschlossen. Allein 110 private Töpfereien produzierten weiter Alltagsgeschirr und Imitationen berühmter Vorbilder. Mit der Gründung der Republik China 1912 folgte der Präsident Y. Schikai den alten kaiserlichen Machtritualen und bestellte demonstrativ 40 000 Keramiken, um einerseits seine Befehlsgewalt zu testen und andererseits das Produktionspotenzial auszuloten.
Die Dekore jener Zeit tendierten zu vielfarbigen, die Form überladenden Mustern und Bildern. Eine neue Technik war das Diamantfräsen, womit ähnlich dem Glasschliff Landschaftsbilder und Porträts in das Porzellan eingraviert wurden.
Nach der Gründung der Volksrepublik China 1949 erlebten Reproduktion und Imitation alter Vorbilder eine Renaissance. Obwohl sich in einzelnen Provinzen traditionelle Regionalstile erhielten, galt es als großes Prestige für die Provinzführer, eine Porzellanfabrik mit einer Produktion stilvoller Kopien und typ. Imitate in ihrem Verwaltungsgebiet zu haben (Tabelle).

| imitierter Stil | Erkennungsmerkmal |
|---|---|
| Dehua | reines transluzides Weiß |
| Guan | Jadegrün |
| Jingdezhen | viele Glasurfarben |
| Jun | bruchfest |
| Liling | folienartige Überglasur |
| Longquan | gelbliches Seladongrün |
| Ru | verschiedene Grüntöne |
| Shiwan | Sprenkelglasuren |
| Yaozhou | Craqueléeglasuren |
| Yixing | Purpurbraunteeservices |

Die chinesische Studiotöpferei hat sich in Taiwan etabliert. Sie folgt in Technik (Kristallglasuren, mechanische Dekore) und Stil den internationalen Keramiktrends.

**Abbildungen**

**Taotiemotiv** Es handelt sich um die symmetrische Darstellung zweier Raubkatzenhälften. Das Wort Taotie bedeutet 'Vielfraß', wurde aber erst in der Songzeit eingeführt. Das Taotiemotiv bildet meist den zentralen Teil einer Dekoration, deren Hintergrund aus dem sog. »Leiwenmuster« (dt.: Donnermuster) besteht: einem Band aus aneinandergereihten Mäandern (S. 172 f.).
Umstritten ist, ob es sich nicht um ein Tier, sondern um die Kombination eines frontalen Katzengesichtes mit zwei Kuidrachen im Profil handelt. Die Fundorte liegen meist in den Tempeln und den großen Gräbern.
Aus den Inschriften geht hervor, dass diese aus Bronze und Keramik (Abb. unten) hergestellten Gefäße mit Reliefdekor immer rituellem Gebrauch dienten.

Gussform, Keramik, um 475 – 221 v. Chr.

**Trigramme** sind altchinesische Wahrsagesymbole, die aus gebrochenen (Yin, 阴) oder durchgehenden (Yang, 阳) Linien in unterschiedlichen Anordnungen bestehen (Tabelle).

| Name | Natursymbol, Bedeutungen |
|---|---|
| 1 *qian* | Himmel, Stärke, männlich |
| 2 *kun* | Erde, Gefügigkeit, weiblich |
| 3 *zhen* | Donner, Bewegung, Erregung |
| 4 *kan* | Mond, Gefahr, Abgrund |
| 5 *gen* | Berg, Tor, stehen bleiben |
| 6 *sun* | Wind, Geduld, Wachstum |
| 7 *li* | Blitz, Anhänglichkeit, Helle |
| 8 *dui* | Meer, Spiegel, Heiterkeit |

**Studiotöpferei** Fließende Form, Kristallglasur und Drahtschnitt (S. 42 f.) sind typ. für die chinesische Studiotöpferei.

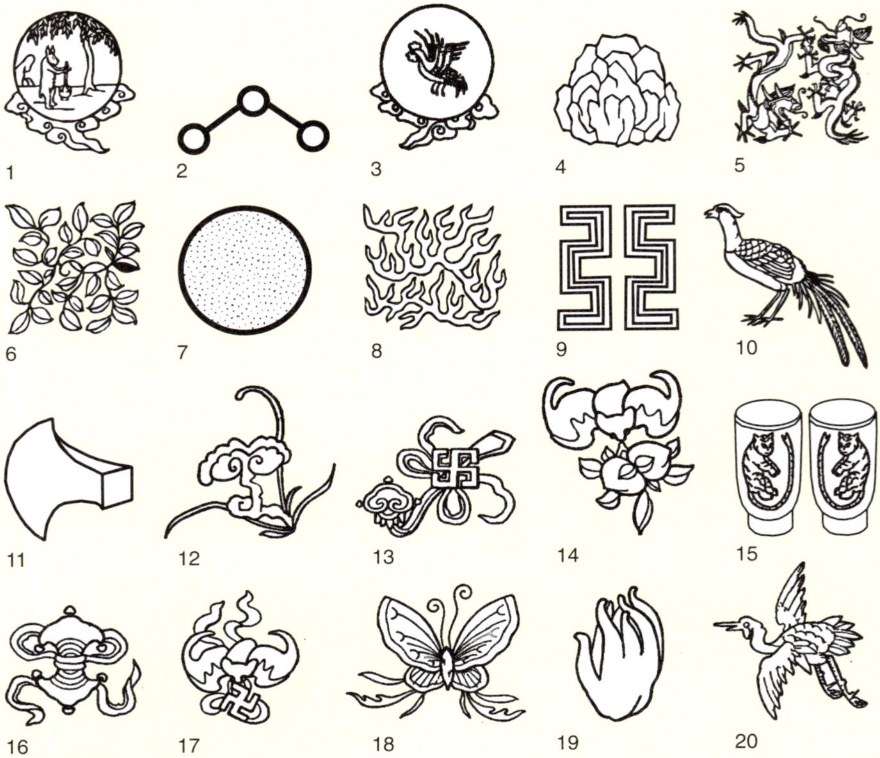


Symbole und Motive

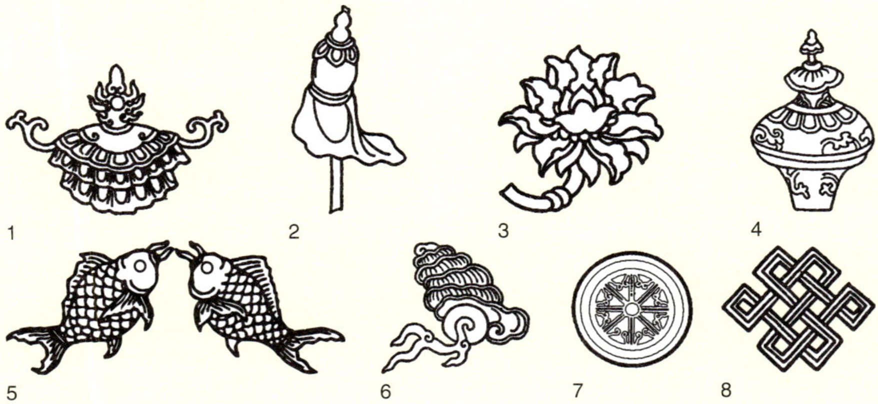


Die acht buddhistischen Symbole

Dekormuster

Die chinesische Motiv- und Symbolsprache besteht aus drei Bereichen:

**1. Homonyme**

Gleichlautende Worte wie *mao* für 'Katze' und für 'achtzigjährig' werden bewusst als Wortspiel verwendet. Ein weiteres Beispiel ist *fu*, das 'Glück' und gleichzeitig 'Fledermaus' bedeutet.

*Pin* hat dreifache Bedeutung: Eine Braut sollte in einen 'Apfel' beißen und dann über einen 'Sattel' steigen, um den 'Frieden' im Haus zu stiften.

**2. Mythologie**

Phantasiemotive wie z.B. der **Phönix**, der **Drache** oder das **Einhorn** besitzen eine sehr alte Geschichte mit festgelegten Bedeutungen.

Bspw. galt die **Lotosblüte** als rein, in Blauweiß gemalt versinnbildlichte sie untadeliges Betragen. So verzierte Porzellane wurden Untertanen geschenkt, um sie zu vorbildlichem Handeln zu motivieren.

**3. Assoziationen**

Viele Motiv- oder Symbolvorlagen lassen sich aus der Beobachtung deuten. So wird die **Katze** mit Reichtum gleichgesetzt. Reichtum assoziierte man früher mit Getreidelagern, wo sich Mäuse und demzufolge Katzen aufhielten.

**Stilvariationen von Motiven**

Der Darstellungsstil kann variieren, wie z.B. beim Pilzmotiv (Tabelle).

Gestaltungen des Pilzmotivs (Lingzhi)

**Abbildungen**

**1. Mond** verkörpert das weibliche Prinzip *yin*. Der **Hase** mischt die Unsterblichkeitstinktur.

**2. Sternbild** mit **Sonne** und **Mond** symbolisiert die Weisheit der Herrscher.

**3. Sonne** vertritt das männliche Prinzip *yang*. Sie ist das Auge des Tages und die Kraft, die die Erde fruchtbar macht. In ihr leben der Hahn und der Rabe, beide mit drei Symbolbeinen, der Morgen-, Mittags- und Abendsonne.

**4. Berg** Sitz von Sonne und Mond

**5. Drache** Die höchste geistige Macht, das Übernatürliche, die Unendlichkeit, der Kreislauf der Natur, die unumschränkte Macht, das *yang*. **Lung**, der Azurdrachen mit fünf Klauen verkörpert die Macht des Kaisers. Der vierklauige **Mang** symbolisiert zeitliche Macht. Vier- und fünfklauige Drachen finden sich fast nur auf vom Kaiser bestellten Porzellanen, dreiklauige durften auch nichtkaiserliche Töpfer verwenden (S. 168).

**6. Pflanzen** Werden und Vergehen

**7. Hanfsamen** Gerechtigkeit, Gnade und Tugend, auf die alle Anrecht haben

**8. Feuer** Gefahr, Ärger, Wildheit

**9. Fu** Glück und stilisierte Fledermaus

**10. Phönix** Wappentier der Kaiserin und das *yin*. Er trägt den Kopf eines Hahns (Sonne), den Rücken einer Schwalbe (Halbmond), die Flügel symbolisieren den Wind, die Schwanzfedern Blumen und Bäume, die Beine die Erde. Die fünf Gefiederfarben stehen für Güte, Treue, Selbstzucht, Weisheit und Vertrauen.

**11. Axt** Gerechtigkeit, Autorität, Gerichtsurteil und Strafe

**12. Pilz** Lingzhi (Pfifferling); langes Leben, Beharrlichkeit, Unsterblichkeit

**13. Ruyi** Wunschszepter, Glaube, Attribut des Gottes der Gelehrsamkeit

**14. Fledermaus/Pfirsich** langes Leben

**15. Schalen** Opferdarbringung

**16. Silberbarren** Reinheit, Klarheit

**17. Fledermaus/Hakenkreuz** unendliches Glück als Wunsch an andere

**18. Schmetterling** Freude und Eheglück, Schönheit im Alter

**19. Buddhahand und Zitrone** Glück

**20. Kranich** langes Leben, Elternliebe

**Die acht buddhistischen Symbole**

1. **Baldachin** Kaiser
2. **Schirm** Würde
3. **Lotos** Reinheit
4. **Vase** enthält Lebenselixier »Amrita«
5. **Fische** Fruchtbarkeit, Eheglück
6. **Muschelschale** Stimme Buddhas
7. **Rad** Seelenwanderung, Weltenrad
8. **Knoten** langes Leben

**Dekormuster**

1. **Hakenkreuzmäander** unendlich
2. **Geld** Schutz gegen Dämonen, Glück
3. **Perlenmuster** Wunscherfüllung
4. **Wellen** Glücksmeer
5. **Wolkenspirale oder -mäander** Glück

Gefäß, Protojomon, um 11.– 8. Jt. v. Chr.

Figur, Endstadium Jomon, 1. Jt. v. Chr.

Gefäß, Mitteljomon, 3. Jt. v. Chr.

Gefäß, Yayoiperiode (3. Jh. v. Chr. – 3. Jh. n. Chr.)

Trankopfergefäß, spätes Kofun, um 6. – 7. Jh. n. Chr.

Flasche, spätes Kofun, um 6. – 7. Jh. n. Chr.

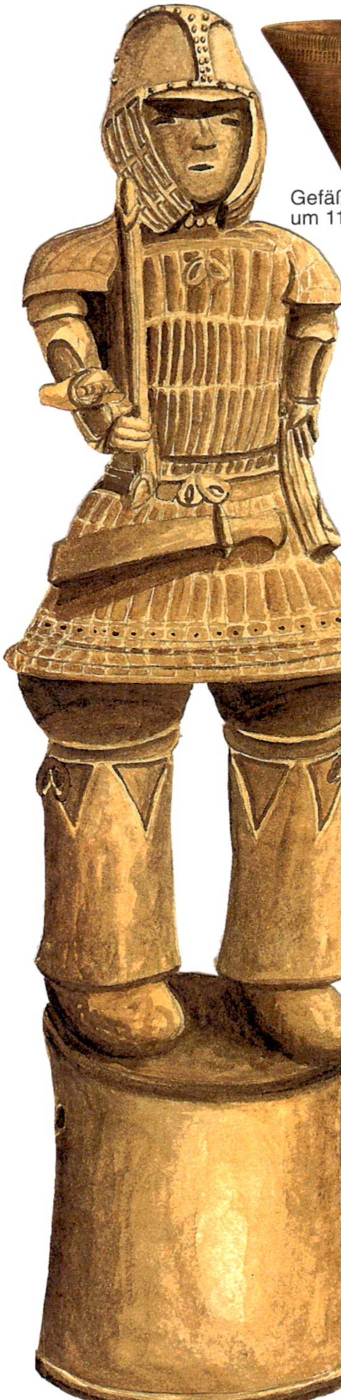

Grabwächter, Mozu, 5. Jh. n. Chr.

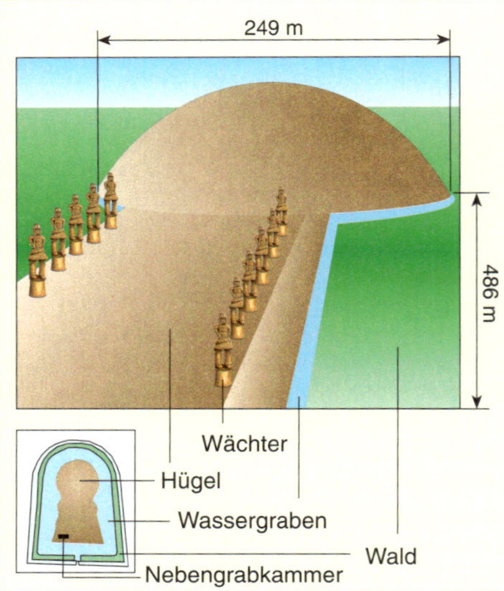


Schema des Hügelgrabes Kaiser Nintokus in Mozu

**Japan** gehört zu den ganz großen Keramikländern der Welt. Hier wurden die ältesten bisher gefundenen Keramiken hergestellt. Noch heute besitzt nahezu jede japanische Familie besondere Keramiken.
Im Gegensatz zum europäischen Service (S. 126 f.), das auf einheitliche Darbietungsgefäße setzt, gibt es in Japan eine Materialbevorzugung für bestimmte Speisen, die deren Eigenschaften optisch verstärken soll. So serviert man Sushi auf Holz; Tee und gekochten Fisch aber in Keramikgeschirr.

**Periodisierung**

| Zeit | Periode |
|---|---|
| 12700 v. Chr. | Protojomon |
| ab 7000 v. Chr. | Einführungsjomon |
| ab 4000 v. Chr. | Frühjomon |
| ab 3000 v. Chr. | Mitteljomon |
| ab 2000 v. Chr. | Spätjomon |
| ab 1000 v. Chr. | Endstadium Jomon |
| ab 3./2. Jh. v. Chr. | Yayoi |
| ab 3. Jh. n. Chr. | Kofun |
| ab 552 | Asuka |
| ab 646 | Hakuho |
| ab 710 | Nara |
| ab 794 | Heian |
| ab 1185 | Kamakura |
| ab 1336 | Yoshino |
| ab 1392 | Muromachi |
| ab 1568 | Momoyama |
| ab 1603 | Edo |
| ab 1868 | Meiji |
| ab 1912 | Taisho |
| ab 1926 | Showa |
| ab 1989 | Heisei |

**Jomon** bedeutet ‘Spur der Schnur’ und kennzeichnet den Dekor einer langen Phase handgemachter Keramik. Eine Besonderheit der mittleren Phase ist der reiche plastische Dekor, was mit der Klimaerwärmung und dem hohen Nahrungsangebot zusammenhängen mag, was mehr Zeit für Kunst ließ. In der **Yayoiphase** gab es eine Einwanderung vom Festland, die Technologie transferierte: Bronze, Eisen und die Drehscheibe. So imitieren z. B. die »Trompetenhälse« als Symbol der neuen Technik Metall.
**Kofun** bedeutet Grabhügel und steht für die Zeit der sog. »Schlüssellochgräber« (Abb.), deren schlüssellochförmiger Grundriss mit Erde aufgeschüttet wurde. Diese waren vor Verschüttungen mittels Keramikröhren geschützt, die sich später zu selbständigen Sockeln für verschiedene Keramikfiguren entwickelten: Krieger, Falkner, Würdenträger, Tänzer, Hofdamen, Bauern, Hausmodelle, Tiere u. a. Sie werden *Haniwa* (Tonringe) genannt.
In der Endkofunzeit kamen zahlreiche Töpfer aus Korea nach Japan. Sie fertigten in ihrer neuen Heimat Suekeramik, was vom jap. Verb *sueru* für ‘opfern’ abgeleitet ist. Die Keramik ist grau, dünnwandig und hochgebrannt. Es kommen die erste Ascheglasur und Gefäße auf hohem Fuß auf, die koreanische Ware imitieren (S. 188 f.).
Mit der Kofunperiode endet die prähistorische Zeit Japans.

**Abbildungen**
**Spitzbodengefäß** Es handelt sich um ein 41,7 cm hohes Stück mit Muscheldekor.
**Figur** Weiblicher Teil eines Paares, das zusammen mit einem männlichen Steinphallus den Fruchtbarkeitszyklus symbolisiert. Sie gehört zum Angjotyp der Jomonkultur, die man an den kreisrunden Augen erkennt.
**Gefäß mit Randdekor** Solche Objekte dienten vielleicht als Räuchergefäße.
**Rundbodengefäß** Typ. für die Yayoizeit ist die achsensymmetrische Form.
**Trankopfergefäß** Es handelt sich um dicht gesinterte *Suekeramik*, die in den neu erfundenen Hangöfen *Anagama* bei bis zu 1000 °C gebrannt wurden. Die Gefäße standen innerhalb der Grabanlagen. Zwischen den Schultertassen finden sich verschiedene Tiere. Die Aussparungen im Fuß dienten dem Schutz vor Spannungen und Brüchen während des Brandes.
**Flasche im »Lederlook«** Etwa 15 cm hohe Lederimitatflasche, die als Grabbeigabe diente, um im Jenseits eine irdische Lederflasche zu ersetzen.
**Grabwächter** Darstellung eines typ. Haniwakriegers mit einer Rüstung aus Leder- und Metallplättchen vom Typ Keiko.
**Hügelgrabschema** Bis zu 23 000 Figuren standen als Grabwächter auf dem Hügel und zwischen den Wassergräben des Yamatofriedhofs in Mozu. Das Hauptgrab konnte jedoch nie gefunden werden.

Kugeltopf, Asuka, 6.–7. Jh.

Urne mit Deckel, Nara, 8. Jh.

Seladonkrug, Heian, 11. Jh.

Gefäß, Kamakura, 14. Jh., unten links: Pfingstrosenmotiv, unten rechts: gleiches Motiv auf einem chinesischen Teller der Songzeit (960–1279)

Vase mit fünf Tüllen, Heian, 9. Jh.

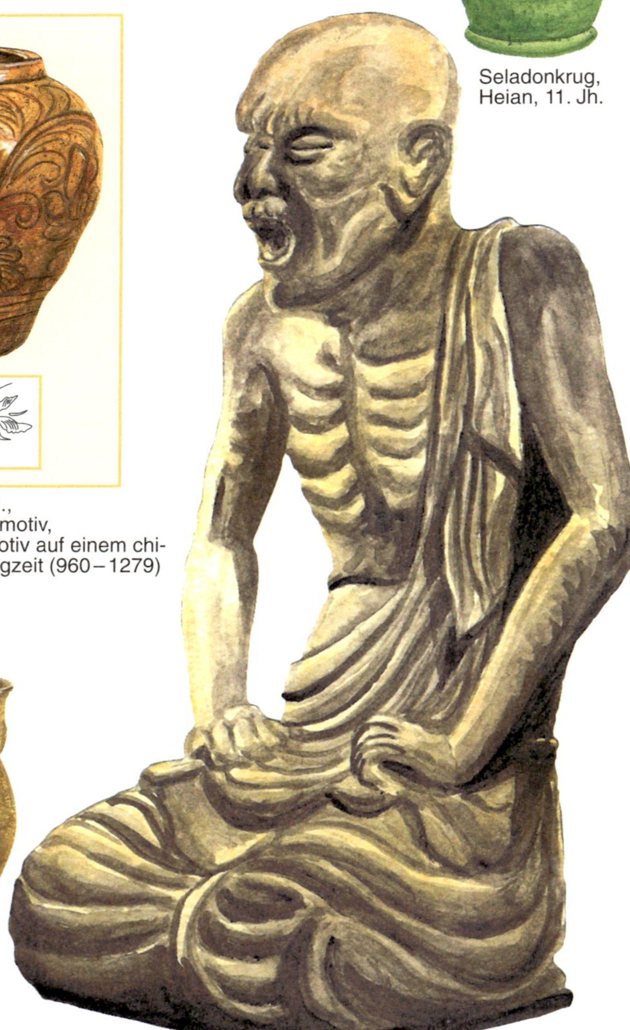

Trauernder Schüler Buddhas, Nara, 711

Die **Asukaphase** trägt ihren Namen von der Hauptstadt Asuka in der Yamatoebene. Im 6.–7. Jh. gab es die Suekeramik (S. 175) in ganz Japan. Der im 5. Jh. eingeführte Anagamaofentyp wurde zum Ogama erweitert (Tabelle).

| Ofen | Merkmal |
|---|---|
| Anagama | überkuppelter Hangofen mit Luftzug |
| Ogama | größere Ausmaße als Anagama |
| Noborigama | Mehrkammerhangofen |

710 wurde Heijo im heutigen Nara die neue Hauptstadt **(Naraperiode)**. Die Handwerker gehörten zu Gilden, die von Ministerien geführt wurden. Typ. sind *Saiyutoki*, die die chinesischen Sancaikeramiken imitierten (S. 166 f.).
Im heutigen Kyoto gründete der japanische Kaiser 794 erneut eine Hauptstadt, um den Machtkämpfen seiner Priester zu entgehen. Damals **Heian** genannt, gab sie der Periode den Namen. Mit dem Niedergang der Keramik im 10./11. Jh. beeinflussten billige Porzellanimporte aus China den Markt. Während die Suewaren sich als Alltagsgeschirr der Bauern bewährten, speisten die Reichen aus Porzellan. Aus blutigen inneren Kämpfen ging der Klan der Minamoto siegreich hervor und verlegte die Hauptstadt nach **Kamakura**. Der Sieg des Kriegeradels über den Hofadel führte zum Aufblühen alter Keramiktraditionen.

### Die sechs alten Öfen

Von den über 30 nachgewiesenen Keramikzentren erlangten die »sechs alten Öfen« große Berühmtheit (Tabelle).

| Ofen | Bilder und Merkmale | |
|---|---|---|
| Seto |  | »Welkesblatt-Glasur« Unterglasurritzdekor |
| Tokoname |  | Naturascheflecken grau bis rehbraun |
| Echizen |  | Stegrand, dickwandig vielfarbige Flecken |
| Shigaraki |  | Feldspatsterne und -krater, schmalhalsig |
| Tamba |  | grüne Überlaufglasur auf orangebraun |
| Bizen |  | Sesamsaatglasur |

Allein in Tokoname gab es in Spitzenzeiten über 1000 Brennöfen, in Seto, dem bekanntesten Ofenort, über 600.
1223 gründete der Töpfer Toshiro in Seto die ersten Brennöfen. Er war zuvor mit dem Priester Dogen in China herumgereist, um die damals modernsten Töpfereien zu studieren. Toshiro begann mit der Produktion von glasiertem Steinzeug, das sich beim Adel und den Klöstern großer Beliebtheit erfreute. Die Formgebung erfolgte sowohl auf der Drehscheibe als auch durch Wülsten oder durch eine Technik, bei der Wülste auf der Scheibe verstrichen wurden.
Die Auswahl des Ortes Seto durch Toshiro war den hochwertigen, auf Granitbasis entstandenen dortigen Tonen zu verdanken. Aber auch der direkte Schutz durch die regierende Kriegerkaste spielte eine Rolle. Man konnte bereits am Geschirr erkennen, welcher politischen Richtung der Hausherr folgte: Die neuen Herrscher bevorzugten Setokeramik, während die Gegner chinesisches Porzellan benutzten.

**Abbildungen**
**Kugeltopf** Frühe natürliche Ascheglasur auf Suekeramik.
**Urne mit Deckel** Saiyutokikeramik mit kräftiger Dreifarbenglasur (S. 80 f.).
**Seladonkrug** Der Krug zeigt deutlich die Anlehnung an die Seladontradition Koreas (S. 80 f., 188 f.). Diese Einflüsse beginnen im 9. Jh. Die Stücke wurden aus weiß brennendem Ton gefertigt, bei 1000 °C gebrannt, glasiert und dann erneut bei 750 – 800 °C gebrannt.
**Gefäß** Dieses Stück gehört zur berühmten Setoware und wurde in Japan als wichtiges Kulturgut registriert. Typ. für die gelb-braun glasierten Steinzeuge sind die eingeritzten Motive, die chinesische Songzeitmotive imitieren.
**Vase mit fünf Tüllen** Die rituelle *Sueki* ist als wichtiges Kulturgut registriert.
**Schüler** Die Plastik war urspr. farbig bemalt. Der Ton wurde über ein mit Kupferdraht umwickeltes Holzgerüst modelliert. Sie ist eine von 113 Figuren, die die Buddhalegende zeigen. Zur Szene des in das Nirvana eingehenden Buddha gehört der sich innerlich in seinem Schmerz aufbäumende, trauernde alte Mönch.

Krug, Muromachi, 16. Jh.

Wassergefäß, Momoyama, 16. Jh.

Schüssel, Momoyama, 16./17. Jh.

links: Kreuz als Symbol für ein christliches Bekenntnis, rechts: Schale ohne Kreuz

Teeschalen, Momoyama, 16./17. Jh.

Leuchter, Momoyama, 16./17. Jh.

Keramiken der Muromachi- und Momoyamazeit

Technologietransfer in Asien

Die **Muromachizeit** begann, nachdem am 5. Juli 1333 Kamakura in den Kämpfen zwischen den Feudalherren in Flammen aufging. Der Bürgerkrieg führte zu zwei Herrschaftshäusern. Die südlichen Herrscher zogen nach Yoshino, die nördlichen richteten sich im Muromachiviertel von Kyoto ein. Während der Muromachizeit übte der chinesische Zenbuddhismus einen großen Einfluss aus. Es war die Zeit der Teekeramik (S. 184 ff.). Von den sechs alten Öfen arbeiteten die von Seto, Bizen, Tamba und Shigaraki für den Teemarkt.
Als erste Europäer kamen Portugiesen bei der Strandung einer Dschunke während eines Taifuns im Jahre 1543 nach Japan. Da sie im Süden landeten, wurden sie »Südbarbaren« genannt. Mit ihnen begann ein reger Porzellanhandel.
Während der **Momoyamazeit** begann das »goldene Zeitalter der Keramik«. Die Herstellung verlagerte sich von Seto nach Mino in den Bergen. Für die Keramikentwicklung erwies sich die Steigerung von Handel und Verkehr sowie die Trennung von Handwerkern und Kaufleuten in unterschiedlichen Gilden (*Za*) als bedeutsam. Eine reiche Kaufmannschaft und freie Städte entstanden, die nach Geschirr verlangten. Hinzu kamen Mitglieder der Kriegerkaste sowie die Fürsten selbst.
Die Koreaner führten in Japan den sog. *noborigama* (S. 177) ein. Derartige Öfen baute man an mehreren Orten der Insel Kyushu sowie im Süden von Honshu.
Typ. für die Momoyamakeramiken ist die zunehmend perfektionierte Farbwahl des Dekors.
T. Hideyoshi (1536–1598), ein Bauernsohn, kam 1582 an die Macht. Er versuchte, Korea und China einzunehmen und brachte bei seinen vom südjapanischen Karatsu aus gestarteten Invasionen zahlreiche Töpfer als Gefangene nach Japan. Diese wurden in Kyushu zwangsangesiedelt oder blieben freiwillig, da Töpfer in Japan ein weit höheres Ansehen genossen als in Korea. Hideyoshi selbst war Kunstliebhaber und Mäzen zugleich. Seine Kitanoteegesellschaft feierte 1587 ein großes Volksfest und verbesserte das Image des Tees außerordentlich.
Hideyoshi war es auch, der dem zweiten Inhaber des von T. Chojiro (1515–92) 1580 aufgebauten Ofens ein goldenes Siegel mit dem Schriftzeichen »Freude« (*Raku*) verlieh. Seitdem steht der Name Raku für eine kurz gebrannte schwarze oder rote Irdenware, die leicht und porös ist und besonders als schwarzes Raku die Farbe des grünen Tees unterstreicht.
F. Oribe (1544–1615) erfand einen neuen Stil: kräftig, asymmetrisch geformt und ausdrucksstark. Oribe war ein hochrangiger Teemeister und Berater Hideyoshis, weshalb sich sein Stil offenbar rasch an den Töpferzentren durchsetzte. Es gibt verschiedene Abstufungen des Oribestils (Tabelle).

| Oribestil | Merkmal |
|---|---|
| Shinooribe | weiß, dünne Glasur |
| Schwarzoribe | schwarzer Dekor |
| Grünoribe | unterschiedliche Grüntöne als Dekor |
| Narumioribe | Zweitonkeramik mit unglasiertem roten und glasiertem weißen Ton |

Die Igaöfen fertigten eine sehr naturnahe, felsenartige Keramik; die Karatsuöfen stellten mit Hilfe von koreanischen Töpfern verschiedene Stile her.

**Abbildungen**
**Krug** Der Shigarakikrug diente als Lagerbehältnis für Wasser oder Sake. Auf der Oberfläche erkennt man die typ. Feldspatsterne und -krater (S. 177).
**Wassergefäß** Das Bizengefäß hat einen Flammenschlagdekor. Es besaß ursprünglich einen schwarzen Lackdeckel.
**Schüssel** Die Schüssel gehört zum grauen Shinotyp der Minoware. Es sind die ersten mit Eisenoxid verzierten Stücke.
**Teeschalen** Die rechte Schale aus Raku wird H. Koetsu (1558–1637) zugeschrieben. Die linke Schale belegt den Einfluss des Christentums.
**Leuchter** Mit dem Aufstieg der städtisch-kaufmännischen Kultur während der Momoyamaperiode wuchs das Interesse am Ausland, das japanische Waren kaufte. So wurde der Kerzenleuchter aus Europa übernommen. Dargestellt wurde denn auch ein *nanbanjin* (jap. für 'Südbarbaren', wie Spanier und Portugiesen genannt wurden). Typ. sind die aufgeplusterten Blusen und die weiten Hosen.

Imarifigur eines Mannes, Edo, um 1720

Nabeshimateller, Edo, 17. Jh.; rechts: aus zusammengebundenen Münzen bestehendes Motiv auf der Unterseite

Ai-Kutaniteller, Edo, 17. Jh.

Shoki-Imarivase, um 1610

Kakiemonteller, Edo, 18. Jh.

Schale, O. Kenzan, 18. Jh.

Imarifischplatte, Edo, 19. Jh.

Mit der **Edozeit** begann ein neuer Abschnitt in der Keramik. Die Machthaber unterdrückten die reichen Städter – die Hauptkunden der Öfen von Mino, die dadurch verfielen. Nur einzelne Künstler setzten die Tradition fort.
So gibt es hervorragende Keramiken jener Zeit von N. NINSEI (1574–1660/6), der Gold- und Silberdekore verwendete, und von KENZAN OGATA (1663–1743), der seine Stücke erst von seinem Bruder, dem berühmten Rimpastilmaler KORIN OGATA (1668–1716), bemalen ließ. Später entwickelte er einen eigenen Stil.

**Porzellanentwicklung**
Um 1610 fand einer Legende zufolge der Koreaner LI SAMPEI im Tengudanital bei **Karatsu** für die Porzellanfertigung brauchbaren Ton. Etwa 1616 begannen einige Öfen in dieser Region, die heute Arita genannt wird, erstmals mit der Porzellanherstellung. Die während der »Porzellankriege« nach Japan übersiedelten koreanischen Töpfer wurden besonders in das Fürstentum **Nabeshima** südlich von Karatsu aufgenommen. Während die ersten sogenannten Shoki-Imariporzellane dickwandig und koreanisch verziert waren, folgte man nach kurzer Zeit der Blauweißtradition Chinas.
Die Ausfuhr chinesischer Porzellane ins Ausland verringerte sich ab etwa 1647 drastisch, als der Hauptproduzent Jingdezhen zerstört wurde (S. 169). Daraus zogen die japanischen Porzellanhersteller Vorteile. Zunächst ersetzten sie den bisherigen japanischen Import. Ab 1650 lieferten sie für die ›Niederländische Ostindienkompanie‹ billiges Porzellan für deren Dependencen in Asien. 1659 folgten die ersten bezeugten Handelsexporte aus Japan.
1659 wurden 64 866 Stück verkauft.

**Die verschiedenen Stile**
Der Name **Imari** leitet sich von dem Namen des Hafens ab, von dem der größte Teil der Exportware verschifft wurde. Typ. ist ein schwer wirkender Dekor in Dunkelblau, Rot, Gelb und Gold. Besondere Imariwaren sind die »garniture de cheminée«, die im Sommer auf die ungenutzten Kamine gestellt wurden, und das »Brokatimari« im Brokatstil.

Der Name **Kakiemon** leitet sich von der Kakifrucht ab, deren orangerote Farbe den Dekor dominiert. Die Schmelzfarbentechnologie erlernte SAKAIDA KIZAEMON (1596–1666) einer Überlieferung nach 1680 von einem in Nagasaki lebenden Chinesen. KIZAEMON nahm später den Namen KAKIEMON an, nachdem der Stil Berühmtheit erlangt hatte. Typ. für Kakiemon ist ein milchweißer Fond mit einer farblosen Überglasur. Der weiße Hintergrund wird in die meist asymmetrischen Komposition einbezogen. Kakiemon kopierte man in China und Europa, wo man es »indianische Blumen« nannte (S. 146 f.).
Um 1660 ließ der Fürst des Hauses **Nabeshima** eine neue Manufaktur errichten, die ausschließlich feinste Porzellane für den Fürstenhof produzieren sollte. Nur der Ausschuss durfte verkauft werden. Typ. ist ein etwas grober Dekor aus stilisierten Blumen sowie an der Unterseite das sog. »Cashmotiv« aus verbundenen Münzen. Nabeshimadekor wird zuerst auf Papier gezeichnet und dann auf den Scherben aufgerieben, bevor die Linien mit Kobaltblau nachgezeichnet werden.
**Kutaniware** wurde zuerst in Arita hergestellt und später in Ishikawa erneut im großen Stil gefertigt. Typ. ist die Verwendung von dunkelgrünen Farbtönen.

**Abbildungen**
**Mann** Für den Export bestimmte Figur, die Teil eines Paares war.
**Teller** Der Teller wurde mit dem typ. konzentrischen Blumendekor verziert.
**Vase** Die Vase im frühen Blauweißstil zeigt die »drei Freunde« Kiefer, Bambus und Pflaume, die ein langes Leben bedeuten und für drei Philosophen stehen.
**Teller** Dargestellt sind zwei stilisierte Vulkane sowie eine Graslandschaft.
**Teller** Der Teller zeigt die »drei Freunde« auf milchweißem Nigoshidefond.
**Schale** Der Dekor zeigt den Herbst in Kyoto. Das bunte Ahornlaub verwandelt den Tatsutagawafluss in ein blaugelbrotes Meer, wofür er bekannt ist.
**Fischplatte** Das Stück im Brokatstil zeigt einen Taifisch. Diese Feierlichkeitenteller waren sehr teuer und wurden nur für fröhliche Feste verwendet. Man servierte auf ihnen Tilapiafilet.

Schale, Fukagawa, frühes 20. Jh.

Schale, Noritake, 1922, rechts: Porzellanmarken

Vase ›Stille‹, Y. Kusube, 1974

Paket (Detail), K. Mishima, 1974

›Vollmond‹, K. Yagi, 1969

›Wo ist der Geist des Zen heute?‹, K. Nakamura, 1992

1868 war das Feudalsystem gestürzt worden, Japan errichtete das alte Kaiserreich unter dem Tenno wieder, und es begann die **Meijiperiode**. Japan avancierte von einem unbedeutenden Inselland zum Weltstaat. Die durch die USA erzwungene Öffnung brachte den Austausch von Ideen und Menschen zwischen Europa, Amerika und Japan. So kam es 1904 zur Gründung des amerikanisch-japanischen Porzellanunternehmens Noritake.
Während sich in Europa und Amerika der Japonismus großer Verbreitung erfreute (S. 146 f.), übernahm Japan Technologien aus Europa. So brachte der jap. Ingenieur U. MIZUHOYA von der Weltausstellung 1867 in Paris Industriemodeln für Geschirr mit nach Japan. Bedeutend war auch der dt. Chemiker G. WAGNER (1831–91), der für verschiedene Manufakturen in Kyoto, Kyushu und Kanazawa tätig wurde. Von ihm lernten die Keramiker die Anwendung von Kobaltoxid und anderer chemischer Farben. Auch die Technologie des Steinkohleschmelzofens brachte er mit.
So konnte Deutschland ab 1874 den bisherigen Blaurohstoff Asbolit aus China vollständig durch seine Kobaltoxidexporte ersetzen und profitierte ebenfalls vom Technologietransfer. Man empfindet heute die Produkte jener Zeit als überbetont technisch. Es fehlt die Schlichtheit und innere Schönheit.
In der **Taishoperiode** führte die Abwendung von den großen technisch brillanten Porzellanen zu zwei Entwicklungen. Die einen suchten in der Imitation der alten Teekeramiken ihr Heil und gingen sogar wieder nach Korea, um dort die alten Traditionen zu studieren. Die anderen versuchten, vergessene Regionalstile Japans neu zu beleben.
Die **Showaperiode** zeitigte 1927 ein bedeutungsvolles Ereignis: Die seit 20 Jahren durchgeführte kaiserliche, später staatliche Kunstausstellung nahm das Kunsthandwerk auf. Diese jeden Herbst in Tokio prachtvoll organisierten *Kanten* führten zu einer Institutionalisierung und Elitarisierung der Keramik. Die *Kanten*künstler bestimmten den Trend. Im Gegensatz dazu stand die *mingei*-Bewegung. YANAGI SOETSU (1889–1961) veröffentlichte Essays über die Schönheit des Volkshandwerks und gründete die *mingei* ('Volk und Handwerk'). HAMADA SHOJI (1894–1977) gehörte dazu sowie B. LEACH (1887–1979) und KITAOJI ROSANJIN (1883–1959).
1946 eröffnete man im Uenopark die *Kanten* erneut. Sie wurden jedoch 1948 von den amerikanischen Besatzungsmächten als offizielle Ausstellung verboten und fanden nur noch privat statt. In der Orientierungslosigkeit der Nachkriegszeit hatten ausländische Keramikstile großen Einfluss. Italien, Skandinavien, das dt. Bauhaus u. a. übten eine große Anziehungskraft aus. 1951 legte ein Gesetz deshalb Keramiktechniken als Kulturschatz fest, um ihre Fortdauer zu schützen (Tabelle).

| Technik | Meister |
|---|---|
| Shino | Arakawa Toyozo |
| Gelbrotporzellan | Ishiguro Munemaro |
| Bizen | Kanshige Toyo |
| Ojikosai | Kato Hajime |
| Ironabeshima | Imaizumi Imaemon |
| Iroe-Porzellan | Sakaida Kakiemon |
| Kokaratsu | Nakazato Muan |
| Kohagi | Miwa Kyuwa |

**Abbildungen**
**Schale** Die Schale ist typ. für die 1689 gegründete Fabrik Fukagawa.
**Schale** Die Designer arbeiteten zuerst nur für den japanischen, später auch für den US-Markt und Europa.
**Vase ›Stille‹** Die Blumenvase vertritt die traditionsbewusste Linie moderner japanischer Keramik.
**›Vollmond‹** Das Objekt gehört dem Kaufhaus ›Istan‹, dessen Schaufenster mit bekannten Kunstwerken geschmückt werden. Die Umsetzung des Kreis-Quadrat-Kontrastes passt in einen Zeitstil, zu dem in Europa B. Hepworth (1903–75) gehört.
**Paket** Die 1932 geborene K. Mishima fertigte eine Komposition von sechs Stücken, von denen eines abgebildet ist.
**›Wo ist der Geist des Zen heute?‹**
Kimpei Nakamura wurde 1935 in eine Keramikerfamilie hinein geboren und ist heute Professor für Keramik an der Tama Art Universität Tokio. Er begann seine Keramikstudien bei B. Leach. Sein Werk belegt die ethische Keramiktradition, die von Botschaften der Zentradition geprägt ist.

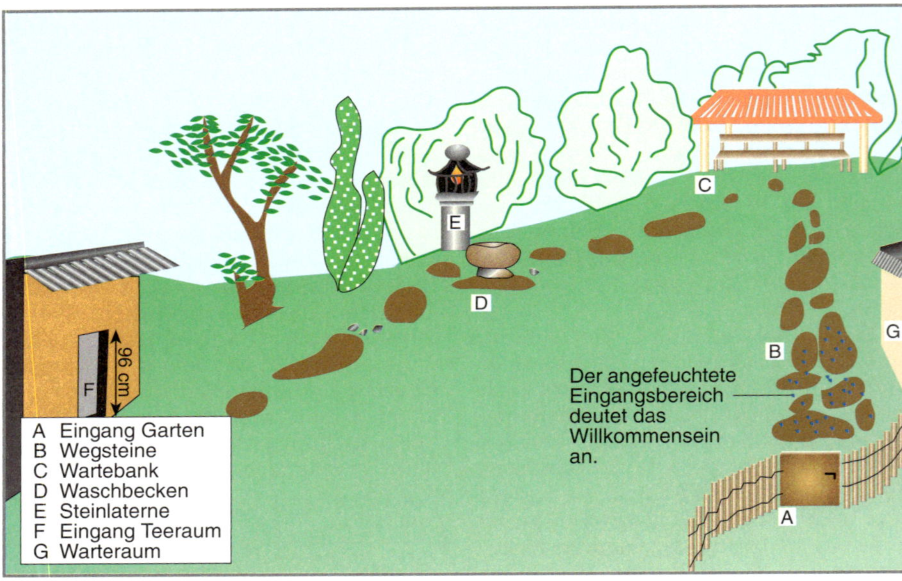


Teegarten

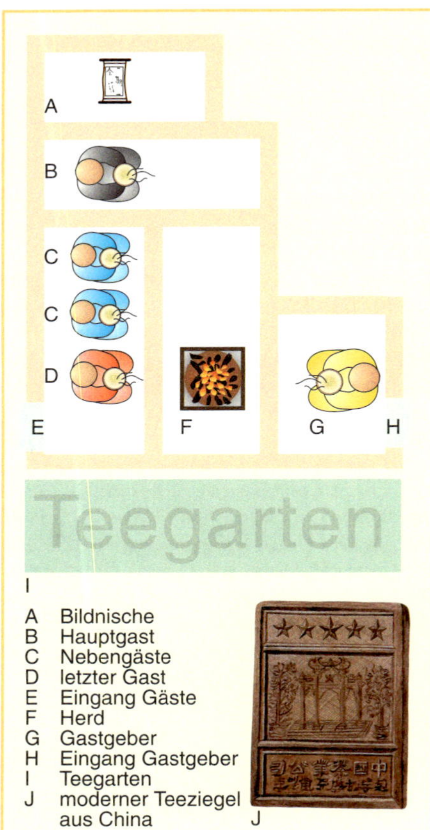


Grundrissgestaltung eines Teeraumes

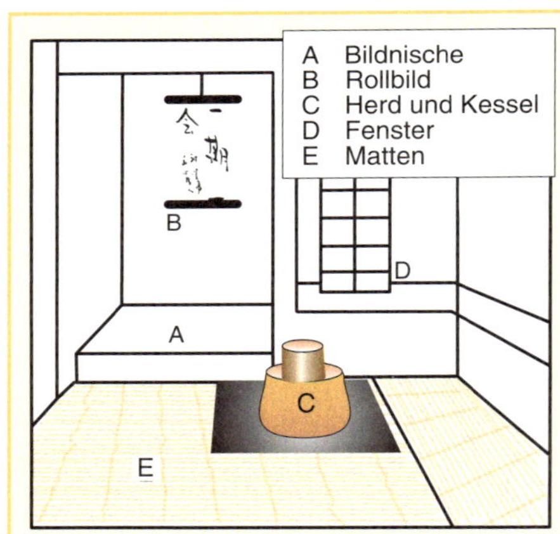


Inneneinrichtung eines Teeraumes

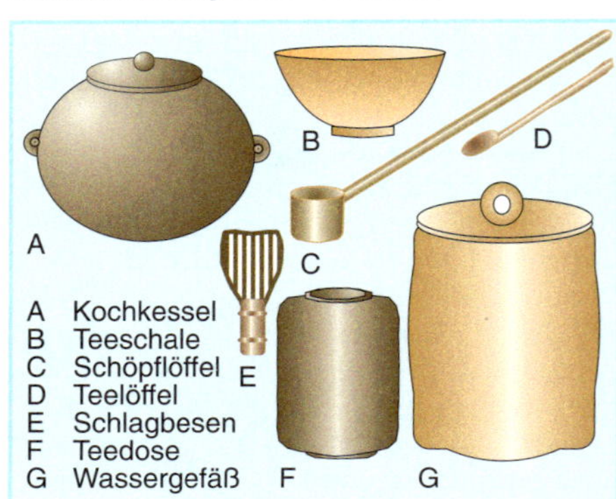


Gefäße und Geräte der Teezeremonie

**Teekeramiken** (jap. *Tschato*) dienen der Teezeremonie, einem Gesamtkunstwerk aus Gartenkunst, Blumenkunst (jap. *Ikebana*), Baukunst, Schriftkunst, Keramik, bes. Umgangsformen u. a.
Das Beisammensein von Gastgeber und Gästen hat das Ziel, in kleinsten Begebenheiten des Alltags gemeinsam Würde und Ehrfurcht zu empfinden.

**Geschichte**
Den in Asien heimischen Tee bauten die Chinesen erstmals um 350 n. Chr. an. Für den Aufguss wurden Stücke von gepressten Teeziegeln verwendet.
In der chinesischen Songzeit löste die Pulverteeverwendung den Ziegeltee weitgehend ab, wenngleich letzterer noch heute produziert wird.
Die Japaner begannen im 8./9. Jh., Tee zu trinken. Den dortigen Daoisten galt er als heilende Substanz; die Buddhisten nutzten seine anregende Wirkung für die Meditation. Ein wichtiges Element der buddhistischen Lehre war die Losung: »Tee statt Sake!«
Die Samurai übten sich im 14. Jh. in Teewettstreiten. Mehrere Gäste kosteten Tee aus einer Reihe von Schalen und versuchten, Sorte und Anbaugebiet zu bestimmen. Die Wettstreite verschafften dem Teegenuss auch weltliche Anerkennung. Das Teetrinken war zur Alltagshandlung geworden.

**Die Teemeister**
Teemeister stellten Regeln für Raum, Utensilien und die Zeremonie auf.
So empfahl Noami (1394–1471) ein Studierzimmer, einen niedrigen Schreibtisch am Fenster, eine Bildnische, einen Mobilherd, Teeschale, -besen und -dose.
Murata Juko (1422–1502) schrieb einen eigenen Teeraum, Matten zum Sitzen, Schiebetüren, die Bespannung der Fenster mit Mattpapier als Lichtdämpfung und eine Feuerstelle im Boden vor.
Takeno Joo (1502–55) empfahl eine freistehende Hütte, zu der man durch einen angelegten Garten gelangt sowie japanische Kunstwerke und Keramik.
Sen No Rikyu (1521–91) entwarf den damals typ. 66 x 60 cm niedrigen Eingang, um ein Demutsgefühl entstehen zu lassen, und empfahl Schwertablagen für Samurai im Vorraum, um Gleichrangigkeit zu erreichen, sowie Rakukeramik. Heute existieren verschiedene Teeschulen, und der Eingang ist meist 96 cm hoch.

**Die Teezeremonie**
Das Teejahr beginnt im November mit dem Brechen der Teegefäßsiegel. Die Herdstelle im Fußboden wird erstmals im Jahr benutzt. Der Jahreszeit entsprechend gibt es Themen (Tabelle).

| Jahreszeit | Tee-Ereignis |
|---|---|
| Frühling | Blütenschautee |
| Herbst | Mondschautee |
| Winter | Schneeschautee |

Die Teeblätter werden noch vor dem Treffen zu Pulver zerstoßen. Das Befeuchten der Steine im Eingangsbereich zeigt den Gästen das Willkommensein. Im Warteraum ziehen sie sich um. Sie begeben sich zur Wartebank im Garten und werden vom Gastgeber empfangen. Auf unregelmäßig gelegten Steinen gehen sie zum Becken und reinigen Mund und Hände. Sie betreten den Teeraum, setzen sich vor die Bildnische und verneigen sich. Gleichzeitig duftet glimmendes Räucherwerk. Die 3–5 Gäste bestimmen den Hauptgast, der das Gespräch beginnt. Die folgende Teemahlzeit wird zusammen mit Reiswein gereicht. Nach kleinen Erfrischungen folgt die Ruhepause auf der Gartenbank. Die Gäste sammeln sich für den Starktee.
Im Teeraum wird dafür das Bild durch Blumen ersetzt. Ein Gong ruft die Gäste zurück. Feierlich werden die Geräte auf der Matte angeordnet. Zunächst wird die Teeschale gereinigt und grünes Teepulver hinein gegeben. Es folgt der Aufguss. Der Teemeister schlägt den Tee mit dem Bambusbesen schaumig. Die Schale wird vor den Hauptgast gestellt. Er verneigt sich vor dem Meister und dem nachfolgend Trinkenden, dreht die Schale dreimal und trinkt jeweils einen kleinen Schluck. Die Trinkstellen werden mit Seidenpapier gereinigt. Die Schale geht so von Gast zu Gast. Es beginnt die Phase mit Schwachtee. Schließlich bedanken und verabschieden sich die Gäste und gehen nach Hause.

Topf für Frischwasser, Bizenstil, 16./17. Jh.

Teeschale, Shinostil, 16./17. Jh.

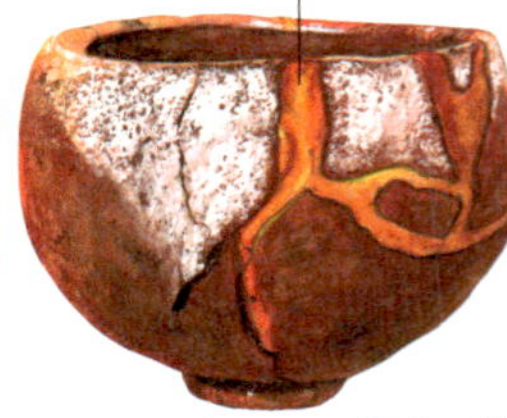


Teeschale im roten Rakustil, Honami Koetsu, 17. Jh.

Schüssel, Setostil, Momoyamazeit, 16./17. Jh.

Teebehälter, Shigarakistil, 16. Jh.

schwarze Teeschale, Oribestil, 16./17. Jh.

Seladonteeschale, Arima, 19. Jh.

Schale, Karatsu, Edoperiode (1615–1868)

Teeschale, Temmoku, 19. Jh.

Für die Teezeremonie wird Massenkeramik abgelehnt. Das handgefertigte Einzelstück steht im Mittelpunkt des Interesses und der Begutachtung.
Für den Wert einer Teeschale sind folgende Eigenschaften wichtig: Warmhalten des Tees, für den Tastsinn interessante Oberfläche, anregender Dekor. Unterschiedliche Formtypen besitzen verschiedene Nutzungen (Tabelle).

| Formtyp | genutzt für |
|---|---|
| Hira (flach) | Sommertee |
| Tsutsu (zylindrisch) | Wintertee |

**Geschichte der Teekeramik**
Die Tradition der japanischen Teekeramik beginnt nach der Überlieferung mit dem Mönch Dogen (1200–53). Er nahm auf seine Chinareisen einen Töpfer namens Toshiro mit, der 1223 im japanischen Seto ein Töpfereizentrum aufbaute. Bis zum 16. Jh. wurden allerdings v. a. chinesische Keramiken oder deren Imitate verwendet. Danach nutzte man einfache koreanische Bauernkeramik zur Verwirklichung des Ideals der Anspruchslosigkeit. Seit 1595 wurde diese Ware in Japan von koreanischen und japanischen Töpfern extra für die Teezeremonie hergestellt.
Sen No Rikyu war der erste Teemeister, der selbst Schalen entwarf und von seinem Töpfer T. Chojiro (1515–92) fertigen ließ: die Rakukeramik (S. 178 f.). Seit dem 17. Jh. bestimmte der Teemeister den Stil: feinchinesisch oder bescheiden-japanisch.

**Teekeramikstile**
**Bizen** Alter Töpferort auf Honshu, der ab 1583 mit drei typ. Branddekoren bekannt wurde (Tabelle; S. 177).

| Dekor | Beschreibung |
|---|---|
| botamochi | Glasuraussparungen durch aufgelegte Tassen |
| gomayu | Sesamsaatglasur durch Ascheflecken |
| hidasuki | Feuerstreifenglasur durch Umwickeln mit Stroh |

**Shino** Seit 1550 fertigte man Shinoware mit grobkörnigem Scherben in Mino. Typ. sind zylindrische Gefäße. Es gibt weißes und graues Shino (S. 179).
**Raku** Ab 1580 wurde Raku hergestellt, eine handgefertigte, bleiglasierte, poröse Ware. Der Brand erfolgte beim roten Raku bei 900 °C mit Abschrecken in Wasser, beim schwarzen Raku etwa bei 1200 °C (S. 179).
**Seto** ist ab dem 12. Jh. ein Töpfereizentrum. Typ. sind gelbliche Glasuren, Pflanzen, Fische, Phönixe (S. 176f.). *Setomono* ('Dinge aus Seto') ist ein Synonym für Keramik allgemein. Die Motive wurden eingeritzt und mit verlaufenden Eisenoxidtropfen hervorgehoben.
**Shigaraki** Ab dem 12./13. Jh. wurde in Shiga bei Kyoto dickwandiges Steinzeug mit brauner Farbe unter durchsichtigen, grünlichen Überlaufglasurfarben hergestellt (S. 177).
**Oribe** F. Oribe war ein Teemeister und erfand einen kontrastreichen Keramikstil (S. 179).
**Karatsu** Im 15. Jh. entstanden in Karatsu auf Kyushu mit Hilfe von Koreanern Brennöfen, die Alltagsgeschirr fertigten. Erst in der Momoyamazeit spezialisierte man sich auf den Teemarkt. Es gibt E-Karatsu, das ist bemalte Keramik, und Chosen Karatsu oder koreanisches Karatsu, das nur mit zwei Dekorspritzern verziert ist.
**Seladone** sind grau-, blau- oder gelbgrüne, durchscheinende Glasuren auf Steinzeug oder Porzellan, die man in China seit dem 3. Jh. (S. 166 f.), in Korea seit dem 11. Jh. (S. 188 f.), in Japan seit dem 13./14. Jh. sowie in Thailand im 14./15. Jh. (S. 208 f.) fertigte. Das Wort ist dem Schäfer Céladon aus dem Buch ›L'Astrée‹ von d'Urfé (1567–1625) entlehnt, der ein grünes Gewand trägt. Die Färbung wird durch etwas Eisen in der Glasur (max. 3 %) bei reduzierendem Brand um 1280 °C erreicht.
**Temmoku** lautet der jap. Name für chin. Jiansteinzeug mit braun- oder blauschwarzen, fließenden Glasuren aus Holzasche oder Kalkspat (4–12 %). Es gibt drei Typen: **reines Temmoku** mit rostbraunem Rand, **Tessha** mit Braun auch unterhalb des Randes und **Kaki** mit ganzflächiger, brauner Glasur. Man unterscheidet auch **Ölflecken**-, **Hasenfell**- und **Teestaubtemmoku**.

Kammkeramik,
um 4. – 3. Jt. v. Chr.

Ziegel, Paekche,
um 6. – 7. Jh. n. Chr.

Ziegel, Koguryo,
um 5. – 7. Jh. n. Chr.

Graburne, Vereinigtes Silla,
um 650 – 800 n. Chr.

Fußschale, Altsilla,
um 400 – 600 n. Chr.

Vase, Vereinigtes Silla,
um 650 – 750 n. Chr.

Kosmetikdose, Koryo,
um 1150 – 1250 n. Chr.

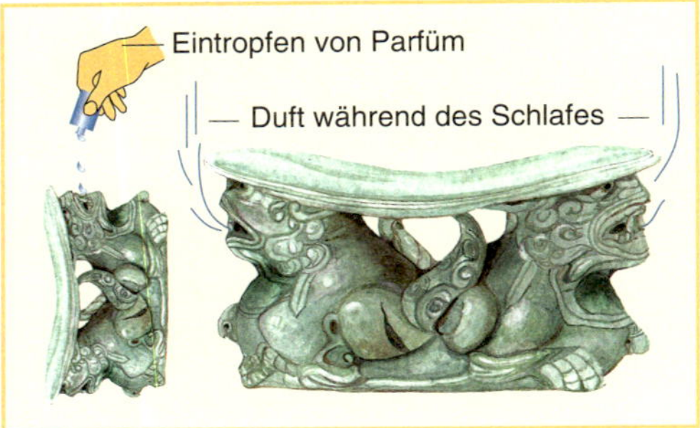

Nackenkissen, Koryo, um 1100 – 1150 n. Chr.

Seladonkanne, Koryo, 1100 – 1150 n. Chr.

Die Koreaner stammen von tungusischen Stämmen der uraltaiischen Sprachfamilie ab. Ihre Keramik war so vortrefflich, dass selbst der chinesische Autor TAIPING LAOREN (14. Jh.) schrieb:

*»... der Tee aus Fujian,*
*die Brokate Sichuans,*
*die Porzellane aus Dingzhou,*
*die Seladone Koreas ...*
*sie alle sind die ersten*
*unter dem Himmel.«*

**Periodisierung**

| Zeit | Periode |
|---|---|
| 6000 v. Chr. | Neolithikum |
| ab 900 v. Chr. | Bronzezeit |
| ab 400 v. Chr. | Eisenzeit |
| ab 1. Jh. v. Chr. | Drei Reiche |
| ab 668 n. Chr. | Vereinigtes Sillareich |
| ab 936 | Koryo |
| ab 1392 | Choson oder Yi |
| ab 1897 | Daehan |
| ab 1910 | japanische Kolonie |
| ab 1945 | Befreiung |
| ab 1948 | Teilung Koreas |

Bereits aus der Zeit um 6000 v. Chr. sind punktverzierte, rundbodige Keramiken bekannt. Vom 4. Jt. v. Chr. an dominierte die **Kungsanware**, eine Kammkeramik, wie sie typ. für die sibirisch-skandinavische Kultur ist. Mit zunehmender Verbreitung des Ackerbaus 2500–1500 v. Chr. wurde der Gefäßboden flach, und als Dekormotive dominierten nun Spirale und Halbkreis.
Mit den tungusischen Einwanderern kamen im 1. Jt. v. Chr. neue Formen auf: hohe Henkelkrüge mit sich verengendem Hals und rotem Schlickerdekor. In der Bronzezeit breitete sich die **Hyktoware** aus, eine Schwarzkeramik.
In der **Zeit der drei Reiche** Paekche, Koguryo und Altsilla variiert die Keramik: In **Paekche** stand sie unter dem Einfluss Chinas, von wo im 3. Jh. der Tunnelofen eingeführt wurde. Typ. ist eine gedrehte, blaugraue Ware mit Mattendekor und seltener mit Glasuren. Gebrannt wurde sie bei 1000 °C.
In der **Koguryozeit** wurden die Gefäße schon bei 1200 °C gebrannt. Immer noch sind es blaugraue Stücke, die jedoch eine robustere Oberfläche besitzen.

Im **Sillareich** fertigte man v. a. Figurengefäße, wie z. B. Gießdrachen. Außerdem sind ähnlich wie im Japan der Kofunzeit Fußschalen typ.
Die Zeit des **Vereinigten Sillareiches** begründete die koreanische Nationalkultur. Die Keramik war Grausteinzeug mit Ascheglasur oder Mustern in Holzmodeltechnik. Außerdem gibt es erste Versuche, Seladon herzustellen. Diese Stücke imitieren chinesische Tangware und sind grünlich glasiert.
Das **Koryoreich** wurde nach dem Zerfall der Silla gegründet und bildet den Stamm des heutigen Staatsnamens Korea. Es ist das goldene Zeitalter der Seladone (korean. *Tschongsha*), die zuerst im 11. Jh. gefertigt wurden. Typ. für die Seladone ist ihr heller Farbton und das Craquelée sowie eine Vielzahl einzigartiger Dekortechniken (Tabelle).

| Begriff | Bedeutung |
|---|---|
| Sanggam | Einlegetechnik |
| Yanggak | Relieftechnik |
| Ymgak | Aufsatzdekortechnik |

Die Motive entstammen der Natur: Lotos, Phönix, Wolken, Enten, Weiden, Kraniche, Pfingstrosen u. a.

**Abbildungen**
**Kammkeramik** Das Gefäß der Kungsankultur ähnelt dem Jomongefäß aus Japan (S. 174) und gehört ebenso zu einer Fischer- und Sammlergesellschaft.
**Ziegel** Er zeigt die naive Darstellung des Diamantgebirges in Form eines Schuppenpanzers.
**Ziegel** Endstück eines Dachziegelwerks, das einen Dämon (koreanisch *Kwimyon*) darstellt.
**Fußschale** Die Deckelschale wurde für Essen genutzt und ist vergleichbar mit einem japanischen Gefäß (S. 174, Mitte).
**Vase** Sie diente mglw. als Urne für die Überreste eines Buddhisten.
**Graburne** Die Oberfläche ist mit Lotosblumen versehen, was auf einen Buddhisten als Toten schließen lässt.
**Kosmetikdose** Diese Gefäße wurden für den Hof gefertigt.
**Nackenkissen** schonten die Frisur.
**Kanne** Die Bambusform symbolisiert langes Leben und Beständigkeit.

Vase, Koryo, um 1100 – 1150

Flasche, Koryo, um 1200 – 1300

Vase, Choson, um 1400 – 1500

Flasche, Choson, um 1400 – 1500

Dose, Choson, um 1700 – 1850

Wassertropfer, Choson, um 1800 – 1870

Kanne, Choson, um 1800 – 1870

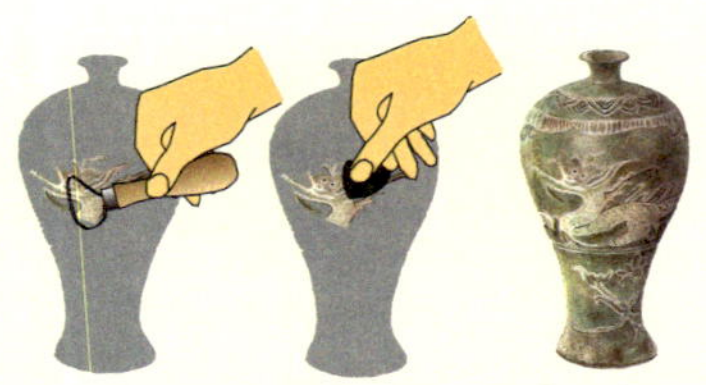

Ausschaben im lederharten Zustand

Einlegen der schwarzen oder weißen Paste

Glasieren und Brennen

Schrittfolge bei der koreanischen Sanggam-Einlegetechnik

Reisschüssel, Choson, um 1800 – 1870

Dose, Choson, um 1800 – 1900

Der Heerführer Yi (auch Li oder Ri) bestieg 1392 den koreanischen Thron. In der westlichen Wissenschaft wird die Periode nach ihm benannt, während sie in Korea nach dem Dynastienamen **Choson** bezeichnet wird. Der größte Einfluss ging von dem radikalen Religionswechsel aus: Der Konfuzianismus wurde Staatsreligion, der Buddhismus dagegen wurde verboten. Im Gegensatz zum Buddhismus, der die Keramikblüte der Koryozeit begleitete, besaß der Konfuzianismus mit seinem Slogan: »Zittere und gehorche!« ein negatives Verhältnis zum ästhetischen Genuss. Keramiker gehörten niedrigen sozialen Schichten an. Die offiziellen Töpfer waren am Hof registriert und mussten zuerst dessen Bedarf decken, bevor sie in begrenztem Maß für den Eigenbedarf fertigen konnten. Beamte aus der neuen Hauptstadt Hanyang (heute: Seoul) überwachten die Dekore, die teilweise durch die Malereibüros der Regierung aufgetragen wurden.
Die beiden Hauptwaren der Chosonzeit waren **Weißporzellan** und **Punchong**. Die Bezeichnung Punchong ist ein Akronym von *punjang hoechong sagi*, was soviel bedeutet wie 'grüner Puderdekor auf grauem Gefäß'. Punchong hat einen gesprenkelten Fond im Gegensatz zum glatten Seladongrün.
In die späte Chosonzeit fallen die **Töpferkriege**, in denen der japanische Herrscher Hideyoshi Tausende qualifizierter Töpfer nach Japan bringen ließ (S. 179). Manche von ihnen wurden später in Japan in den Stand der Samurai erhoben, der Ansehen und Einkommen bedeutete.
In Korea dagegen waren dadurch und durch die Invasionen der Mandschu 1627 und 1636 die Brennöfen dem Verfall preisgegeben. Allein die Regierungsöfen von Kwangju arbeiteten noch. Sie wurden jedoch wegen Brennholzmangels nach Kymsari verlegt (S. 267).
Im 18. Jh. kamen durch die Verbilligung des Kobalts verstärkt Blauweißporzellane auf. Im Unterschied zu China wurde Kobalt aber sparsam eingesetzt. Der weiße Untergrund dieser Stücke wirkt wie Kerzenwachs. In der späten Chosonzeit lockerte sich das kritische Verhältnis zum Genuss. Es gab Picknicks, bei denen man sich an Lotosblüten erfreute, Musik hörte und sich von Dienerinnen Keramikflaschen mit Wein servieren ließ (Abb.).

Dienerin

In den Provinzen wurden während der gesamten Zeit grüne und schwarze Alltagswaren gefertigt. Typ. Formen sind Pinselhalter und Wassertropfer zum Lösen der Stangentusche. Seit 1800 war die ökonomische Situation durch Herrschaftskämpfe schwieriger geworden, wodurch die Keramikproduktion einen Rückschlag erlebte. Nach der Schließung der Öfen von Kwangju 1883 dominierte der Import japanischer Keramik und die Produktion der von kapitalstarken japanischen Firmen gebauten Keramikfabriken.
Typ. für Koreas Keramik sind Symbole aus der Natur (Tabelle).

| Symbol | Bedeutung |
|---|---|
| Bambus | Alter, Bescheidenheit |
| Hirsch | Hoffnung auf langes Leben |
| Kiefer | Unerschütterlichkeit, Standfestigkeit |
| Kranich | ins Paradies fliegen |
| Schildkröte | magische Kräfte, langes Leben |

**Abbildungen**
**Vase** Abwechselnde Motive zieren die Vase: Lotos und Pfingstrose.
**Flasche** Der Ring erinnert an Metallflaschen. Die Weide symbolisiert die Sanftmut.
**Vase** Typ. für die ersten Jahre der Chosondynastie ist der s-förmige Umriss.
**Flasche** Der Ring weist auf die Anlehnung an die Metallkunst in der Koryozeit hin.
**Dose** Es handelt sich um Porzellan mit rotem Unterglasurdekor.
**Wassertropfer** Das Drachenmotiv wurde in Durchbruchtechnik gefertigt.
**Kanne** Der Schabedekor zeigt schemenhaft einen Drachen im Wasser.
**Reisschüssel** Die Zeichen bedeuten »Glück« und »langes Leben«.
**Dose** Die Dose diente als Honigtopf.

Schale, Samarra, um 6./5. Jt. v. Chr.

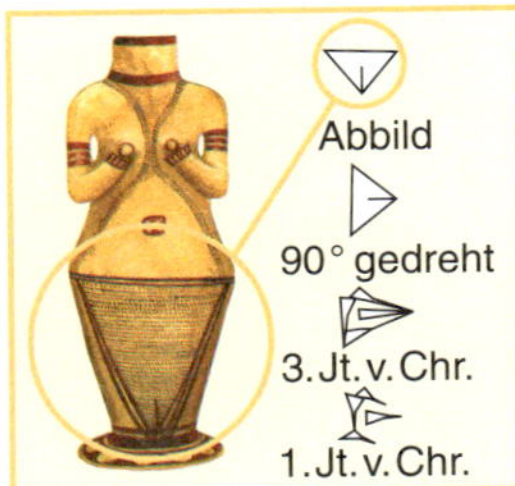


Frauenfigur, Yarim, um 5000 v. Chr., rechts: Entwicklung des Keilschriftzeichens für ‘Frau’

Schüssel, Halaf, um 4500 v. Chr.

Räuchergefäß, Obeid, um 4000 v. Chr.

Relief, Babylonien, 18. Jh. v. Chr.

Gefäß, Chafadschi, um 3200 v. Chr.

Töpferdarstellungen auf Siegeln; links: Mesopotamien, 3. Jt. v. Chr.; rechts: Mesopotamien, frühes 3. Jt. v. Chr.

Mesopotamien bedeutet griech. 'zwischen den Strömen' und meint das Zweistromland zwischen Euphrat und Tigris. Der persische Golf reichte vor dem Abschmelzen des Polareises nach der letzten Eiszeit viel weiter nach Norden, erst die Flussablagerungen ließen eine fruchtbare Schwemmebene entstehen. Noch vor Kleinasien (S. 198 f.) und dem Iran (S. 200 f.) ist Mesopotamien das an Buntkeramiken reichste Gebiet der Erde.

## Periodisierung

| Zeit | Periode |
|---|---|
| spätes 7. Jt. v. Chr. | Hassuna |
| 6300–6000 v. Chr. | Samarra |
| 6000–5000 v. Chr. | Halaf |
| 6000–3700 v. Chr. | Obeid |
| Ende 4. Jt. v. Chr. | Sumer |
| ab 2371 v. Chr. | Akkad |
| ab 1365 v. Chr. | Assyrien |
| ab 612 v. Chr. | Babylonien |
| 550–330 v. Chr. | Persien |
| 304–264 v. Chr. | Seleukiden |
| 171 v. Chr. – 227 n. Chr. | Parther |
| 227–642 n. Chr. | Sasaniden |

## Rohstoffe und Technologien

Die Scherbenrohstoffe aus der **Hassuna**- bis zur **Obeidperiode** bilden ein erstaunlich einheitliches Bild, obwohl es sich um mehrere Jahrtausende handelt. Die kalkreichen Tone wurden in den Flussniederungen gewonnen. Die Brenntemperaturen lagen während der Hassuna- und Samarraperiode bei 850 – 1050 °C, in der Halafzeit bei 800 – 850 °C und in der Obeidphase bei 1050 – 1150 °C. Dies gilt für oxidierenden Brand. Dagegen lagen die Temperaturen bei reduzierendem Brand 50° niedriger. Hassuna- und Samarraware wurden in Eisenreduktions- bzw. Eisenoxidationstechnik rot oder schwarz in einer Schichtdicke von 10 – 100 µm bemalt.

In der **Halafzeit** folgte eine aufwändigere Aufbereitung des Malschlickers unter einer Anreicherung von Kalium und Aluminium. Dies ergab höhere Anteile an illithaltigen Feinstteilchen, die einen hohen Glanz hervorriefen. Diese auch Glanztonengobe genannte Technik geriet in der **Obeidzeit** in Vergessenheit.

Im **4. Jt. v. Chr.** gab es gewaltige Veränderungen in Mesopotamien: Die ersten befestigten Städte, die ältesten Schriftzeugnisse sowie neue Handwerke und Industrien entstanden. Die Erfindung der schnellen Töpferscheibe brachte neue Formen mit sich, die stärker rotationssymmetrisch waren. Die Dekore spielten dabei eine untergeordnete Rolle. Erst im **2. Jt. v. Chr.** gab es wieder Farbdekore.

## Abbildungen

**Schale** Den Spiegel der Schale zieren ein Hakenkreuz als Glückssymbol und dazwischen Wasservögel und Fische. Die Fahne der Schale wurde mit einem Mäandermotiv als Symbol für die Wasserwellen bemalt.

**Frauenfigur** Typ. ist die Vergrößerung der Scham, die Basis für das Schriftzeichen »Frau« war. Mit den Händen fasst sie ihre Brüste um Milch heraus zu spritzen. Sie verkörpert die »Große Mutter« und »sie, die Leben schafft«, was auf hebräisch 'Eva' bedeutet. Das Motiv wird bis ins MA. verwendet: In der Templerordenkirche von Mallorca spendet Maria aus ihren Brüsten Milch an B. v. Clairvaux.

**Schüssel** Die Illustration stellt eine Rekonstruktion aus Scherbenbruchstücken vom Tell Halaf dar.

**Räuchergefäß** Typ. für den Obeidstil sind stehende Dreiecke und Zickzacklinien. Er war in ganz Mesopotamien und teilweise der Türkei verbreitet.

**Relief** Dargestellt ist die überwiegend böse Dämonin Lilu bzw. Lilitu oder Ardat-Lili aus dem sumerisch-akkadischen Mythologiekreis. Die jüdischen Schriften nennen Lilith als erste Frau Adams.

> *»... sofort hat er für ihn eine Frau erschaffen – aus Lehm wie diesen – und das war Lilith ... Sie konnten sich nicht miteinander verständigen.«*

**Gefäß** Es gehört zur »scarlet ware«, die mit Hämatit und Ruß verziert wurde. Motive sind Vögel und Steinböcke (Ibexe).

**Töpferdarstellungen** Links ist das Detail einer Siegelabrollung dargestellt. Auf der einen Seite arbeitet ein bärtiger Mann an einem großen, spitzbodigen Gefäß. Der andere Mann ist mglw. mit dem Brand beschäftigt. Das rechte Bild zeigt zwei Töpferinnen mit langen Haaren bei der Arbeit an Tüllengefäßen.

Gefäß, Assur, 2. Jt. v. Chr.

Gefäß, Babylon, 7. Jh. v. Chr.

Gefäß, Assur, 13.–12. Jh. v. Chr.

Relief, Mesopotamien, 2. Jt. v. Chr.

Frauenkopf, Assyrien, 14.–13. Jh. v. Chr.

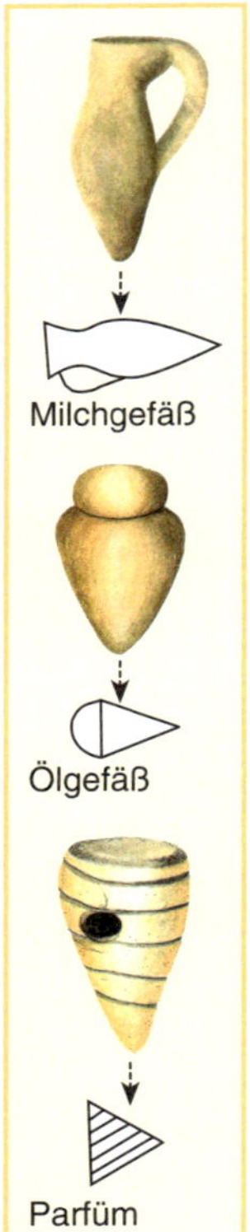

Entwicklung vom Gefäß zum Keilschriftzeichen, Uruk, um 3000 v. Chr.

Pantoffelsarg, Uruk, 1. Jt. v. Chr.

Schale, Babylon, um 1. Jh. v. Chr.–2. Jh. n. Chr.

Im **3. Jt. v. Chr.** beginnt die Schriftentwicklung in Mesopotamien. Daran war auch Alltagskeramik beteiligt (Abb.). **Töpferwerkstätten** waren in dieser Zeit an den Rändern der Städte zu finden. In Umm al-Hafrijat wurden 500 Brenn- und Backöfen freigelegt, eine Zahl, die eine Vorstellung von der für eine Stadt notwendigen Anzahl Öfen gibt. Erste schriftliche Texte über das Töpfereihandwerk in Ur belegen, dass zwischen zwei und zehn Arbeiter in einer Werkstatt unter einem Aufseher als Saisonkräfte töpferten. Die übrige Zeit des Jahres waren sie in der Landwirtschaft tätig. Diese Art von Saisonarbeit im Sommer und Herbst war im Töpferhandwerk Mesopotamiens die Norm.

**Formen und Dekore**
Die typ. Formen waren konische Schalen, Becher, Butterfässer, Fruchtständer, Trichter und Krüge mit Henkeln. In der Zeit von Akkad kamen neue Keramiktypen wie rechteckige Gefäßständer sowie Krüge mit zwei Doppelohrhenkeln auf. Schriftliche Quellen belegen als Flüssigkeitsmaß das »Sila«, das dem Liter entspricht. Gefäße mit diesbezüglichen Füllmarkierungen wurden in Ur gefunden. Beigegelb, Rot und Grün waren die vorherrschenden Farben. In der Akkadzeit bevorzugte man Ritzverzierungen.
Das **2. Jt. v. Chr.** war gekennzeichnet durch einen weitreichenden Handel zwischen den verschiedenen Reichen Vorderasiens. Aus dem syrisch-palästinensischen Raum wurde die große Raddrehscheibe eingeführt, die auf Steinlagern arbeitete. Für den Brand nutzte man gemauerte Rundöfen mit getrenntem Brenn- und Feuerraum. Typ. sind glatte Formen, Schalen, Krüge sowie rundbodige Gefäße, die auf Standringe gestellt wurden. Asphaltfarben dienten der Schwarzfärbung sowie als Klebgrund und Markierungsfarbe.
Ab dem **15./14. Jh. v. Chr.** war die Nuziware, eine nach dem östlich des Tigris gelegenen Ort Nuzi benannte Keramik, weit verbreitet: dünnwandige Gefäße mit Knopffuß und einem floralen Dekor. Dagegen war die Keramik der Kassiten sehr einfach. Ein besonderer Typ war die blau glasierte Kieselkeramik (Kupfercalziumsilikat), die in Ägypten und Mesopotamien verbreitet war.
Im **1. Jt. v. Chr.** vereinten die Assyrer Mesopotamien, Ägypten und die Levante unter ihrer Herrschaft, die sie zentral und mit brutaler Gewalt ausübten. Die Nennung eines sogenannten »Dorfes der Töpfe« (*kapru diqarate*) weist auf eine spezialisierte, fast industrielle Keramikherstellung hin. Das Töpferhandwerk wurde sogar mit einer Schutzgottheit geehrt: Ea. Die Öfen bestanden aus einer ovalen Feuerkammer und einer runden Brennkammer darüber. Diese Zeit war der Höhepunkt des farbigen Dekors in Blau, Gelb, Grün und Weiß. Die für den Palast gefertigten, feinwandigen Tischwaren imitierten Metallgefäße. Die typ. Formen der parthischen Zeit waren Fischteller, Öllampen und Pilgerflaschen. In Seleukia wurden parthische Brennöfen ausgegraben. Die Keramik der Sasaniden mit schwarzen Verzierungen auf hellem Grund leiten über zur Keramik des Islam (S. 246 f.).

**Abbildungen**
**Gefäß** Dieses Gefäß aus Kieselkeramik diente als Büchse mit Deckel.
**Gefäß** Die Vase wurde mit Rosetten und Haken dekoriert (s. a. S. 202 f.).
**Gefäß** Es zählt zur Nuziware, deren Spitzböden man in den Sand steckte.
**Relief** Das Bettmodell mit Paar symbolisiert den Fruchtbarkeitszauber der heiligen Hochzeit, während der Gott Dumuzi in der Sommerzeit in die Unterwelt hinabstieg. Erst im nächsten Frühjahr kehrte er zurück. Die Vereinigung Dumuzis mit der Liebesgöttin im Bett wurde als Wiedergewinnung der Kräfte gefeiert.
**Frauenkopf** Der Kopf wurde mit Erdharz und eingelegten hellen Frittestücken und Plättchen verziert. In die Ohrlöcher wurde Schmuck eingesetzt.
**Pantoffelsarg** Diese Bestattungsbehälter gehören zu einer typ. Gruppe von Doppeltopf- und Wannensärgen, die in die Zeit der Parther in Uruk gehören. In seiner Hand hielt der in Rückenlage Bestattete einen Hühnervogel, der seiner Jenseitsversorgung diente.
**Schale** Als Farben dienten Natrium, Kupfer, Mangan und Eisenoxide. Dafür wurden Aschen verbrannter Wüstenpflanzen mit Quarzsand vermengt.

Gesichtsvase, Jericho, um 1700 v. Chr.

Drehscheibe

Scherbenformstück, Muschelwerkzeug

roter und gelber Ocker

Stichel und Glättkiesel

Stichelanwendung

Töpfereiausrüstung

Spindelkrüge, Atchana, um 1500–1450 v. Chr.

Frauenfigur, Achsib, um 6. – 4. Jh. v. Chr.

Schale, Nabatäa, um 1. Jh. v. Chr. – 1. Jh. n. Chr.

Gefäß, Abu Hawam, um 1100 v. Chr.

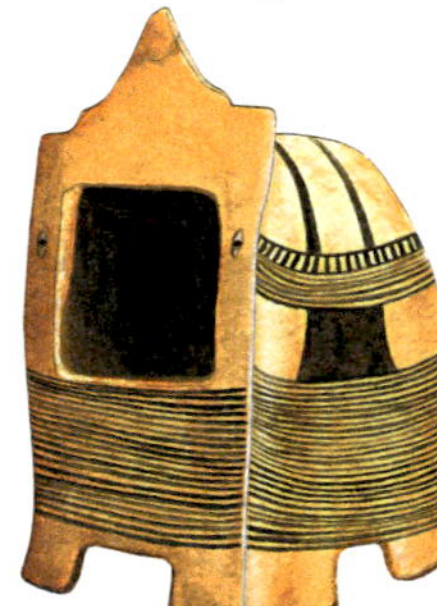

Graburne, Hedera, um 3500 v. Chr.

Die Keramik Syriens, Palästinas und Israels bildet eine kulturelle Einheit.

**Periodisierung** (Auswahl)

| Zeit | Periode |
|---|---|
| 8300 v. Chr. | Neolithikum |
| ab 4500 v. Chr. | Chalkolithikum |
| ab 3150 v. Chr. | Bronzezeit |
| ab 1200 v. Chr. | Eisenzeit |
| ab 586 v. Chr. | Babylon und Persien |
| ab 332 v. Chr. | Hellenismus |
| ab 37 v. Chr. | Rom |
| ab 324 n. Chr. | Byzanz |

**Formen und Dekore**
Im **Neolithikum** begann man in Syrien, Israel und Palästina, Keramik herzustellen. Die ersten Gefäße waren Schalen und Vorratskrüge. Erst im **Chalkolithikum**, nach der Erfindung der Drehscheibe, begann man, kompliziertere Formen wie z. B. spitze Trinkhörner und Vogelvasen zu fertigen. Die Vogelvasen sind Butterschwenker, die an beiden Seiten Ösenhenkel aufweisen, womit man sie aufhängen und schwenken kann, um die Butter zu gewinnen. Die **Bronzezeit** ist dominiert von Gefäßen mit rot glänzenden Engoben im typ. Netzdekor sowie neuen Formen wie dem Becher. Erst in der **Mittelbronzezeit** konnte man die Gefäße vollständig auf der Drehscheibe fertigen. Typ. sind große Mischgefäße mit Bandhenkelfüßen. Aus Zypern wurden zahlreiche Milchschüsseln importiert. Für die **Spätbronzezeit** ist der scharfe Knick in der Wand bestimmend. Weiß grundierte Schalen, wie wir sie aus Zypern kennen, finden sich nun öfter. In der **Eisenzeit** wurden die spätbronzezeitlichen runden Formen durch eckigere verdrängt. Der Dekor wurde vorwiegend geglättet. In der **Perserzeit** verschlechterte sich zunehmend die Qualität. Die Eroberungen ALEXANDERS DES GROSSEN [336 – 323 v. Chr.] führten die **hellenistischen** Keramikstile in den vorderen Orient ein. Typ. sind eine dickwandige, sandgemagerte Schale, die *Mortarium* genannt wird, und sogenannte Fischteller mit herabhängenden Fahnen und einer Soßenvertiefung in der Mitte. Diese prägende Dominanz gilt ebenso für die nachfolgende **römische** und **byzantinische** Periode. So kennen wir z. B. die östliche »Terra Sigillata A« aus dieser Region (S. 111). Im 5. Jh. n. Chr. treten vermehrt Kreuze, christliche Symbole sowie Heilige in biblischen Szenen in Reliefverzierung auf (S. 110). Sie sind ein Zeichen der Verbreitung des zur Staatsreligion gewordenen Christentums. Die Bibel verwirft »nichtige Götzenbilder« aus Ton (Buch der Weisheit 15,13):

> *»Ein solcher Töpfer weiß besser als irgendein anderer, dass er Unrecht tut, wenn er aus demselben irdischen Stoff sowohl zerbrechliche Gefäße als auch Götterbilder herstellt.«*

**Abbildungen**
**Gesichtsvase** Diese Vase mit einem prägnanten Gesicht stellt mglw. einen Vertreter der Hyksos dar, die zeitweilig Jordanien besetzt hatten.
**Spindelkrug** Derartige rot glänzende, auf der Scheibe gedrehte Krüge hat man in großer Zahl in Ägypten, Zypern und Syrien gefunden. Sie waren wohl eine Art Handelsverpackung. Die unterschiedlich großen Krüge dienten dem Transport von Medikamenten, Weinen oder Duftstoffen.
**Frauenfigur** Eine schwangere Frau hält schützend die rechte Hand auf ihren Bauch. Sie wurde als Astarte gedeutet, eine Fruchtbarkeitsgöttin der Kanaaniter, Sidonier und Philister, und als Beisitzerin des Regengottes Baal. Sie stammt aus dem phönizischen Friedhof in Achsib.
**Töpfereiausrüstung** Sie stammt aus einer in Lachisch ausgegrabenen Werkstatt aus dem 2. Jt. v. Chr.
**Schale** Dieser Keramiktyp war um die Zeitenwende im nördlichen Teil des Roten Meeres und in der südlichen Levante verbreitet und belegt den weitreichenden Handel der nabatäischen Kaufleute. Dargestellt sind Yamswurzelblätter, eine nahrhafte afrikanische Knollenfrucht.
**Gefäß** Das Stück stammt aus Tell Abu Hawam, einem Siedlungshügel am Fuße des Berges Karmel. Typ. sind die hängenden Dreiecke und die Schlaufenfüße.
**Graburne** Die Urnen besitzen die Form von Hausmodellen oder von geschlossenen Krügen. Sie dienten als Behältnis für die Knochen. Die Ossuarien genannten Graburnen wurden in großer Zahl in den Grabhöhlen um Tel Aviv gefunden.

links: Gebrauch einer Schnabelkanne als rituelles Gießgefäß für ein Trankopfer auf einem syrisch-hethitischen Rollsiegel, Türkei, um 14.– 13. Jh. v. Chr.
rechts: Schnabelkanne, Kültepe, 18. Jh. v. Chr.

Krug, Hacilar, 5000 v. Chr.

gebärende Muttergöttin, Çatal Hüyük, um 5800 v. Chr.

Relieffries, Burdurregion, 6. Jh. v. Chr.

Dose, Urmiaseeregion, um 9.– 8. Jh. v. Chr.

Becher, Teschebeini, 7. Jh. v. Chr.

Miniaturtasse, Phrygien, 8. Jh. v. Chr.

**Kleinasien** ist die zwischen Schwarzem Meer, Ägäischem Meer und östlichem Mittelmeer gelegene Halbinsel. Sie wird auch Anatolien genannt.
In Kleinasien datieren die ältesten bemalten Keramiken aus Çatal Hüyük aus dem 7. Jt. v. Chr. Anatolien bildet die Brücke zwischen Mesopotamien und dem Mittelmeerraum.

## Periodisierung

| Zeit | Periode |
|---|---|
| 6500 v. Chr. | Neolithikum |
| ab 5500 v. Chr. | Chalkolithikum |
| ab 2000 v. Chr. | Fürstentümer |
| ab 17. Jh. v. Chr. | Hethiter/Altes Reich |
| ab 15. Jh. v. Chr. | Hethiter/Neues Reich |
| ab 1200 v. Chr. | Seevölker |
| ab 9. Jh. v. Chr. | Assyrische Provinz |
| ab 8. Jh. v. Chr. | Phryger/Lyder |
| ab 546 v. Chr. | Perser |
| ab 2. Jh. v. Chr. | Reich von Pergamon |
| ab 133 v. Chr. | Rom |
| erste Jh. n. Chr. | Byzanz |

## Rohstoffe und Technologien

Es gibt sowohl kalkreiche als auch kalkarme Tone in Kleinasien. In der frühen Zeit legten die Töpfer wohl aufgrund mangelnder Kenntnis wenig Wert auf eine sorgfältige Rohstoffauswahl. Verarbeitet wurden die Tone, die vor Ort zur Verfügung standen. Die Brenntemperatur lag im Bereich 750–850 °C. Die Keramik ist damit hinsichtlich der Temperatur von geringerer Qualität als die bei 1100 °C gebrannte Keramik aus Mesopotamien.
In Anatolien erfand man die Technik der Manganschwarzmalerei. Daneben war auch die Eisenreduktionstechnik bekannt. Manganschwarz war jedoch resistenter gegen Temperaturschwankungen beim Brennen. Die Töpfer wussten dies und nutzten diese Technik bis in die phrygische Zeit. Für die weißen Dekorbereiche wurde sowohl das gelbliche Kalksilikatweiß als auch das hellweiße Kaolinitweiß verwendet.

## Formen und Dekore

Zwei typ. Merkmale lassen sich in der Keramikkunst Kleinasiens festhalten: die Anlehnung der Dekore an Stoffvorlagen, z. B. Teppiche oder Kelims, sowie an Metallgefäße, z. B. die Knickwände und Schnabelkannen. Motive sind Wellenband, Dreieck und Schachbrettmuster. In der Bronzezeit ist die grau glänzende, einfarbige »metallische Ware« weit verbreitet. Während des Alten Reiches erreichte die Reliefkeramik ihren Höhepunkt.

## Abbildungen

**Rollsiegel** Ein König bietet einem Donnergott ein Trankopfer dar und bittet um Gesundheit und langes Leben sowie um Unterstützung bei der Bekämpfung seiner Feinde.
**Schnabelkanne** Schnabelkannen sind typ. für Kreta, Iran und Anatolien. Die etwa 40 cm hohe Kanne wurde zu rituellen Zwecken, z. B. als Wasserspender, verwendet.
**Krug** Typ. sind die Kugelform und das Form verdeckende Spiralmuster. Haçilargefäße werden häufig gefälscht.
**Gebärende Muttergöttin** Die Figur zeigt die Frau als Beherrscherin der Tiere auf einem Tierthron aus zwei Leoparden und als Lebensspenderin ein Kind gebärend. Der Totenschädel, auf den sie ihren rechten Fuß stützt, betont die Todessymbolik. Die in der Schicht II von Çatal Hüyük gefundene Figur misst nur 16,5 cm. Die beiden gelben Köpfe wurden nach gleichartigen Statuetten ergänzt.
**Relieffries** Die 46 cm hohe Platte stammt aus einem phrygischen Tempel in Boghazköy. Ähnliche Stücke wurden in Gordion, Pazarli und Midasstadt gefunden. Sie schmückten wohl einen hölzernen Giebel, wie die beiden Nagellöcher nahelegen. Das Motiv ist ein Drache, hinter dem ein Krieger reitet. Es symbolisiert die Überwindung der Finsternis und des Feindes. Analoge Drachendarstellungen kennen wir vom Ischtartor in Babylon.
**Dose** Typ. sind die Dreiecksmuster, wie wir sie aus den grünlich glasierten Stücken Mesopotamiens kennen.
**Becher** Der 50 cm hohe Becher stammt aus Teschebeini (Karmir-Blur) nahe der armenischen Hauptstadt Jerevan. Typ. für Transkaukasien ist die Stiefelform und die Schwarzglanzengobe mittels Eisenreduktionstechnik.
**Miniaturtasse** Die Tasse misst 2,4 cm und diente mglw. als Kinderspielzeug.

Eber, Tepe Sarab, um 7.– 6. Jt. v. Chr.

Schüssel, Bakun, 4. Jt. v. Chr.

Fruchtbarkeitsidol, Susa, um 1500 v. Chr.

Männerkopf, Susa, um 1500–1000 v. Chr.

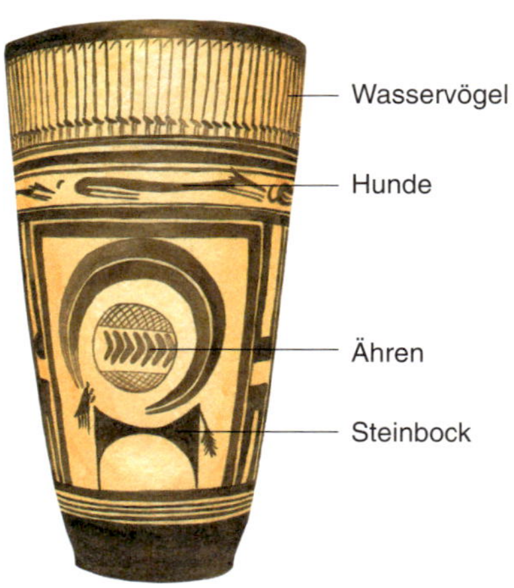


Becher, Susa, 4. Jt. v. Chr.

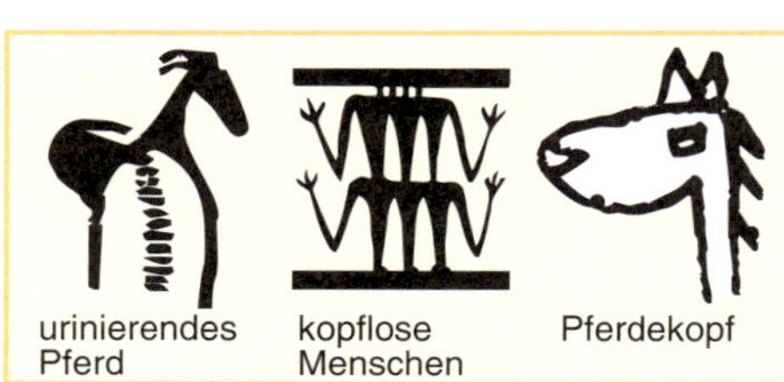


Motive auf Keramiken, Iran, 4. Jt. v. Chr.

Der Landesname **Iran** stammt aus dem 1. Jt. v. Chr., als verschiedene Stämme in ein Land einwanderten, das sie Arjanam (= Arierland) nannten. Daraus entwickelte sich Eran. Die Muslime nannten das Land Persien.

**Periodisierung** (Auswahl)

| Zeit | Periode |
|---|---|
| ab 9000 v. Chr. | Neolithikum |
| ab 5000 v. Chr. | Chalkolithikum |
| ab 4000 v. Chr. | Protoelam |
| ab 1850 v. Chr. | Altelam |
| ab 1600 v. Chr. | Kassiten |
| ab 1300 v. Chr. | Mittelelam |
| ab 1100 v. Chr. | Fürstentümer |
| ab 717 v. Chr. | Neuelam |
| ab 625 v. Chr. | Meder |
| ab 550 v. Chr. | Achämeniden |
| ab 312 v. Chr. | Seleukiden |
| ab 171 v. Chr. | Parther |
| ab 224 n. Chr. | Sasaniden |

**Rohstoffe und Technologien**
Die natürlichen Barrieren, die das iranische Hochland umgeben, begünstigten eine eigenständige kulturelle Entwicklung. Die älteste Keramik stammt aus dem 7. Jt. v. Chr. aus Tepe Guran. Sie enthielt viel Stroh, um Stabilität zu erreichen. Es gibt im Iran sowohl kalkreiche als auch kalkarme Tone. Dies liegt an seiner geologischen Vielfalt gegenüber der Schwämmebene Mesopotamiens. Bei dem dunklen Malmaterial handelt es sich v. a. um Mangan. Auch Zweifarbigkeit wurde durch Eisenoxid und Mangan erreicht. Im 5. Jt. v. Chr. findet sich dreifarbige Ware mit dem Zusatz eines weißen Fond aus einer 300 µm starken Calcitschicht. Die rote Farbe ist Ocker. Erst bei der Keramik von Susa findet sich ein aus Mangan und Eisenoxid gemischtes Schwarz.

**Formen und Dekore**
Die Buntkeramikkulturen des Chalkolithikums gehören wegen ihrer lokalen Vielfalt zu den reichsten in Vorderasien. So finden wir bspw. im Iran mehr Keramikgruppen als in Mesopotamien. Typ. ist die Gliederung in Motive (Vögel, Hunde) und Strukturelemente (Linien, Bänder, Bildfelder). Der Dekor ist immer zweidimensional, es fehlt jede Tiefenillusion. Selbst Tiergruppen werden nebeneinander gestellt. Typ. ist auch die Angleichung der Motive an Rechteck und Kreis. Charakteristische Formen sind Schalen, Schüsseln und Becher. Ton spielte der Legende nach auch bei der Schriftentstehung im Iran eine Rolle. Als ENMERKAR, der Sohn des Sonnengottes, einen Tempel bauen will, schickt er seine Herolde, um gegen Getreide Karneol und Lapis für den Tempelbau einzutauschen. Der Herr von Uruk geht darauf ein, liefert jedoch nur Karneol. ENMERKAR schickt erneut den Herold:

> *»Da der Herold schwerfällig in der Rede war und die Worte seines Herrn nicht wiederholen konnte, glättete der Herr von Kullab einen Tonklumpen und setzte die Worte wie auf eine Tafel; vor ihm gab es niemand, der Worte auf Ton setzen konnte.«*

**Abbildungen**
**Eber** Der scheinbar mit wenigen Handgriffen sehr lebendig dargestellte Eber stammt aus einer Fundstelle in Kurdistan bei Kermanschah. Die Kerben auf dem Körper deuten vielleicht auf eine magische Verwundung oder Tötung hin. Es kann sich auch um stilisierte Borsten handeln.
**Schüssel** Der Fundort liegt in der großen Ebene von Persepolis. Die Bemalung erfolgte im Bildfelddekor, der an Textilienkunst erinnert.
**Fruchtbarkeitsidol** Die Frau ist reich mit Schmuck behängt und wirkt durch die breit dargestellten Oberschenkel sehr ausladend. Gesicht, Brüste, Hände und Füße sind dagegen eher zierlich. Hier vermischt sich die Urgeschichtstradition von anonymen Figuren (S. 192 f., 204 f.) mit der städtischen Verfeinerung und individuellen Darstellung. Frauen spielten in der elamischen Gesellschaft eine bedeutende Rolle. So tauchen sie in überlieferten Texten als Geschäftspartner auf.
**Männerkopf** Typ. sind die nach vorn gekämmten Haare, die sich häufig in Elam finden, sowie der kurze Bart. Es handelt sich wohl um einen Prinz. Im Hals findet sich ein Loch, weshalb er zu einer rituell genutzten Puppe gehört haben mag.
**Becher** Die Hörner symbolisieren die Mondsichel. Steinbockopfer sollen Regen für das Getreidewachstum bringen.

Topf, Nordiran, um 1400–1000 v. Chr.

Paar, Marlik, um 1250–1000 v. Chr.

Kanne, Sialk, um 9.–8. Jh. v. Chr.

Schüssel, Westiran, 7. Jh. v. Chr.

Grabamphore, Merw, um 5./6. Jh. n. Chr.

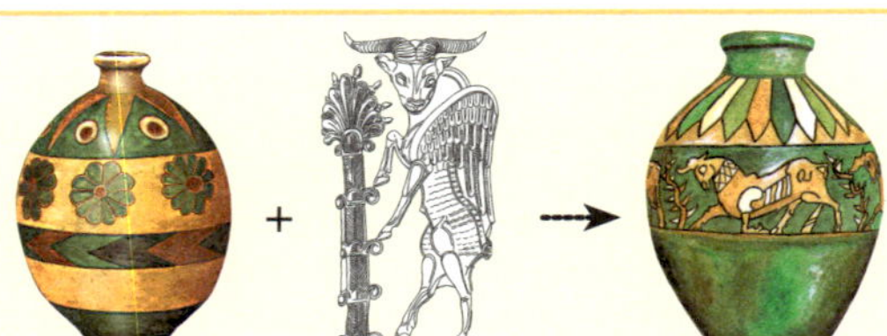


Graburne als Beispiel für babylonisch-iranischen Mischstil, Ziwiye, 700 v. Chr.

Vase, Susa, um 2.–3. Jh. n. Chr.

Das **2. Jt. v. Chr.** ist von monochromer Optik und metallbeeinflussten Formen gekennzeichnet. Es gab zahlreiche Lokalstile. Erst in der Zeit der Meder und Achämeniden kommt es zu einer Vereinheitlichung infolge politischer Zentralisierung. In den westiranischen Gebieten gab es einen Austausch mit den mesopotamischen Kulturen.

**Kulturen im Iran**
Bedeutendster Fundort der **Amlaschkultur** ist Marlik. Typ. sind Schnabelgefäße, Flaschen und Doppelflaschen. Dazu gehören auch Menschen- und Tierfiguren, darunter Rinder, Hirsche, Widder und ein Leopard. Eine Ausnahme in der monochromen Keramik bildet Tepe Sialk, wo dunkelrote Motive auf hellbeige aufgetragen wurden (Abb.). Im **Zagrosgebirge** und der **Urmiaregion** ist eine dickwandige, teilweise mit Flachreliefs versehene Ware, die metallisch glänzt, typ. Die meisten Stücke wurden in Hasanlu gefunden. In **Luristan** erlangten die kunstvollen Bronzen Berühmtheit. Dagegen kennzeichnen die Luristankeramiken Dickwandigkeit und Einfachheit im Dekor. Die Gefäße sind handgemacht und selten verziert. Typ. Motiv ist die Rosette.
Die Einfälle der **Meder** beendeten die Luristankultur. Es ist schwer, den Medern direkt Keramik zuzuordnen. Einzig der Tempel von Nusch-i-Dschan und die Festung von Godin Tepe sind eindeutig medisch. Die Keramik ist weitgehend auf der Drehscheibe gefertigt und sorgfältig geglättet worden. Große Pithoi wurden dagegen in Ringwulsttechnik aufgebaut. Wenig wissen wir über die Keramik der **Achämeniden**. Die berühmtesten Arbeiten sind die Reliefliesenbilder im Palast in Susa (S. 58 f.).
Typ. für die **Parther** sind die grün, blau oder bräunlich glasierten Gefäße, die aber im gesamten Geschirr nur 3–5 % der Gefäße ausmachen. Die Glasur besteht aus Wüstenpflanzenasche und Quarz. Die färbenden Oxide stammen von Mangan, Eisen und Kupfer. Der römische Autor M. G. Apicius beschreibt ein Rezept für ein »Pullum Parthicum«, ein parthisches Hähnchen:

> *»man koche das Hähnchen in einer reichen Weinsauce im Tontopf...«*

Auch unter den **Sasaniden** spielten Metallvorbilder eine große Rolle. Neue Typen wie Schöpfkannen, Krüge mit Kleeblattmündung und Kasserollen gibt es auch aus Keramik. Beim Dekor sind Flachreliefs und schwarze Zeichnungen auf beigem Fond vorherrschend.

**Abbildungen**
**Topf** Der Topf mit den beiden Henkeln gehört zur Gruppe der Eisenzeit II (Kassiten/Mittelelam). Diese Gefäße wurden im lederharten Zustand geglättet, so dass sie einen metallischen Glanz aufweisen.
**Paar** Diese Figuren wurden als Gießgefäße benutzt. Die Frau trägt eine Kette um den Hals.
**Kanne** Die Schnabeltülle sowie die Nietenpunkte um den Tüllenansatz imitieren Metallgefäße, der hängende Streifen Stoffmuster.
**Schüssel** Die medische Schüssel stammt aus Nusch-i-Dschan.
**Grabamphore** Die Amphore zeigt vier Sujets. Hier sichtbar ist die **Tafelszene**. Vor einer mit Blumen bemalten Wand sitzt ein Fürst auf einer Ottomane. In der linken Hand hält er eine Schale mit Trauben, in der Rechten ein Zepter oder anderen Rangstab. Ihm gegenüber sitzt eine Dienerin, die ihm frische Luft zuwedelt, sowie dahinter ein Diener. Die Rückseite ziert eine **Jagdszene**: Der Fürst reitet und jagt Vögel mit Pfeil und Bogen. Das dritte Bild ist eine **Sterbeszene**. Im Zentrum steht ein Priester, der Gebete vorträgt. Außerdem kann man ein Klageweib erkennen. Im unteren Bereich der Amphore ist eine **Begräbnisszene** dargestellt. Sechs Priester singen das Totenlied – die Yasna. Aufgebahrt auf der mit Rädern versehenen Bahre liegt der tote Fürst in ein weißes Leichentuch gewickelt, das auf typ. zoroastrische Weise zusammengehalten wird. Es handelt sich nicht um einen bestimmten Fürsten, da die für die Sasaniden sonst typ. Personifizierungssymbole fehlen. Vielmehr zeigt es das Leben eines beliebigen zoroastrischen Fürsten. Der Stil weist auf die Wandmalereien in der Sogdiana hin: Blumen an der Wand, der Stab in der Hand sowie Bankettszenen. Die Kleidung ist durchweg sasanidischen Typs.
**Vase** Die Henkel und Knäufe imitieren Metallgefäße. Typ. ist die grüne Alkaliglasur.

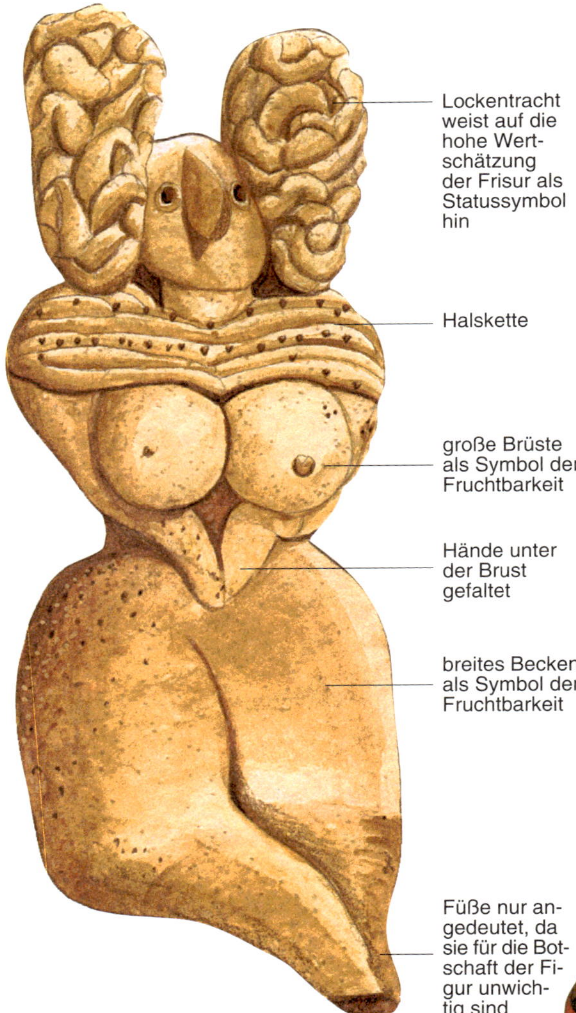


Frauenfigur, Mehrgarh, um 3000 v.Chr.

Gefäß, Mehrgarh, um 5000 v.Chr.

Siegel, Mohendscho Daro, um 2500 – 1750 v.Chr.

Becher, Quetta, um 3000 – 2700 v.Chr.

Gefäß, Kot-Didschi, um 2500 – 2000 v.Chr.

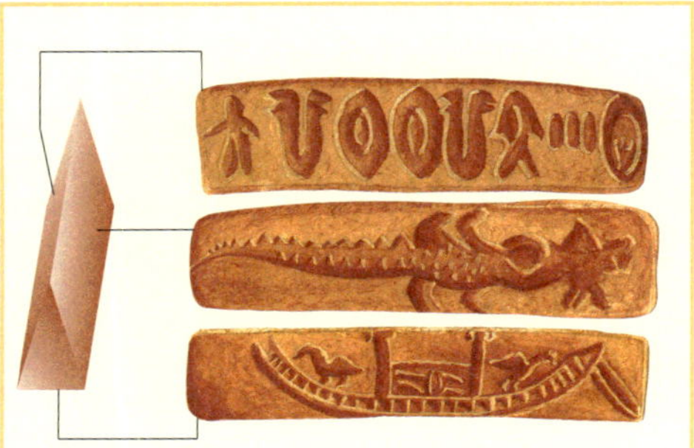

Siegel, links: Schema; rechts: Abdrücke der Seiten, Mohendscho Daro, um 2500 – 1750 v.Chr.

Urne, Harappa, 2. Jt. v. Chr.

Zu **Südasien** gehören die heutigen Staaten Indien, Pakistan und Bangladesh. Sie wurden früher als Vorderindien bezeichnet im Gegensatz zu Hinterindien bzw. Indochina, das heute Südostasien genannt wird.

**Periodisierung**

| Zeit | Periode |
|---|---|
| ab 6. Jt. v. Chr. | früheste Keramikzeit |
| ab 2500 v. Chr. | Induskultur |
| ab 3. Jh. v. Chr. | Frühgeschichte |
| ab 1. Jh. v. Chr. | Übergangszeit |
| ab 4. Jh. n. Chr. | Klassik |
| ab 8. Jh. n. Chr. | Mittelalter |
| ab 19. Jh. | Moderne |

**Rohstoffe und Technologien**
Die Tone der frühen Kulturen waren leicht kalkreich. Allerdings verstanden es die Töpfer der Induskulturen bereits, Rohtone so zu schlämmen, dass die stark kalkreichen als heller Fond und die kalkarmen als dunkle Maluntergründe Verwendung fanden. Die Töpferscheibe wurde seit der Mitte des 3. Jt. v. Chr. genutzt. Die Töpfer verwendeten sowohl Mangan als auch Eisenoxidmangangemische, um Dekorschwarz zu erzielen.

**Formen und Dekore**
Aus der frühesten Phase kennen wir weit über 1000 Fundorte mit Keramik. Der bedeutendste davon ist Mehrgarh in Belutschistan. Er belegt die eigenständige Entwicklung der Keramik in Südasien. Im **3. Jt. v. Chr.** entstanden zahlreiche lokale Keramikstile, die sich drei Scherbenfarben zuordnen lassen (Tabelle).

| Scherben | Dekorfarbe (Beispielkultur) |
|---|---|
| beige | Schwarz (Nal) |
| grau | Schwarz (Kechi Beg) |
| rot | Schwarz oder Rot (Harappa) |

Auch bi- und polychrome Dekore gab es bereits in der frühesten Periode, z. B. in Mehrgarh. Im **2. Jt. v. Chr.** setzte sich die Buntkeramiktradition ohne technische Neuerungen fort. Um 1200 v. Chr. gab es die ersten Anzeichen einer Kastentrennung Einheimischer von arischen Einwanderern. Dies führte zur späteren Einteilung in vier Hauptkasten, wobei die Töpfer dem dritten Stand der dienenden Sudras zugeordnet werden. Ihre Produkte finden jedoch in allen Kasten Verwendung (Tabelle).

| Kaste | Mitglieder |
|---|---|
| brahmin | Priester |
| ksatriya | Krieger |
| vaisya | Gewerbetreibende, Bauern |
| sudra | Dienende |

**Abbildungen**
**Figur** Derartige Keramikfiguren gibt es bereits seit 5500 v. Chr. Sie sind überall auf der Welt anzutreffen (S. 98 f.). Im Lauf der Jahrtausende verfeinerte man immer mehr die Details, wobei die drei Grundmerkmale (sitzend, Geschlechtsmerkmale betont, Hände und Füße nur angedeutet) beibehalten wurden. Nach 2500 Jahren Entwicklung findet sich bereits eine ausgearbeitete Lockentracht, eine Halskette mit drei einfachen und zwei verzierten Schnüren. Auch das Gesicht ist nun schon mit Nase und Augen versehen, wo früher der Kopf nur angedeutet wurde.
**Siegelprisma** Das Prisma zeigt auf einer Seite ein befestigtes Boot mit zwei Vögeln und einer Kajüte. Ähnliche Hausboote bewohnen noch heute die auf dem Indus lebenden Mohanas, die nicht selten Haustiere auf den Booten halten. Eine weitere Seite zeigt ein Gavial (Gavialis gangeticus), die als heilige Tiere gelten. Die dritte Seite zeigt Indusschriftzeichen.
**Gefäß** Das Vorratsgefäß ist mit einem rot glänzenden Schlicker verziert.
**Siegel** Das Hakenkreuz bedeutet Glück und später im Hinduismus Sonne.
**Becher** Es stehen sich zwei Paare kämpfender Buckelrinder gegenüber. Die Binnenschraffur auf dem Körper ist ebenso wie die Augendarstellung typ. für die Quettakultur.
**Gefäß** Auf der Schulter finden sich Köpfe von Wasserbüffeln mit weit ausladenden Hörnern, zwischen denen sich stilisierte Blüten befinden.
**Urne** Diese Urne ziert auf der Schulter ein Bilderfries: Von sechs Augen unterteilt finden sich Pfaue, symbolische Gefährte, um die Seele des Verstorbenen in das »Land des Segens« zu befördern.

Schwarzfärbungen auf Rand und Innenseite deuten auf einen Rauchbrand hin, bei dem die Schale auf dem Kopf lag.

Schale, Mathura, um 1000 – 500 v. Chr.

Krug, Ostturkestan, um 5. – 6. Jh. n. Chr.

Mischwesen, Tamilnadu, 20. Jh.

Menschengesicht Flügel Stierbeine

Merkmale des Mischwesens

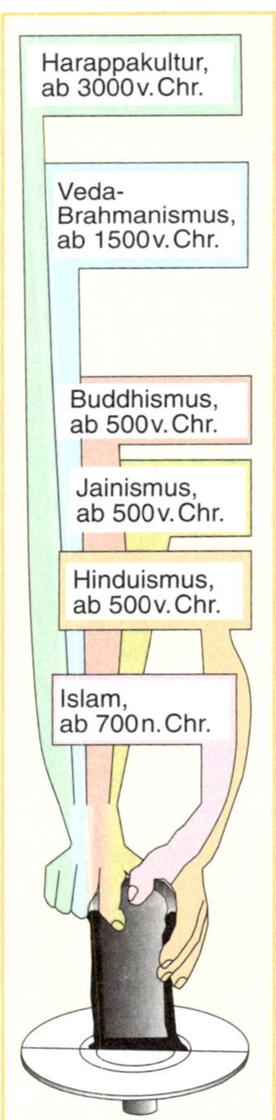


Entwicklungslinien

Schale, Westpakistan, um 18./19. Jh.

Platte, Bengalen, 20. Jh.

Von **1000** bis etwa **500 v. Chr.** war eine bemalte graue Keramik typ., obwohl weiterhin die schwarzrote Irdenware für Haushaltszwecke hergestellt wurde. Der graue Stil wurde von der schwarzpolierten Keramik abgelöst, die bis ungefähr 100 v. Chr. im Gebiet von Taxila bis zum Golf von Bengalen verbreitet war.

In der **Klassik** gab es verschiedene Figurenplastiken sowie Plaketten mit szenischen Motiven. Die Verbreitung der Plaketten überlappt zeitlich (Tabelle).

| Kennzeichen | Zeitraum |
|---|---|
| handgeformt | um 4. Jh. v. Chr. |
| gemodeltes Gesicht | um 3. Jh. v. Chr. |
| gemodelte Teile | um 150 v. Chr. |
| szenische Plakette | ab 150 v. Chr. |

Seitdem sich im indischen **Mittelalter** der Islam ausbreitete, erreichte die Gefäßkeramik eine neue Blüte. Dies geschah v. a. durch Töpfer aus Persien. Noch im 19. Jh. beriefen sich die Töpfer von Multan auf ihre persische Abstammung. Die Keramiktraditionen sind noch heute in der Volkskunst lebendig.

**Töpferscheiben**

In Südasien wurde bereits die Keramik der Induskultur auf der Scheibe gefertigt. Ethnologische Befunde des 20. Jh. zeigen drei Scheibentypen: das Töpferrad im Osten, die fußgetriebenen Scheiben im Nordwesten sowie die Handscheibe im Norden Südasiens. Das große Töpferrad gibt es nur in Südasien. Es wird mit einem Stab angetrieben und besitzt ein dick mit Ton bedecktes Schwungrad (Abb.).

Töpferrad in Indien

**Votivfiguren**

In Indien sind Votivfiguren aus der heiligen Tonerde, Synonym für die große Göttin, weit verbreitet. Sie werden zu verschiedenen religiösen Festen an Baumschreinen deponiert (Tabelle).

| Zeitraum | Ort/Region |
|---|---|
| August/September | Durga-puja |
| September/Oktober | Maharashtra |
| November/Dezember | Bhil |

**Abbildungen**

**Schale** Typ. für die bemalte Grauware.

**Krug** Auf den Henkeln finden sich kleine Frauenköpfe sowie je drei kleine Scheiben mit der Andeutung von Punzen. Vier Medaillons zeigen eine nach rechts blickende Frau in indischer Gotteskleidung, einen sitzenden, bärtigen Mann sowie den Kopf eines Löwen.

**Entwicklungslinien** Das unsoziale Kastenwesen bedingte, dass ein Töpfersohn wieder Töpfer wurde. Dadurch gab es sehr lange, z. T. bis heute reichende Traditionslinien. Äußere Einflüsse kommen v. a. von den Religionen und ihren Traditionen.

**Mischwesen** Das Mischwesen geht zurück auf die altorientalische Schedu-Tradition und ist das männliche Gegenstück zur Lamassu. Es stellt einen guten Dämon dar, der sich aus einem geflügelten Stier mit menschlichem Antlitz zusammensetzt. Es handelt sich um eine etwa 1 m große Plastik, die als Votivgabe, bspw. als Beschwichtigungsopfer, vor Tempeln oder an Bäumen aufgestellt wurde.

**Schale** Bei dem in Kobaltblau und Weiß gefertigten Muster der Steinzeugschale handelt es sich um das traditionelle Schema des *buta*, einer sich kegelförmig nach oben verjüngenden Blühpflanze mit dazwischen kreisförmig angeordneten Nebenstängeln. Der Fundort Multan war ein Zentrum des Handwerks. Technisch wird eine ähnliche Schrittfolge wie bei der Fayence angewendet. Der dunkle Scherben wurde mit einem feinen, weißen Schlicker überzogen, bevor die Bemalung in Kobaltblau oder Grün aufgetragen wurde. Der Brand erfolgte in einem Arbeitsgang.

**Platte** Diese Platten werden in Bengalen »Sharas« genannt. Auf Basaren konnte man sie noch zu Beginn des letzten Jahrhunderts zu Spottpreisen erwerben oder sie wurden gar als kostenlose Beigabe beim Kauf einer Tasse Tee gereicht. Hier ist Lakshmi, die Göttin des häuslichen Glücks, des Wohlstandes und der Schönheit, dargestellt.

Tonrollen, Ban Chiang, um 200 v. Chr. – 200 n. Chr.

Gefäß, Ban Chiang, Thailand, um 3000–1000 v. Chr.

Gefäß, Thailand, um 300 v. Chr. – 650 n. Chr.

Kendi, Thailand, um 14.–15. Jh., rechts: Funktionsweise

Kalktopf, Vietnam, um 18.–19. Jh.

Tänzerin, Thailand, um 14.–15. Jh.

Dose, Vietnam, um 15.–16. Jh.

Motive aus Vietnam und Thailand

**Südostasien** ist ein Teil Ostasiens und wird auch als Hinterindien oder Indochina bezeichnet. Geografisch gehören die Länder Myanmar, Thailand, Kambodscha, Malaysia und Laos dazu.

## Geschichte

**Thailand** (Siam) gehört zu den Ländern mit einer alten Keramiktradition. Typ. sind die Kulturen von Ban Kao und Ban Chiang. Bereits ab dem 4.–5. Jh. begann eine Figurentradition, die im 6.–7. Jh. mit den heiligen Mahnfiguren, den sog. *pra pim* fortgesetzt wurde. Im 13. Jh. überwand das Reich von Sukhothai die Fremdherrschaft der Khmer. Es folgte eine Blüte der Keramik, in der die thailändischen Töpfer auf der chin. Tradition aufbauten. Die Sukhothaiware sowie die in Sawankhalok und Si Saccanalai gefertigten Seladone sind für ihre feinen Linienmuster berühmt und wurden nach ganz Südostasien exportiert. Nach dem Untergang von Sukhothai um 1450 übernahmen andere Öfen die Produktion. Aus dem nordthailändischen Reich von Lan Na (13.–20. Jh.) stammt eine Keramik, die unter starkem Einfluss von Sukhothai stand. So wurden die ersten Öfen bei der Hauptstadt Chieng Mai von Sukhothaitöpfern betrieben. Aus der Zeit der Schule von Bangkok bzw. Ratanakosin (18.–20. Jh.) ist bes. die sinosiamesische Fünffarbenkeramik (Bencharong) zu nennen. Typ. für das 1350 gegründete Ayuthyareich war eine einfache, reliefierte Keramik. Im 18. und 19. Jh. wurde chinesische Weißware importiert, um mit eigenständigen Motiven verziert zu werden. Berühmt ist der mit Porzellanbruchstücken übersäte Tempel ›Wat Arun‹, dessen buntes Muster die reiche Vegetation des Berges Meru symbolisiert.
**Indonesien** stellte in geringer Anzahl feine Irdenware her. Es dominierte jedoch der Import der Sukhothaiware.
**Kambodscha** besitzt nicht eine solch reiche Keramiktradition wie Thailand. Bedeutsam ist die Keramik des 11.–13. Jh., deren Stücke aus einem sandgemagerten Ton gefertigt wurden. Es gibt sowohl einfache Gebrauchsgefäße als auch feine Balustervasen und Tierfiguren.
In **Myanmar** (Birma) gab es die bekannte Keramik aus der Beikthanozeit. Später trat diese Kunstgattung jedoch in ihrer Bedeutung zurück.
In **Vietnam** finden sich sowohl Irdenware als auch Porzellan und Steinzeug in reicher Vielfalt. Die beiden letzeren wurden mit Ausnahme der Blauweißware unabhängig von China entwickelt. Die Porzellane zeichnen sich durch einen weichen Dekor aus, der zu verfließen scheint. Glasurkeramiken erlangten v. a. während der sinovietnamesischen Phase (43 v. Chr.–905 n. Chr.) große Bedeutung. Typ. sind die unter der Glasur eingeschnittenen Motive. Eine größere Fertigung gab es in Battrang in der Trinhzeit (1533–1789) sowie eine weniger qualitätsvolle Produktion in Thoha. Nach 1810 entwickelte sich die blauweiße Hueware zur Blüte. Sie wurde jedoch zunächst von eingewanderten chinesischen Töpfern gefertigt.

## Abbildungen

**Tonrollen** Diese Tonrollen fanden sich in einem Kindergrab. Mglw. sind sie Teil einer Aussteuer zum Bedrucken von Stoffen, auf die sie aufgerollt wurden.
**Gefäß** Das Gefäß wurde mit Ritzdekor in Form von Spiralen verziert.
**Gefäß** Das 16 cm hohe Gefäß stammt aus Ban Chiang im Nordosten Thailands. Der Dekor besteht aus rotem Ocker, der zunächst mit dem Mörser zerstoßen und später mit Wasser aufgelöst und als Kaltmalfarbe aufgetragen wurde.
**Tänzerin** Sie hält die Hände in der Anjalimudra, einer Gebetshaltung, die höchste Verehrung sowie Einheit von Weisheit und Methode bedeutet.
**Kendi** Das Kendi ist ein typ. Trinkgefäß mit einem flaschenartigen Ausguss.
**Kalktopf** Der Kalktopf gehört zum Ritual des Betelkauens. Dabei wird ein Stück einer Betelnuss zusammen mit etwas Kalk in ein Pfefferblatt gewickelt. Der Kalk setzt die in der Nuss enthaltenen Alkaloide frei, wodurch eine angeregte Stimmung beim Kauen hervorgerufen wird. In Südostasien wird Betel den Gästen angeboten und hat teilweise eine sexuelle Symbolik. Bereits in der Frühgeschichte Südostasiens ist die Betelpalme nachgewiesen. Das chinesische Zeichen für »ehrenvoll« deutet an, dass das Ritual in Adelskreisen üblich war.
**Dose** Die Dose stammt aus der Produktion von Battrang.

Bär, Samus, 3. Jt. v. Chr.

Gefäß, Urilsk, Früheisenzeit

Schüssel, Samus, 3. Jt. v. Chr.

Kopfplastik, Kondon, 4.–3. Jt. v. Chr.

Totenmaske, Ujbater Tschaatas, frühes 1. Jh. v. Chr.

Kugelstempel, Sutschu

Kugelstempel, Sutschu

Kormoran

Bär

Bär

Dekormotive

**Nordasien** bildet eine riesige Landmasse mit einer Ausdehnung W–O von 7000 km und N–S von 4000 km. Man unterscheidet innerhalb des Gebietes Sibirien und den Fernen Osten. Beide sind getrennt durch gewaltige Gebirgsketten. Heute leben dort verschiedene Stämme, die Sprachen und Dialekte des Finnougrischen, der Turksprachen, des Samojedischen, des Mongolischen, des Tungusisch-Mandschurischen und des Paläoasiatischen sprechen. Die Keramik spielt eine geringere Rolle als in anderen Kulturen.

**Geschichte**

Bereits im **5. Jt. v. Chr.** lässt sich Keramik in der Kurgankultur an der Wolga und in den Steppen des Nordkaukasus nachweisen. Seit dem **4. Jt. v. Chr.** findet sich eine relativ einheitliche Keramik von Skandinavien bis zu den östlichsten Gebieten Sibiriens. Es handelt sich um Schüsseln mit Grübchendekor und Tierzeichnungen. Dabei sind Vögel wie der Kormoran und Säuger wie der Bär als »König der Wälder« oft vertreten.
Im **3. Jt. v. Chr.** entwickelte sich am Flusstal des westsibirischen Ob eine neue Keramik – die Samuskultur. Keramik der Afanassjewokultur gab es zeitgleich im Nordaltai und in Südsibirien.
Mitte des **2. Jt. v. Chr.** löste die Andronowokultur die beiden vorherigen ab. Typ. sind flachbodige Keramikschüsseln mit geometrischen Ornamenten (Dreiecke, Rauten und Mäander).
Vom **13.–7. Jh. v. Chr.** dominierte die Karasukkultur mit Zentren am oberen Ob, am Jenissej, am Baikalsee und in Ostkasachstan. Typ. ist der Rundboden. Es schloss sich in Südsibirien die Tagarkultur vom **7.–2. Jh. v. Chr.** an. Sie war stark von der Metallkunst geprägt, während die Keramik nur mit einfachen Punktreihen dekoriert wurde.
Vom **1. Jh. v. Chr.** bis zum **5. Jh. n. Chr.** herrschte die Taschtykkultur mit ihren beeindruckenden bemalten Totenmasken aus Ton vor. Aus der Zeit der **Skythen** (5.–3. Jh. n. Chr.) kennen wir nur Metall-, Leder- sowie Textilarbeiten.
Im **frühen Mittelalter** stand Sibirien unter starkem Einfluss des türkischen (6.–8. Jh. n. Chr.) und des kirgisischen Kaganats (6.–13. Jh. n. Chr.). Die Keramik unterteilte sich in einfachstes Hausgeschirr und Importe.
Im **13. Jh.** wurde Sibirien dem Reich Dschingis Khans einverleibt und seit dem **15. Jh.** begann die Kolonisierung durch Russland.
Im 20. Jh. benutzte man noch die russischen Drehscheiben (Abb.).

Töpferscheibe aus Nordrussland, 20. Jh.

**Abbildungen**

**Bär** Den Bären verehrten die Sibirier als »Bruder Bär«. Er gilt den finnougrischen Stämmen als Urvater des Waldes. Bereits aus dem 1. Jt. v. Chr. gibt es Ritzzeichnungen von Schamanen mit Bärenmasken.
**Gefäß** Das Gefäß wurde mit einer sparsam reliefierten Zickzacklinie verziert.
**Schüssel** Die Schüssel ist mit einem eingedrückten Grübchendekor bedeckt, für das man einen Holzstab verwendete.
**Kopfplastik** Diese Plastik wird ›Nofretete von Kondon‹ genannt. Auffällig sind die flache Stirn, das kleine Kinn und das große Jochbein. Noch heute findet man bei den Nanaiern diese Mädchengesichter.
**Totenmaske** Totenmasken gehören zur Taschtykkultur. In den Minussinsker Steppen gruben Archäologen Holzkammergräber mit reichen Beigaben aus. Den Toten legte man ein Seidentuch auf das Gesicht und formte es mit Ton ab. Die Totenmaske wurde dann gebrannt. Später erfolgte die tatauierungsartige Kaltbemalung. Bisher wurden 200 dieser Masken ausgegraben. Die Verzierung besteht oft aus der noch heute gebräuchlichen Amurspirale. Strohpuppen trugen Gewänder des Toten. In den geschlossenen Masken fand man Leichenbrand. Offenbar feierte man mit den maskierten Puppen die Totenfeier.
**Kugelstempel** Das Arbeitswerkzeug entstammt einem neolithischen Fundort des Amurgebiets und aus Lepenski Vir.
**Dekormotive** Die Tierzeichnungen stammen von Keramik aus Inja am Ob.

Nordafrika
Ägypten
Westafrika und Sudan
Ostafrika, Zentralafrika und Südafrika

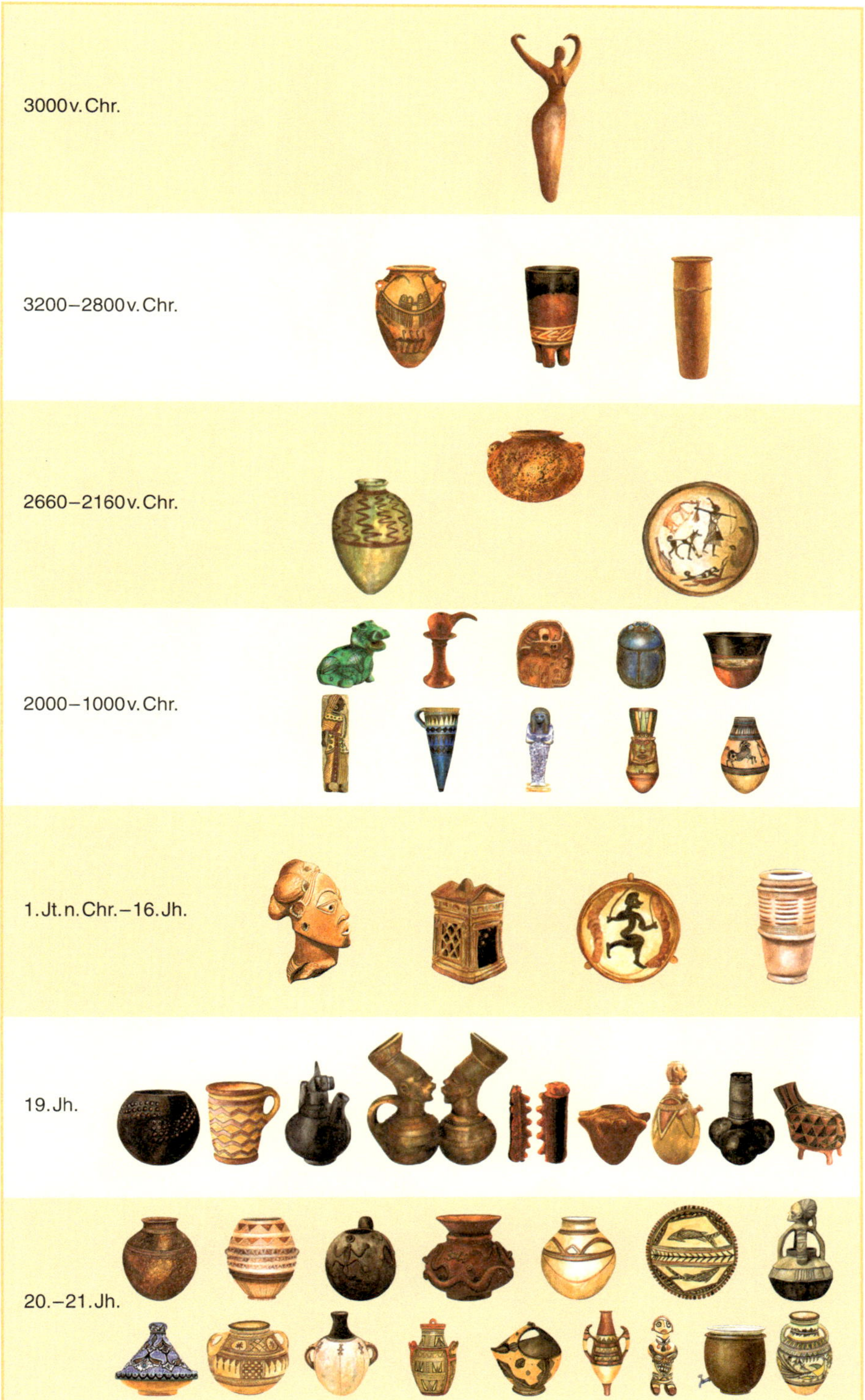
3000 v. Chr.
3200–2800 v. Chr.
2660–2160 v. Chr.
2000–1000 v. Chr.
1. Jt. n. Chr.–16. Jh.
19. Jh.
20.–21. Jh.

Wasserkrug, Tafsa Bou Machr, Algerien, 20. Jh., rechts: Funktionsweise beim Tragen

Milchgefäß, Marokko, 20. Jh.

Vorratsgefäß, Algerien, 20. Jh.

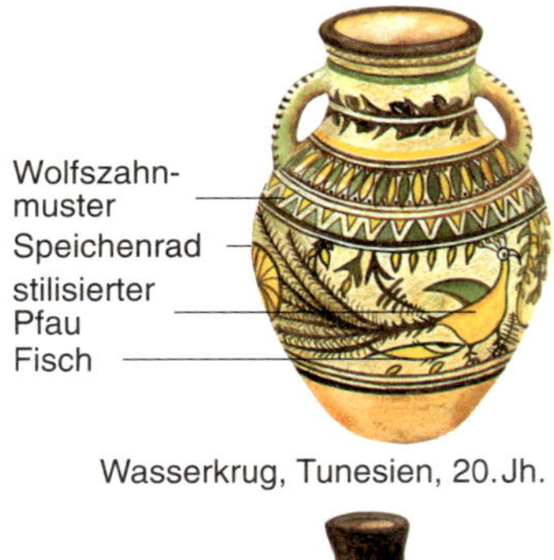


Wasserkrug, Tunesien, 20. Jh.

Beterfigur, Tunesien, 20. Jh.

»tajine«-Topf, Marokko, 20. Jh.

Sauciere, Algerien, 20. Jh.

Schale, Foum Tataouine, Tunesien, 20. Jh.

Wasserkrug, Ain Berda, Marokko, 20. Jh.

**Nordafrika** umfasst ein Gebiet, das über weite Teile von der Sahara bedeckt ist. Lebensräume bieten die Mittelmeerküste, die Oasen und die Flussläufe. Algerien, Ägypten, Libyen, Marokko, Mauretanien, Niger, Tschad und Tunesien gehören zu Nordafrika, das von zwei Volksstämmen geprägt wurde: den Berbern (Ureinwohner Weißafrikas) und den Arabern. Das Gebiet Algeriens, Marokkos und Tunesiens wird auch *Maghreb* genannt.

Der Geograf Al-Bakri (1040–94) schilderte die nordafrikanische Keramik:

> *»Vasen aus Ton ...sind von einem brillanten Weiß und dünn, dass sie fast durchscheinen. Man findet kein Stück, das einem anderen gleicht«.*

Seit dem Mittelalter waren die Töpfer in Gilden mit strengen Hierarchien und Ehrenkodizes organisiert. Heute gibt es stattdessen Genossenschaften und Firmen. In den alten Gildenzentren gibt es noch heute Töpferviertel (Tabelle).

| Land | Haupttöpferort |
|---|---|
| Ägypten | Altkairo (Fustat) |
| Marokko | Fes, Safi |
| Tunesien | Nabeul |

**Rohstoffe und Technologien**

Nahezu überall werden lokale Tone, die von Saisonkräften außerhalb der Ortschaften gegraben werden, verwendet. Oft wird Salz in die Rohmasse gegeben, um das Risiko des Platzens zu verringern und die Farbe aufzuhellen.

Die Formung auf der schnell rotierenden Töpferscheibe findet sich nur in den professionellen Töpfereien. Dagegen sind Formhilfen weit verbreitet. Auch das Treiben mit Klopfer und Amboss ist üblich (S. 20 f.).

Das Brennmaterial variiert sehr stark und reicht von Tierdung über Holz bis zu Maisstrünken, Zuckerrohr sowie Olivenkernen und -zweigen, die sehr hohe Temperaturen ermöglichen.

**Formen und Dekore**

Praktisch für alle Funktionen fertigt man Dinge aus Keramik. Dabei kommt der Identitätsstiftung durch Form und Dekor eine große Bedeutung zu: Man erkennt z. B. am Dekor eines Wasserkruges bereits von weitem, aus welchem Dorf der Wasserholer stammt. In Ägypten und Tunesien gibt es für wichtige Ereignisse besondere Gefäße (Tabelle).

| Ereignis | Symbolgefäß |
|---|---|
| Geburt | al-sebu (Siebenleuchter) |
| Hochzeit | methred (Fußschale) |
| Tod | Wasserschale für Seele |

Die dominierende Bodenform ist der Rundboden. Der Vorteil des Rundbodens liegt in seiner höheren Bruchfestigkeit und den höheren Temperaturen, die er aushält.

In der Großen Kabylei reibt man Gefäße vor dem Brand mit Pflanzenfarben ein und im heißen Zustand mit dem Harz des Tujabaums, was einen flimmernden Effekt hervorruft.

Berber betonen beim Dekor oft die Symmetrie und die Balance der Kontraste. Die feinen Linienmuster gehen zurück auf die Bronzezeit (S. 100 f.). Die Motive haben meist Bezug zur Sippe des Besitzers, wo sie als Tattoo- oder Stoffmotiv wieder auftauchen.

Dekormaler

**Abbildungen**

**Beterfigur** Typ. sind die offenen Augen und das nach oben gewendete Gesicht.
**Wasserkrug** Form einer Frau mit hochgereckten Armen; Stücke mit aufmodellierten Brüsten belegen dies.
**Milchgefäß** Der Milchtopf wird *aboukal* genannt.
**Vorratsgefäß** Das Gefäß diente festen Nahrungsmitteln.
**Wasserkrug** Der Krug erinnert an die sancai-Tradition (S. 80 f.).
**Topf** *Tajine* heißt das marokkanische Nationalgericht und auch das Kochgeschirr dafür, ein Schmortopf. Das Motiv auf dem Deckel heißt *nass akrabe*, was ‘halber Skorpion’ bedeutet.
**Sauciere** Darin wird die Kuskusbrühe serviert.
**Schale** Die Schale diente zum Anrichten von Speisen.
**Krug** Typ. Wasserkrug der Berber, der die Sippe des Trägers erkennen läßt.

Schale, 6. Dynastie

Gefäß, 1.–2. Dynastie

drei Gefäße der Negadekulturen 1, 2 und 3 (v. l. n. r.), Mitte des 4. Jt. v. Chr.

Tänzerin, um 3700 v. Chr.

Waschgarnitur, 11.–12. Dynastie

Krug, Tarif, 3.–4. Dynastie

Seelenhaus, 11.–12. Dynastie

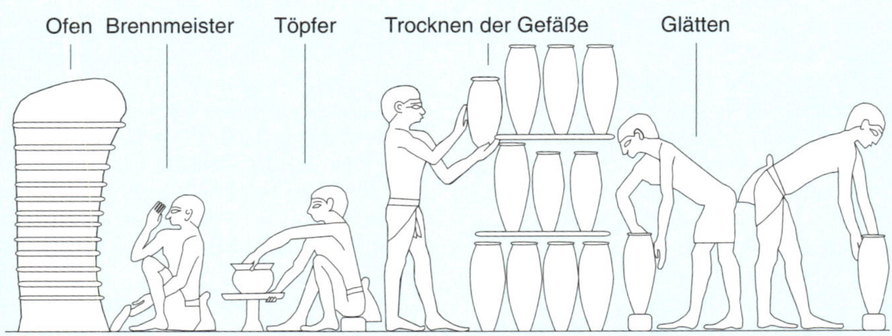


Darstellung einer Töpferei, Grab des Ti, Sakkara, 5. Dynastie, Mitte 3. Jt.

Das Land **Ägypten** liegt im Nordosten Afrikas. Nur das Niltal inmitten der libyschen und arabischen Wüste ist besiedelt. Es gibt kaum eine Kultur, die solche Mengen an Keramik hinterlassen hat, wie die ägyptische. Dies liegt einerseits an dem lange herrschenden zentralen Naturalwirtschaftssystem, in dem das Keramikgefäß als Maß für Lohn, Steuer und Austausch eine große Rolle spielte. Außerdem handelt es sich um ein extrem vom Transportweg Nil abhängiges Land, auf dem die Ware in Keramikgefäßen verschifft wurde. Die zumeist rundbodigen Transportgefäße waren durch Tragnetze vor dem Zerbrechen geschützt.

**Periodisierung**

| Zeit (v.Chr.) | Periode (Dynastie) |
|---|---|
| 7370 | Neolithikum (erste Keramik) |
| ab 5000 | Prädynastische Zeit |
| ab 3000 | Frühgeschichte (1./2.) |
| ab 2660 | Altes Reich (3.– 6.) |
| ab 2160 | 1. Zwischenzeit (7.–11.) |
| ab 2040 | Mittleres Reich (12.) |
| ab 1785 | 2. Zwischenzeit (13.–17.) |
| ab 1554 | Neues Reich (18.– 20.) |
| ab 1070 | 3. Zwischenzeit (21.–24.) |
| ab 745 | Spätzeit (25.– 30.) |

Die älteste Keramik datiert von 7370 v. Chr. Die Zeugnisse zur ägyptischen Keramikgeschichte reichen von Töpferwerkstattbildern über königliche Lager mit Gefäßstapeln bis hin zur Kommentierung der Stellung des Töpfers in der Gesellschaft durch einen altägyptischen Schreiber:

> *»Der Töpfer ist unter der Erde, auch wenn er noch lebt. Er wühlt im Dreck mehr als ein Schwein ...«*

**Rohstoffe und Technologien**

Als Rohmaterial diente Nilton und Mergelton aus den Wüsten. Wichtiges Magerungsmittel war Häcksel. Es erhöhte die erwünschte Porosität und machte die Keramik leichter. Dekorrohstoffe waren Eisenoxid für Schwarz und Rot, Mangan für Schwarz, Kaolinit für Weiß sowie Kobaltaluminiumoxid für Blau. Ein weit über Ägypten hinaus verbreitetes Farbpigment ist Kupfercalziumsilikat für ›Ägyptisch Blau‹ (S. 219). Auch Kaltfarben waren weit verbreitet (S. 40). Der Brand erfolgte seit dem Alten Reich in geschlossenen Öfen mit aufsteigender Wärme bei 800 °C für Nilton bzw. 900 °C für Mergelton.

**Formen und Dekore**

Im **Neolithikum** finden sich häufig trichterförmige Becher und Schüsseln. Die meisten Keramiken stammen aus Gräbern. Typ. sind Pressdekore mit einem wippenden Stein, einem Rollstempel oder einer gezackten Schneide. In der **prädynastischen Zeit** ist der Dekor unterschiedlich: Typ. für Oberägypten ist die Verzierung mit Figurendekor, einem Schwarzrotkontrast oder Relieflinien; für Unterägypten ist eine einfache, undekorierte Gebrauchskeramik charakteristisch. In Oberägypten folgte der Badarikultur die Negadekeramik, zu der u. a. Gefäße mit hohem schwarzem Rand gehören. Die Ägypter formten die Gefäße zuerst mit der Hand aus einem Klumpen, später aus Wülsten. Erst aus der **4. Dynastie** kennen wir Drehscheibenware. Die Keramik des **Alten Reichs** zeigt diesen Einfluss. Typ. sind gewundene Ränder. Im **Mittleren Reich** entwickelte sich der Außenhandel mit der Mittelmeerwelt (S. 100 f.). Handelsverpackungen wie z. B. kleine Ölfläschchen traten nun häufig auf.

**Abbildungen**

**Schale** Die Bemalung von Schalen stellt eine Ausnahme dar.
**Gefäß** Das Schnurösengefäß ahmt die für die Zeit typ. Steingefäße nach.
**Negade 1** In der Mitte schwimmt ein Boot mit Rudern, zwei Kajüten, einer Standarte, einem Anker und einem Palmzweig.
**Negade 2** Das Gefäß wurde kurz vor dem fertigen Brand in ein schmauchendes Feuer gesetzt und poliert.
**Negade 3** Die Griffleisten sind imitierte Wellenhenkel ohne Funktion.
**Tänzerin** Die erhobenen Arme deuten auf den Trauerritus.
**Waschgarnitur** Die »Lötnähte« an der Tülle verdeutlichen die Metallimitation.
**Krug** Derartige Krüge sind übliche Grabbeigaben des Alten Reichs.
**Seelenhaus** Im Mittleren Reich gab es Seelenhäuser für das Totenreich.

Nilpferd, um 1800 v. Chr.

Skarabäus, 14. Jh. v. Chr.

Weinkrug, um 1000 v. Chr.

Pferdevase, um 1380 v. Chr.

Bes, um 1370 v. Chr.

Wandfliese, um 1300 v. Chr.

Uschebti, um 1370 v. Chr.

Laterne, 3. Jh. n. Chr.

Tulpenbecher, um 1600 v. Chr.

Schale, um 2.–3. Jh. n. Chr.

Die Zeit des **Neuen Reiches** ist gekennzeichnet durch eine Änderung der Grabsitten. Die Anzahl der Keramikgaben für das Jenseits verringerte sich stark.
Die bereits im Mittleren Reich erhöhte Geschwindigkeit der Drehscheibe führte zur Erhöhung der Stückzahlen und gleichzeitig zur Verringerung der Aufmerksamkeit für den Dekor.
Es wurde vorwiegend einfaches Gebrauchsgeschirr hergestellt. Eine typ. Gestalt ist die Tropfenform. Welche Gefäßmengen allein der Pyramidenbau benötigte, wird daran deutlich, dass viele Tausend Bauarbeiter täglich Bier und Brote erhielten. Brot wurde in Keramikformen gebacken, Bier in Keramikbottichen gebraut und in Krügen serviert. Riesige Feldtöpfereien waren dafür notwendig.
Pharao RAMSES II. (1290–1224 v. Chr.) erwähnt dies in einer Ansprache an die Pyramidenbauer:

> *»Auch habe ich Krüge töpfern lassen*
> *auf der Töpferscheibe*
> *zur Herstellung von Gefäßen,*
> *um für euch Wasser zu kühlen*
> *zur Sommerzeit.«*

In der **Amarnazeit** (1380–1350 v. Chr.) gab es einen Höhepunkt in der Keramik mit über einem Meter hohen Vasen und naturalistischen Kobaltblaudekors. Danach erlebte die Modeltechnik eine Blüte. Amulette und Skarabäen wurden in großen Mengen gemodelt.
Seit der **Dritten Zwischenzeit** regionalisierte sich die Keramik stärker. In Oberägypten dominierte eine graue Mergeltonware. Im Delta dagegen hatte man nur rotbrennenden Nilton zur Verfügung, den man mit beigebrennendem Schlicker bedeckte.

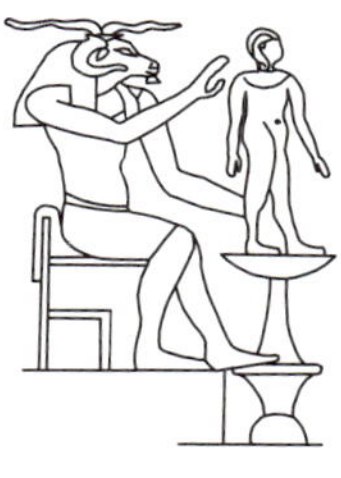
Chnum

Die **Spätzeit** kennzeichnet ein Aufblühen der Künste. In der Keramik fertige man komplexere Formen. Die Drehscheibe wurde durch eine schwere Fußscheibe aus Stein ersetzt, wie ein Bild des Chnum von 300 v. Chr. zeigt (Abb.).

## Ägyptische Fayence

Ägyptische Fayence besteht aus einem feinkörnigen Scherben aus Quarzpulver und einer farbigen Glasur aus verschiedenen Elementen (Tabelle).

| Elemente | Farbe |
|---|---|
| Antimon | Weiß |
| Blei/Antimon | Gelb |
| Blei/Antimon/Kupfer | Grün |
| Kobalt | Blau |

Sie wurde seit 4000 v. Chr. in Ägypten und Mesopotamien hergestellt und hat nichts mit der italienischen Fayence zu tun (S. 116 f.). Am häufigsten fertigte man daraus Perlen, Figuren und Fliesen.

**Abbildungen**

**Nilpferd** Nilpferde symbolisieren wegen ihrer Fürsorge für die Jungen Leben und Fruchtbarkeit.
**Skarabäus** Nachbildungen des Coleopterus Coprophagus (*Scarabaeus sacer*) finden sich bereits in der Frühzeit. Für die Ägypter war er das Sinnbild für das »von selbst Entstandene«, und sie verehrten ihn als eine Gestalt des Sonnengottes Re.
**Weinkrug** Der spitzbodige Weinkrug wurde in ›Ägyptisch Blau‹ verziert.
**Pferdevase** Die Vase stammt aus der Amarnazeit. Auf den beiden Hauptseiten findet sich jeweils ein galoppierendes Pferd. Dazwischen ist je ein Lebenssymbol (Ankhzeichen) mit ausgestreckten Armen dargestellt.
**Wandfliese** Bereits in der Amarnazeit begann man, den königlichen Palast mit Fayencefliesen zu dekorieren.
**Besgefäß** Der aus Nubien stammende Gott Bes ist Schutzpatron des Zeugungsaktes, des Tanzes und der Musik.
**Uschebti** Im Mittleren Reich kamen die Stellvertreterfigürchen als Grabbeigaben auf. Sie werden Uschebti (= der, der antworten soll) genannt. Dies bezieht sich auf den sechsten Spruch des Totenbuches. Danach soll der Stellvertreter jedesmal, wenn er aufgefordert wird, »die Felder sprießen zu lassen, die Ufer zu bewässern und den Sand von Osten zum Westen zu tragen«, antworten: »Hier bin ich!«.
**Laterne** Diese Nachbildungen wurden bei Götterprozessionen verwendet.
**Tulpenbecher** Besonders dünnwandige, hochpolierte Grabkeramik aus Nubien.
**Schale** Auf dem Schalenspiegel tanzt ein dunkelhäutiger Nubier mit zwei Stangen.

Kopf, Nok, Nigeria, um 500 v. Chr. – 200 n. Chr.

Seelengefäß, Jen, Nigeria, 19. Jh.

Ritualgefäß, Nigeria, 20. Jh.

Henkelgefäß, Baboate, Kamerun, 19. Jh.

Gefäß, Mali, 15. Jh.

Gefäß, Bozo, Mali, 20. Jh.

Das Sprichwort für diesen Topf lautet: »*Du wirst sehen, was du dir wünschst, es aber nie erreichen.*«

Sprichworttopf *abebudie*, Ghana

Gefäß *liik*, Bulsa, Ghana, 20. Jh.

Kühlung von Obst und Gemüse

Kühlung von Wasser

M. B. Abba, Keramikkühlschrank, Nigeria, 2001

Gefäß, Diamankani, Elfenbeinküste, 20. Jh.

**Westafrika** bezeichnet ein Gebiet, das im Norden an die Sahara, im Süden und Westen an den Atlantischen Ozean und im Osten an das Kamerunland grenzt. Die ältesten Keramiken datieren aus dem 8. Jt. v. Chr. (Sahara) und aus dem 4. Jt. v. Chr. (Nigeria). Eine systematische archäologische Erforschung Westafrikas gibt es nicht.
Während im Alltagsgebrauch seit 1970 Ton von Email und Aluminium verdrängt wurde, ist Ton für Kultgefäße und als Identitätssymbol nach wie vor üblich.
Die Tonerde symbolisiert vielerorts die »Frau« und das Töpfern den Gebärvorgang. Babys werden als rot, feucht und gefährdet angesehen. Gleiches gilt für ein ungebranntes Tongefäß. Deshalb ist Töpfern fast überall Frauensache. Bei den Yoruba preist ein Loblied die Schutzgöttin der Töpferinnen IYA MAPO:

*»Mutter der Töpferinnen*
*Mutter der Mütter*
*oh stille alte Mutter*
*der schweigenden Erde!«*

**Rohstoffe und Technologien**
Als **Rohtone** werden lokale und zumeist sekundäre Tone von den Töpferinnen gegraben. Es gibt Gruben- und Untertageabbau, z. B. bei den Zande im Sudan. Manche suchen ihren Ton sogar aus Termitenbauten, so z. B. die Koma. Die **Magerung** erfolgt mit Scherbenbruch, Sand, Gras oder Dung. Die **Trocknung** ist bei der starken Sonneneinstrahlung aufwändig. Häufig müssen die Gefäße umgelagert werden, damit sie gleichmäßig trocknen. Der **Brand** erfolgt meist mit Holz und Dung im Freifeuerbrand. Es herrscht Vorratsfertigung vor, selten gibt es eine Bestellfertigung. Der **Verkauf** erfolgt in den Dörfern oder auf Märkten.

**Formen und Dekore**
Die **Formgebung** unterscheidet sich regional. Es gibt das Treiben, das Wülsten und das Modeln, meist handelt es sich jedoch um eine Kombination dieser Techniken. Eine schnell drehende Töpferscheibe ist unbekannt.
Im **Sahel** und **Sudan** gab es ab dem 11. Jh. die Stadtstaaten der Hausa. Sie förderten durch ihre günstige Verkehrslage ein hochspezialisiertes, von Männern dominiertes Töpferhandwerk.
In der **Waldzone** und der **westlichen Guineaküste** gab es die Töpferei bis zum Eindringen der Gusseisen- und Messinggefäße um 1820. Typ. sind Tiersymboliken, wie z. B. bei den Lobi (Tabelle).

| Motiv | Bedeutung |
|---|---|
| Boa | bewacht Viehbesitz |
| Chamäleon | Reichtum und Glück |
| Eidechse | schützt vor Krankheit |
| Krokodil | Schutz vor Unglück |
| Viper | schützt vor Schlangenbiss |

Aus dem **Nigerdelta** stammen die aussagekräftigsten Funde, die eine Periodisierung ermöglichen (Jenné-jeno).
Typ. ist das Zickzackmotiv als »Zeichen des Wassers« der Flüsse Niger und Bani. Eine bedeutende Kultur ist nach dem Dorf **Nok** benannt. Über 500 Keramikplastiken wurden dort gefunden, die den hohen Entwicklungsstand der Nok belegen. Typ. sind durchbohrte Pupillen, Münder, Ohren und Nasenlöcher. Wichtig ist die Kultur der Stadt **Ife** mit ihren lebendigen Kopfplastiken des 11.–16. Jh.
Im **Kameruner Grasland** wurde Töpferei von den Männern und Frauen ausschließlich in der Trockenzeit betrieben. Der erste Brand symbolisierte den Übergang von der Regen- zur Trockenzeit. Meist war die Frau Töpferin, der Ehemann für alles aus Metall zuständig.

**Abbildungen**
**Kopf** Die Plastik ist mit 36 cm Länge die bisher größte Kopfplastik der Nokkultur.
**Seelengefäß** Es wird nach dem Tod eines Angehörigen vom ältesten Sohn bestellt.
**Ritualgefäß** Typ. sind die Wangenkerben, die der Ifetradition entstammen.
**Henkelgefäß** Die Symbolik der Tierreliefs ist leider unbekannt.
**Gefäß** Dieses Gefäß ist eines der wenigen erhaltenen aus der Frühgeschichte.
**Gefäß** Das Stück aus der Gegenwart liegt in der Tradition frühhistorischer Gefäße.
**Sprichworttopf** Die Töpfe werden *abebudie* genannt.
**Gefäß** Es handelt sich um ein Transport- und Vorratsgefäß für Wasser.
**Gefäß** Typ. ist das Färben nach dem Brand in heißem Pflanzenaufguss.
**Keramikkühlschrank** Greenpeace zeichnete diese einfache Lösung 2001 aus.

›Lydenburgkopf‹, Transvaal, Südafrika, 6. Jh. n. Chr.

Doppelgefäß mit Kopfplastiken, Zaire, 19. Jh.

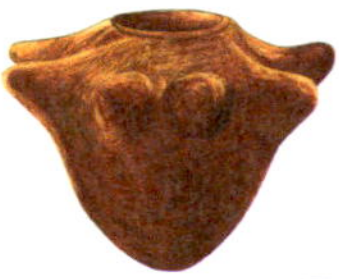

Fluchobjekte, Tansania, 20. Jh.

Flasche, Uele, Zaire, 19. Jh.

Ritualgefäß, Zezuru, Simbabwe, 20. Jh.

Tasse, Lozi, Sambia, 20. Jh.

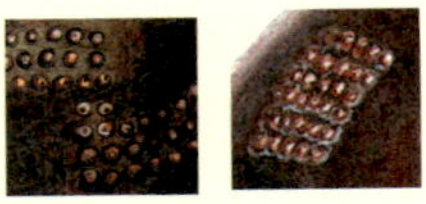

Narbenimitationen auf Bierbecher und -krug

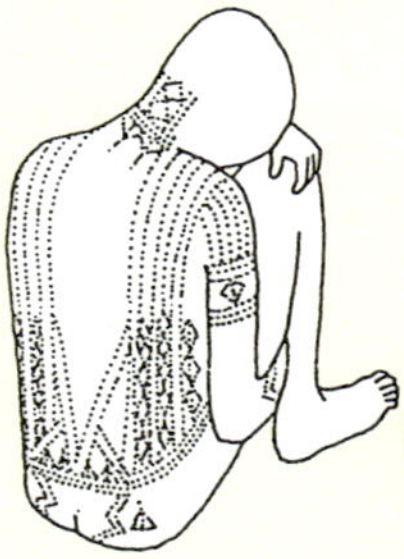

Narbenmuster, Gaanda, Nigeria

Becher *ukhamba*, Zulu, Südafrika

Frau mit Bierkrug, Zulu, Südafrika

Narbenimitationen auf Keramiken

Wassergefäß *sapa*, Lwena, Angola, 20. Jh.

In **Ost-**, **Zentral-** und **Südafrika** gibt es große Unterschiede in der Töpferei. Manchmal differieren die Traditionen sogar innerhalb eines Landes. Allen gemeinsam ist die Verwendung von Keramik zur Erziehung der Jugend. So gibt es für Geburt und Pubertät Riten, in denen Figuren Rollen der Kinder spielen.

**Die Töpferei und das Weibliche**
In der ganzen Region ist die Töpferei mit dem weiblichen Prinzip assoziiert. Die Konso in Äthiopien haben z. B. genaue Vorstellungen dazu (Tabelle).

| Fakt | Assoziation |
|---|---|
| runder Topf | Gebärmutter |
| Ton | Muttererde |
| Töpfer | Frau |
| Inhalt des Topfes | Ernährerin |

Bei den Karanga in Simbabwe gibt es einen Gegensatz: Löffel sind männlich, Töpfe weiblich. Das Inzestverbot wird in einem Sprichwort visualisiert:

*»Der Löffel kann nicht in seine Mutter gesteckt werden.«*

In der Regel betreiben ältere Frauen das Töpferhandwerk, da es großer Erfahrung bedarf, um den traditionellen Kanon der Formen und Dekore einhalten zu können. Eine Ausnahme bilden die Mitglieder der königlichen Töpfergilde ›Kujona‹ der Ganda in Uganda. Diese männlichen Töpfer erhielten sogar Land gegen Keramik. Graphit als Dekorfarbe war dort ausschließlich der Königskeramik vorbehalten.

**Rohstoffe und Technologien**
Die Tonbeschaffung unterscheidet sich von Region zu Region. In Kenia dienen Termitenhügel als bevorzugte Tonquelle. Bei den Mandja in der Zentralafrikanischen Republik wird der Ton in der Nähe von Gneisfelsen gegraben. In Zaire und im Südsudan gibt es die unterirdische Gewinnung in alten Steinbrüchen.
Der Brand geschieht oft in Freifeueröfen. Dabei werden die Stücke auf einer Matte aus Holz, Gras oder Stroh gelegt. In Südafrika nutzt man als Ofen verlassene Termitenhügel.

**Formen und Dekore**
Die Formung geschieht sowohl mittels Wulsttechnik als auch mit Amboss und Klopfer oder mit der Drehscheibe. Bei den Kamba in Kenia wird das Gefäß von oben nach unten geformt, wobei der Formling auf dem Kopf steht. Bei den Ichamus in Kenia gibt es keine Dekore auf Keramik, weil sie weibisch wirken. In Ruanda glättet man die Gefäße mit einem Holzmesser. In Südafrika ist die Verwendung von schwarzem Schuhwachs, Ölfarben oder Polyurethanlack auf dem gebrannten Gefäß verbreitet. In Äthiopien reibt man die Gefäße vor dem Backen mit Öl oder Tierfett ein, um sie dicht zu machen. Die Ganda in Uganda erzeugen die weiße Dekorfarbe durch Inkrustation von Schneckenhausmehlpaste, die rote mit rotbrennendem Ton.

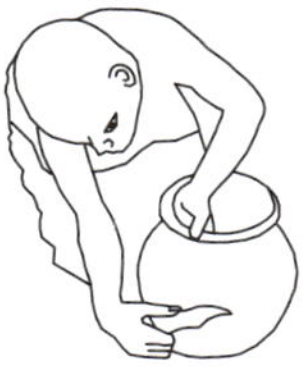
Glätten

**Abbildungen**
**Lydenburgkopf** Einer der sieben bei Lydenburg gefundenen, 40 cm hohen Köpfe, die Ritualzwecken dienten.
**Doppelgefäß** Wahrscheinlich wurden diese Stücke erst nach dem Eintreffen von Touristen Ende des 19. Jh. gefertigt. Man trinkt Palmwein oder Wasser daraus.
**Flasche** Diese Flasche für Palmwein oder Wasser hat typ. Hohlkugelfüße.
**Ritualgefäß** Derartige Gefäße dienten der Aufbewahrung der Eingeweide verstorbener Häuptlinge. Die Seele würde, so die Legende, das Gefäß über Nacht zum Tanzen bringen. Danach kröchen Würmer heraus, die sich in einen Löwen verwandeln.
**Fluchobjekte** Am Kilimandscharo, dem ›Berg des bösen Geistes‹, besitzen die Häuptlinge Keramikobjekte für die Ausübung ihrer Rechtsgewalt. Insbesondere zur Bestrafung, Verfluchung, Entscheidung von Rechtsstreitigkeiten werden die *nungu* eingesetzt. Die schwarze Rückseite soll die Unschuldigen schützen.
**Tasse** Rot und gelblich verzierte Tasse aus dem Gebiet der Lozi, Sambia.
**Wassergefäß** Der plastische Aufsatz zeigt eine Männermaske, die beim Eintritt der Geschlechtsreife der Jungen eine Rolle spielt. Sie wird *mukanda* genannt.

Nordamerika
Mesoamerika
Südamerika
Australien

3000–500 v. Chr.
500 v. Chr.–0
0–1000
1000–1300
1300–1800
19. Jh.
20. Jh.

Bodenfragment, Lapitakeramik, 1000 v.Chr.

Menschenkopf, Kwoma, Sepik, Neuguinea, 20.Jh.

Maskengefäß, Papua, Sepikgebiet, 20.Jh.

Schale mit Bügelhenkel, Papua, 20.Jh.

C.Cooper, ›31.Platte‹, 1953

B.N.Rockman, ›Buschfeuertraum‹, 1989

T.Thanaquith, ›62. weiter Topf‹, 1989

F. Murphy, ›Chrysalis‹, 1995

F. Fell, ›Belastung des Buschs‹, 1995

Die Keramik **Australiens** und **Ozeaniens** teilt sich in die der austronesischen Ureinwohner und die neuzeitliche Keramik der Einwanderer und Aborigines. Die Töpferscheibe war bis in die Neuzeit unbekannt. Es dominierte die Wulsttechnik.

**Periodisierung in Ozeanien**

| Zeit | Periode |
|---|---|
| 6000 v. Chr. | früheste Keramik |
| ab 1500 v. Chr. | Lapitakeramik |
| 500 v. Chr. | Ende des Lapitastils |

Die Lapitakeramik wurde im Freifeuer gebrannt und besitzt häufig kugelige Formen. Stich- und Prägemuster sind typ. (Abb.). Sie werden mit Muscheln und der Mittelrippe des Kokospalmblattes geprägt. Mangrovenrindensaft dient der Rotfärbung. Glanz wird durch Kieferharz erreicht. Typ. sind Mischgefäße für den Kavatrunk.

Prägemuster

**Keramik der Neuzeit in Ozeanien**
Um 500 v. Chr. wurde die Keramikherstellung aufgegeben. Erst in der Neuzeit konnten Ethnologen wieder die Töpferei in Melanesien, v. a. in Neuguinea bei den Papua beobachten. Die verschiedenen Dekormotive gehören jeweils zu einer Sippe und werden von anderen nicht verwendet.

**Keramik in Australien**
Die australischen Ureinwohner kannten die Keramik nicht. Erst im 20. Jh. töpferten Aborigines unter dem Einfluss östlicher und westlicher Stile eigene Werke. Das Fehlen einer dichten Museumslandschaft und eines größeren Kunsthandels verhinderte Kunsttrends. Die Vielfalt einzelner Künstler dominiert. Dabei lassen sich viele Aborigines von der Kunst der Vorfahren beeinflussen: von den Rindenmalereien, von Sandbildern und Tschuringas (Steine). Die äußerst wenigen Motive wurden teilweise bereits vor 2000 Jahren entwickelt und sind der natürlichen Umwelt entlehnt. So finden sich im Sand und auf Keramiken konzentrische Kreise, U-förmige Linien, Spiralen, Vogelspuren und stilisierte Tierfährten sowie rituelle Muster. Die Aborigines können diese wie eine Zeitung lesen. Ein Wasserloch oder ein Lagerfeuer wird bspw. als Kreis dargestellt, eine Reise als gerader Strich.

**Abbildungen**
**Bodenfragment** Typ. Muschelprägeung.
**Menschenkopf** Die Figur wird *Susawij* genannt und symbolisiert den Gott Masalai. Sie gehört zur Zeremonie der Yamsernte. Dabei wird sie zusammen mit den ersten Yamswurzeln in einen Korb im Männerhaus gelegt. Auch bei Initiationsriten spielt *Susawij* eine Rolle.
**Maskengefäß** Großes Vorratsgefäß mit einer weißen, aufmodellierten Schweinemaske. Das Schwein gilt als Dämon der Urzeit, der den Menschen durch Wühlen in der Erde die Nahrung verschaffte. Heute wacht er darüber, dass reichlich unverdorbenes Essen vorhanden ist.
**Schale** Typ. ist das geometrische Kerbschnittmuster mit weißer Pastenfüllung.
›**31. Platte**‹ Carl Cooper (1912–1966) begann 1940 mit dem Töpfern, obwohl er durch Kinderlähmung an den Rollstuhl gefesselt war. Typ. sind über die Form hinausgehende Muster mit stilisierten Tierspuren und geometrische Motiven.
›**Buschfeuertraum**‹ B. N. Rockman ist Ureinwohnerin und wurde um 1940 in Westaustralien geboren. Sie begann erst 1986 mit der Keramikherstellung. Ihre Arbeiten sind beeinflusst von den Rindenmalereien. Die Kreise symbolisieren Lager- oder Wasserstellen, die U-förmigen Zeichen sitzende Menschen oder Tiere und drei gerade Linien mglw. Zäune zur Hetzjagd von Emus an Wasserstellen.
›**62. weiter Topf**‹ T. Thanaquith wurde 1937 geboren. Ihre Arbeiten finden sich in fast allen australischen Sammlungen.
›**Chrysalis**‹ Fiona Murphy wurde 1958 geboren. Seit 1981 stellt sie an verschiedenen Orten aus und gewann Preise.
›**Belastung des Buschs**‹ Fiona Fell kam 1966 zur Welt. Sie studierte am ›Northern Rivers College of Advanced Education‹ in New South Wales sowie an der University of Tasmania. Die ›Belastung des Buschs‹ wurde mit Glasur- und Ölfarben verziert.

Wasserflasche, Adena, 200 v. Chr.

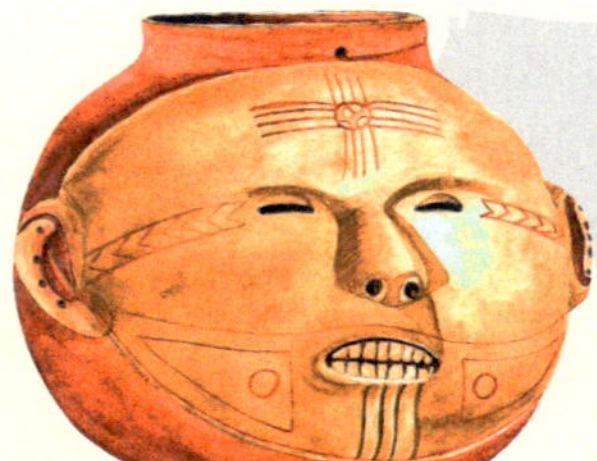

Kopfgefäß, Mississippi, 12. Jh.

Region des frühesten Salzgebrauchs im Mississippibecken

Der Mississippiton erhielt erst durch Zusatz von Kalk und Salz seine Gebrauchsfähigkeit. Der Salzmarkt entstand also erst durch die Töpfernachfrage.

Einführung der Salznachfrage durch Töpfer

Vorratsbehälter, Waldlandkultur, 13. Jh.

Urne, Mississippi, 14. Jh.

Funeralgefäß, Hopewellkultur, um 500 n. Chr.

Ritualgefäße, Mississippi, um 1600

Stillende Mutter, Mississippi, vor 1450

Männerfigur, Tainokultur, um 1000–1500

**Nordamerika** erreichten die ersten Siedler in den beiden Wisconsineiszeiten etwa um 50 000 bzw. um 25 000 v. Chr. von Asien aus über die Beringstraße. Die Keramik wurde um 3000 v. Chr. unabhängig von den älteren Keramikzentren erfunden. Es fehlte die schnelle Töpferscheibe, dagegen waren langsame Drehhilfen (Tournettes) in Gebrauch. Hohlgefäße wurden gewülstet oder getrieben.

**Keramik der Inuit (Eskimo)**
Unter den Inuit gab es naturgemäß nur wenige Keramikkulturen. Die Dekore sind mit grasumwickelten Stöcken aufgeprägt und ähnlich denen Nordasiens und Japans.

**Indianerkeramik**
Die Periodisierung ist umstritten. Die älteste Keramik tauchte 3000 v. Chr. auf. Es folgte eine Periode teilweiser Sesshaftigkeit. Grabhügel und Keramik sind ihre Kulturzeugnisse. Die **Waldlandkeramik** liegt zeitlich zwischen 1000 und 200 v. Chr. Typ. sind Schnurverzierungen und Stempeldekore. Aus dieser Kultur entwickelten sich mehrere Varianten wie z. B. die **Adena-** und **Hopewellkeramik**. Charakteristisch für Adena sind zweiteilige Formen und grobkörniger Scherben. Die Hopewellkultur entstand um 200 v. Chr. mit der Einwanderung neuer Gruppen in das Adenagebiet. Typ. ist ein geritzter Bildfelddekor. Es handelt sich weitgehend um Grabkeramik. Die Kultur war vom Mississippi bis nach Mexiko verbreitet. Zwischen 500 und 1700 n. Chr. entwickelten sich entlang des Mississippi verschiedene Ackerbaukulturen, die die **Mississippikultur** bilden. Statt der Grabhügel waren nun Tempelanlagen Zentren der Städte. Die Feuerbestattung erhöhte die Nachfrage nach Urnen. Eine neue Symbolwelt entstand (Tabelle).

| Symbol | Bedeutung |
|---|---|
| Kreis | Sonne |
| Kreuz | vier Richtungen |
| Schlange | Tod |
| tränendes Auge | Regen, Fruchtbarkeit |
| Vogel | Begleiter der Seelen |
| Wirbel | Tornado, Wind |

Eine Besonderheit stellen Westflorida und Ostgeorgia dar. Hier hat die Natur den Tisch für seine Bewohner reich gedeckt: Hirsche, Seekühe, Molche, Schildkröten, Enten und zahlreiche Pflanzen. Im 16. Jh. trafen Forscher auf Mais servierende Dienerinnen mit Tatauierungen und langen Fingernägeln (Abb.). Typ. für deren Keramik sind weite Schüsseln, Näpfe sowie stilisierte Tierfiguren, wie z. B. Enten mit durchbrochenen Dreiecken.

Floridafrau

**Abbildungen**
**Wasserflasche** Der Dekor ist als weißliche Engobe auf rotem Scherben aufgetragen worden. Charakteristisch ist der Wirbel, der mglw. den Wind symbolisiert.
**Kopfgefäß** Typ. ist das Vierfachkreuz auf der Stirn. Es deutet auf die vier Winde, die vier Elemente, die vier Tugenden (Stärke, Ausdauer, Großzügigkeit, Weisheit) und die vier Tierarten (Vierbeiner, Zweibeiner, Vögel und Fische) hin. In den Ohrlöchern befand sich ursprünglich Schmuck.
**Funeralgefäß** Als Dekormotiv wurde die Löffelente in der Kerbschnitttechnik aufgebracht. Typ. für Kultkeramik der Hopewell sind der hohe Rand sowie die Schraffur zwischen den Motiven.
**Vorratsbehälter** Kennzeichnend ist der weiße Stufendekor auf Bändern zwischen Linien.
**Urne** Der einfache Ritzdekor erinnert an die frühen Keramiken Japans und Koreas.
**Ritualgefäße** Sie beweisen, dass glanztonengobierte Gefäße mit geometrischen, flächendeckenden Dekoren noch um 1600 weit verbreitet waren. Die Kreise symbolisieren die Sonne.
**Stillende Mutter** Die Flasche stammt aus Cahokia, der größten nordamerikanischen Stadt. Das Motiv ist Teil des ›Stirb und Werde‹-Zyklus, nach dem Tod und Geburt zusammengehören. Typ. sind die dünnen Schlaucharme und -beine.
**Männerfigur** Sie stammt aus der dominikan. Republik und datiert aus der Boca-Chica-Phase (1000 – 1500 n. Chr.) der karibischen Tainokultur. Typ. sind ein breiter Kerbschnitt sowie tiefe Ritz- und Modeldekore und eine realistische Stilistik.

Becken, Hohokam, um 900–1100

Flasche, Anasazi, um 1000–1500

Schale, Mogollon, um 1050–1200

Essschale, Hopi, 1920

Krug, Anasazi, um 900–1100

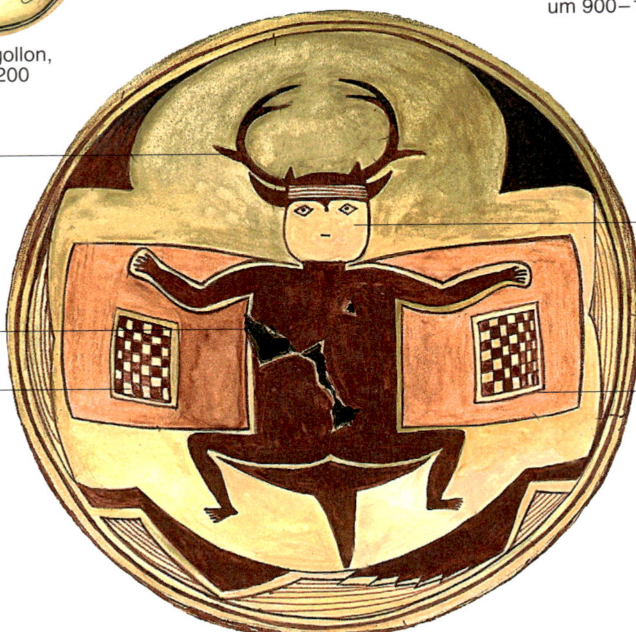


Schale, Mimbres, 13. Jh.

Vorratsgefäß, Zuni, 20. Jh.

1. erste Töpferin töpfert
2. zweite Töpferin töpfert

Zunimaler bemalt Vorratsgefäß

Keramik der Zuni, Schrittfolge beim Töpfern und Zunimaler

Maßgefäß, Acoma, 1920

Vorratsgefäß, Cochiti, 19. Jh.

Die **Hohokam**, die **Anasazi** und die **Mogollon** gelangten im Südwesten Nordamerikas (Arizona und Neu-Mexiko) zur Hochkulturstufe. Die **Hohokam** sind 300 v. Chr. – 1400 n. Chr. nachgewiesen. Typ. sind Schüsseln und Schalen mit roter Schlickermalerei auf beigem Grund. Die **Anasazi** sind 200 v. Chr. – 1400 n. Chr. nachweisbar. Um 1100 wanderten sie in die Hohokamgebiete ein. Typ. sind ausgewogene, zweiteilige Formen mit zylindrischem Hals, Handhaben und Kugelbauch sowie einem linearen Dekor in schwarzroter und graublauer Schlickermalerei auf kaolinithaltigem, grauweißem Grund. Schwarz wurde zunächst aus Bleierz und Klebstoffen, später aus Manganschlicker hergestellt. Die **Mogollonkultur** stand zu Beginn unter dem Einfluss der Hohokam und der Anasazi. Etwa zwischen 900 und 1400 erreichte sie mit der Mimbreskeramik den qualitativ höchsten Stand. Diese wird nach den Fundorten im Mimbrestal (Neu-Mexiko) benannt und stammt vorwiegend aus Gräbern.

**Herstellung eines Mimbresgefäßes**
Nach dem Wülsten der Form erfolgt das Glätten mit dem Schaber. Die Form wird nun getrocknet und leicht gebrannt. Als Grund für den Dekor trägt die Töpferin jetzt eine weiße Kaolinitengobe auf, die extra gebrannt werden muss. Danach erfolgt die Verzierung mit einem Pinsel aus Yuccablättern. Neben dem aus Senfblättern gewonnenen Schwarz wird Blau und Rot genutzt.

**Nachkommen der alten Kulturen**
Nach den Dürrekatastrophen zwischen dem 13. und dem 14. Jh. gingen die indianischen Keramikkulturen im alten Nordamerika weitgehend zugrunde. Die Nachkommen dieser Völker setzen die Traditionen bis heute fort (Tabelle).

| Vorfahren | Nachkommen |
|---|---|
| Anasazi | Hopi |
| Cochiti | Cochise |
| Mogollon | Zuni |
| Pueblo | Acoma |

**Zunikeramik** besticht durch einfache Formen, wie z.B. Krüge mit eingezogenem Hals sowie großformatigen Motiven. Die Zuni nutzten seit dem 13. Jh. Glasuren. Im 20. Jh. erlosch ihre Töpferkunst. **Hopikeramik** fällt durch schwarzrote Dekore auf. Zu den Gefäßen gehören Zeremonialschalen, Krüge, Vasen und Töpfe. Die **Cochiti** fertigten Kultfiguren sowie Vorratsgefäße. In **Neu-Mexiko** gibt es die Tradition, Aquarelle auf Tonplatten zu malen (Abb.).

Tonaquarell

**Abbildungen**
**Becken** Die Menschenreihe stellt den Sonnentanz um den Totempfahl dar.
**Flasche** Typ. ist die Fischform.
**Krug** Typ. ist die Spirale (S. 78 f.).
**Schale** Dargestellt ist die »Kojotenzeremonie«. Wenn ein Indianer von der Kojotenkrankheit befallen ist, setzt er sich auf eine Sandmalerei, die die Zeremonie verbildlicht. Ein maskierter Darsteller spielt den Kojoten.
**Essschale** im Sitkyakistil. Dieser Stil wurde von den Hopi wieder aufgenommen, als Archäologen Ende des 19. Jh. ihnen Keramiken ihrer Vorfahren zeigten. Im Spiegel der Schale ist der Regenvogel von oben gesehen dargestellt. Bei allen Bauernkulturen spielte der Regenvogel eine Rolle: Die Menschen bemerkten, dass bestimmte Vögel vor einem nahenden Gewitter Pfeiftöne von sich gaben. Sie galten deshalb als regenbringende mystische Wesen.
**Schale mit Mischwesen** Jedem Toten wurde eine Schale auf den Schädel gelegt; das Loch machte sie zum Eigentum des Toten und für Räuber unbrauchbar. Der Tänzer besitzt Elemente vom Hirsch und von der Fledermaus. Er soll zwischen Menschen und Göttern vermitteln.
**Vorratsgefäß** Die Felder der Bildstreifen sind jeweils mit einem Vogel oder einem Hirsch gefüllt. Die Pfeillinie im Körper des Hirschs stellt die Lebenslinie, ein Symbol für die Lebenskraft, dar.
**Maßgefäß** In solchen Gefäßen wird das Maß für einen Pfannkuchen abgemessen, indem etwas feuchter Teig hineingegeben wird.
**Vorratsgefäß** Typ. ist der Regenvogel.

Babyfacefigur, Olmeken, um 1200–800 v. Chr.

Tanzende, Colima, um 300 v. Chr.–300 n. Chr.

Figurenplastik, Colima, um 0–250 n. Chr.

Schamane, Zacatecas, um 50–200 n. Chr.

Vase, Nayarit, um 50–200 n. Chr.

Geburtshilfeszene mit zwei Frauen, Jalisco, um 200 v. Chr.–350 n. Chr.

Wachsausschmelzverfahren; rechts: Becher, Tlatilco, um 1000–500 v. Chr.

Mädchen mit Hund, Tlatilco, um 1200–500 v. Chr.

**Mesoamerika** ist ein Kulturraum in Mittel- und Zentralamerika. Es gehören fast ganz Mexiko, Guatemala, Belize, El Salvador sowie teilweise Honduras, Nikaragua und Costa Rica dazu. Die Keramik ist vielfältig und berühmt.
Im 16. Jh. wurde sie in Europa bekannt. Am Hof KARLS V. [1519–56] äußerte sich A. DÜRER (1471–1528) beim Anblick mesoamerikanischer Keramik:

> *»Ich hab aber all mein Lebtag nichts gesehen, das mein Herz also erfreuet hat als diese Ding.«*

**Periodisierung**

| Zeit | Periode |
|---|---|
| ab 2400 v. Chr. | Präklassik |
| ab 300 v. Chr. | Protoklassik |
| ab 300 n. Chr. | Klassik |
| 900–1521 | Postklassik |

**Rohstoffe und Technologien**
Zur Formgebung dienten als Formhilfen in Yucatán das Kabal und in Oaxaka die Molde: Beide sind technisch mit der langsam drehenden Scheibe (Tournette) verwandt. Weit verbreitet ist die Treibtechnik.
Die Verzierung erfolgte mit Schlickerdekor, Ritzung, Wachsschmelzverfahren, Stuck, Model- oder Schabtechnik. Die komplizierten Figuren bedingen vielfältige Techniken.

**Präklassik**
2400–1500 v. Chr. breitete sich die Töpferei im südlichen Mexiko aus. Bedeutendster Fundort ist Tlatilco. Typ. sind Schalen- und Flaschenformen sowie modellierte Gefäße. Als Dekor diente schwarze oder rote Schlickermalerei mit Ritzornamenten.
Seit etwa 900 v. Chr. verstärkte sich olmekischer Einfluss. Von dort erfolgte vermutlich die Übernahme der Technik des Wachsschmelzdekors (Abb.).
Die **Olmeken** entwickelten die früheste Kultur mit eigener Schrift. Ihren Namen erhielten sie von den Spaniern nach dem aztekischen Wort *Olli* für 'Gummi'. Viele Techniken und Stilmittel wurden von ihnen erfunden: u. a. hohle Terrakottafiguren und Kaolin zur Wasserabdichtung des Scherbens. Typ. sind sitzende Figuren mit Babygesichtern, schmollendem Jaguarmund, dicklicher Gestalt und oft ohne Geschlechtsmerkmale.

**Protoklassik**
Zacatecas, Nayarit, Jalisco und Colima sind Provinzen in Westmexiko, in denen Keramikstile entwickelt wurden. Die Archäologen haben fast nur Grabkeramik gefunden. Abnutzungsspuren deuten jedoch auf Gebrauch. Charakteristisch sind Figuren mit individuellen Zügen: Musiker, Tänzer, Frauen, Kinder, Zwerge, Bucklige, zahlreiche Tiere in Szenen (Gummiballspiel, Maiskuchenbacken). Kennzeichnend für die **Zacatecas** sind 30–50 cm hohe Figuren mit Brennlöchern am ganzen Körper. Die Frauen besitzen waagerechte Kinn-, die Männer schräg über das Gesicht gezogene Linien. Typ. für die **Colima** sind Plastiken von Kriegern, Tieren (Hund, Papagei, Eidechse, Frosch, Jaguar) und Frauen. Typ. für die **Nayarit** sind max. 50 cm hohe abstrakte oder realistische Figuren, für die **Jalisco** zwei Gruppen: Ameca gray (graue Engobe) und Arenal brown (rotbraune Engobe).

**Abbildungen**
**Babyfacefigur** Derartige Figuren wurden von den Priestern auf dem Arm getragen oder sie saßen auf deren Knien, beides, um den Göttern gezeigt zu werden.
**Tanzende** Die linke Figur hat um den Kopf ein Horn geschnallt und stellt offenbar einen Schamanen dar.
**Figurenplastik** Das kleine Kind klammert sich an der Schulter der Mutter hinter dem Mann fest. Der Ausguss des Gefäßes findet sich auf der Schulter des Mannes.
**Schamane** mit den typ. Hörnern aus gebundenen Haarsträhnen.
**Vase** mit typ. weißem Dekor.
**Geburtshilfeszene** Interessant sind die Spiral- und Kleeblattmuster auf den Brüsten beider Frauen.
**Becher** Typ. ist die Wachsausschmelztechnik. Durch den Zusatz von Kaolin erhielten die Töpfer einen porzellanharten Scherben. Der Dekor besteht aus olmekischen Hieroglyphen.
**Mädchen mit Hund** Das Mädchen trägt einen geflochtenen Kopfschmuck und Ohrringe. Es hält den kleinen Hund wie ein Kuscheltier und küsst ihn.

Xipe Totec, Zapoteken, um 200–900 n. Chr.

Urnenkelch, Mixteken, um 1200–1400

Tlaloc, Tolteken, um 850–1250

Gefäß, Maya, um 200 v. Chr.–250 n. Chr.

Becher, Maya, 600 n.Chr.

Lachende Priesterin der Göttin Tlazolteotl, Veracruz, um 200–900

Trunkener, Maya, um 600–900 n. Chr.

Xipe Totec, Azteken (1345–1521)

unbemalte Maske + Mischpalette für Kaltmalfarben, Teotihuacán → bemalte Maske

Maske und ihre mögliche Dekortechnologie mit Kaltmalfarben, Teotihuacán, um 0–750 n. Chr.

**Klassik**
Die Klassik ist von den Hochkulturen geprägt: Stadtstaaten mit Priestern, Kaufleuten und Handwerkern. **Teotihuacán** war 100 v. Chr. – 750 n. Chr. Zentrum des Tals von Mexiko. Im Töpferviertel der Stadt gab es über 400 Werkstätten. Der Dekor war braun oder schwarz. Nach dem Brand gravierten und schabten die Töpfer Muster und Flächen in die schwarz glänzende Oberfläche, in die die mit Agavensaft als Bindemittel vermischten Farben gerieben wurden (Tabelle).

| Pigment | Farbe |
|---|---|
| Goethit | Hellbraun |
| Hämatit | Rot, »thin orange« |
| Limonit | Gelb |
| Magnetit | Schwarz |
| Malachit | Grün |

**Monte Albán** war 200 v. Chr. – 800 n. Chr. das Zentrum der **Zapoteken** im Oaxacatal. Charakteristisch sind von feingliedrigen Angarnierungen überzogene Figuren. **Veracruz** bezeichnet Keramik der Nachfolgestaaten der Olmeken. Die Figuren fallen durch ihre Größe (>50 cm) auf. Häufig sind Krieger, Tänzer, Kinder oder Tiere dargestellt.
Die **Maya** gelten als »Griechen der Neuen Welt«, weil sie auf ihren Keramiken eine reiche Bilderwelt hinterlassen haben. In der Präklassik wurden Gefäße in Frucht- oder Tierform gefertigt. In der Protoklassik verstärkt die sog. Mammiform, ein trichterartiges Gefäß mit drei Noppenfüßen. Daneben gibt es Ösengefäße und sog. *floreros* (Vasen). Ab der Klassik dominierten flache Schalen und zylindrische Formen, die zu den reich bebilderten Schokoladenbechern als Standardform führten. In der Spätklassik tauchten bauchige Gefäße mit Ringboden auf. Neben Kratz- und Schabetechniken ist die vielfarbige Schlickermalerei typ. (Tabelle).

| Pigment | Farbe |
|---|---|
| Eisenoxid | Rot/Schwarz |
| Kaolinit | Weiß |
| Türkismineral | Mayablau |
| Gummi/Teer | »chapopote«-Schwarz |

**Postklassik**
In dieser Periode errichteten die Tolteken, die Mixteken und die Azteken ihre Hochkulturen. Die Keramik spielte eine immer geringere Rolle, da Metall nun dominierte. Die **Tolteken** beherrschten von 900–1200 große Teile Zentralmexikos. Trotz ihrer Gewaltherrschaft äußerten sich die nachfolgenden Azteken sehr positiv über sie:

> *»Die Tolteken waren weise.*
> *Ihre Werke waren ausnahmslos gut,*
> *vollkommen, wunderbar*
> *und herrlich...«*

Die Tolteken erfanden den Bleiglanz, indem sie den montmorillonitreichen Schlickern Bleisalz zumischten.
Die **Mixteken** waren ein Staatenverbund in Oaxaka. Sie fertigten hochglänzende sog. »lackierte« Gefäße. Die **Azteken** zerbrachen alle 52 Jahre das Haushaltsgeschirr, um alles, was mit dem »alten Feuer« verbunden war, auszulöschen. Das neue Jahr wurde in allen Tempeln gefeiert.

**Abbildungen**
**Xipe Totec** Der Priester Xipe Totec ist der Schutzpatron der Goldschmiede und zugleich Fruchtbarkeitsgott.
**Urnenkelch** Der Kelch trägt als Motiv schlangenartige Gebilde.
**Tlaloc** Der Regengott wohnte nach dem Glauben der Tolteken in den Vulkanen, deren Hänge sehr feucht sind. Sie erbaten den Regen durch die Opfergabe von Tlalocfiguren. Hilfsgötter trugen sie in den Himmel, zerschlugen sie, und so kam der Regen auf die Erde.
**Gefäß** In den Knollenfüßen des sog. »Mammigefäßes«, die als Rasseln dienten, befanden sich Tonkügelchen.
**Becher** Interessant ist die Nennung des Besitzers der Schale. Sie gehörte mglw. dem 22. Herrscher von Tikal.
**Trunkener** Die wankende Haltung deutet auf die Trunkenheit der dargestellten hohen Persönlichkeit hin.
**Lachende Priesterin** Ihre Arme sind zum Tanz erhoben. Sie diente offenbar Tlazolteotl, dem Gott der Lebensenergie.
**Xipe Totec** Das Häuten symbolisiert den Fruchtwechsel im Frühling.
**Zeremonialmaske** Die Maske gehörte zu einem Räuchergefäß. Der Schmuck deutet auf einen hohen Rang des Trägers.

Schale, Valdivia, um 2700–2000 v. Chr.

Wassergefäß, Chorrera, um 800–500 v. Chr.

Schale, Paracas, um 900–200 v. Chr.

Schale auf Jaguar, Nicoya, um 800–1200 n. Chr.

Schale, Coclé, um 500–1000 n. Chr.

Topf, Chiriqui, um 1000–1500 n. Chr.

Krug, Mantena, um 500–1500 n. Chr.

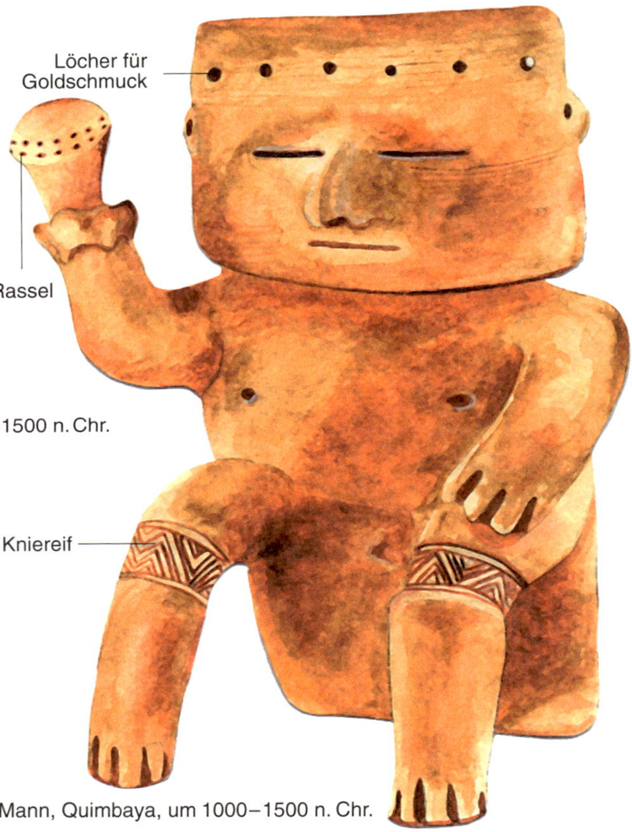


Mann, Quimbaya, um 1000–1500 n. Chr.

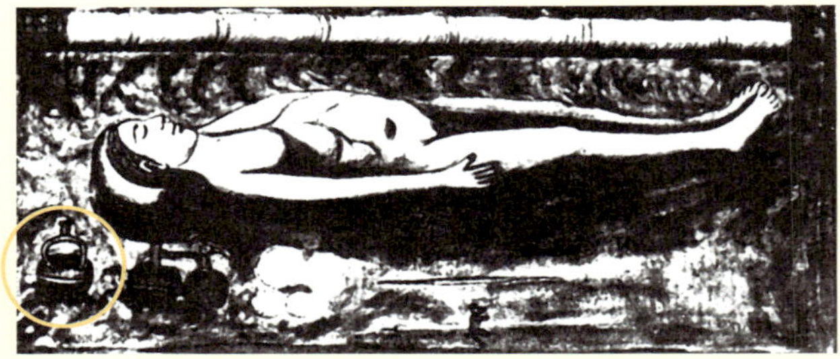

Keramikgefäße als Grabbeigaben in einem Untertanengrab. Die Aristokraten tragen Kopfschmuck, Kleidung und Statussymbole.

Steigbügelflasche, Chavín, um 700–400 v. Chr. und Chimúgrab mit Keramikbeigaben

**Zentralamerika** nahm Einflüsse aus Mesoamerika auf und gilt als Brücke zwischen Meso- und Südamerika. Die Keramikproduktion begann um 3000 v. Chr. Der Dekor wurde geritzt, gekerbt oder gestempelt. Etwa ab 500 v. Chr. wurden dann monochrome Brandfarben verwendet. Typ. ist eine zonale Gliederung der Gefäßoberfläche. Vielfarbige Keramiken existieren erst ab 250 n. Chr. Es gibt verschiedene Kulturen (Tabelle).

| Land | Kultur (Auswahl) |
|---|---|
| Nicaragua | Managua, Nicoya |
| Costa Rica | Chiriqui, Nicoya |
| Panama | Coclé, Chiriqui |
| Kolumbien | Quimbaya, Colima |

Ein in Zentralamerika weit verbreites Motiv ist der Jaguar, dessen Name sich von dem Wort *jaguara* ableitet: 'der mit einem Sprung tötet'.

**Südamerika**
Die ohne schnelle Drehscheibe und Glasuren gefertigte Südamerikakeramik ist aus den Zentralanden (Peru, Bolivien) und dem nordandinen Gebiet (Ecuador, Kolumbien, Nordchile) bekannt. Die Nazca benutzten eine langsam drehende Töpferscheibe zur Formgebung.

**Periodisierung** (Auswahl)

| Zeit | Kultur |
|---|---|
| 3. Jt. v. Chr. | Valdivia |
| 2. Jt. v. Chr. | Machallila |
| 800–500 v. Chr. | Chorrera |
| 820–200 v. Chr. | Chavín |
| 100 v. Chr.–750 n. Chr. | Mochica |
| 100 v. Chr.–650 n. Chr. | Nazca |
| 200–1000 n. Chr. | Tiahuanaco |
| 1000–1475 n. Chr. | Chimú |
| 1438 – 1532 | Inka |

**Formen und Dekore**
Die älteste **Valdiviakeramik** stammt aus dem 3. Jt. v. Chr. Es ist eine ritzdekorierte Ware. Um 1900–1500 v. Chr. wurde Valdivia von der **Machalillaperiode** abgelöst, aus der die frühesten Steigbügelgefäße stammen. Die Steigbügel werden mit Hilfe von drei konischen Holzstäben in Tonwülste gebohrt. Sie sind typ. für viele südamerikanische Kulturen. Lange vermutete man, dass der Steigbügel- oder Gabelhalshenkel aus China kam. Erst im 20. Jh. wies man nach, dass er sich aus einer Ausguss-Henkelkombination früher Keramiken aus Vicus in Peru entwickelt hat.
Von 800 – 500 v. Chr. dominierte die **Chorreraperiode**, in der irrisierende Gefäße gefertigt wurden: Man sieht das Muster erst, wenn man die Oberfläche befeuchtet. 500 v. Chr.–500 n. Chr. gab es verschiedene Stile. Erst im 9. Jh. v. Chr. trat die einflussreiche **Chavínkultur** auf. Ihre Motive hatten großen Einfluss auf spätere Kulturen. Schlange, Eule, Kondor und Jaguar waren am häufigsten anzutreffen. Den charakteristische Negativdekor trug man mit Harzfarben (rot, braun, grün) auf. Zunächst deckte man die Motive mit Wachs ab, dann tauchte man das Gefäß in den Schlicker für die Hintergrundfarbe. Das Wachs schmolz man zum Schluss in kochendem Wasser ab.

**Abbildungen**
**Schale** Das Zickzackmotiv wurde durch Einkerben und Ausschaben erzeugt.
**Wassergefäß** Der kugelige Körper besitzt einen schmalen Ausguss. Im Henkel wurde eine Pfeife eingebaut.
**Schale** Die Ritzlinien dienen als Begrenzungen der Farbfelder des Harzfarbdekors. Drei abstrahierte Raubkatzen mit geöffnetem Rachen sind dargestellt.
**Schale auf Jaguar** Das figürliche Unterteil ist hohl gearbeitet und besitzt mehrere Öffnungen für den Schallaustritt der als Rassel genutzten Kopfform.
**Schale** Die Innenseite zeigt zwei Bildfelder. Auf der einen Hälfte findet sich das kalligrafisch verarbeitete »C«, auf der anderen das »Y«.
**Topf** Die Schlitze in den Füßen deuten auf die Nutzung als Rassel mit kleinen Steinen oder Tonkugeln.
**Krug** In die zweiteilige Form wurde ein beleibter Frauenkörper integriert.
**Mann** Diese Figuren werden bis heute gefertigt. Die Quimbaya galten als die besten Goldschmiede Südamerikas, weshalb sie oft Keramik mit Gold kombinierten.
**Steigbügelflasche** Die Ritzverzierung erfolgte mit Inkrustationen aus weißer Kaolinitpaste.

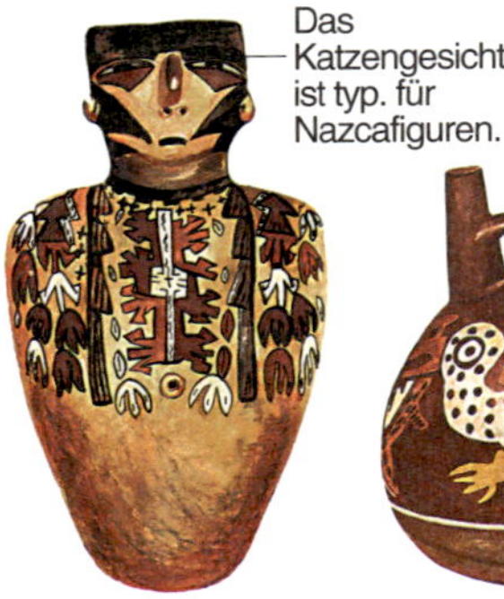


Frau, Nazca, um 540 n. Chr.

Gefäß, Nazca, um 100 v. Chr.–100 n. Chr.

Gefäß, Salinar, um 500–300 v. Chr.

Gefäß, Mochica, um 200–700 n. Chr.

Krieger, Mochica, um 200–700 n. Chr.

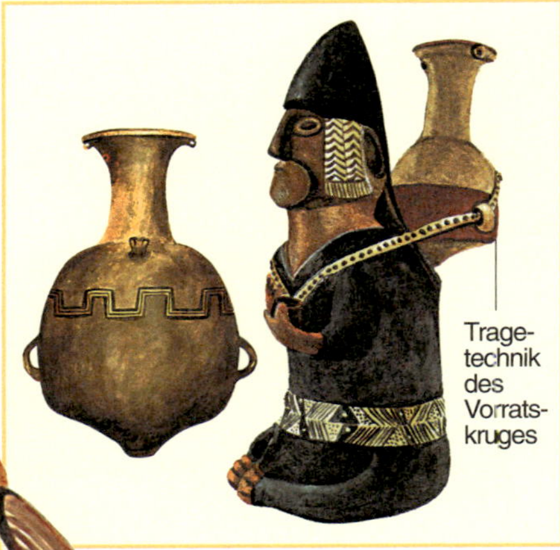


Wasserkrug, Inka, 15. Jh.,
Träger, Inka, 15. Jh.

Gefäß, Recuay, um 200 v. Chr.–700 n. Chr.

Gefäß, Tiahuanaco, um 600–1000 n. Chr.

Flasche, Tembladera, um 1400–400 v. Chr.

Nach dem Zerfall der **Chavínkultur** folgten ab 500 v.Chr. Regionalkulturen mit eigener Keramik. Die Keramik wurde generell dünnwandiger, was auf Brand mit geregelter Flammenführung zurückgeführt wird.

**Kulturen**

**Nazca** Die Nazcakultur war an der Südküste Perus entlang des Nazcaflusses verbreitet. Das Meer lieferte sowohl Nahrung als auch Mythenstoff. Die Nazca nutzten die Wulsttechnik sowie eine langsam drehende Töpferscheibe und glätteten ihre Keramiken mit Kieseln. Typ.: flächiger und Bildfelddekor in verschiedenen Farben, sehr dünnwandige Ware.

**Mochica** Die Kultur wurde nach dem nordperuanischen Fundort Moche benannt. Die Keramik ist mit einer reichen Bilderwelt verziert; man spricht von der »keramischen Bibliothek« der Mochica. Es dominieren zwei Formen: Bildniskrüge mit nachgebildetem Kopf oder Tierkörper sowie das Steigbügelgefäß. Daneben gibt es Plastiken von Prostituierten, Bettlern, Dämonen u. a. Die Mochica fertigten ihre Keramik in der Modeltechnik. Die Farbauswahl beschränkt sich auf Weiß, Rot und Schwarz. Typ. ist die Gefäßpfeife, die durch Schwenken pfeift (Abb.).

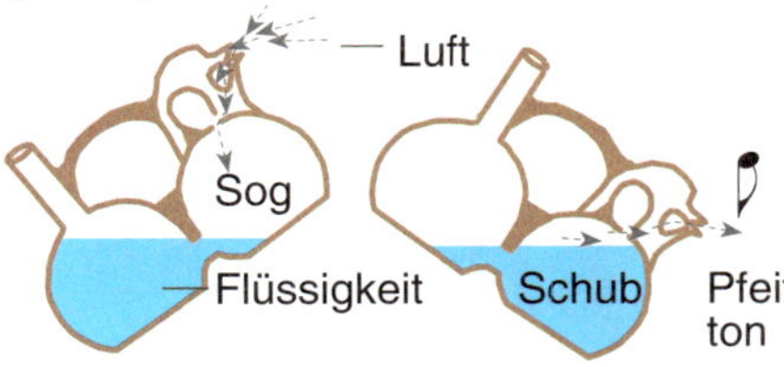


Doppelgefäßpfeife

**Inka** Die Inka waren ursprünglich ein unbedeutender Stamm der Ketschuafamilie. Ab 1438 errichteten sie ein gewaltiges Königreich, das von Ecuador bis Chile reichte. In der Keramik subsumierten sie die Stile der eroberten Reiche, wobei sie die Herstellungstechniken perfektionierten. Charakteristisch sind Bänder mit geometrischen Motiven. Eine besondere Form ist ein standardisierter Transportkrug in unterschiedlichen Größen (Höhe: 8 – 100 cm), den man mit einem Seil trug (Abb.).

**Salinar** Ein Fundort im peruanischen Chicamatal ist Namen gebend. Es dominieren figürliche Henkelgefäße. Eine sparsame, prägnante Farbanwendung ist typ.: Oft ist mit Ausnahme von Gesichtsteilen der gesamte Körper rot bemalt. Typ. sind auch lebensnah dargestellte Tiergefäße und erotische Szenen.

**Recuay** Nach einem Fundort im oberen Santatal benannte Kultur mit einer formenreichen Keramik mit montierten Plastiken und Gefäßen. Negativ- und Positivmalerei findet sich z.T. am gleichen Gefäß. Zusätze von Kaolinit ermöglichten weiße Farbtöne. Typ. sind flache Kugelformen mit Trichtertülle und Plastiken an der Kugeloberseite.

**Tiahuanaco** Die Stadt in Bolivien wurde Hauptstadt eines großen Reiches im südlichen Andengebiet. In der Keramik zeigt sich der Einfluss der Nachbarkulturen. Typ. sind schmale, zylindrische Formen. Puma und Kondor sind charakteristische Motive.

**Tembladera** Der Keramikstil entwickelte sich aus der Chavínkultur. Typ. sind Flaschen mit Tierformen.

**Abbildungen**

**Frau** Hohl gebrannte Figur mit mehreren Durchbohrungen, die ein Reißen beim Brennen verhindern sollten. Die undekorierte Unterseite lässt darauf schließen, dass die Figur in Kleider gesteckt wurde.

**Gefäß** Dargestellt sind auf poliertem, braunem Ton mehrere mythische Vögel.

**Gefäß** Eine Frau vollzieht den oralen Geschlechtsakt an einem Mann.

**Gefäß** Ein Jüngling beugt sich über eine Schüssel und wäscht sich sein Haar. Die Legende sagt, dass der Gott der Mochica sich im Meer die Haare wäscht.

**Wasserkrug** Das Mäandermuster symbolisiert das Wasser.

**Krieger** Der Krieger hält in der rechten Hand eine Keule, die linke ist durch einen Schild geschützt. Typ. ist der Negativdekor des Gewandes und des Helms.

**Gefäß** Die Oberseite ziert ein Mann mit Helm sowie einem Rudel von Jungfüchsen. Mglw. ist es ein Krieger, der den Tieren zum Fraß vorgeworfen wurde.

**Gefäß** Zwei zähnefletschende Jaguare als Henkel, zu beiden Seiten eine Schlange.

**Flasche** Der farbige Dekor wurde mit Harzfarben aufgetragen.

Amphore, W. E. Tucker (gest. 1832), Philadelphia, 1830

Teetasse, Decasse und Chancu, New York, 1824–27

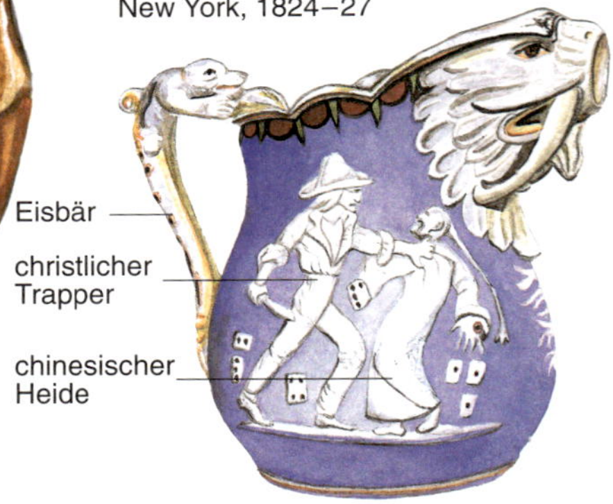


Krug, Union Porcelain, New York, 1876

J. Koons, Michael Jackson, um 1988

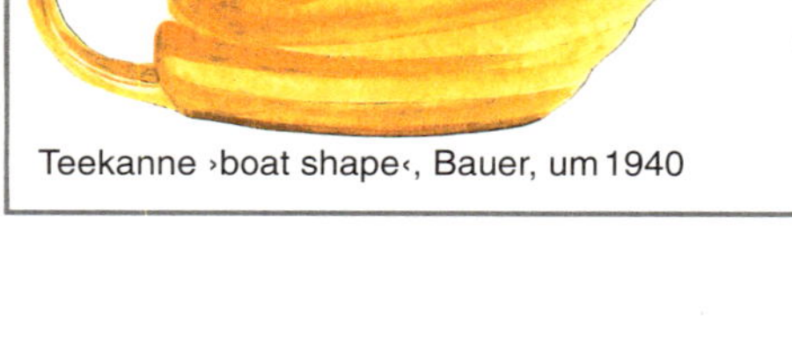

Teekanne ›boat shape‹, Bauer, um 1940

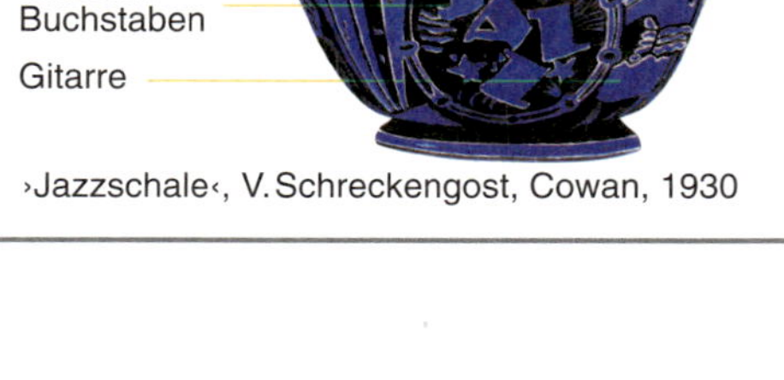


›Jazzschale‹, V. Schreckengost, Cowan, 1930

Die frühesten USA-Porzellane fertigte 1738 ANDREW DUCHÉ in Savannah in Georgia. Allerdings handelt es sich nicht um Hart-, sondern um Weichporzellan, das aus Kaolin, Glaspulver, Seifenstein und Knochenasche hergestellt wurde. Die amerikanische Porzellanindustrie hatte es schwer, europäische Rezepte für die Porzellanmasse zu übernehmen, da sich in Amerika z. B. wasserlösliches Eisen in den Rohtonen fand, was sich für die Gefäßkeramik verheerend auswirkte: Es gab eine hohe Ausschussquote. Deshalb wurden oft Rohstoffe oder Weißrohlinge importiert, was den Einfluss Europas noch vergrößerte. Die nordamerikanische Porzellanindustrie galt im eigenen Lande immer als unterlegen gegenüber den Importen aus Europa und Asien. Noch 1918 wollte man dieser Einschätzung entgegenwirken, indem Lenox aus Trenton auf sein Dinnerservice für das Weiße Haus die Worte schrieb:

> *»... designed by an American artist, made from American clay at an American pottery, burned at American kilns and decorated by American workmen.«*

Die Unternehmen bemühten sich, ihre Vorbilder unter Hinzufügung von amerikanischen Motiven zu kopieren. Auch aus Deutschland und England emigrierte Töpfer und Porzellanmaler förderten diese Entwicklung. So waren 1874 allein in New York unter den Töpfern 30 % Deutsche und 20 % Engländer. Der ökonomische Erfolg allerdings blieb aus. Es scheiterten viele Produzenten nach einigen Jahren. So ging die erste große Fabrik Bonnin & Morris nach zwei Jahren Pleite. Die Einwanderungswelle von 1840 brachte jedoch nicht nur ausgebildete Töpfer sowie Porzellanmaler nach Amerika, sondern auch Konsumenten, die an Tafelporzellan gewöhnt waren. Die Weltausstellung in Philadelphia im Jahre 1876 bot die Gelegenheit des direkten Vergleichs, zumal sich die amerikanischen Fabriken mit sog. Jahrhundertvasen hervortaten. Die Ausstellung zeigte trotzdem den großen Abstand, den amerikanische Porzellane nach wie vor gegenüber Japan, Frankreich und England besaßen. Nach dem Ersten Weltkrieg überschwemmten besonders Waren aus Österreich und Japan den Markt, was zur Schließung von Fabriken führte. Dieser Prozess erreichte während der Großen Depression von 1929 seinen Höhepunkt. Heute gibt es nur noch wenige überregional bedeutende Produzenten von Fabrikporzellan, wie z. B. Lenox in Trenton und Lawrenceville in New Jersey, die bereits 1918 begannen, das Weiße Haus zu beliefern.

**Abbildungen**

**Amphore** Tucker & Partners war eine Fabrik in Philadelphia im Nordosten der USA. Typ. für die frühen Waren sind französische Formen und Dekore. Neben Landschaften sind Blumen die Hauptmotive der Tuckervasen.

**Teetasse** Die Fabrik fertigte Porzellane mit englischen Formen sowie französischem Dekor und Scherben.

**Krug** Bekannt wurde ›Union Porcelain‹ durch die vom künstlerischen Leiter Karl Müller entworfene Jahrhundertvase für die Weltausstellung in Philadelphia 1876. Für seine Modellierungen ließ Müller eigens Mitarbeiter in Frankreich ausbilden. Unter seinen Einfluss fällt auch die abgebildete Vase mit einer plastisch ausgearbeiteten Tülle und einem stilisierten Seeadler, dem Wappentier der USA. Auf dem blauen Fond ist eine Szene aus einem seinerzeit bekannten Gedicht von 1875 illustriert. Es geht um einen chinesischen Heiden, der einem christlichen Trapper die Karten lesen will. Auf der Rückseite ist Uncle Sam und Gambrinus dargestellt, ein mythischer flämischer König, der als erster Bier gebraut haben soll.

**Michal Jackson** J. Koons schuf diese Plastik im Stil der Porzellane des 18. Jh. Der 1955 geborene Koons wird damit seinem Ruf gerecht, den er selbst damit beschrieb, dass er der »most written-about artist in the world« sei.

**Teekanne** Während des Zweiten Weltkrieges wurde diese bootartige Form mit klassischem Dekor oft und in verschiedenen Ländern hergestellt.

**›Jazzschale‹** Der Dekor des russischstämmigen V. Schreckengost ist der Formsprache der Revolutionskeramik verwandt (S. 152 f.). Die sog. Jazz-Age-Keramik ist bei Auktionen ein Trend, dem »die Käufer blindlings folgen«, wie der Auktionator M. Camard bemerkte.

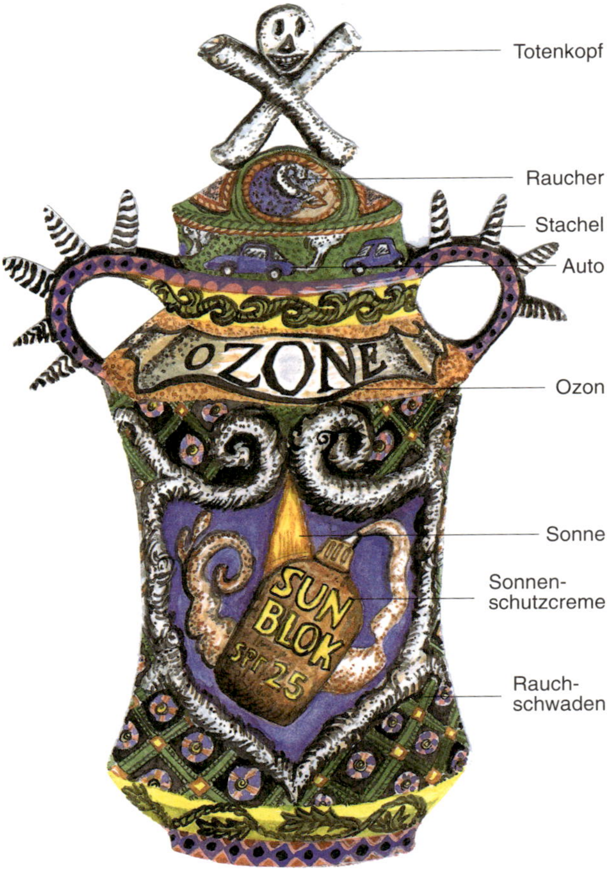


M. Nolen, Apothekergefäß
Nr. 2: ›Ozone‹, 1992

A. Zimmermann,
ohne Titel, 1985

G. Marks, Form, 1984

J. Caplan, Platte mit Akt,
um 1990

S. de Staebler,
4-Taschen-Gefäß, 1979

A. Saxe,
Ohne Titel, 1983

Die **Studiotöpferei im Nordamerika** der Zeit nach 1945 lässt sich nur schwer periodisieren. Sicher gab es in nahezu jedem Jahrzehnt Trendlinien. Diese wurden jedoch gerade in den USA durch eine Vielzahl von Individualstilen konterkariert. Während die ganze Industrie der Gefäßkeramik in der Vorkriegszeit versuchte, Europa als Zentrum der klassischen Keramik nachzueifern, fand nach 1945 ein kultureller Befreiungsschlag statt. Freiheit wurde zum zentralen Begriff, und die Studiotöpferei der 50er Jahre gebar als keramisches Gegenstück zur **Pop Art** die **Funk Ceramics**. Dies bedeutete nichts anderes als die Entmystifizierung und Entweihung alter Autoritäten. Dazu zählt R. ARNESONS (1930–92) ›George und Mona in den Bädern von Coloma‹, das GEORGE WASHINGTON und MONA LISA im Bad zeigt. Besonders an der Westküste dominierte dieser Trend.

Dagegen pflegten Keramiker im Dunstkreis der ›Alfred University‹ in New York die sog. **Bernhard-Leach-Tradition** vom Glauben an die Möglichkeit von bewusst produzierter Schönheit durch Ausgewogenheit von Farbe und Form. Große Impulse für die amerikanische Studiotöpferei kamen von PETER VOULKOS (geb. 1924), der das Keramikinstitut am ›Otis Art Institute‹ in Los Angeles aufbaute. Er bemühte sich um die Keramik als Botschaft und nicht allein als Gebrauchsgut. Einer seiner Studenten berichtete 1966 über ihn:

> »*Wir standen in Ehrfurcht und Bewunderung für seine außergewöhnlichen Fähigkeiten im Umgang mit Ton vor ihm.*«

VOULKOS war es auch, der in den USA die Keramiken von PICASSO, MIRÓ und CHAGALL bekannt machte. Heute ermöglichen die benutzerfreundlichen Tone und Glasuren sowie die bequemen Töpferscheiben und Öfen alle Stile von materialbrechenden über formverfremdende Stile bis zur Mixed-Media-Installation. Typ. sind drei Stile (Tabelle).

| Stil | Beispiel |
|---|---|
| funktional | Stephen de Staebler |
| dekorativ | Marc Nolen |
| skulptural | Adrian Saxe |

**Abbildungen**

**Apothekergefäß** Marc Nolen (geb. 1960) studierte Architektur an der ›Auburn University‹ von Alabama. Zahlreiche Ausstellungen im ›Everson Museum of Art‹ in Syracuse, ›Gadsden Museum of Art‹ in Alabama sowie in der ›Archon Ceramics Gallery‹ in New York weisen ihn als bekannten Keramiker in den USA aus. Dies belegt auch der Artikel ›Mit Tassen zur Hochkunst aufgestiegen‹, der am 7.1.1993 in der ›New York Times‹ über sein Werk erschien. Das Stück imitiert die Form eines Albarellos (S. 116 f.). Der Dekor gleicht einem politischen Plakat gegen den Treibhauseffekt. Die Botschaft könnte lauten: Erst zerstören wir die Ozonschicht durch Rauchen, Auto fahren sowie Industrieabgase und dann versuchen wir, uns vor den Folgen durch Sonnencreme zu schützen. Ein vergleichbares Stück mit dem Titel ›Kreditkartenreliquiar‹ stellte er unter das Gefäßmotto: Kredit ist der Tod.

**ohne Titel** A. Zimmermann (geb. 1954) studierte zunächst am ›Kansas City Art Institute‹ sowie an der ›Alfred University‹ in New York. Das abgebildete Stück gehört zu einer Reihe Objekte, die wie aus Holz gehauen und geschnitzt scheinen.

**Platte mit Akt** Die 43 cm hohe Platte wurde in einem von Caplan entwickelten Verfahren, dem Reduktionsschablonieren, gefertigt. Dabei erfolgt nach dem Schrühbrand eine Abdeckung der gewünschten Farbflächen mit Schlicker. Nach dem Glattbrand wird etwas Papier auf die Schale gelegt, welches sofort verbrennt. Durch die Abdeckung erreicht Caplan einen Raucheffekt. Zuletzt zieht er die Abdeckschablonen ab, und die Zeichnung wird in einem geräuchten Rahmen sichtbar.

**Form** Graham Marks (geb. 1951) studierte am ›New York State College of Ceramics‹ in Alfred und am ›Philadelphia College of Art‹. Die 1984 gefertigte Form sieht wie eine Frucht aus (S. 80).

**4-Taschen-Gefäß** Das Gefäß ähnelt frappierend einem Hopewellgefäß (S. 228). Typ. ist die raue Oberfläche.

**Ohne Titel** Adrian Saxe (geb. 1943) studierte am ›Chuinard Art Institute‹ in Los Angeles. Er gehört zu den Intellektuellen unter den Keramikern. Sein Objekt lehnt sich an die Höchstleistungen des 18. und 19. Jh. an.

Iran und seine Nachbarn

Mesopotamien

Kleinasien

Spanien und der Maghreb

Ägypten und seine Nachbarn

4.–5. Jh. n. Chr. (Vorläufer)
700–1100
1100–1258
1258–1500
1500–1800

| Einflüsse auf islamische Keramik | Islamische Erfindungen zur Keramik |
|---|---|
| Sasaniden | Lüster |
| Byzanz | Fayence |
| China | Kobaltblau (Mohammedanerblau) |

Einflüsse und Erfindungen

Schale mit Boddhisattva, Irak, 9. Jh. n. Chr.

Schale mit koptischem Priester, Ägypten, 12. Jh. n. Chr.

Islamische Lüsterkeramik mit Sujets anderer Religionen

Beschwörungsschale, Nippurregion, um 4.–5. Jh. n. Chr.

Pferd, Detail einer Tasse, Susa, um 7.–8. Jh. n. Chr.

Schale, Ägypten, 8. Jh. n. Chr.

Spruchschale, Iran, 10. Jh. n. Chr.

Schale, Iran, um 10.–11. Jh. n. Chr.

Keramikentwicklung

MOHAMMED (570–632) stiftete im Hedschas den **Islam**, der sich später zwischen Nordafrika und den Philippinen, zwischen Innerasien, Südindien und Mittelafrika ausbreitete. Die nach der Überlieferung MOHAMMEDs gebotene Vermeidung edler Metalle auf den Tafeln der Muslime förderte die Entwicklung feiner Keramiken. Lüster, Fayence und Kobaltblau sind islamische Erfindungen.

**Periodisierung** (Auswahl)

| Zeit | Dynastie (Hauptland) |
|---|---|
| 661–750 | Omaijaden (Syrien) |
| 750–1258 | Abbasiden (Irak) |
| 868–905 | Tuluniden (Ägypten) |
| 874–999 | Samaniden (Persien) |
| 756–1031 | Córdoba (Spanien) |
| 969–1171 | Fatimiden (Ägypten) |
| 1038–1300 | Seldschuken (Türkei) |
| 1250–1517 | Mamelucken (Ägypten) |
| 1300–1923 | Osmanen (Türkei) |
| 1258–16.Jh. | Mongolen (Turkestan) |
| 1502–1736 | Safawiden (Persien) |
| 1525–1857 | Mogul (Indien) |

**Rohstoffe und Technologien**
Die Töpfer verwendeten zunächst lokal vorhandene rot- oder gelbbrennende Tone. Im 12. Jh. wurde im Iran eine neue Arbeitsmasse erfunden, die dem erstrebten Aussehen des chinesischen Porzellans näher kam (Tabelle).

| Stoff | Anteil |
|---|---|
| Quarz | 83,4 % |
| Kaolinit | 8,3 % |
| Glasmehl | 8,3 % |

Diese ließ sich aber nicht auf der Scheibe drehen, weshalb die Modeltechnik weithin üblich wurde, während man zuvor mit einer Töpferscheibe arbeitete. Bis zum 12. Jh. verwendeten die Töpfer Bleiglasuren, unter denen die Farben verliefen. Die zu Beginn des 12. Jh erfundenen Alkaliglasuren erlaubten besser abgrenzbare Farbfelder. Der Fliesenmeister ABUL QASIM aus Kaschan berichtete 1301 über Lüster:

*»Frisch gebrannte Stücke glänzen*
*wie rotes Gold und scheinen*
*wie die Strahlen der Sonne.«*

**Erfindungen**
**Lüsterkeramik** besitzt eine metallisch glänzende Oberfläche. Nach dem ersten Brand erfolgt eine Bemalung auf der kalten Glasur mit einer in Essig vermischten Emulsion aus Sulfat, Silberoxid, Kupferoxid sowie Rot- oder Gelbocker. Der Glattbrand benötigt eine niedrige Temperatur und reduzierende Atmosphäre. Zum Schluss wird der Ocker vorsichtig abgerieben und es entsteht der Lüsterglanz. Die Lüstertechnik ist weit verbreitet (Tabelle).

| Zeit | Verbreitung |
|---|---|
| 9. Jh. | Bagdad und Kairo |
| 15. Jh. | maurisches Spanien |
| 16. Jh. | Italien |
| 18. Jh. | Meißen |
| 19. Jh. | William de Morgan |
| 20. Jh. | Alan Caiger-Smith |

**Kobaltblau** ist eine aus arsenhaltigen Kobalterzen gefertigte, blau leuchtende Unterglasurfarbe. **Fayence** ist eine weiß deckende Glasur aus Zinn und Blei (S. 117), die den Malgrund bildet.

**Abbildungen**
**Schale** Abbasidische Kalifen warben in Zentralasien Söldner an. Darunter waren offenbar auch Buddhisten, die Auftraggeber teurer Lüsterkeramik wurden. Der Boddhisattva ist an einer Blume, einem rituellen Dolch und einem religiösen Hut erkennbar. Die Kennzeichen wurden verstümmelt dargestellt, da der Auftrag, wie das *'amala* zeigt, von einer arabischen Werkstatt ausgeführt wurde.
**Schale** Die Fatimidenherrscher vergaben hohe Ämter an christliche Kopten, die sich von dem hohen Gehalt teure Lüsterkeramiken kaufen konnten.
**Beschwörungsschale** Die Schale diente der Beschwörung böser Geister. Der Mann mit Tiermaske ist ein magischer Priester.
**Pferd** Das Detail zeigt die parthisch-sasanidische Linie islamischer Keramik.
**Schale** Das Motiv ist ein stilisierter Pfau, der vor einem Baum sein Rad schlägt.
**Spruchschale** Den Farbeffekt nennt man »Tinte im Schnee«. Um die Sprüche gut zu platzieren, nutzte man Papiervorlagen.
**Schale** Das Stück gehört zur Nischapurware und imitiert Tangkeramik (S. 166 f.).

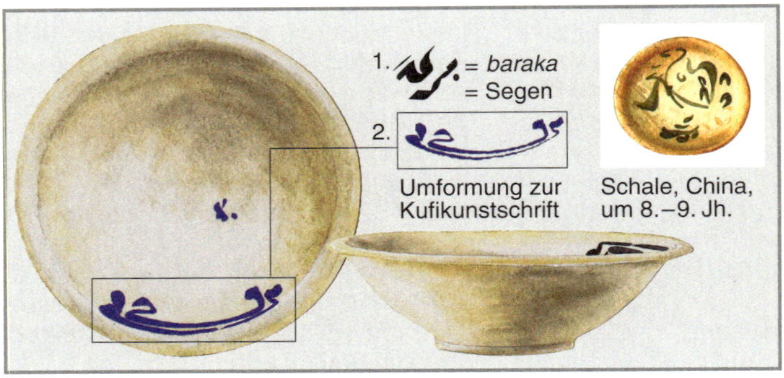


Schale, China, um 8.–9. Jh.

Schale, Irak, 9. Jh. und Vergleichsstück aus China

Brotstempel, Ägypten, um 11.–12. Jh.

Schale mit einem Motiv aus dem persischen Königsbuch ›Schah-Name‹ von Firdausi, Garrusregion, Iran, 11. Jh.

Schale, Irak, 9. Jh.

Schale, Iran, um 9.–10. Jh.

Schale, Iran, 10. Jh.

Sternbild »Rabe«

Schale, Iran, 10. Jh.

In den beiden ersten islamischen Jahrhunderten entstand vorwiegend einfache Gebrauchskeramik. Neue Keramikstile entwickelten sich unter parthisch-sasanidischem, chinesischem und byzantinischem Einfluss. Eine bedeutende Entwicklung nahm die Keramik unter den Abbasiden. Kalif al-Mamun [813 – 33] machte den Rationalismus zur Staatsdoktrin und ließ die antiken Autoren übersetzen. Er förderte die Forschung in einem ›Haus der Wissenschaften‹ und Sternwarten in Bagdad und Damaskus. Alchimie, Algebra, Algorithmus und Lüsterkeramik sind Früchte dieser Blütezeit.
Jeder Planet stand für ein Metall, Lüster galt als künstliches Gold und Symbol der Sonne (Tabelle).

| Planet | Metall | Symbol |
|---|---|---|
| Saturn | Blei | ♄ |
| Mars | Eisen | ♂ |
| Venus | Kupfer | ♀ |
| Merkur | Quecksilber | ☿ |
| Jupiter | Zinn | ♃ |
| Mond | Silber | ☾ |
| Sonne | Gold | ☉ |

Ende des 9. Jh. produzierten Bagdad, Basra, Kufa, Algier und v. a. Fustat bei Kairo bereits große Mengen Lüster. In das fatimidische Ägypten brachten irakische Handwerker die Lüstertechnik. Nasir-i-Khosrau schrieb 1047 über Lüsterkeramik in sein Tagebuch:

> *»In Ägypten ... machen sie Schalen, Becher, Teller und andere Gefäße ... Sie dekorieren sie wie schillernde Seide, deren Farben changieren«.*

**Iranische Keramiken**
Zeitgleich mit den Abbasiden gab es im Iran eine eigenständige Keramik. Typ. ist ein farbiger Scherben, der mit einer Engobe in Manganschwarz, Tomatenrot, Gelb, Orange, Braun und Grün bemalt und mechanisch dekoriert sowie farblos glasiert wurde. Neben Sprüchen gab es Sternbilder und literarische Motive. Zentren sind Nischapur, Samarkand sowie die Gebiete südlich des Kaspischen Meeres (S. 266). Typ. Formen sind Schalen und Teller, Wandfliesen und kleinformatige Mihrabfliesen.

**Abbildungen**
**Schale** Diese Schale gehört zur Samarraware, einer weiß engobierten Keramik mit kobaltblauen Schriftbändern.
**Brotstempel** Der Handel stand unter strenger Kontrolle. Mit den Brotstempeln wurden alle in einer Stadt verkauften Brote zwecks Herkunftsnachweis gestempelt.
**Schale** Die Schale zeigt eine Szene aus dem ersten Buch des ›Schah-Name‹ des persischen Dichters Firdausi (940 – 1020): Der Herrscher des Bösen, Ahriman, erlangte als verkleideter Koch die Gunst des Schahs Sohak, der eine Schreckensherrschaft errichtet hatte. Dieser erlaubte ihm, seine Schultern zu küssen, wodurch zwei immer wieder nachwachsende Schlangen aus den Schultern Sohaks wuchsen. Später hatte der schreckliche Herrscher einen Alptraum, in dem der noch nicht geborene Faridun ihm mit einer Keule auf das Haupt schlug. Seine Mobaden (Priester) deuteten dies als ein nahendes Ende. Der Schah ließ viele Kinder töten, um sich der Strafe zu entziehen. Die Schale stammt aus dem Garrusgebiet (S. 266).
**Lüsterschale** Auf der Cuvette sieht man eine Kette mit schwarzen und weißen Perlen. Das Wort »Oberhoheit« steht auf der Fahne. Den Spiegel zieren Blätter.
**Schale** Das Stück gehört zur sog. Gabriware, die in Sgraffitotechnik eine feingliedrige Zeichnung als Dekor hervorbrachte. Von Wissenschaftlern wird häufig auf die gravierten Silberschalen der Sasaniden als Vergleichsstücke hingewiesen. Typ. ist der Einfluss der sancai-Tradition mit ihrer gefleckt aufgetragenen Dreifarbigkeit (S. 80, 166 f.).
**Schale** Dargestellt sind eine Rosette im Zentrum sowie stilisierte Vögel.
**Schale** Die Schale gehört zur Sariware (S. 266). Der Dekor zeigt einen Vogel mit Kamm und Halsverzierung sowie mehrere gestielte Rosetten. Das Motiv ist ein Symbol für das Sternbild des Raben (corvus). Fixsternbilder als Motivvorlagen gibt es im Iran vom 9. – 13. Jh. Nimmt man die antiken Autoren, die von den muslimischen Gelehrten übersetzt wurden, hinzu, ergibt sich eine Deutung als Trinkschale: Ovid berichtet, dass der Rabe Apoll Wasser bringen wollte, wobei ihn an der Quelle eine große Hydra (Wasserschlange) behindert haben soll. Dafür mag die stilisierte Halsumschlingung Beleg sein.

Schale, Iran, 12. Jh.

Teller, Amolstil, Iran, um 11.–12. Jh.

Schale, Minaistil, Iran, um 1200

Gefäß in Form eines sitzenden Mannes, Iran, 13. Jh.

Krug, Iran, 12. Jh.

Krug, Iran, 12. Jh.

Tropfgefäß, Armenien, 12. Jh.

Hahnenkopfflasche, Humpen, Iran, 13. Jh.

Krugfilter, Ägypten, um 12.–13. Jh.

Eine der wichtigsten Innovationen seit dem 12. Jh. war die Entwicklung des Unterglasurdekors. Unter der Seldschukenherrschaft wurden weiter die Künste gefördert. Experimente mit Engobeschlickern verschiedener Farbe, die man ritzte (Sgraffito), schabte (Champlevé) oder aufmalte, führten schließlich zu echten Unterglasuren in Schwarz und Blau unter transparenten oder türkisfarbenen Alkaliglasuren.

**Minaitechnik**

Minai kommt von persisch *mina* (dt. 'Email') und ist ein Dekor mit bis zu sieben Brandfarben (Tabelle).

| Technik | Farbe |
|---|---|
| (Schrühbrand | Glasurvorbereitung) |
| Inglasurbrand | Weiß, Blau, Grün |
| Aufglasurbrand | Ziegelrot, Weiß, Schwarz, Braun |
| Kaltauftrag | Blattgold |

Aus der Lüstertechnik lernten die Töpfer, dass man mit mehreren Bränden arbeiten und so die Farbpalette um Farben erweitern kann, die im Glattbrand zerfallen würden. Außerdem konnte man Konturschwarz extra auftragen und dadurch klare, scharf gezeichnete Bilder erreichen, die den Buchminiaturen in nichts nachstanden. Die Minaitechnik ist ausschließlich aus dem Persien des 12. und 13. Jh. bekannt. Bedeutende Werkstätten gab es in Kaschan, Rayy und Sava.

**Werkstätten**

Es gab eine strenge Hierarchie in den Werkstätten, an deren Spitze der Meister stand. Er kannte alle Technologien und Rohstoffe. Die Lehrlinge stammten zumeist aus den Meisterfamilien. Sie wurden nur in Teilschritte eingeweiht, um die Produktionsgeheimnisse zu bewahren. Ein fronähnliches System (Leiturgie) verpflichtete Handwerker, beim Herrscher oder in dessen Auftrag zu arbeiten. Der Techniktransfer erfolgte durch die Handwerker, die ihre Heimat verließen oder verlassen mussten. Signaturen wie z. B. *'amala* oder *sanaa* (dt. 'hat es gemacht') belegen den anerkannten sozialen Status der Töpfer.

**Abbildungen**

**Schale** Im 12. Jh. imitierten persische Töpfer die durchscheinenden Reisporzellane der chin. Songzeit.

**Teller** Das Stück gehört zur sog. Amolware (S. 266). Typ. sind grafische Dekore auf grüner Unterglasurfarbe, die vom Chromoxid herrührt. Diese löst sich nicht in der darüber liegenden Transparentglasur und kann deshalb in feinen Linien aufgetragen werden.

**Gefäß** Die Gefäße hängen mit der islam. Vorschrift vom Wasserspenden an Durstige zusammen. Bei Hofe bediente man sich dafür bes. schöner Wasserspender.

**Schale** Die Innenseite der Minaischale trägt eine sog. Ornamentschrift in Kufi, ein nicht lesbarer Dekor, während sich auf der Außenseite eine Naskhi-Inschrift findet. Im Zentralmedaillon des Spiegels sehen wir einen Reiter mit einem mongolischen Gesicht in Dreiviertelansicht. Charakteristisch für die späten Minaikeramiken ist die Schlankheit der Figuren.

**Krug** Das Stück gehört zur sog. Silhouettenware. Typ. ist die ausgesparte Binnenzeichnung.

**Krug** Der Reliefdekor zeigt auf der Vorderseite zwei liegende Pferde, auf der Rückseite zwei liegende Löwen.

**Tropfgefäß** Solche Gefäße wurden in einer Model aus Seifenstein gepresst. Die Funktion ist nicht geklärt. Ein Stück aus Aserbaidschan trägt die Inschrift: »Trink, auf Deine Gesundheit!« Da die Stücke nur wenig Flüssigkeit aufnehmen können, waren sie mglw. für Medikamente oder Drogen gedacht.

**Hahnenkopfflasche** Der Hahn galt im vorislamischen Persien als königlicher Vogel und ist oft an Zeptern zu sehen. Im 13. Jh. wurde das Motiv erneut sehr beliebt. Nizami (1141–1209) schildert den Gebrauch während eines Gelages:

> *»Weinflaschen, geformt wie Hähne*
> *erhoben rechtzeitig ihre Stimme ...«.*

**Humpen** Typ. ist der Einfluss des Metallhandwerks (Daumenknauf). Die Streifen symbolisieren Sonnenstrahlen.

**Krugfilter** Die in Krughälse eingearbeiteten Filter schützten das kostbare Nass vor Verschmutzung durch Staub oder Insekten. Die zumeist einzige Verzierung an den unglasierten Krügen wurde herausgebrochen und, am Rand abgeschliffen, z. T. sogar als eine Art Medaillon genutzt.

Alhambravase,
Spanien, 15. Jh.

Schale, Iran, 14. Jh.

Schale, Iran, 14. Jh.

Inschrift:
»Ruhm unserem Meister, dem Sultan al-Malik al-Ashraf Abu'l Nasir Kaitbei, möge sein Sieg ruhmreich sein.«

Wappenfliese des Sultans Kaitbei, Ägypten, spätes 15. Jh.

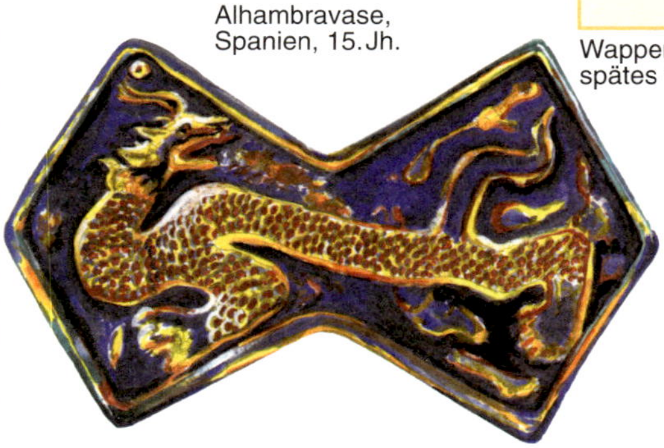

Achteckfliese, Iran, erste Hälfte 14. Jh.

Teller, Paterna, Spanien, 16. Jh.

1258 wurde das abbasidische Großreich von den Mongolen erobert. Neue Teilreiche entstanden im Irak, Iran, in Turkestan, in Syrien und Ägypten. Die chin. Importporzellane und -seladone waren weiterhin Vorbild. Imitiert wurden v. a. die chin. Formen, Dekore und Motive, weniger die Technologien. Typ. chin. Motive wie Drachen, Phönix, fliegender Kranich und Enten findet man auf diesen Keramiken. Die Minaitechnik wurde im 14. Jh. aufgegeben.
Die starke Bautätigkeit ließ die Fliesenproduktion erblühen. Eines der bedeutendsten Produktionszentren war Kaschan bei Teheran. Das vom Ortsnamen abgeleitete *Kaschi* wurde zum pers. Gattungsnamen für Fliese. Weitere persische Keramikzentren waren Sultanabad, Täbris und Sultaniye. Stern- und Kreuzfliesen wurden immer mehr durch fortlaufende Bänder von Mehreckfliesen ersetzt. Die syrischen Töpfereien lagen in Raqqa, Hama, Rusafa und Damaskus. Im Ägypten der Mamelucken dagegen konzentrierte sich die Produktion in Fustat, dem alten Kairo.

**Keramik der Mauren in Spanien**
Das Emirat von Córdoba wurde 756 begründet. Ab dem 10. Jh. wurden Fayencen gefertigt. Die Lüsterproduktion ist ab der 2. H. d. 13. Jh. nachweisbar. Besonders in Málaga perfektionierte man diese Technik so, dass sie in den damaligen Rechnungen Málagatechnik genannt wurde. Die Handwerker zogen zu jener Zeit freiwillig oder erzwungenermaßen von Stadt zu Stadt. 1362 kamen zwei Meister nach Manises, dem Keramikzentrum von Valencia. Kardinal A. Audoin hatte J. Albarat und P. Martin beauftragt, Lüsterfliesen für seinen Palast zu fertigen. Sie beherrschten die Lüstertechnik bis ins Detail, sogar Speziallüsteröfen konnten sie bauen (Abb. rechts).

Lüsterofen

1487 wurde Málaga von den christlichen Heeren zurückerobert. Ein königliches Edikt verfügte die Ausweisung aller nicht katholischen Bürger. Dies betraf zahlreiche Töpfer. Im 16. Jh. kam die spanische Lüsterfertigung zum Erliegen.

**Abbildungen**
**Alhambravase** Dieser Vasentyp einer etwa 80 cm großen Standvase ist nach dem Palast Alhambra in Granada benannt, wo diese Stücke gefunden wurden. Typ. sind Flügelhenkel und ein hoher Hals. Die meisten Stücke wurden in Lüstertechnik verziert. Als Fertigungsort gilt Málaga. Ibn Battuta (1304–um 1369) äußerte sich über die Lüster von Málaga:

> »... *in Málaga wird eine wundervolle Goldkeramik gemacht, die in ferne Länder gesandt wird* ...«

**Achteckfliese** Sie gehört zur Gruppe der Ladschwardina-Keramiken, was sich von pers. *ladschward* für ‘Kobaltblau’ (lat.: Lapislazuli) ableitet, dessen Partikel sich in der dickflüssigen Glasur finden. Die Fliese war Teil des Palastes eines mongolischen Herrschers. Die Brennöfen im Palast von Tacht-i-Suleiman belegen eine Vorortfertigung. Dargestellt ist ein Drachen in Blattgold auf blauem Grund. Im ilchanidischen Iran wurden viele Motive aus dem Fernen Osten übernommen, wo z. B. der Drache den Herrscher symbolisiert.
**Schale** Die Schale zählt zur blauen Sultanabadware. Unter den Ilchaniden im Iran wurden die Dekore lockerer. Auf einem grauen Scherben findet sich eine weiße Engobe und ein Dekor in Schwarz, Türkis und Blau. In den Ornamentfeldern wechseln sich drei Muster ab: ein zartes Vierpunktmotiv, ein schwarzweißes Halbpalmettenmotiv sowie ein ähnlicher Dekor mit blauer Füllung und einem Glücksknoten darüber.
**Schale** Die Schale gehört zum grauen Sultanabadtyp. Diese blauen und grauen Keramiken ahmen chinesische Seladone mit ihren blassen Farben nach.
**Wappenfliese** Unter den Mamelucken in Ägypten wurden etwa 1320 durch Sultan Nasir ad-Din Mohammed erstmals solche Wappen eingeführt. Diese finden sich sowohl an der Architektur als auch an Waffen, Kunstwerken, Kleidungsstücken und Rüstungen.
**Teller** In Paterna, einem Vorort von Valencia in Spanien, sowie in Teruel fertigten Töpfer im 13.–16. Jh. eine Fayence, die als Paternafayencen bekannt wurden. Typ. sind braune Strichzeichnungen, die mit Kupfergrün gefüllt wurden. Eine Frau trägt einen Dreipasshut und hält in beiden Händen je einen Fisch.

Vorläufer: 14. Jh. | ab 1520–50 | ab 1540–50 | ab 1570

Entwicklung der Farbvielfalt in der Iznikmalerei

Vorbild: Iznikteller

W. de Morgan, Schale, England, 1890

Iznikeinfluss auf Keramiken Europas

Dienerin serviert Wein aus einer Flasche, Ägypten, um 10.–11. Jh.

Izniks »Vierblumendekor«: Tulpe, Nelke, Heckenrose, Hyazinthe

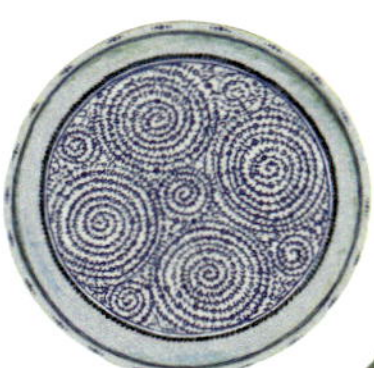

Teller, Türkei, um 1530

Flasche, Iran, 17. Jh.

**Keramik im osmanischen Reich**
Unter den osmanischen Sultanen erlebte die Keramik eine Blütezeit. Quasi eine Monopolstellung besaß das antike Nicäa, später Iznik genannt. Im Exklusivauftrag der Sultane (die Produktion durfte nicht privat verkauft werden) kreierten die Töpfer und Dekormaler hier eine Fülle verschiedenfarbiger Stile, deren Dekore sich z. T. jahrzehntgenau bestimmen lassen (Abb., Tabelle).

| Zeit | Kennzeichen |
|---|---|
| bis 1555 | breite Tulpen und Zweige |
| ab 1550 | verdrehte Blätter |
| 1560–80 | Rispenblüten |

Drei bedeutende Keramikwaren spielten eine Rolle (Tabelle).

| Ware | Kennzeichen |
|---|---|
| Abraham-von-Kütahyaware | hellblau ausgesparte Pfingstrosen |
| Miletware | weißblauer Dekor auf rotem Scherben |
| Goldenes Horn | Spiralranke |

Glanzvoll entwickelte sich die Fliesentechnik unter den Osmanen. Die Vorlagen für kleine wie großflächige Gemälde wurden im Palast gezeichnet und dann in den Werkstätten technisch umgesetzt (Abb.).
Eine letzte Blüte gab es vom 18.–20. Jh in Çanakkale, was soviel wie 'Töpferort' bedeutet (*çanak* = 'Topf', *çanak çömlek* = 'Töpferei'). Motive sind Pflanzen und Häuser.

Fliesengemälde

**Keramik im safawidischen Persien**
Anfang des 16. Jh. kamen die Safawiden an die Macht und machten den schiitischen Islam zur Staatsreligion. Im Gegensatz zur Türkei gab es in Persien mehrere Keramikzentren.
Höhepunkt war die Zeit der Herrschaft SCHAH ABBAS I. [1588–1629]. Dieser war Keramiksammler und hinterließ eine bedeutende Sammlung, die sich heute in Ardabil befindet. Er soll über 300 chinesische Töpfer ins Land geholt haben. Typ. ist deshalb weiterhin die Imitation chinesischer Keramiken. So gibt es seit Beginn des 16. Jh. eine Gruppe, die Blau-Weiß-Porzellane kopierte und sogar mit Marken des chinesischen Kaisers versah. »Kaiserlich« schrieb man auch auf die Keramiken, die z. T. bis nach Asien exportiert wurden. Es gab fünf bedeutende Keramikwaren (Tabelle).

| Ware | Kennzeichen |
|---|---|
| Kubachi | Teller, Craquelée |
| Gombroon | Ritzdekor |
| Spätlüster | Kupferglanz |
| Polychromware | von Ming beeinflusst |
| Monochromware | seladonartig |

Im 19. Jh. war die europäische Steingut- und Porzellanindustrie so weit fortgeschritten, dass islamische Produkte nicht mehr konkurrenzfähig waren. Dies führte zum weitgehenden Erliegen der traditionellen islamischen Töpferkunst.

**Abbildungen**
**Entwicklung der Farbvielfalt** Interessant ist die Erhöhung der Buntheit im 16. Jh. trotz gleichbleibender Motive.
**Iznikeinfluss** De Morgan war einer der berühmtesten englischen Fliesenmaler. Seit den 70er Jahren des 19. Jh. imitierte er die Motive der Iznikmalerei.
**Gebrauchsdarstellung** Das Bild stammt von einer Lüsterschale und illustriert die Handhabung von Weinflaschen.
**Vierblumendekor** Die vier Blumen dominieren im Pflanzendekor der Iznikmaler.
**Teller** Der Teller gehört mit seiner Spiralranke zur Goldenes-Horn-Ware (S. 90 f.).
**Flasche** Die Weinflasche aus dem 17. Jh. wurde in zwei Teilen gefertigt, die man in Modeln presste. Dargestellt ist eine schlafende Kupplerin, während sich ein Paar, floral eingerahmt, beim Beischlaf vergnügt. A. Olearius (1599–1671) schrieb 1656 dazu in seinem Persienbericht:

> *»Jegliche hat hinter sich ein alt Weib, Dalal genannt welche ... ein Kissen vnd ein ... Decke auff dem Puckel ... helt. Wen nun jhrer art Leute ...kommen zündet die Dalal das Liecht an mit welchem der Kehrel ... jhr Angesicht besihet die jhm am besten gefält heist Er jhm folgen.«*

Umeå
Trondheim
Jyväskylä
Bergen
Helsinki
Oslo
Uppsala
Porsgrunn
Stockholm
Rörstrand
Göteborg
Kalmar
Århus
Kolding
Kopenhagen
Middelfahrt
Lund
Museum
Ausbildung
Porzellan
Keramik

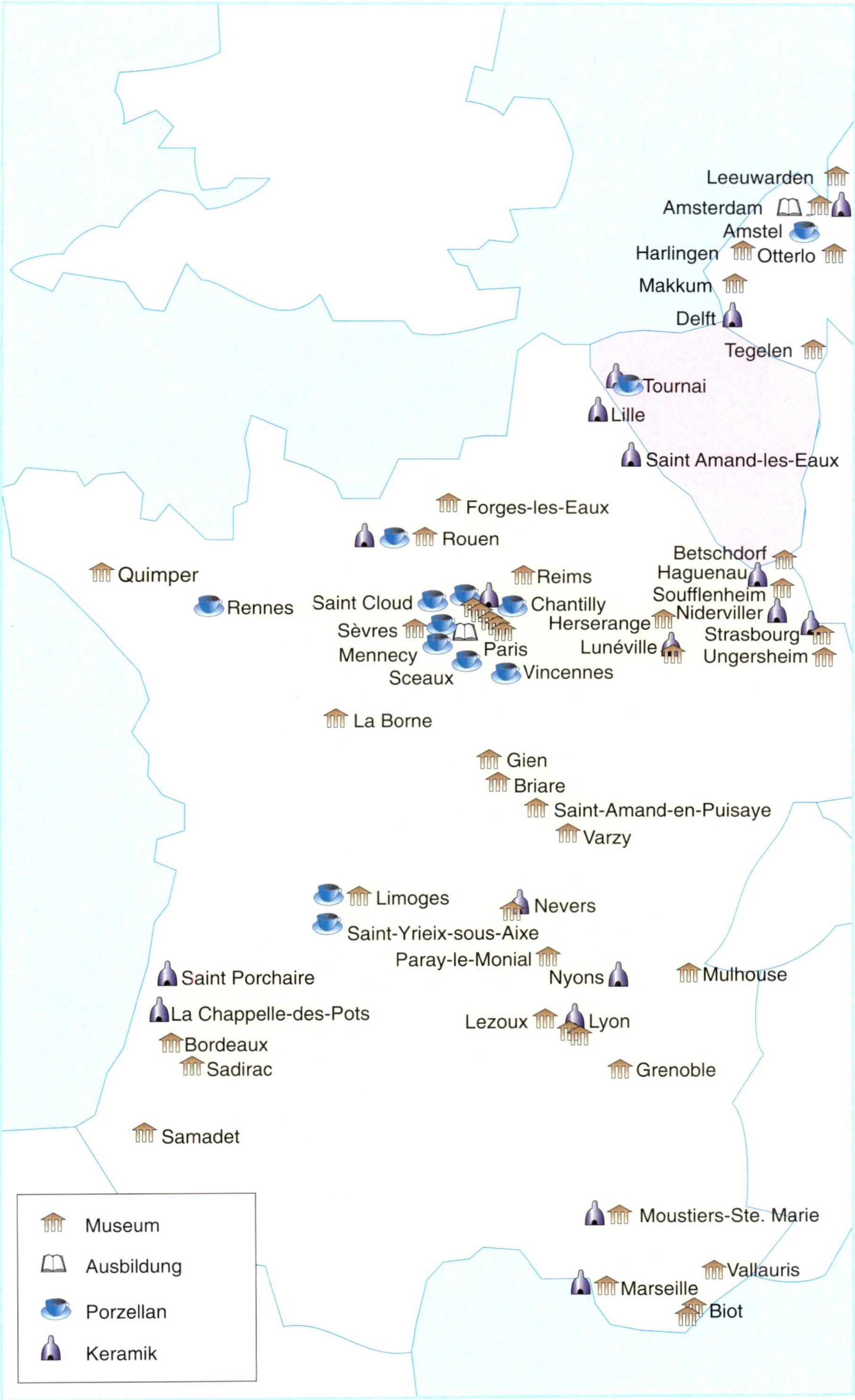
Leeuwarden
Amsterdam
Amstel
Harlingen
Otterlo
Makkum
Delft
Tegelen
Tournai
Lille
Saint Amand-les-Eaux
Forges-les-Eaux
Rouen
Quimper
Reims
Betschdorf
Haguenau
Soufflenheim
Rennes
Saint Cloud
Chantilly
Herserange
Niderviller
Sèvres
Strasbourg
Mennecy
Paris
Lunéville
Ungersheim
Sceaux
Vincennes
La Borne
Gien
Briare
Saint-Amand-en-Puisaye
Varzy
Limoges
Nevers
Saint-Yrieix-sous-Aixe
Paray-le-Monial
Saint Porchaire
Nyons
Mulhouse
La Chappelle-des-Pots
Lezoux
Lyon
Bordeaux
Sadirac
Grenoble
Samadet
Moustiers-Ste. Marie
Vallauris
Marseille
Biot
Museum
Ausbildung
Porzellan
Keramik

Bassano del Grappa
Vicenza
Nove
Turin
Verona
Venedig
Padua
Savona
Ravenna
Bologna
Imola
Pisa
Faenza
Florenz
Sesto Fiorentino
Urbino
Pesaro
Montelupo
Castel Durante
Siena
Torgiano
Orvieto
Gubbio
Deruta
Viterbo
Rom
Castelli
Neapel
Palermo
Caltagirone
Saloniki
Delphi
Korinth
Athen
Mykene
Sparta
Knossos
Iraklion
Kamareshöhle
Vasiliki
Myrotes
Museum
Ausbildung
Porzellan
Keramik

Viana do Castelo
Barcelos
Porto
Vista Alegre
Caldas da Rainha
Castelo de vide
Elvas
Lissabon
Faro
Talavera de la Reina
Puente de Arizobispo
Madrid
Barcelona
Alcora
Manises
Valencia
Alicante
Sevilla
Málaga
Museum
Ausbildung
Porzellan
Keramik

Grusino
Wolchow
Morje
St.Petersburg
Tallinn
Rubynsk
Borowitschi
Baranowka
Twer
Kortschew
Turyginowo
Milgravis
Riga
Moskau
Gzhel
Telsisi
Kaunas
Gdansk
Poznań
Warschau
Bunzlau (Bolesławiec)
Klásterec
Breslau
Prag
Proskau
Horni Slavkov
Brünn
Kiew
Gorodnitza
Bratislava
Retschina
Budapest
Herend
Cluj-Napoca
Zagreb
Pécs
Novi Sad
Belgrad
Museum
Ausbildung
Porzellan
Keramik

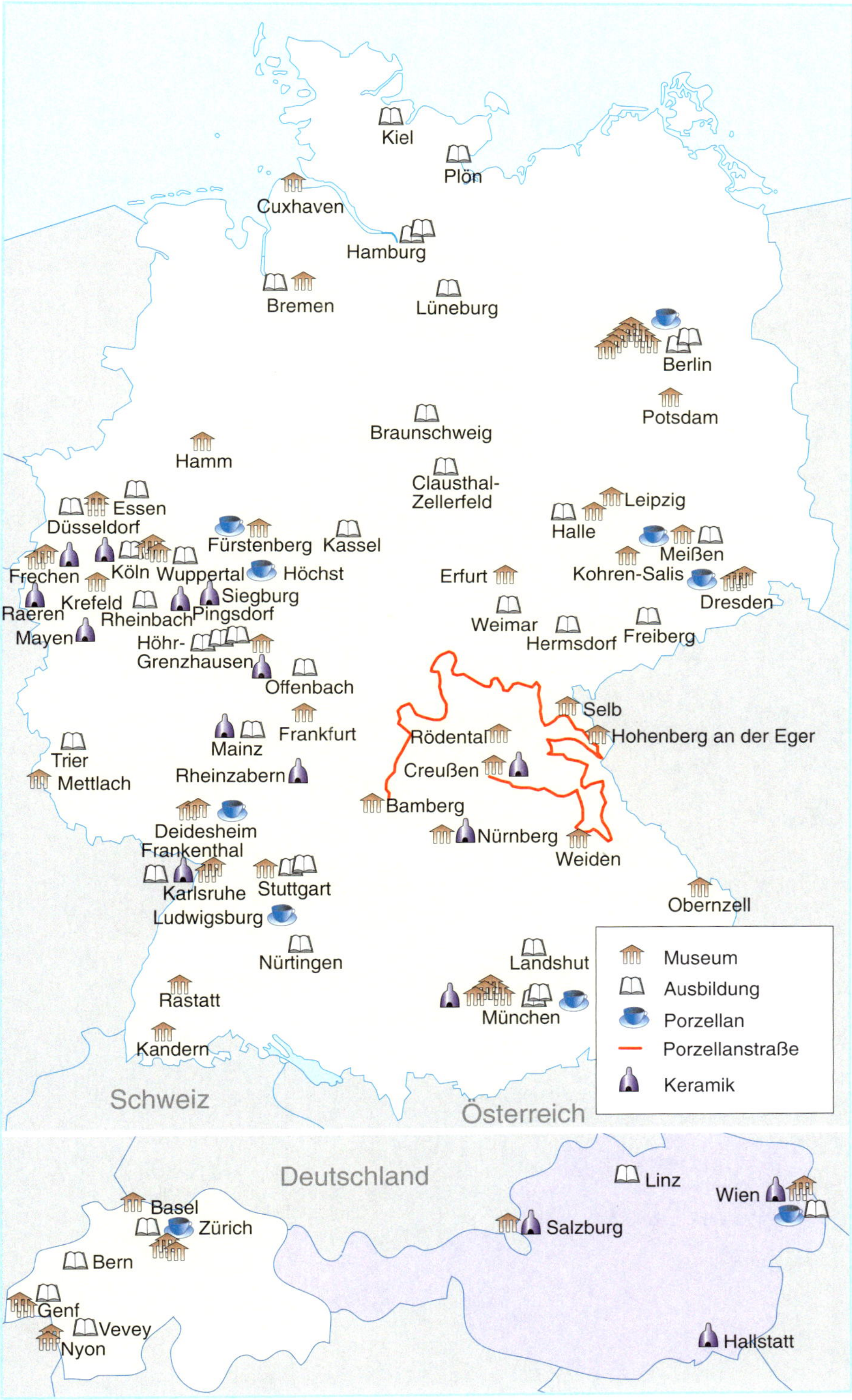
Kiel
Plön
Cuxhaven
Hamburg
Bremen
Lüneburg
Berlin
Potsdam
Braunschweig
Hamm
Clausthal-
Zellerfeld
Essen
Düsseldorf
Leipzig
Halle
Fürstenberg
Kassel
Meißen
Frechen
Köln
Wuppertal
Höchst
Erfurt
Kohren-Salis
Krefeld
Siegburg
Dresden
Raeren
Rheinbach
Pingsdorf
Weimar
Mayen
Höhr-
Grenzhausen
Hermsdorf
Freiberg
Offenbach
Selb
Frankfurt
Rödental
Hohenberg an der Eger
Trier
Mainz
Creußen
Mettlach
Rheinzabern
Bamberg
Deidesheim
Frankenthal
Nürnberg
Weiden
Karlsruhe
Stuttgart
Obernzell
Ludwigsburg
Nürtingen
Landshut
Rastatt
München
Kandern
Museum
Ausbildung
Porzellan
Porzellanstraße
Keramik
Schweiz
Österreich
Deutschland
Linz
Wien
Basel
Zürich
Salzburg
Bern
Genf
Vevey
Nyon
Hallstatt

Musselburgh
Edinburgh
Glasgow
Dumfries
Newcastle
Sunderland
Belfast
Belleek
Darlington
Leeds
Castleford
Dublin
Liverpool
Burslem
Stoke
Nottingham
Caughley
Derby
Norwich
Coalport
Lowestoft
Aberystwyth
Birmingham
Cork
Worcester
Bow
Nantgarw
Cardiff
London
Swansea
Bristol
Chelsea
Wrotham
Bath
Barnstaple
Rye
Fremington
Poole
Brighton
Bideford
Plymouth
Saint Ives
Tunstall
Newcastle-under-Lyme
Burslem
Stoke-on-Trent
Cobridge
Henley
Longton
Produktionszentren um Stoke
Museum
Ausbildung
Porzellan
Keramik

Satohoma
Kutani
Kamakura
Kasori
Kaga
Echizen
Yamato
Tokio
Atami
Susa
Hagi
Agano
Takatori
Karatsu
Arita
Deshima
Yatsushiro
Fukuihöhle
Kagoshima
Kusano
Satsuma
Mino
Seto
Torihama
Nagoya
Tokoname
Mazukari
Tamba
Kyoto
Shigaraki
Atsumi
Kobe
Iga
Bizen
Nara
Museum
Ausbildung
Porzellan
Keramik
Jomonkeramik
1596 – 1614 von Koreanern gebaute Porzellanbrennöfen

Bloomfield Hills
Harvard
Ann Arbor
Chicago
Roseville
Fort Wayne
East Liverpool
Boulder City
Kansas City
Washington
Oakland
San Francisco
San Jose
Pasadena
Colorado Springs
Los Angeles
Costa Mesa
New Orleans
Mexiko City
Nayarit
Jalisco
Colima
Comayagua
Monte Alban
Nicoya
Monsú
La Pitia
Caracas
Cerro Mangote
Puerto Hormiga
Monagrillo
Quito
Bogotá
Valdivia
Moche
Lima
Chavín de Huántar
Recuay
Paracas
Nazca
Tiahuanaco
Asunción
Portland
Bennington
Utica
Boston
Syracuse
Dedham
Buffalo
Hartford
Alfred
Norwalk
New York
Harris-burg
Jersey City
South Amboy
Trenton
Philadelphia
Baltimore
Museum
Ausbildung
Porzellan
Keramik

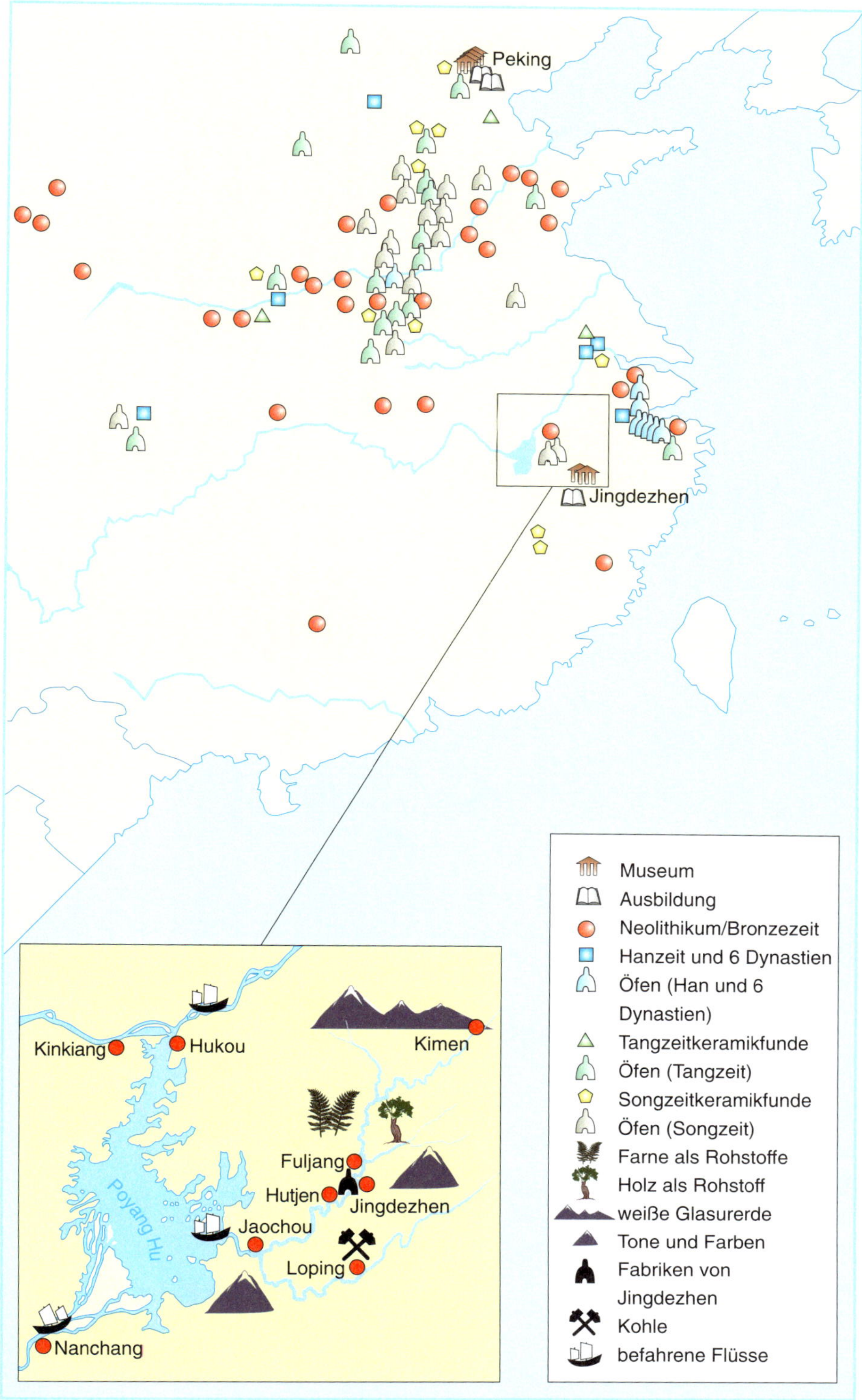
Peking
Jingdezhen
Kinkiang
Hukou
Kimen
Fuljang
Hutjen
Jingdezhen
Poyang Hu
Jaochou
Loping
Nanchang
Museum
Ausbildung
Neolithikum/Bronzezeit
Hanzeit und 6 Dynastien
Öfen (Han und 6 Dynastien)
Tangzeitkeramikfunde
Öfen (Tangzeit)
Songzeitkeramikfunde
Öfen (Songzeit)
Farne als Rohstoffe
Holz als Rohstoff
weiße Glasurerde
Tone und Farben
Fabriken von Jingdezhen
Kohle
befahrene Flüsse

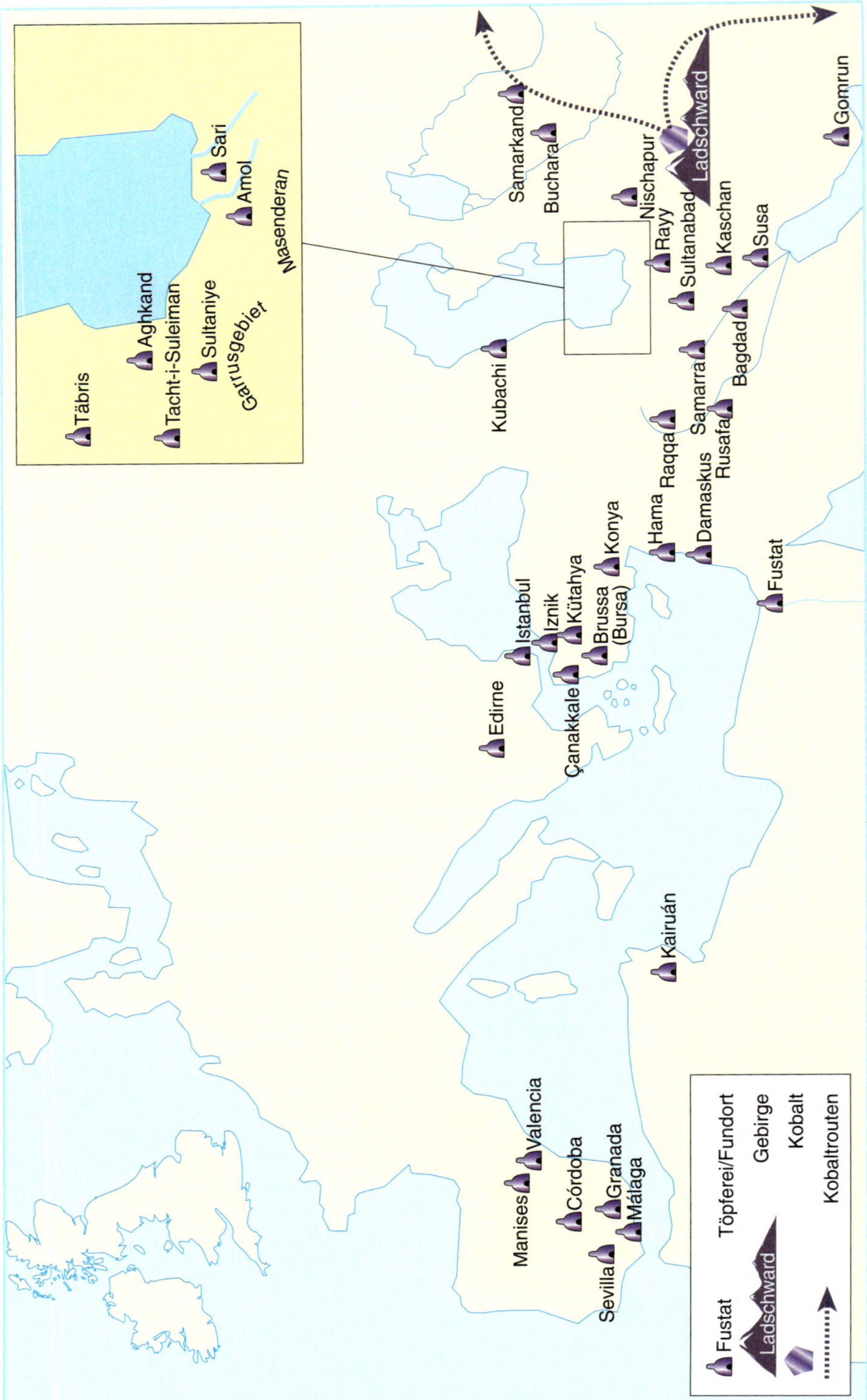
Täbris
Tacht-i-Suleiman
Aghkand
Sultaniye
Garrusgebiet
Masenderan
Amol
Sari
Kubachi
Samarkand
Buchara
Nischapur
Rayy
Sultanabad
Kaschan
Susa
Ladschward
Gomrun
Bagdad
Samarra
Rusafa
Raqqa
Damaskus
Hama
Konya
Fustat
Kütahya
Iznik
Istanbul
Brussa (Bursa)
Edirne
Çanakkale
Kairuán
Valencia
Manises
Córdoba
Granada
Málaga
Sevilla
Fustat Töpferei/Fundort
Ladschward Gebirge
Kobalt
Kobaltrouten

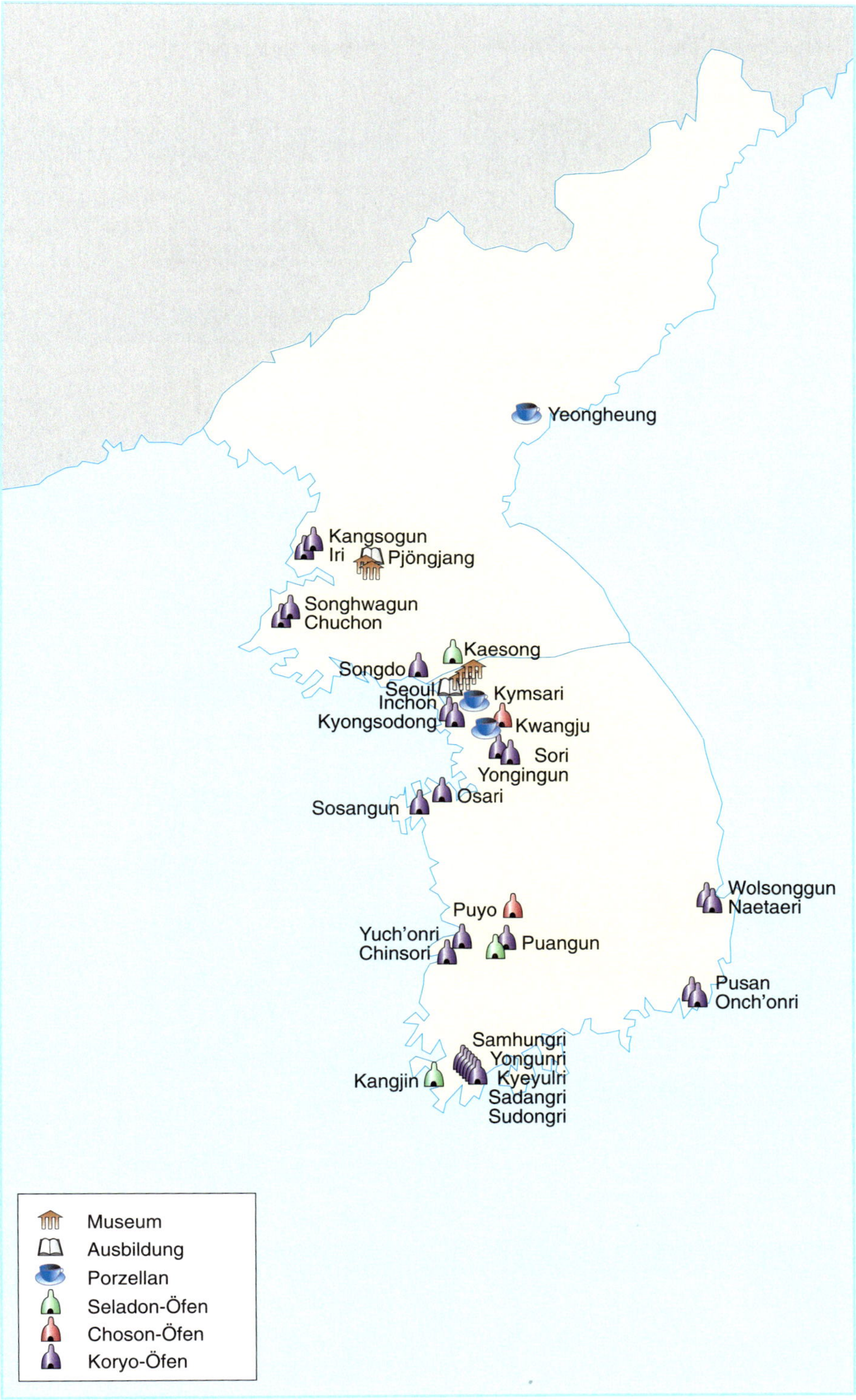
Yeongheung
Kangsogun
Iri
Pjöngjang
Songhwagun
Chuchon
Kaesong
Songdo
Seoul
Inchon
Kymsari
Kyongsodong
Kwangju
Sori
Yongingun
Osari
Sosangun
Wolsonggun
Naetaeri
Puyo
Yuch'onri
Chinsori
Puangun
Pusan
Onch'onri
Samhungri
Yongunri
Kyeyulri
Sadangri
Sudongri
Kangjin
Museum
Ausbildung
Porzellan
Seladon-Öfen
Choson-Öfen
Koryo-Öfen

# Museen

Die Übersicht stellt eine Auswahl von Museen mit Bezug zur Keramik dar; Öffnungszeiten und Adressen: Stand Mai 2003.

## Australien

### Melbourne: National Gallery of Victoria

| | |
|---|---|
| PO Box 7259<br>AU-Melbourne<br><br>Tel.: 0061 - 3 - 92 08 02 22<br>Fax: 0061 - 3 - 92 08 02 45<br>email: enquiries@ngv.vic.gov.au<br>website: www.ngv.vic.gov.au | Mo 10–17<br>Di 10–17<br>Mi 10–17<br>Do 10–17<br>Fr 10–17<br>Sa 10–17<br>So 10–17 |

## Belgien

### Brüssel: Königliches Museum für Kunst und Geschichte

| | |
|---|---|
| Parc du Cinquantenaire 10<br>B - 1000 Brüssel<br><br><br>Tel.: 0032 - 2 - 741 72 11<br>Fax: 0032 - 2 - 733 77 35<br>website: www.kmkg-mrah.be | Di 9.30 – 17<br>Mi 9.30 – 17<br>Do 9.30 – 17<br>Fr 9.30 – 17<br>Sa 10 – 17<br>So 10 – 17<br>geschlossen: 1.1., 1.5., 1.11., 25.12. |

### Raeren: Töpfereimuseum

| | |
|---|---|
| Burgstraße 103<br>B-4730 Raeren<br><br><br>Tel.: 0032 - 87 - 85 09 03<br>Fax: 0032 - 87 - 85 09 32<br>website: www.toepfereimuseum.org | Di 10–17<br>Mi 10–17<br>Do 10–17<br>Fr 10–17<br>Sa 10–17<br>So 10–17 |

## Deutschland

### Berlin: Kunstgewerbemuseum

| | |
|---|---|
| Matthäikirchplatz 7<br>10785 Berlin-Tiergarten<br><br><br>Tel.: 030 - 266 29 02<br>email: kgm@smb.spk-berlin.de<br>website: www.smpk.de | Di 10–18<br>Mi 10–18<br>Do 10–18<br>Fr 10–18<br>Sa 11–18<br>So 11–18 |

### Dresden: Porzellansammlung

| | |
|---|---|
| Zwinger, Glockenpavillion<br>c/o Staatliche Kunstsammlungen Dresden<br>Georg-Treu-Platz 2<br>01067 Dresden<br>Tel.: 0351 - 4 91 46 78<br>Fax: 0351 - 4 91 43 66<br>website: www.staatl-kunstsammlungen-dresden.de | Di 10–18<br>Mi 10–18<br>Do 10–18<br>Fr 10–18<br>Sa 10–18<br>So 10–18 |

### Düsseldorf: Hetjens-Museum Deutsches Keramikmuseum

| | |
|---|---|
| 40213 Düsseldorf<br>Schulstraße 4<br><br>Tel.: 0211 - 8 99 42 00<br>Fax: 0211 - 8 92 91 66<br>email: karin.sporkhorst@stadt.duesseldorf.de<br>website: www.duesseldorf.de | Di 11–17<br>Mi 11–21<br>Do 11–17<br>Fr 11–17<br>Sa 11–17<br>So 11–17 |

### Frechen: Keramion

| | |
|---|---|
| Bonnstraße 12<br>50226 Frechen<br><br><br>Tel.: 02234 - 2 28 91<br>Fax: 02234 - 2 41 99<br>website: www.stadt-frechen.de | Di 13–17<br>Mi 13–17<br>Do 13–17<br>Fr 13–17<br>Sa 10–17<br>So 10–18 |

### Fürstenberg: Museum der Porzellanmanufaktur

| | |
|---|---|
| Meinbrexener Straße 2<br>37699 Fürstenberg/Weser<br><br>Tel.: 05271 - 401 - 161<br>Fax: 05271 - 401 - 163<br>email: info@fuerstenberg-porzellan.com<br>website: www.fuerstenberg-porzellan.com | 11.1. – 1.4.: Sa – So 10 – 17<br>2.4. – 2.11.: Di – So 10 – 17<br>27.12. und 30.12.: 10 – 17<br>geschlossen: 22.12. – 9.1.<br>außer 27.12. und 30.12. |

### Halle: Staatliche Galerie Moritzburg

| | |
|---|---|
| Friedemann-Bach-Platz 5<br>06108 Halle<br><br><br>Tel.: 0345 - 21 25 90<br>Fax: 0345 - 2 02 99 90<br>email: poststelle@moritzburg.mk.lsa-net.de | Di 11 – 20.30<br>Mi 10 – 18<br>Do 10 – 18<br>Fr 10 – 18<br>Sa 10 – 18<br>So 10 – 18 |

### Hohenberg an der Eger: Deutsches Porzellanmuseum

| | |
|---|---|
| Freundschaft 2<br>95691 Hohenberg an der Eger<br><br>Tel.: 09233 - 77 22 - 0<br>Fax: 09233 - 77 22 - 30<br>email: dt.porzellanmuseum@t-online.de<br>website: www.dt-porzellanmuseum.de | Di 10–17<br>Mi 10–17<br>Do 10–17<br>Fr 10–17<br>Sa 10–17<br>So 10–17 |

### Höhr-Grenzhausen: Keramikmuseum Westerwald

| | |
|---|---|
| Lindenstraße<br>56203 Höhr-Grenzhausen<br><br>Tel.: 02624 - 94 60 10<br>Fax: 02624 - 94 60 120<br>email: info@keramikmuseum.de<br>website: www.keramikmuseum.de | Di 10–17<br>Mi 10–17<br>Do 10–17<br>Fr 10–17<br>Sa 11–17<br>So 11–17 |

### Leipzig: Grassi Museum für Kunsthandwerk

| | |
|---|---|
| Neumarkt 20<br>04109 Leipzig<br><br>Tel.: 0341 - 213 37 19<br>Fax: 0341 - 213 37 15<br>email: grassimuseum@leipzig.de<br>website: www.grassimesse.de | Di 10–18<br>Mi 10–20<br>Do 10–18<br>Fr 10–18<br>Sa 10–18<br>So 10–18 |

### München: Deutsches Museum

| | |
|---|---|
| Museumsinsel<br>80538 München<br><br>Tel.: 089 - 2 17 91<br>Fax: 089 - 2 17 93 24<br>email: information@deutsches-museum.de<br>website: www.deutsches-museum.de | Mo – So: 9 – 17<br><br>geschlossen:<br>1.1., 1.5., 1.11., 24.12.,<br>25.12., 31.12. |

## Frankreich

### Paris: Louvre

| | |
|---|---|
| Musée du Louvre<br>F-75058 Paris<br><br>Tel.: 0033 - 1 - 40 20 50 50<br>Fax: 0033 - 1 - 40 20 54 42<br>email: info@louvre.fr<br>website: www.louvre.fr | Mo 9.45–19<br>Mi 9.45–19<br>Do 9–19<br>Fr 9–19<br>Sa 9–19<br>So 9–19 |

**Paris: Musée des Arts Decoratifs**

107 rue de Rivoli
F-75001 Paris

Tel.: 0033 - 1 - 44 55 57 50
Fax: 0033 - 1 - 42 60 49 48
email: webmaster@ucad.fr
website: www.ucad.fr oder www.paris.org

Mi 12.30–18
Do 12.30–18
Fr 12.30–18
Sa 12.30–18
So 12–18
geschlossen: 1.1., 1.5., 25.12.

**Sèvres: Musée national de Céramique**

Place de la Manufacture
F - 92310 Sèvres

Tel.: 0033 - 1 - 41 14 04 20
Fax: 0033 - 1 - 45 34 67 88
email: fabien.escalona@rmn.fr
website: www.rmn.fr

Mo–So: 10–17
geschlossen: dienstags, 1.1., 1.5., 1.11., 25.12.

## Griechenland

**Athen: Archäologisches Nationalmuseum**

Patission 44 St.
GR-10682 Athen

Tel.: 0030 - 10 - 8 21 77 24
Fax: 0030 - 10 - 8 21 35 73
email: protocol@eam.culture.gr
website: www.culture.gr

geschlossen bis April 2004

## Großbritannien

**Cambridge: The Fitzwilliam Museum**

Trumpington Street
UK - Cambridge CB2 1RB

Tel.: 0044 - 1223 - 33 29 900
Fax: 0044 - 1223 - 33 20 33
email: fitzmuseum-enquiries@lists.cam.ac.uk
website: www.fitzmuseum.cam.ac.uk

Di–Sa 10–17
So 14.15–17
geschlossen: 23.12.–1.1.

**Edinburgh: Royal Museum of Scotland**

Chambers Street
UK - Edinburgh EH1 1JF

Tel.: 0044 - 131 - 247 42 19
Fax: 0044 - 131 - 220 48 19
email: info@nms.ac.uk
website: www.nms.ac.uk

Mo 10–17
Di 10–20
Mi–Sa 10–17
So 12–17
geschlossen: 25.12.

**Gladstone: Gladstone Pottery Museum**

Uttoxeter Road
Longton
UK - Stoke-on-Trent ST3 1PQ
Tel.: 0044 - 1782 - 31 92 32
Fax: 0044 - 1782 - 59 86 40
email: gladstone@stoke.gov.uk
website: www.stoke.gov.uk

Mo 10–17
Di 10–17
Mi 10–17
Do 10–17
Fr 10–17
Sa 10–17
So 10–17

**London: The British Museum**

Great Russel Street
UK - London WC1B 3DG

Tel.: 0044 - 020 - 7323 8000
email: information@thebritishmuseum.ac.uk
website: www.thebritishmuseum.ac.uk

Mo – Mi 9–18
Do 9–20.30
Fr 9–20.30
Sa 9–18
So 9–18
geschlossen: 1.1., Karfreitag, 24.–26.12.

**London: The Victoria and Albert Museum**

Cromwell Road
UK - London SW7 2RL

Tel.: 0044 - 171 - 870 442 0808
Fax: 0044 - 171 - 20 7942 2000
email: ceramicsandglass@vam.ac.uk
website: www.vam.ac.uk

Mo 10–17.45
Di 10–17.45
Mi 10–22
Do 10–17.45
Fr 10–17.45
Sa 10–17.45
So 10–17.45

**Oxford: The Ashmolean Museum of Art and Archaeology**

Beaumont Street
UK - Oxford OX1 2PH

Tel.: 0044 - 1865 - 27 80 00
Fax: 0044 - 1865 - 27 80 18
email: information@ashmol.ox.ac.uk
website: www.ashmol.ox.ac.uk

Di 10–20
Mi 10–17
Do 10–17
Fr 10–17
Sa 10–17
So 14–17

**Stoke-on-Trent: The Potteries Museum and Art Gallery**

Bethesda Street
Hanley
UK-Stoke-on-Trent ST1 3DW
Tel.: 0044 - 1782 - 23 23 23
Fax: 0044 - 1782 - 23 25 00
email: museums@stoke.gov.uk
website: www.stoke.gov.uk

1.3.–31.10.:
Mo–Sa: 10–17
So: 14–17

1.11.–28.2.:
Mo–Sa: 10–17
So: 13–16

## Italien

**Faenza: Museo Internazionale delle Ceramiche**

Via Campidori 2
I-48018 Faenza

Tel.: 0039 - 0 546 - 69 73 11
Fax: 0039 - 0 546 - 27 141
email: micfaenza@provincia.ra.it
website: www.micfaenza.org

1.11.–31.3.: Di–Fr 9–13.30
Sa, So 9–13 und 15–18
1.4.–31.10.:
Di–Sa 9–13 und 15–19
So 9.30–13 und 15–19
geschlossen: 1.1., 1.5., 15.8., 25.12.

**Montelupo: Museum der Archäologie und der Keramik**

via Bartolomeo Sinibaldi 43
I - 50056 Montelupo Fiorentino

Tel.: 0039 - 0 571 - 5 13 52
Fax: 0039 - 0 571 - 5 15 06
email: info@museomontelupo.it
website: www.museo-montelupo.it

Di – So 10–18
geschlossen: 1.1., 15.8., 25.12.

**Rom: Vatikanische Museen**

Viale Vaticano - 00165
V - 00120 Città del Vaticano

Tel.: 0039 - 06 - 69 88 49 47
Fax: 0039 - 06 - 69 88 50 61
website: www.christusrex.org

Winter:
Mo–Sa: 8.45–13.45

Sommer:
Di –Sa: 8.45–16.45

## Japan

**Arita: Arita Museum für Keramikkunst**

1356 Arita-machi
Nishimatsuura-gun
J - Saga 844 - 0004

Tel.: 0081 - 955 - 42 - 33 72
website: www.arita.or.jp

Di – So 9–16.30
geschlossen: 29.12.–3.1.

**Kyoto: Kyoto Nationalmuseum**

527 Chayamachi
Higashiyama-ku
J - Kyoto 605-0931
Tel.: 0081 - 75 - 5 41 11 51
Fax: 0081 - 75 - 5 31 02 63
email: welcome@kyohaku.go.jp
website: www.kyohaku.go.jp

Di 9.30–17
Mi 9.30–17
Do 9.30–17
Fr 9.30–17
Sa 9.30–17
So 9.30–17

**Kyushu: Kyushu Keramikmuseum**

3100 - 1 Chubu Otsu,
Arita-machi Nishimatsuura-gun
J - Saga 844 - 8585

Tel.: 0081 - 955 - 43 - 36 81
email: kyugo@pref.saga.jp
website: www.pref.saga.jp

Di – So 9–16.30
geschlossen: 28.12.–4.1.

### Osaka: The Museum of Oriental Ceramics

Postal code 530 - 0005
1-1-26 Nakanoshima, Kita-ku
J - Osaka City 530-0005

Tel.: 0081 - 6 - 6223 - 0055
email: toyotoji@moco.or.jp
website: www.moco.or.jp

Di 9.30–17
Mi 9.30–17
Do 9.30–17
Fr 9.30–17
Sa 9.30–17
So 9.30–17
geschlossen: 28.12.–4.1.

### Tokio: Nationalmuseum

12–9 Ueno Park
Taito-ku
J - Tokio 110–8712

Tel.: 0081 - 3 - 38 22 11 11
Fax: 0081 - 3 - 38 22 91 30
website: www.tnm.jp

Mo 9.30–17
Di 9.30–17
Mi 9.30–17
Do 9.30–17
Fr 9.30–17
Sa 9.30–17
So 9.30–17

## Kanada

### Toronto: Gardiner Museum of Ceramic Art

111 Queen's Park
CA - Toronto M5S 2C7

Tel.: 001 - 905 - 41 65 86 80 80
email: mail@gardinermuseum.on.ca
website: www.gardinermuseum.on.ca

Mo, Mi, Fr 10–18
Di 10–20
Do 10–17
Sa – So 10–17
geschlossen:
20.11., 25.12., 1.1.

## Marokko

### Safi: Nationales Keramikmuseum

Citadelle de la Kechla
MA - 46000 Safi

Tel.: 00212 - 4 - 46 38 95
Fax: 0032 - 02 - 733 77 35
email: poste@maroc.net/museums
website: www.maroc.net

Mo – So 9.30–17.30
geschlossen:
dienstags,
1.1., 1.5., 1.11., 25.12.

## Niederlande

### Leeuwarden: Nationaal Keramiekmuseum

Grote Kerkstraat 11
NL-8911 DZ Leeuwarden

Tel.: 0031 - 58 - 294 89 58
Fax: 0031 - 58 - 294 89 68
email: a.nippel@princessehof.nl
website: www.princessehof.nl

Mo 10–17
Di 10–17
Mi 10–17
Do 10–17
Fr 10–17
Sa 10–17
So 14–17

## Österreich

### Wien: Österreichisches Museum für angewandte Kunst

Stubenring 5
A-1010 Wien

Tel.: 0043 - 1 - 711 36 0
Fax: 0043 - 1 - 713 10 26
email: office@mak.at
website: www.mak.at

Di 10–24
Mi – So 10–18
geschlossen:
1.1., 25.12.

## Portugal

### Lissabon: Museu Nacional do Azulejo

Rua da Madre de Deus 4
P-1900 - 312 Lisboa

Tel.: 00351 - 21 - 814 77 47
Fax: 00351 - 21 - 814 95 34
email: mnazulejo@ipmuseus.pt
website: www.ipmuseus.pt

Di 14–18
Mi 10–18
Do 10–18
Fr 10–18
Sa 10–18
So 10–18

## Russland

### St. Petersburg: Eremitage

Dvorzovaja Nabereshnaja 1, 7 oder 10
RUS - 190 - 199 St. Petersburg

Tel.: 007 - 812 - 110 90 79
Fax: 007 - 812 - 312 15 50
email: interface@hermitage.ru
website: www.hermitagemuseum.org

Mi – Sa: 10–14
16–20
So: 10–14

## Schweiz

### Genf: Musée de l'Ariana

Avenue de la Paix 10
CH - 1202 Genf

Tel.: 0041 - 22 - 418 54 50
Fax: 0041 - 22 - 418 54 51
email: ariana@ville-ge.ch
website: www.mah.ville-ge.ch

Mo 10–17
Mi 10–17
Do 10–17
Fr 10–17
Sa 10–17
So 10–17

## Spanien

### Valencia: Museo Nacional de Cerámica

Poeta Querol, 2
E - 46002 Valencia

Tel.: 0034 - 96 - 351 63 92
Fax: 0034 - 96 - 351 35 12
email: Ceramica@museo.mec.es
website: www.mcu.es

Mi – Sa: 10–14
16–20
So: 10–14

## USA

### Boston: Museum of Fine Arts

465 Huntington Avenue
Boston, Massachusetts 02115 - 5523

Tel.: 001 - 617 - 267 93 00
email: webmaster@mfa.org
website: www.mfa.org

Mo 10 – 16.45
Di 10–16.45
Mi 10–21.45
Do 10–21.45
Fr 10–21.45
Sa 10–16.45
So 10–16.45

### New York: The American Craft Museum

40 W 53rd St.
USA - New York10019

Tel.: 001-212 - 956 35 35
Fax: 001-212 - 459 09 26
website: www.americancraftmuseum.org

Mo – Mi 10 –18
Do 8 –18
Fr – So 10–18
geschlossen:
1.1., 4.7.,
Thanksgiving,
Weihnachten

### New York: The Metropolitan Museum of Art

1000 Fifth Avenue at 82nd Street
USA - New York 10028 - 0198

Tel.: 001 - 212 - 535 - 77 10
website: www.metmuseum.org

Di – Do 9.30–17.30
Fr 9.30–21
Sa 10–21
So 10–17.30
geschlossen:
1.1., Thanksgiving, 25.12.

### New York: The Schein-Joseph International Museum of Ceramic Art

New York State College of Ceramics
USA - Alfred University New York 04802

Tel.: 001-607 - 8 71 24 21
Fax: 001-607 - 8 71 26 15
email: ceramicsmuseum@alfred.edu
website: www.ceramicsmuseum.alfred.edu

Di 10 – 17
Mi 10 – 17
Do 10 – 17
Fr 10 – 17
Sa 10 – 17
So 10 – 17

### Washington: Smithsonian Institution

PIMS Smithsonian Institution
SIC Room 153 MRC 001
PO Box 37012, Washington D. C. 200113-7012

Tel.: 001-202 - 27 00
email: info@si.edu
website: www.si.edu

Mo – So 10–17.30
geschlossen:
25.12.

# Ausbildungsstätten

Die Übersicht stellt eine Auswahl von Ausbildungsstätten zur Keramik, insbesondere der Hoch- und Fachschulen sowie speziell für die Töpferausbildung eingerichteter Schulen dar.

**Argentinien**
Buenos Aires: Escuela Nacional de Cerámica
La Plata: Universidad Nacional

**Australien**
Adelaide: University of South Australia
Ballarat: University of Ballarat
Canberra: Australian National University
Clayton: Monash University
Darlinghurst: Sydney Institute of Technology
Geelong: Deakin University
North Adelaide: Adelaide Institute of TAFE
Northbridge: Central TAFE
Paddington: University of New South Wales Paddington
Sydney: University of Sydney
Underdale: University of South Australia Underdale
Willoughby: Workshop Art Centre

**Belgien**
Brüssel:
1. Académie des Beaux-Arts
2. Ecole Nationale Supérieure d'Arts Visuels de la Cambre
Dendermonde: Koninklijke Akademie voor Kunsten
Etterbeek: Academie Constantin Meunier
Verviers: Académie des Beaux-Arts de Verviers

**Brasilien**
Criciúma: Universidade do Extremo Sul Catarinense
Florianópolis: Universidade do Estado de Santa Catarina
Passo Fundo: Universidade de Passo Fundo
Rio de Janeiro: Escola de Artes Visuais do Parque Lage
Salvador: Universidade Católica do Salvador

**China**
Peking: Central Academy of Arts and Crafts

**Dänemark**
Århus: Det Jyske Kunstakademie
Kopenhagen: Danmarks Designskolen
Kolding: Designskolen Kolding

**Deutschland**
Berlin:
1. Hochschule der Künste
2. Kunsthochschule Berlin
Braunschweig: Hochschule für Bildende Künste
Bremen: Hochschule für Gestaltende Kunst
Clausthal-Zellerfeld: Technische Universität Clausthal
Düsseldorf: Akademie für bildende Kunst Vulkaneifel
Gotha: Staatliche Fachschule Dr. Villmow
Halle: Burg Giebichenstein Hochschule für Kunst und Design
Hermsdorf: Staatliche Fachschule für Technik und Gestaltung
Höhr-Grenzhausen:
1. Fachhochschule
2. Staatliche Fachschulen für Keramikgestaltung und Keramiktechnik
3. Institut für künstlerische Keramik
Karlsruhe: Staatliche Hochschule für Gestaltung
Kassel: Kunsthochschule Kassel
Kiel: Fachhochschule Kiel
Köln: Fachhochschule Köln
Krefeld: Fachhochschule Niederrhein
Landshut: Staatliche Fachschule für Keramik
Lüneburg: Hochschule Lüneburg
Mainz: Universität Rheinland-Pfalz
München:
1. Akademie der Bildenden Künste
2. Akademie für Gestaltung im Handwerk
Münster: Fachhochschule
Nürnberg: Akademie der Bildenden Künste
Nürtingen: Freie Kunstschule
Offenbach: Hochschule für Gestaltung
Plön: Kunsthandwerkschule
Schneeberg: Hochschule für Technik, Wirtschaft und Angewandte Kunst
Selb: Berufsschulen für Porzellan und Keramiktechnik
Stuttgart:
1. Staatliche Akademie der Bildenden Künste
2. Keramik-Meisterschule für Handwerk und Industrie
Trier: Europäische Akademie für bildende Kunst
Weimar: Hochschule für Architektur und Bauwesen
Wuppertal: Gesamthochschule

**Estland**
Tallinn: Eesti Kunstiakadeemia

**Finnland**
Helsinki:
1. Universität für Kunst und Design
2. Taideteollinen Korkeakoulou

**Frankreich**
Angers: Ecole Nationale des Beaux-Arts et Arts Appliqués
Aubage: Ecole de Céramique de Provence
Bordeaux: Ecole Departementale d'Art, Applique de la Gironde
Cachan: Ecole Normale Supérieure de Cachan
Limoges: Ecole Nationale des Arts Décoratifs Limoges
Nancy: Ecole Nationale des Beaux-Arts et Arts Appliqués
Paris:
1. Ecole Nationale Supérieure des Arts Appliqués et Métiers des Arts
2. Ecole Nationale Supérieure des Arts Décoratifs
3. Ecole Supérieure des Arts Appliqués Duperré
4. Ecole Superieure des Arts Appliqués Bulle
Quimper: Ecole des Beaux-Arts
Sèvres: Manufacture Nationale de Sèvres
Strasbourg: Ecole Supérieure des Arts Décoratifs
Toulon: Ecole des Beaux-Arts
Vevey: Ecole d'Art Appliqué

**Großbritannien**
Bath: Bath College of Higher Education
Belfast:
1. Northern Ireland Stranmillis College
2. Ulster University of Art and Design
Birmingham: University of Central England
Brighton: University of Brighton
Bristol: University of Bristol
Bucks: Buckinghamshire College of Higher Education School of Art and Design
Carlisle: Cumbria College of Art and Design
Coventry: Coventry University
Dudley: Dudley College of Technology
Dundee: University of Dundee
Edinburgh:
1. Edinburgh College of Art
2. Heriot-Watt University
Falmouth: Falmouth College of the Arts
Farnham: Surrey Institute of Art and Design
Glasgow:
1. University of Glasgow
2. School of Art
Hatfield: University of Hertfordshire
Kent: Institute of Art and Design
Leicester: De Montfort University School of Art and Design
London:
1. Camberwell College of Art
2. Central Saint Martin's College of Art and Design
3. City and Guilds of London Art School
4. London Institute
5. Royal College of Art
6. University of Westminster
Loughborough: Loughborough University of Technology
Manchester: Manchester Metropolitan University
Middlesex: Brunel University
Plymouth:
1. Plymouth College of Art and Design
2. University of Plymouth
Stoke-on-Trent: Staffordshire University
Sunderland: University of Sunderland
Swansea: Swansea Institute
Wolverhampton: University of Wolverhampton
Worcester: University College

**Indien**
Ahmedabad: National Institute of Design
Benares: Hindu University

**Indonesien**
Bandung: Institut Teknologi Nasional Bandung

**Iran**
Teheran: Higher Education Center of Teheran

**Irland**
Cork: Crawford College of Art and Design
Dublin: National College of Art and Design
Limerick: Limerick RTC School of Art and Design

**Island**
Reykjavik:
1. Íslands Konst- och Hantverksskola
2. Listaháskóli Íslands

**Israel**
Jerusalem: Bezalel Academy of Art and Design

**Italien**
Castelli: Istituto Statale d'Arte
Deruta: Istituto Statale d'Arte
Faenza:
1. Istituto Statale d'Arte per la Ceramica
2. Istituto Superiore Industrie Artistiche I.S.I.A.
Florenz:
1. Istituto per l'Arte e il Restauro
2. Studio Art Centers International
Grottaglie: Istituto Statale d'Arte Grottaglie
Rom:
1. Scuola Communale d' Arte
2. Scuola Communale ›Nicola Zabaglia‹
Sassari: Istituto Statale d'Arte
Urbino: Collegio Barberini

**Jamaika**
Kingston: Edna Manley School for the Visual Arts

**Japan**
Kyoto: Kyoto Shiritsu Geijutsu Daigaku
Okayama: Kurashiki Geijutsu Kagaku Daigaku
Tokyo: Musashino Bijutsu Daigaku
Yamagata: Tohoku Geijutsu Koka Daigaku

**Kanada**
Antigonish: Saint Francis Xavier University Antigonish
Banff: Banff Centre for the Arts
Calgary: Alberta College of Art and Design
Fredericton: New Brunswick College of Craft and Design
Halifax: Nova Scotia College of Art and Design
Hamilton: Mohawk College of Applied Arts
Montréal:
1. Cégep du Vieux Montréal
2. Concordia University Québec
Oakville: Sheridan College
Red Deer: Red Deer College
Regina: University of Regina
Saskatoon: University of Saskatchewan
Toronto: Ontario College of Art and Design
Trois-Rivieres: Université du Québec à Trois-Rivieres
Vancouver:
1. Emily Carr Institute of Art and Design
2. Community College
Winnipeg: University of Manitoba

**Litauen**
Telsisi: Higher Applied Art School
Vilnius: Vilniaus Dailäs Akademija

**Malaysia**
Kota Samarahan: Universiti Malaysia Sarawak

**Marokko**
Tetouan:
1. Ecole des Metiers d'Arts
2. Institut National des Beaux-Arts

**Mexico**
Morelia: Escuela de Diseño y Artesanías Morelia
Xalapa: Universidad Veracruzana Xalapa

**Neuseeland**
Christchurch: Christchurch Polytechnic Institute of Technology
Wellington: Whitireia Community Polytechnic
Whanganui: Polytechnic

**Niederlande**
Amsterdam:
1. Gerrit Rietveld Academie

2. Rijksakademie voor beeldende Kunsten
Arnhem: Hogeschool voor de Kunsten Arnhem
Breda: Akademie voor beeldende Kunsten St. Joost
Den Bosch: Koninklijke Akademie voor Kunsten Vormgiving
Den Haag: Koninklijke Akademie voor beeldende Kunsten
Groningen: Minerva Akademie voor Beeldende Kunsten

**Norwegen**
Bergen: Kunsthøgskolen i Bergen
Oslo: Statens Håndverks- og Kunstindustrihøgskole

**Österreich**
Klagenfurt: Pädagogische Akademie
Leoben: Universität Leoben
Linz:
1. Pädagogische Akademie der Diozöse
2. Hochschule für künstlerische und industrielle Gestaltung
Stoob/Burgenland: Landesfachschule für Keramik und Ofenbau
Wien: Universität für Angewandte Künste Wien

**Pakistan**
Karachi: V. M. Ghani Rangoonwala Community Centre
Lahore: National College of Art

**Peru**
Cuzco: Escuela Superior Autonoma de Bellas Artes

**Polen**
Gdansk: Hochschule für Kunst und Design
Wroclaw: Hochschule für Kunst und Design

**Portugal**
Aveiro: Universidade de Aveiro
Lissabon: Escola Superior de Artes Decorativas

**Puerto Rico**
Mayaguez: Universidad de Puerto Rico

**Rumänien**
Cluj-Napoca: Academia de Arte Vizuale din Cluj-Napoca

**Russland**
Novgorod: State University
St. Petersburg: State University

**Schweden**
Göteborg: Göteburgs Universitet
Stockholm:
1. Beckmans School of Design
2. Konstfack University

**Schweiz**
Bern: Schule für Gestaltung
Genf: Ecole Supérieure des Beaux-Arts Genéve
Sion: Ecole Supérieure de Vitrail et de Creation
Vevey: Haute Ecole d'Arts Appliqués de Vevey
Zürich:
1. Höhere Schule für Gestaltung
2. International Academy of Ceramics

**Slowakei**
Bratislava: Vysoká Skola Vytvarnych Umení

**Spanien**
Barcelona:
1. Escola de Artes Aplicadas
2. Llotja Escola de Artes

**Südafrika**
Bloemfontein: Technikon Free State
Johannesburg: Technikon of the Witwatersrand
Port Elizabeth: Port Elizabeth Technikon
Pretoria: Technikon Pretoria
Vanderbijlpark: Vaal Triangle Technikon

**Südkorea**
Chollabuk-do: Won Kwang University
Chonan City: Sangmyung University
Kangnung: Kangnung National University
Kyungsan: Kunsan National University
Puchon: Bucheon College
Seoul:
1. Dankook University
2. Hong Ik University
3. Kookmin University
4. Kunkook University
5. Kyung Hee University
6. Seoul Women University
7. Sookmyung Women University

**Tschechien**
Prag: Vysoká Skola Umelecko Preumyslova Praha
Ústí nad Labem: Univerzita Jana Evangelisty Purkynê

**Türkei**
Ankara: Bilkent Universitesi

**Ungarn**
Budapest: Magyar Iparmüvészeti Egyetem

**USA**
Alfred: Alfred University
Amherst: University of Massachusetts Amherst
Anchorage: University of Alaska
Ann Arbor: University of Michigan Ann Arbor
Arvada: Arvada Center for Arts and Humanities
Athens: University of Georgia
Atlanta:
1. Emory University
2. Georgia State University
Augusta: University of Maine Augusta
Baltimore: Maryland Institute College of Art
Baton Rouge: Louisiana State University
Bloomfield Hills: Cranbrook Academy of Art
Boca Raton:
1. Florida Atlantic University
2. Lynn University
Boise: Boise State University
Boston:
1. Boston University
2. Massachusetts College of Art
3. School of the Boston Museum of Fine Arts
Boulder: University of Colorado Boulder
Bowling Green: Western Kentucky University
Brookfield: Brookfield Craft Center
California: California University of Pennsylvania
Campbellsville, Kentucky Campbellsville University
Chicago:
1. Chicago State University
2. Loyola University
3. Saint Xavier University
4. School of the Art Institute
6. Truman College
Cincinnati:
1. Art Academy of Cincinnati
2. University of Cincinnati
3. Xavier University
Clayton: Thousand Islands Craft School
Cleveland:
1. Case Western Reserve University
2. Cleveland Institute of Art
3. Cleveland State University
Columbia: University of South Carolina
Costa Mesa: State University
Deer Isle: Haystack Mountain School of Crafts
Denver: University of Denver
Detroit:
1. Center for Creative Studies
2. Wayne State University
Dover: Delaware State University
East Liverpool: College of Art
Ellensburg: Central Washington University
Fairbanks: University of Alaska
Flagstaff: Northern Arizona University
Fort Collins: Colorado State University
Fort Kent: University of Maine
Fort Wayne: Indiana-Purdue University
Frostburg: Frostburg State University
Gatlinburg: Arrowmont School of Arts and Crafts
Grambling: Grambling State University
Greeley: University of Northern Colorado
Hancock: Suomi International College of Art
Harvard: Harvard University
Highland Heights: Northern Kentucky University
Honolulu: University of Hawaii
Kansas City: Kansas City Art Institute
Lafayette: University of Southwestern Louisiana
Lake Charles: McNeese State University
Lawrence: University of Kansas
Lexington: University of Kentucky
Little Rock: University of Arkansas Little-Rock
Los Angeles:
1. California State University
2. Loyola Marymount University
3. Otis College of Art and Design
4. University of Southern California
Louisville:
1. Spalding University
2. University of Louisville
Lowell: University of Massachusetts
Manhattan: Kansas State University
Mendocino: Mendocino Art Center
Monroe: Northeast Louisiana University
Morehead: Morehead State University
Murray: Murray State University
Natchitoches: Northwest State University
Newark:
1. Catholic University of America
2. Corcoran Gallery School of Art
3. George Washington University
4. Howard University
5. University of Delaware Washington
New Britain: Central Connecticut State University
New Haven: Southern Connecticut State University
New Orleans:
1. Southern University
2. Tulane University
3. Xavier University
New York:
1. Baruch College
2. City University of New York
3. Columbia University
4. Parsons School of Design
5. State College of Ceramics
Oakland:
1. California College of Arts and Crafts
2. Holy Names College
3. Laney College
4. Mills College
Owensboro: Brescia University
Pearl City: Hawaii University of Hawaii West Oahu
Penland: Penland School of Crafts
Philadelphia:
1. Temple University
2. University of the Arts
Phoenix: Grand Canyon University
Pocatello: Idaho State University
Portland (Maine):
1. Maine College of Art
2. University of Southern Maine
Portland (Oregon):
1. Lewis and Clark College
2. Oregon College of Arts and Crafts
3. Pacific Northwest College of Art
4. University of Portland
Providence:
1. Brown University
2. Rhode Island School of Design
Pueblo: University of Southern Colorado
Pullman: Washington State University
Richmond: Eastern Kentucky University
Rochester:
1. More Fire Studio
2. Rochester Institute of Technology
Saint Louis:
1. Maryville University
2. Washington University
3. Webster University
Saint Paul:
1. Hamline University
2. University of Minnesota Saint Paul
Salisbury: Salisbury State University
San Antonio:
1. Southwest Craft Center
2. Trinity University
3. University of Texas San Antonio
San Francisco:
1. San Francisco Art Institute
2. San Francisco State University
San Jose: San Jose State University
Santa Clarita: California Institute of the Arts
Seattle:
1. Pratt Fine Arts Center
2. University of Washington
Storrs: University of Connecticut
Syracuse: Syracuse University
Thibadaux: Nicholls State University
Towson: Towson State University
Tucson:
1. Tucson Museum School of Art
2. University of Arizona
Tujunga: McGroarty Cultural Center
West Hartford: University of Hartford
Wichita:
1. Wichita Center for the Arts
2. Wichita State University
Williamantic: Eastern Connecticut State University
Worcester: Worcester Center for Crafts

**Vietnam**
Hanoi: Trûong Cao My Thuât Công Nghiêp

**Yemen**
Sana'a: University of Science and Technology

# Keramikgesellschaften

**Australien**
Australasian Ceramic Society
Crafts Council of Victoria
Potters' Society of Australia

**Belgien**
Cérame-Unie
European Ceramic Society

**Brasilien**
Associacao Brasileira de Ceramica

**China**
Ceramics Society of China

**Dänemark**
Danish Crafts

**Deutschland**
Bundesverband der Deutschen Ziegelindustrie
Bundesverband Keramische Rohstoffe
Deutschen Keramische Gesellschaft
European Clay Producers' Federation
Fachverband Steinzeug-industrie
Fraunhoferinstitut für Silicatforschung
Industrieverband Keramische Fliesen + Platten
Verband der Deutschen Feuer-fest-Industrie
Verband der Keramischen Industrie

**Finnland**
Finnish Association of Construction Product Industries

**Frankreich**
Federation des Fabricants de Tuiles et de Briques de France Société de Encouragement aux Metiers d'Art
Syndicat des Industriels des Cèramiques Techniques
Syndicat National de La Porcelaine Francaise
Syndicat National des Producteurs de Matieres Premieres pour la Ceramique

**Griechenland**
World Crafts Council

**Großbritannien**
Brick Development Association
British Ball Clay Producers' Federation
British Ceramic Confederation
British Ceramic Society
British Industrial Ceramic Manufacturers Association
China, Glass & Giftware Retailers' Association
Clay Pipe Development Association
Clay Roofing Tile Council
Craft Potters Association
Tiles & Architectural Ceramics Society

**Indien**
Indian Ceramic Society

**Irland**
Crafts Council of Ireland

**Italien**
Associazione Nazionale degli Industriali dei Laterizi
Centro Ceramico
Federceramica Settore Domestico e Ornamentale

**Japan**
Ceramic society of Japan

**Kanada**
Artisans Guild of Hamilton
Burlington Potters Guild
Canadian Ceramic Society
Hamilton & Region Arts Council
Ontario Clay & Glass Association
Ontario Crafts Council
Potters Guild of Hamilton

**Litauen**
Juodosios Keramikos Centras

**Niederlande**
Algemene Vereniging Voor de Nederlandse Aardewerk-Industrie
Centre Céramique
Dutch Potter's Association

**Österreich**
Fachverband der Stein- und Keramischen Industrie
Österreichische Sanitär-Keramik und Porzellan-Industrie
Verband Österreichischer Ziegelwerke

**Portugal**
Associaçao Portuguesa da industria de Cerâmica

**Spanien**
Asociación Española de Fabricantes de Azulejos, Pavimentos y Baldosas Cerámicos
Instituto de Ceramica

**Schweden**
Foereningen Svensk Form
Swedish Ceramic Society

**Schweiz**
Association des Cèramistes Suisses
European Tiles & Bricks Producers' Federation
Verband Schweizerische Ziegel-industrie

**Türkei**
Ceramic & Refractory Manufacturers' Association

**USA**
American Art Pottery Association
American Ceramic Society
American Craft Council
Association of Clay & Glass Artists
Association of Crafts & Creative Industries
Ceramic Manufacturers Association
Ceramic Tile Distributors Association
International Ceramic Association
Minnesota Crafts Council
National Academy of Design
National Council on Education for the Ceramic Arts
Oregon Potters Association
United States Advanced Ceramics Association

# Internetadressen

(Auswahl; Stand: März 2003)

**www.acers.org**: Website der amerikanischen Keramikgesellschaft ACS (in englischer Sprache)
**www.ag-keramik.de**: eine Arbeitsgemeinschaft für die Keramik in der Zahnheilkunde
**www.aic-iac.org**: Website der internationalen Keramikakademie mit Sitz in Genf (französischer und englischer Text)
**www.bcrc.be**: Website des belgischen Keramikforschungszentrums (in französischer und englischer Sprache)
**www.bellceramics.com**: Website der Firma Bellceramics mit Katalogen usw.
**www.ceramicadirect.com**: Website eines Versandhauses für italienische Majolika
**www.ceramiche.it**: Website für Bau- und Ofenkeramik aus Italien
**www.ceramic-information.net**: Website des Bildungs- und Forschungszentrums Keramik in Höhr-Grenzhausen
**www.ceramic.or.jp**: Website der Keramikgesellschaft in Japan (in japanischer und englischer Sprache)
**www.ceramics.com**: Website für Lieferanten der Industrie (vorwiegend Bauindustrie; in englischer Sprache)
**www.ceramics.de**: Keramikportal der Zeitschrift »Neue Keramik« mit Adresslisten zu Museen, Künstlern, Märkten, Kursen, Wettbewerben und Ausbildungsstätten
**www.ceramicsmonthly.org**: Website des führenden Keramikmagazins ›Ceramics Monthly‹ (in englischer Sprache)
**www.ceramik-link.de**: internationale Website mit einer Linksammlung zu historischer und zeitgenössischer Keramik (Künstler, Museen, Lieferanten, Organisationen)
**www.ceramique.com**: Website mit Listen von Museen, Künstlern und Keramikgesellschaften (in französischer und englischer Sprache)
**www.ceramique.fr**: Website der französischen Keramikgesellschaft (in französischer und englischer Sprache)
**www.creation-ceramique.com**: Website spezieller Keramikkünstler (in französischer und englischer Sprache)
**www.criticalceramics.org**: Website auf gemeinnütziger Basis für Keramik (in englischer Sprache, Hauptnutzer aus den USA)
**www.dkg.de**: Website der Deutschen Keramischen Gesellschaft e. V.
**www.fgk-keramik.de**: Website des Forschungsinstituts für anorganische Werkstoffe Glas/Keramik GmbH
**www.hanusch-ecker.de**: Website einer auf Keramikliteratur spezialisierten Buchhandlung
**www.italian-ceramics.com**: Website der Keramikstadt Faenza (in italienischer und englischer Sprache)
**www.kalkspatz.ceramic.de**: Website des gemeinnützigen Vereins zur Förderung von Kultur, Bildung und Sozialem in der Arbeit mit Ton (in deutscher und englischer Sprache)
**www.keramik.de**: Website mit kostenpflichtigen Adresseintragungen zur Keramik
**www.keramik-forum.de**: Website für den Erfahrungsaustausch in allen Bereichen der handwerklichen, künstlerischen und technischen Keramik
**www.keram.se**: Website des schwedischen Keramikinstituts (in schwedischer und englischer Sprache)
**www.keramverband.de**: Website des Informationszentrums Technische Keramik (in deutscher und englischer Sprache)
**www.kyocera.de**: Website der Firma Kyoto Ceramics (in deutscher, englischer und französischer Sprache)
**www.neue-keramik.de**: Website des Verlages ›Neue Keramik‹

# Bibliografie

## Zeitschriften

**Argentinien**
Ceramica y Cristal

**Australien**
Ceramics, Art & Perception
Ceramics Technical
Journal of the Australasian Ceramic Society
Pottery in Australia
Technical Craftwest

**Belgien**
Journal of the European Ceramic Society

**Brasilien**
Ceramica

**Dänemark**
Dansk Kunsthåndvärk
Design from Scandinavia

**Deutschland**
Berichte der Deutschen Keramischen Gesellschaft
Ceramic Suppliers International
Interceram
Keramik Magazin
Keramische Zeitschrift
Keramos
Neue Keramik
Technische Keramische Werkstoffe

**Finnland**
Form Function Finland
Muoto

**Frankreich**
Cahiers de la céramique
Céramagazine
Céramique Moderne, La
Courrier des Metiers d'Art de l'Europe des Céramistes, l'Industrie Céramique et Verriè
Revue de la Céramique et du Verre
Revue de la sociéte des amis du Musé national de Céramique
Terre de Relations

**Griechenland**
Kerameiki Techni

**Großbritannien**
Ceramic Review
Ceramic Technology
International Ceramics
International Crafts
Journal of the Tiles & Architectural Ceramics Society
Potter Scene
Studio Pottery

**Italien**
Ceramica
Ceramica Acta
Ceramica Informazione
Ceramica Moderna ed Antica
Ceramica per l'Architettura
Ceramica per l'Edilizia
Keramiko
Tile Italia

**Japan**
Ceramics Japan
Nippon Seramikkusu Kyokai Gakujutsu Ronbunshi

**Kanada**
Canadian Ceramics Quarterly
Ceramic Hobbyist
Ontario Craft

**Niederlande**
Advanced Ceramic Materials
Applied Clay Sciences
Ceramics International
Glas & Keramiek
Keramiek
Klei
Newsletter of the Department of Pottery Technology

**Schweden**
Form Designtidkriften

**Schweiz**
Bulletin de l'Association des Cèramistes Suisses
Keramikfreunde der Schweiz

**Spanien**
Ceramica
Tecnica Ceramica

**Südafrika**
National Ceramics Quarterly

**USA**
American Ceramics
American Craft
Ceramic Arts & Crafts
Ceramic Bulletin
Ceramic Industry
Ceramics
Ceramics Monthly
Clay Times
Journal of the American Art Pottery Association
Journal of the American Ceramic Society
Popular Ceramics
Pottery Making Illustrated
Studio Potter, The
Tile & Decorative Surfaces

## Bücher


**Übersichtswerke**
**Anderson**, A.: Interpreting pottery, London 1984.
**Birks**, T.: The complete potter's companion, London 1996.
**Charleston**, R. J. (Hrsg.): World Ceramics, London 1968.
**Christie's**: Auktionskataloge zu Keramik und Porzellan, erscheinen jährlich in London.
**Cooper**, E.: Ten thousand years of pottery, Philadelphia 2000.
**Donaldson**, C.: Collecting china, Glasgow 1997.
**Freestone**, I. und D. Gaimster (Hrsg.): Pottery in the making, London 1997.
**Hamer**, F. und J.: Lexikon der Keramik und der Töpferei, Augsburg 1990.
**Heuschkel**, H. und K. Muche: ABC Keramik, Leipzig 1975.
**Hinz**, W.: Silicat-Lexikon, Berlin 1985.
**Kyushu Ceramic Museum** (Hrsg.): Ceramics and civilization, Kyushu 1996.
**Lith**, J.-P. van: Céramique - dictionnaire encyclopédique, Paris 2000.
**Litzow**, K.: Keramische Technik, München 1984.
**Manners**, E. und H. Morley-Fletcher: Ceramics source book, London 1997.
**Melegati**, L.: Ceramica, Mailand 1996.
**Richerson**, D. W.: The magic of ceramics, Westerville 2000.
**Savage**, G. und J. Cushion: An illustrated dictionary of ceramics, London 31992.
**Schmid** (Hrsg. und Verl.): Handbuch der Keramik, Loseblattsammlung, Freiburg ab 1966.
**Sotheby's**: Auktionskataloge zu Keramik und Porzellan, erscheinen jährlich in London und New York.
**Tardy**, I.: Poteries, grès, faïences. Dictionnaire, Paris 1985 – 1990.
**Weiss**, G.: Keramik Lexikon, Berlin 1984.
**Weiss**, G.: Alte Keramik neu entdeckt, Berlin 1979.

**S. 10f.**: Begriff und Einteilung der Keramik
**Bauer**, I. et alii: Leitfaden zur Keramikbeschreibung, Kallmünz 1986.
**Just**, F.: Zur Benennung und Beschreibung vorgeschichtlicher Tongefäße, Schwerin 1966.

**S. 12f.**: Einordnung der Keramik in die Wirtschaft und ihre Geschichte
**Löbbe**, K. et alii: Entwicklung und Aussichten der feinkeramischen Industrie in Deutschland, Essen 2000.
**Mämpel**, U.: Keramik - von der Handform zum Industrieguss, Reinbek 1985.

**S. 14f.**: Ton und Tonentstehung
**Cardew**, M.: Der Pioniertöpfer, Bonn 1980.
**Haubold**, H. und R. Dauber: Fossilien, Minerale und geologische Begriffe, Leipzig 1988.
**Radczewski**, O.-E.: Die Rohstoffe der Keramik, Berlin 1968.

**S. 16f.**: Tonvorkommen und -gewinnung
Bodenatlanten der geologischen Landesämter der BRD
**Hamer**, F. und J.: Clays, Pitman 1977.
**Petraschek**, W. E.: Lagerstättenlehre, Berlin 21961.
**Petzold**, A. und J. Ulrich: Tonerde und Tonerdewerkstoffe, Leipzig 1983.

**S. 18f.**: Ton als Rohstoff
**DIN 51063**: Prüfung der Segerkegel mit Standardsegerkegeln
**Rada**, P.: Die Technik der Keramik, Handbuch der Arbeitsvorgänge der Keramik, Hanau 1989.

**S. 20–23** Formgebungstechniken im Handwerk; Arbeitsschritte beim Töpfern
**Colbeck**, J.: Pottery - the technique of throwing, New York 1969.
**Gebauer**, W.: Kunsthandwerkliche Keramik, Leipzig 1980.
**Weiss**, G.: Freude an Keramik, Berlin 1972.

**S. 24f.**: Entwicklung der Töpferscheibe
**Kerkhoff-Hader**, B.: Rheinische Töpferscheiben und Töpferräder im überregionalen Vergleich, in: Töpferei- und Keramikforschung, Bd. 3, Bonn 1996.
**Lüdtke**, H. und R. Vossen (Hrsg.): Töpferei- und Keramikforschung, Bonn (mehrere Bände).
**Rieth**, A.: 5000 Jahre Töpferscheibe, Konstanz 1960.
**Scarre**, C. (Hrsg.): Past Worlds, London 1988.

**S. 26f.**: Industrielle Formgebungstechniken
**Goetzel**, C. G. und L. K.: Wörterbuch der industriellen Werkstofftechnik, München 1996.
**Hornbogen**, E.: Werkstoffe, Berlin 1994.
**Searle**, A. B.: An Encyclopaedia of the Ceramic Industries, Sheffield 1929.
**Zentrum für Europäische Wirtschaftsforschung**: Innovationsreport Glas- und Keramikverarbeitung, Mannheim 1999.

**S. 28f.**: Trocknung
**Ford**, R. W.: Ceramics Drying, Oxford 1986.

**S. 30f.**: Einteilung der Dekore
**Storr-Britz**, H.: Ornament und Oberfläche in der Keramik, Dortmund 1977.

**S. 31f.**: Rauchbrandfarben und Engoben
**Noll**, W.: Alte Keramiken und ihre Pigmente, Stuttgart 1991.
**Vogt**, K.: Untersuchungen zur Modifizierbarkeit von Schichtsystemen mit organischen Farbstoffen

**S. 34–39**: Glasuren; Porzellanfarben
**Constant**, C. und S. Ogden: The potters palette, London 1996.
**Lehnhäuser**, W. und K.: Glasuren und ihre Farben, Düsseldorf 2000.
**Mämpel**, U.: Die Bleiglasur in der Keramik, Bremen 1993.
**Matthes**, W.: Keramische Glasuren, Köln 1985.
**Stefanov**, S. und S. Batscharow: Keramik-Glasuren, Wiesbaden/Berlin 1988.
**Weiss**, G.: Die historische Entwicklung der Glasurrezepte, in: Berliner Beiträge zur Archäometrie, Bd. 5, 1980.

**S. 40f.**: Kaltbemalung
**Noll**, W.: Kaltbemalung antiker Gefäßkeramik, in: Naturwissenschaft 63, 1976.

**S. 42f.**: Mechanische Dekortechniken
**Blanpain**, E.: Keramikwerkzeuge, München 1959.
**Christy**, G. und S. Pearch: Keramik, Gütersloh 1991.

**Colbeck**, J.: Dekorationstechniken beim Töpfern, Augsburg 1990.
**Morley-Fletcher**, H.: Dekortechniken in der Keramik, München 1984.

**S. 44–47**: Brand
**Köpke**, W.: Töpferöfen, Bonn 1985.
**Olsen**, F.: The kiln book, Radnor 1983.
**Pfannkuche**, B.: DuMont's Handbuch der Keramikbrennöfen, Köln 1986.

**S. 48–53**: Gefäße und Objekte
**Dintses**, L. A.: Russisches Tonspielzeug, Moskau 1936.
**Gardin**, J.-C.: Code pour l'analyse des formes de poteries, Paris 1976.
**Nixdorf**, H.: Tönender Ton, Berlin 1974.
**Ris-Paquot**, O. E.: La Céramique musicale et instrumentale, Paris 1889.
**Semper**, G.: Keramik, Tektonik, Stereotomie, Metallotechnik, München 1863.
**White**, G.: Antique Toys and their background, London 1971.

**S. 54–65**: Baukeramik
**Franz**, R.: Der Kachelofen, Graz 1981.
**Joliet**, W.: Die Geschichte der Fliese, Köln 1996.
**Lemmen**, H. v.: Fliesen in Kunst und Architektur, Stuttgart 1994.
**Nagel**, H.: Kachelöfen des 15.–17. Jh., Darmstadt 1959.
**Pica**, A.: Keramikfliesen, Tübingen 1970.
**Riley**, N.: Tile Art, London 1987.
**Strauss**, K.: Die Kachelkunst des 15. und 16. Jh., Straßburg 1966.

**S. 66–75**: Keramik in der Technik
**Informationszentrum Technische Keramik** (Hrsg.): Brevier Technische Keramik, Selb 1998.

**S. 76–87**: Bestimmen und Datieren
**Aitken**, M. J.: Physics in archaeology, Oxford 1974.
**Battie**, D.: The Black Arts, in: Ceramics Magazine, H. 2, 1986.
**di Caprio**, N. C.: La ceramica in archeologia, Rom 1985.
**Kurz**, O.: Fakes - A Handbook for Collectors, London 1948.
**Lang**, G.: Pottery and porcelain marks, London 1995.
**Olin**, J. S. und A. D. Franklin: Archaeological Ceramics, Washington D. C. 1982.
**Paul**, E.: Die falsche Göttin, Geschichte der Antikenfälschung, Leipzig 1962.
**Poche**, E.: Porzellanmarken, Hanau 1982.
**Ramenofsky**, A. F.: Unit Issues in Archaeology: Measuring Time, Space and Material, Utah 1997.
**Rice**, P. M.: Pottery analysis, Chicago 1987.
**Schneider**, G. (Red.): Naturwissenschaftliche Kriterien und Verfahren zur Beschreibung von Keramik, in: Acta Praehistorica et Archaeologica Bd. 21, Berlin 1989.
**Sieren**, F.: Chinesisches Porzellan - abenteuerliche Geschichten, in: Wirtschaftswoche 16, Düsseldorf 1998.

**S. 88f.**: Reparieren und Restaurieren
**Acton**, L. und P. McAuley: Repairing Pottery and Porcelain, London 1996.
**André**, J.-M.: Keramik und Glas, Berlin 1976.
**Larney**, J.: Restoration of ceramics, Stockholm 1975.
**Wihr**, R.: Restaurieren von Keramik und Glas, München 1977.

**S. 90–93**: Sammeln und Ausstellen
**Art at auction**: The year at Sotheby's, erscheint jährlich in London und New York.
**Boochs**, W. und F. Ganteführer: Kunstbesitz, Kunsthandel, Kunstförderung im Zivil- und Steuerrecht, Neuwied 1992.
**Copeland**, A.: Ceramics Museums of Europe, St. Kilda 1999.
**Dormer**, P.: The new ceramics, London 1994.
**Forrest**, T.: The Marshall guide to antique china and silver, London 1998.
**Gleeson**, J. (Hrsg.): Collecting pottery and porcelain, London 1997.
**Henninges**, H.: Wie fotografiere ich meine Sammlung, Augsburg 1992.
**Hulthén**, B.: On documentation of pottery, in: Acta Archaeologica Lundensia, Lund 1974.
**Kunstpreis Jahrbuch**, erscheint jährlich, München.
**Landt**, A.: Beleuchtungstechnik für Profis, Gilching 1994.
**Lang**, G.: Porcelain, London 1991.
**Lang**, G.: Pottery, London 1995.
**Thurn**, H. P.: Der Kunsthändler, München 1994.

**S. 94f.**: Schule und Therapie
**Hils**, K.: Therapeutische Faktoren im Werken und Formen, Darmstadt 1971.
**Hofmann**, A.: Ton - Finden, Formen, Brennen, Köln 1982.
**Mahlke**, W.: Ton als Gestaltungsmaterial für Kindergarten und Schule, Donauwörth 1981.
**Mühlschlegel**, E.: Töpfern mit Kindern, München 1980.
**Sautier-Eibl**, C.: Therapeutische und pädagogische Möglichkeiten mit Ton, München 1994.
**Seels**, D. und T. Carozzi: Farbschlachten und Tongetüme, Weinheim 1986.

**S. 96–161**: Europa
**Agarkova**, G.: Lomonossow Porzellanmanufaktur St. Petersburg, St. Petersburg 1994.
**Battie**, D. (Hrsg.): Sotheby's concise encyclopaedia of porcelain, London 1996.
**Betancourt**, P. P.: The History of Minoan Pottery, Princeton 1985.
**Cohen**, D. H. und C. Hess: Looking at European Ceramics, Malibu 1993.
**Czysz**, W. und W. Endres: Archäologie und Geschichte der Keramik in Schwaben, Neusäss 1988.
**Divis**, J.: Europäisches Porzellan, Hanau 1988.
**Ducret**, S.: Meißner Porzellan, Braunschweig 1971–72.
**Fourest**, H.-P.: Die europäische Keramik, Freiburg 1983.
**Gardelli**, G.: Italika, Faenza 1999.
**Gentilini**, G.: I della Robbia, Firenze 1992.
**Gibson**, M.: 19th Century Lustreware, Woodbridge 1998.
**Haags** Gemeente Museum (Hrsg.): Rozenburg, München 1984.
**Hallé**, F.: Französische Fayencen des 18. Jh., München 1986.
**Hantschmann**, K.: Nymphenburger Porzellan, München 1996.
**Hederson**, J. D.: Bohemian Decorated Porcelain, Atglen 1999.
**Hess**, C.: Maiolica in the Making, Los Angeles 1999.
**Hildyard**, R.: European Ceramics, London 1999.
**Horschik**, J.: Steinzeug, Dresden 1990.
**Klein**, A.: Deutsche Keramik, Tübingen 1992.
**Klein**, A.: Fayencen Europas, München 1980.
**Kybalová**, J.: Steingut, Hanau 1990.
**Lane**, P.: Contemporary Porcelain, London 1995.
**Leibe**, F.: Ceramics of the 20s und 30s, London 1999.
**Lunsingh-Scheurleer**, D.F.: Delft, München 1984.
**Lutze**, M.: Edles Porzellan, Niedernhausen 1989.
**Meco**, J. und R. Marggraf: Fliesenkultur in Portugal, Bramsche 1989.
**Messerli Bolliger**, B.: Keramik in der Schweiz, Zürich 1993.
**Miedtank**, L.: Zwiebelmuster, Leipzig 1991.
**Neuwirth**, W.: Biedermeiertassen, München 1982.
**Neuwirth**, W.: Porzellanmalerlexikon, Braunschweig 1977.
**Pannequin**, B.: L'Art de la terre vernisée du Moyen Age à l'An 2000, Paris 1999.
**Pinot de Villechenon**, M.-N.: Sèvres, London 1997.
**Poole**, J. E.: Italian Maiolica, Cambridge 1997.
**Reineking von Bock**, G.: Keramik des 20. Jh., München 1979.
**Reineking von Bock**, G.: Kopenhagener Porzellan, Köln 1991.
**Saguí**, E.: Ceramica in Italia, Firenze 1998.
**Soil de Moriame**, E.-J.: Les Porcelaines de Tournai, Tournai 1998.
**Stahlbusch**, T. A.: Figürliches Porzellan, Augsburg 1995.
**Stephan**, H.-G.: Die bemalte Irdenware der Renaissance in Europa, München 1987.
**Strauss**, K. und F. Aichele: Steinzeug, Augsburg 1992.
**Szilágy**, J. G.: Ceramica Etrusca, Firenze 1998.
**Trendall**, A. D.: Rotfigurige Vasen aus Unteritalien und Sizilien, Mainz 1991.
**Walcha**, O.: Meissner Porzellan, Dresden 1973.
**Watson**, O.: Studio Pottery, London 1993.

**S. 162–211**: Asien
**Avitable**, G. und S. Schulenburg: Chinesisches Porzellan, Frankfurt 1992.
**Ayers**, J. u. a.: Die Keramik des fernen Ostens, Freiburg 1984.
**Ayoub**, S.: Die Keramik in Mesopotamien und in den Nachbargebieten, München 1982.
**Caroselli**, S. L.: The quest for eternity, San Francisco 1987.
**Croissant**, D. u. a. (Hrsg.): Japan und Europa 1543–1929, Berlin 1993.
**Ehmcke**, F.: Der japanische Teeweg, Köln 1991.
**Fahr-Becker**, G.: Ostasiatische Kunst, Köln 1999.
**Faulkner**, R.: Japanese Studio Crafts, London 1995.
**Frasche**, D. F.: South-East Asian Ceramics, New York 1976.
**Fujiwara**, H.: Khmer Ceramics Kyoto/Oxford 1990.
**Gasser**, S. A.: Das Töpferhandwerk von Indonesien, Basel 1969.
**Harrison**, B.: Asian Ceramics, Leeuwarden 1986.
**Hiromu**, H.: Old Ceramics of South East Asia, Tokyo 1989.
**Imai**, Y.: Ceramics from Indonesian Peninsula, Tokyo 1990.
**Jörg**, C. J. A.: Oriental Porcelain, Rotterdam 1995.
**Leon-Goldschmidt**, D.: Ming Porzellan, Stuttgart 1978.
**McKillop**, B.: Korean Art and Design, London 1992.
**Muller**, H. R. A.: Javanese Terracottas, Lochem 1978.
**Vainker**, S. J.: Chinese pottery and porcelain, London 1991.
**Wilson**, R.: Inside Japanese Ceramics, New York 1995.
**Zhiyan**, L. und C. Wen: Keramik und Porzellan in China, Beijing 1996.

**S. 212–223**: Afrika
**Arnold**, D.: Meisterwerke altägyptischer Keramik, Montabaur 1978.
**Barley**, N.: Smashing Pots, London 1994.
**Duchateau**, A.: Benin, München 1994.
**Eyo**, E. und F. Willet: Schätze aus Alt-Nigeria, Berlin 1983.
**Gruner**, D.: Die Berber-Keramik, Wiesbaden 1973.
**Kecskesi**, M.: Kunst aus Afrika, München 1999.
**Minges**, K.: Berber, Zürich 1996.
**Stössel**, A.: Afrikanische Keramik, München 1984.

**S. 224–243**: Australien und Amerika
**Branin**, M. L.: The Early Makers of Handcrafted Earthenware and Stoneware, Cranbury 1988.
**Brody**, A.: Mimbres Pottery, New York 1983.
**Brown K.**, M.: Official White House China, New York 1999.
**Cox**, S. N.: 20th Century American Ceramics, Dubuque 1996.
**Eggebrecht**, E. und A.: Die Welt der Maya, Mainz 1992.
**Fagan**, B. M.: Das frühe Nordamerika, München 1993.
**Frank**, H.: Historic Pottery of the Pueblo Indians, West Chester 1990.
**Guarnotta**, A.: Ceramiche Precolombiane, Faenza 1990.
**Jasper**, J.: American Dinnerware, Paducah 1996.
**Ketchum**, W. C.: American Stoneware, New York 1991.
**Leyenaar**, T. J. J. u. a.: Von Küste zu Küste, Kassel 1992.
**Martin**, H. E. R.: Keramik Amerikas, München 1986.
**Pascoe**, J.: Delinquent Angel - Australian Historical, Aboriginal and Contemporary Ceramics, Florence 1995.
**Perry**, B.: American Ceramics, New York 1989.

**S. 244–255**: Islam
**Allan**, J. W.: Islamic ceramics, Oxford 1991.
**Atil**, E.: Islamic Art and Patronage, New York 1990.
**Caiger-Smith**, A.: Lustre Pottery, London 1985.
**Carswell**, J.: Iznik Pottery, London 1998.
**Fehérvári**, G.: Islamic Pottery, London 1973.
**Hattstein**, M. und P. Delius: Islam, Köln 2000.
**Klein**, A. u. a. (Hrsg.): Islamische Keramik, Düsseldorf 1973.
**Müller-Wiener**, M.: Islamische Keramik, Frankfurt 1996.
**Soustiel**, J.: La Céramique Islamique, Paris 1985.
**Watson**, O.: Persian Lustre Ware, London 1985.

# Bildnachweis

Alle Abbildungen wurden für diesen Atlas erstmals oder neu gezeichnet. Im Folgenden werden die Vorlagen, Teilvorlagen und Datenquellen nachgewiesen. Wo keine Quelle angegeben ist, handelt es sich um allgemeine Darstellungen oder die Originalrechte liegen bei Autor und Grafiker. **Halbfette Ziffern** verweisen auf die Seitenzahl. (**u**: unten, **M**: Mitte, **o**: oben, **l**: links, **r**: rechts, **g**: ganz).

**6**, **104Ml**: Günther-Arndt, H. u. a.: Geschichtsbuch 1, Berlin 1986. **10u**, **180or**, **182or**, **182gol**, **240ol**, **240ur**, **240Mro**: Miller, J. und M.: Porcelain, London 1991. **10r**, **16u**, **63**, **110u**, **118Mlo**, **118 Mlu**, **128ur**, **142ur**: Mämpel, U.: Keramik, Reinbek 1985. **12**: Löbbe, K.: Entwicklung und Aussichten der feinkeramischen Industrie in Deutschland, Essen 2000. **14M**: Cardew, M.: Der Pioniertöpfer, Bonn 1980. **16o**: Garms, H.: Pflanzen und Tiere Europas, München 1969. **16M**, **110Mr**, **116oM**: di Caprio, N. C.: La ceramica in archeologia, Rom 1985. **16ro**: Jack, A.: Encyclopedia, London 1983. **16rMu**: Enzyklopädie der Tierwelt, o. O. 1996. **22**: Weiss, G.: Keramik Lexikon, Berlin 1984. **24o, 114Mr**, **110Mu**, **124o**, **164uMl**, **164ur**, **174l**, **174Mru**, **174ru**, **196ul**, **208or**, **208oM**, **208ol**, **227**: Scarre, C. (Hrsg.): Past worlds, London 1988. **24M**: Noll, W.: Alte Keramiken und ihre Pigmente, Stuttgart 1991. **28Mr**, **34ru**: Hamer, F. und J.: Lexikon der Keramik und Töpferei, Augsburg 1990. **36o**, **116u**: Fitz, S. und H. Kühn: Keramik, München 1982. **39**: Litzow, K.: Keramische Technik, München 1984. **40u**: Noll, W.: Alte Keramiken und ihre Pigmente, Stuttgart 1991. **50u**: Bauer, I. u.a.: Leitfaden zur Keramikbeschreibung, Kallmünz 1986. **52o**, **222ur**: Barley, N.: Smashing Pots, London 1994. **52or**: Nixdorf, H.: Tönender Ton, Berlin 1974. **52l**: Sehen, Staunen, Wissen: Amerika, Hildesheim 1992. **55**: Ebers, G.: Aegypten in Bild und Wort, Leipzig 1879. **56ol**, **56or**, **58ol**, **58oMr**, **58M**, **58ul**: Champdor, A.: Kunst Mesopotamiens, Leipzig 1964. **56oM**, **148ul**, **148uM**: Beeh, W. (Hrsg.): Europäische Keramik, Darmstadt 1986. **57**, **60o**, **60gu**, **62ol**, **62oM**: Riley, N.: Tile Art, London 1987. **58or, 62Ml**, **62Mro**, **192ol**: Meyer, G. R.: Altorientalische Denkmäler, Leipzig 1970. **58uMl**, **76olu**, **206uM**, **206ol**, **206oM**: Härtel, H. und J. Auboyer (Hrsg.): Indien und Südostasien, Berlin 1985. **58ur**, **80rgo**, **164or**, **164oM**, **166oMl**, **166ol**, **166or**, **166uM**, **168M**, **168Mor**: Vainker, S. J.: Chinese Pottery and Porcelain, London 1991. **60go**, **174Mro**, **180Mro**, **186M**: Münsterberg, H.: Der Ferne Osten, München o. J. **60M**, **60u**, **62ul**, **116Ml**: Cohen, D. H. und C. Hess: Looking at European Ceramics, Malibu 1993. **60ro**, **232ol**, **232or**, **234u**, **234ol**, **234M**, **234oMr**: Jaguarmensch und Adlerkrieger (Ausstellungskatalog), Berlin 1991. **60ru**: Mandel, G.: Wie erkenne ich islamische Kunst?, Stuttgart und Zürich 1979. **61**, **246or**, **246rMo**, **248uMl**, **248ur**, **250Ml**, **250ur**, **253**, **254Mr**: Soustiel, J.: La Céramique islamique, Paris 1985. **62or**, **188ul**, **188ur**, **188Mro**, **188M**, **188Ml**, **188Mr**, **190ol**, **190oM**, **190or**, **190Ml**, **190Mo**, **190Mr**, **190uM**, **190M**, **190ur**, **191**: McKillop, B.: Korean Art and Design, London 1992. **62ru**, **166M**, **180M**: Morley-Fletcher, H.: Dekortechniken in der Keramik, München 1984. **64o**: Franz, R.: Der Kachelofen, Graz 1981. **64ul**: Litzow, K.: Keramische Technik, München 1984. **66ol**: Taylor, K.: Flying Start Science - Structure, London 1992. **66or**: Wirtschaftswoche 14, Düsseldorf 2001. **66M**: Wirtschaftswoche 29, Düsseldorf 1998. **66ulo**: Wirtschaftswoche 10, Düsseldorf 1997. **66ulu**: Mitteldeutsche Zeitung, Halle 30.11.2000. **66ur:** Grundzüge der Chemie, Frankfurt am Main 1996. **68u**, **70o**, **74**: Pressematerial Kyocera, Kyoto 1998. **70u**, **72**, **73**: Informationszentrum Technische Keramik (Hrsg.): Brevier Technische Keramik, Selb 1998. **76olo**, **94o**, **115**, **207**, **211**, **216u**, **219**: Rieth, A.: 5000 Jahre Töpferscheibe, Konstanz 1960. **76or**, **76ul**, **76ur**: Noll, W.: Alte Keramiken und ihre Pigmente, Stuttgart 1991. **78Mo**: Hrouda, B.: Vorderasien, München 1971. **80ol**: Raffaeli, M. und J. M. Thomas-Domenech: Botanik, Klagenfurt 1997. **80oM**, **80rgu**, **182u**, **242or**, **242uM**, **242ol**, **242ur**, **242M**: Dormer, P.: The new ceramics, London 1986. **80M**: Bormann, G.: Keramik der Welt, Düsseldorf 1984. **80ro**: Nihon Keizai Shimbun, Tokyo 1976. **80rM**, **112 Mr**: Hetherington, P.: Byzanz, Leipzig 1982. **80ru**, **86ur**, **118uM**, **120rMo**, **130Mgl**, **148Ml**, **144ul**, **254Mlo**: Donaldson, C.: Collecting China, Glasgow 1997. **82lo, 82lM**, **130or**, **173**: Poche, E.: Porzellanmarken, Hanau 1992. **82u**, **82r**: Lang, G.: Pottery and Porcelain Marks, London 1995. **86or**, **124Mr**, **146M**, **148Mr**, **170ul**, **180l**, **240ro**: Battie, D. (Hrsg.): Sotheby's concise encyclopedia of porcelain, London 1996. **86ol**: Art at auction, London 1987. **90or**, **98oM**, **111**: Czysz, W. und W. Endres: Archäologie und Geschichte der Keramik in Schwaben, Neusäss 1988. **90Ml**, **254Ml**: Art at auction, London 1986. **90Mr**: Wirtschaftswoche 9, Düsseldorf 1998. **98ol**, **98M**: Condurachi, E. und C. Daicoviciu: Rumänien, Genf 1972. **98or**: Meyer, K. O. (Hrsg.): Bodenfunde aus der Stadt Oldenburg, Oldenburg 1988. **98ul**, **98ur**: Kruta, V.: Die Anfänge Europas, München 1993. **98uro**, **102ol**, **104M**, **118o**, **178ol**, **196r**, **202ol**, **202or**, **239**: Freestone I. und D. Gaimster (Hrsg.): Pottery in the making, London 1997. **100ol**, **100u**: Higgins, R.: Minoan and Mycenaen art, London 1967. **100Ml**: Yon, M.: Dictionnaire illustré multilingue de la céramique du proche orient ancien, Lyon 1981. **100M**, **100roM**, **100rMu**: Geiss, H.: Reise in das alte Knossos, Leipzig 1981. **100ro**, **100ru**: Tatton-Brown, V.: Ancient Cyprus, London 1987. **102ol**: Schätze der Weltkultur, Berlin 1986. **102or**, **110gu**: Hug, W.: Von der Steinzeit bis zum Kaiserreich des Mittelalters, Frankfurt am Main 1987. **102rMo**: Zinserling, G.: Abriß der griechischen und römischen Kunst, Leipzig 1970. **102rMu**, **102ul**: Riwkin, B. I.: Kunst der antiken Welt, Dresden 1972. **102ur**: Schuster, R.: Meisterwerke der Kunst 42, Stuttgart 1994. **104ol**, **104oMr:** Dierichs, A.: Erotik in der Kunst Griechenlands, Mainz 1993. **104oMl**: Weeber, K.-W.: Humor in der Antike, Mainz 1991. **104Mlu**: Führer durch die Ermitage, Leningrad 1974. **104Mr**, **174oMr**, **250ul**: Stadler, W. (Ltg.): Lexikon der Kunst, Erlangen 1994. **106**, **108**: Brentjes, B. (Hrsg.): Orientalia in den Museen der DDR, Halle 1989. **110ol**: Staccioli, R. A.: Come riconoscere l'arte etrusca, Mailand 1978. **110oM**, **112lo**, **114ul**, **114uMr**, **118ul**, **196ur**, **196Ml**, **198oM**: Charleston, R. J.: Keramik, Leipzig 1981. **112ro**, **112ru**, **112lu**, **114o**: Wood, M.: Der große Bildatlas der Archäologie, Paris 1987. **114Ml**, **118Mro**: Klein, A.: Keramik aus 5000 Jahren, Schwann 1979. **114Ml**, **116ol**, **122M**, **134M**, **134or**, **144ol**, **144or**, **144Ml**, **148M**, **154M**, **158oM**, **252l**, **252lu**, **252ru**: Melegati, L.: Ceramica, Mailand 1996. **114uMl**: Maaß, R. und W. Otte: Alltagsleben im mittelalterlichen Braunschweig, Braunschweig 1991. **114ur**: Reise in die Gotik, Leipzig 1979. **116M**, **116or**: Poole, J. E.: Italian Maiolica, Cambridge 1997. **116Mr**, **130ol**, **130Mr**, **160Mr**, **160ul**: Manners, E. und H. Morley-Fletcher: Ceramics, London 1997. **118Mo**, **118Mru**, **120ru**, **122ul**, **130Ml**, **166ur**, **168ul**, **180ur**: Watson, L.: Großes Buch der Antiquitäten, Köln 1989. **118Mu**: Bröhan, A.: Art Nouveau, Stuttgart/New York 1999. **118ur**, **122Ml**, **122Mr**, **124Ml**, **124u**, **143**: Menzhausen, I.: Alt-Meißner Porzellan in Dresden, Berlin 1990. **120lo**: Copeland, R.: Blue and White transfer printed Pottery, Buckinghamshire 1994. **120ro**, **120rMu**: Kybalová, J.: Steingut, Hanau 1990. **126l**, **140ol**, **140ul**, **140ur**: Divis, J.: Europäisches Porzellan, Hanau, 1988. **126r**: Lutze, M.: Edles Porzellan, Niedernhausen/Taunus 1989. **128ol**, **128M**: Sandon, J.: Antique Porcelain, Woodbridge 1997. **128or, 128ul**, **134ol**, **134ur**: Lang, G.: Porcelain, London 1987. **128uM**: Kademann, I.: Deutsche Fayencen, Leipzig 1987. **130Mlo**, **132ur**, **180Mru**: Art at auction, London 1988. **130ur**: Sekers, D.: The potteries, Princes Risborough 1981. **132l**: Galerie Industrielle, Paris 1822. **132M**, **136ol**, **140or**: Fourest, H.-P.: Die europäische Keramik, Freiburg/Basel/Wien 1983. **132or**, **146uM**, **158ul**, **158 uMl**: Gleeson, J. (Hrsg.): Collecting pottery and porcelain, London 1997. **132oM**: Kyushu Ceramic Museum (Hrsg.): Ceramics and civilization, Kyushu 1996. **132Mr**: Savage, G. und J. Cushion: An illustrated dictionary of ceramics, London $^{3}$1992. **136olM**: Gálvez, F. E.: Ceràmica d'Onda, Castelló 1993. **136or**: Joliet, W.: Die Geschichte der Fliese, Köln 1996. **136M**: Meco, J. und R. Marggraf: Fliesenkultur in Portugal, Bramsche 1989. **136ul**, **136ur**: Tobias, W.: Schwarze Keramik aus Nordportugal, Bramsche 1986. **138uM**, **138Mr**, **138ur**: Opie, J. H.: Scandinavia ceramics and glass in the twentieth century, London 1989. **138or**, **144oM**, **144Mr**, **144ur**, **156ol**, **156Ml**: Forrest, T.: Antique china and silver, London 1998. **138ol**, **140Ml**, **148ur**, **154or**: Bake, K.: Kunsthandwerk und Design, Halle 1997. **142o**: Bursche, S.: Tafelzier des Barock, München 1974. **146o**, **146Ml**, **146Mr**, **146Mru**, **178Ml**: Croissant, D. u. a. (Hrsg.): Japan und Europa 1543–1929, Berlin 1993. **148ol**: Weiß, G.: Ullstein-Porzellanbuch, Berlin 1978. **150ol**, **218ol**: Stepan, P. (Hrsg.): Die deutschen Museen, Braunschweig 1991. **150oMl**, **150oMr**, **150ul**: Miller, J. und M.: Art déco, London 1991. **150M**, **150ur**: Pelichet, E.: La céramique art déco, Lausanne 1988. **152**: Lobanov-Rostovsky, N.: Revolutionskeramik, Basel 1990. **154ol**, **154oM**, **156M**: Meier, G.: Porzellan aus der Meißner Manufaktur, Berlin 1985. **154rgu**, **154rM**: Märkische Tonkunst - Keramik der 20er und 30er Jahre, Stuttgart 1992. **154rMo**: Reineking von Bock, G.: Keramik des 20. Jh. in Deutschland, München 1979. **154rMu**: Günther, S.: Design der Macht, Stuttgart 1999. **156or**: Atterbury, P.: Poole in the 1950s, London 1997. **156Mr**, **156u**: Muche, K. (Hrsg.): Form und Dekor, Leipzig 1983. **156Mlu**: Gebauer, W.: Kunsthandwerkliche Keramik, Leipzig $^{4}$1985. **158ol**: Birks, T.: The complete potters companion, London 1993. **158ur**: Keramik Magazin 4, Frechen 1993. **158uMr**: Wipplinger, E.: Fayencen deutscher Manufakturen, Leipzig 1965. **158M**: Watson, O.: Studio pottery, London 1993. **158or**, **242ul**: Perryman, J.: Rauchbrand-Töpferei, Bern/Stuttgart/Wien 1996. **160ol**: Karte, Leningrad 1986. **160oM**: Gallery Jake Kahan, New York 2002. **160or**: Rosenthal-Archiv. **160M**: Bernadac, M.-L.: Picasso, Paris 1986. **160ur**: Kowalski, K.: Plastik, Stuttgart 1990. **164ol**, **164Ml**, **170o**: Hildebrand, J.: Faszination der Kultur Chinas, München 1987. **164Mr**, **164ul**, **166ul**: Caroselli, S. (Hrsg.): The quest for eternity, Los Angeles 1987. **164uMr**, **176ru**: Fontein, J. und R. Hempel: China, Korea, Japan, Berlin 1985. **166oMr, 166ur**, **168Mr**, **168Mol**, **172**: Enlin, Y.: Chinesische Porzellanmalerei, Leipzig 1986. **168Ml**: Bräutigam, H.: Schätze Chinas in Museen der DDR, Leipzig 1989. **170r**, **176oM**, **176Ml**: Moderne chinesische Keramik, Taipeh 1996. **171**: Zhiyan, L. und C. Wen: Keramik und Porzellan in China, Peking 1996. **174Mro**, **176ul**, **178r**, **178Ml**, **178oM**, **180ul**, **182Mr**, **182ol**, **182Ml**, **186ul**, **186Mr**, **186Ml**, **186oM**: Moderne und alte Keramik aus Japan, Dresden 1976. **176ol**: Auboyer, J. u. a.: Asien, Fribourg 1978. **177**: Fahr-Becker, G.: Ostasiatische Kunst, Köln 1999. **184**, **186or**, **186ol**: Ehmcke, F.: Der japanische Tee-Weg, Köln 1991. **186uro**, **186ur**: Bilang, K.: Japanische Keramik, Leipzig 1978. **188or**, **188oM**, **188ol**: Violet, R.: Einführung in die Kunst Koreas, Leipzig 1987. **192oMl**, **192M**, **192ur**, **196uM**: Brentjes, B.: Völker an Euphrat und Tigris, Leipzig 1981. **192or**, **192oMr**, **192ul**, **194M**, **198ol**, **200Ml**, **202uM**: Du Ry, C. J.: Völker des Alten Orient, München o. J. **194ur**, **194oMl**, **194ol**, **194oMr**, **194ul**, **194r**: Jakob-Rost, L. u. a.: Das Vorderasiatische Museum, Berlin 1992. **194or**, **196M**, **198or**: Seibert, I.: Die Frau im Alten Orient, Leipzig 1973. **196ol**, **196ro**: Negev, A.: Archäologisches Bibellexikon, Neuhausen-Stuttgart 1986. **196ul**: Kohlmeyer, K. und G. Saherwala: Frühe Bergvölker in Armenien und im Kaukasus, Berlin 1983. **198M**, **198ur**: Klengel, H.: Die Hethiter, Leipzig 1983. **198uM**, **200Mr**, **202oMl**: Orthmann, W.: Der alte Orient, Berlin 1985. **200ol**, **200or**, **202ur**: Brentjes, B.: Die iranische Welt vor Mohammed, Leipzig 1967. **200ul**, **204Mr**: Mellink, M. J. und J. Filip: Frühe Stufen der Kunst, Berlin 1985. **202M**: Albaum, L. I. und B. Brentjes: Wächter des Goldes, Berlin 1972. **202ur**: Lukonin, W.: Kunst des alten Iran, Leipzig 1986. **204ur**, **204rMu**, **204rMo**, **204l**, **204lu**, **204or**: Vergessene Städte am Indus, Mainz 1988. **206ro**, **206ur**: Mode, H. und S. Chandra: Indische Volkskunst, Leipzig 1984. **208Ml**, **208Mro**: Ganslmayr, H.: Keramik aus Thailand, Bremen 1977. **208Mru**, **208u**: Brown, R. M.: The ceramics of South-East Asia, Kuala Lumpur 1977. **208Mr**: Bräutigam, H.: Gefäß und Figur, Dresden 1983. **210Mr**, **210oM**, **210oMu**, **210ur**: Molodin, V. I. und E. V. Lamina: Alte Keramik Sibiriens, Novosibirsk 1990. **210ul**, **210or**, **210ol**: Brentjes, B. und R. S. Vasilievsky: Schamanenkrone und Weltenbaum, Leipzig 1989. **214or**, **214Mr**, **214ur**: Gruner, D.: Die Berberkeramik, Wiesbaden 1973. **215**: Vossen, R.: Reisen zu Marokkos Töpfern, Hamburg 1990. **216o**, **216Mlo**, **216Mlu**, **218M**, **218Mlo**, **218ul**, **218uM**, **218ur**: Meisterwerke altägyptischer Keramik, Montabaur 1978. **216Mr**, **218Mr**: Salen, M. und H. Sourouzian: Die Hauptwerke im ägyptischen Museum Kairo, Mainz 1986. **216Mu**, **218Mlu**: Vandersleyen, C.: Das alte Ägypten, Berlin 1985. **216Ml**: Kunst der frühen Hochkulturen, Stuttgart/Zürich 1991. **216Mru**, **218oM**, **218or**: Hert, G.: Ägypten, Hildesheim 1991. **220or**, **220og**, **220Mro**, **220Mgr**, **220Mr**, **220M**, **220Mru**, **220ru**, **222or**, **222M**, **222Mru**, **222Mro**, **222Ml**, **222lu**: Stößel, A.: Afrikanische Keramik, München 1984. **220ul**: Greenpeace Magazin 1, Hamburg 2001. **220ol**: Schätze aus Alt-Nigeria, Berlin 1985. **222ol**: Grüttner, W. und D. J. vom Zyl: Illustrierte Geschichte Südafrikas, Herford 1990. **226ol**, **226or**, **226Ml**: Stingl, M.: Kunst der Südsee, Leipzig 1985. **226oM**: Leunzinger, E.: Kunst der Naturvölker, Berlin 1985. **226M**, **226Mr**, **226ur**, **226ul**, **226uM**: Pascoe, J.: L'angelo ribelle, Florenz 1995. **228ol**, **228or**, **228Mr**, **228Ml**, **228Mro**, **228Mol**, **230oM**, **230ul**, **230Mo**, **232ul**, **232ur**, **234oMl**, **236or**, **236Ml**, **236Mlo**, **236Mlu**, **236Mr**, **236ul**, **238oMl**, **238oMr**, **238ul**: Martin, H. E. R.: Keramik Amerikas, München 1986. **228ul**, **230M**: Wood, M.: Ancient America, Oxford 1990. **228ur**: Gordon, V. und R. Mittey: Das alte Amerika, Berlin 1985. **229**, **230ol, 230or**, **236ur**, **238Ml**, **238Mr**: Swanson, E. H. u. a.: Amerika, Erlangen 1991. **230Mlo**, **234Mr**: Willis, R.: Handbuch der Mythologie, Gütersloh/München 1994. **230ru**, **230rgu**: Coun, R.: Die Kultur der Indianer Nordamerikas, Denver 1987. **231**, **238or**: Anton, F. und F. J. Dockstader: Das Alte Amerika, München o. J. **232Ml**, **232oM**, **232Mo**, **232M**: Von Küste zu Küste, Kassel 1992. **234or**, **234Mlo**, **234Mlu**: Die Welt der Maya, Mainz 1992. **236or**, **236oMl**, **236oMr**, **238ol**, **238ur**: Willey, G. R.: Das alte Amerika, Berlin 1985. **238uM**: Nugue, C.: Die Inkas, Gütersloh 1987. **240ul**: Carter, T. M.: Teapots, London 1994. **240rMu**: Süddeutsche Zeitung Nr. 94, München 2001. **246rMu**, **248ul**, **248ol**, **250or**, **250ol**, **252ro**, **252rM**, **252rMu**: Atil, E. (Hrsg.): Islamic Art and Patronage, New York 1990. **246lu**, **246ru**, **248M**, **248or**, **250Mr**, **250Mro**, **254oMl**: Du Ry, C. J.: Die Welt des Islam, München o. J. **246lM**, **246rM**, **248uMr**, **250uM**, **254oMr**, **254or**: Allan, J. W.: Islamic ceramics, Oxford 1991. **250Ml**: Caiger-Smith, A.: Lustre pottery, London/Boston 1985. **254ol**, **255**: Soyhan, C.: Turkish tile art, Istanbul 1988.

# Register

**Halbfett** gedruckte Ziffern verweisen auf zentrale Stellen.

## H



## I

**N**



**O**



**P**